■ 中国城市科学研究会数字城市专业委员会轨道交通学组　编

智慧城市与轨道交通
2022

中国城市出版社

图书在版编目（CIP）数据

智慧城市与轨道交通 . 2022 / 中国城市科学研究会数字城市专业委员会轨道交通学组编 . —北京：中国城市出版社，2022.7

ISBN 978-7-5074-3490-3

Ⅰ.①智… Ⅱ.①中… Ⅲ.①现代化城市—城市铁路—轨道交通—研究 Ⅳ.①U239.5

中国版本图书馆 CIP 数据核字（2022）第 117485 号

责任编辑：陈夕涛　陈小娟
责任校对：王　烨

智慧城市与轨道交通 2022

中国城市科学研究会数字城市专业委员会轨道交通学组　编

*

中国城市出版社出版、发行（北京海淀三里河路9号）
各地新华书店、建筑书店经销
华之逸品书装设计制版
北京建筑工业印刷厂印刷

*

开本：880毫米×1230毫米　1/16　印张：17¾　字数：430千字
2022年10月第一版　2022年10月第一次印刷
定价：89.00元
ISBN 978-7-5074-3490-3
（904507）

版权所有　翻印必究

如有印装质量问题，可寄本社图书出版中心退换

（邮政编码100037）

《智慧城市与轨道交通 2022》编委会

顾　　　问　许溶烈（院士）　陈祥福（院士）　李　迅
主 任 委 员　李爱敏
副主任委员　（按姓氏笔画为序）
　　　　　　王志刚　朱敢平　李　京　肖培龙　吴学增　吴煊鹏
　　　　　　张　波　张广鹏　张建全　邵　斌　周晓军　赵　健
　　　　　　段祥明　廖龙英　薛晨洋
主　　　编　段祥明　赵　健
副 主 编　（按姓氏笔画为序）
　　　　　　研究报告篇：宋　莉　张翠云
　　　　　　设计施工篇：余承英　蔡大伟
　　　　　　工程应用篇：王　超　汪　波
　　　　　　技术创新篇：贾　平　蒋春华
编　　　委　（按姓氏笔画为序）
　　　　　　于　柯　万宇鹏　王少云　王崇国　韦　勇　刘　尧
　　　　　　刘乐钰　江文化　孙文进　孙阳松　闫宇智　李　瑶
　　　　　　李冬宁　李勤勤　吴瑜媛　何鹏飞　余　盖　张　瑞
　　　　　　张永亮　张亚杰　张献良　张翠云　张戴傲　陈　真
　　　　　　陈士维　林月勤　周　洁　周晓军　郝　勇　侯云浇
　　　　　　贺禧龙　耿许光　高　丽　盛　全　梁　博　程玉婷
　　　　　　虞赛君

前　言

在我国城市轨道交通日益发展之际，为加强业内的学习交流、合作共赢，推动我国智慧城市与城市轨道交通可持续发展，中国城市科学研究会数字城市专业委员会轨道交通学组确定2022年继续编辑出版《智慧城市与轨道交通》，共同研讨现代智慧城市建设与轨道交通科技创新的热点问题。

全国智慧城市与轨道交通学术会议自2014年以来已成功举办了六届，每年都按时出版《智慧城市与轨道交通》，即使2020年受新冠肺炎疫情影响，一年一次的学术会议暂停，我们仍未中断。《智慧城市与轨道交通》为政府与企业、企业与企业、专家与企业之间搭建了项目合作、技术理论和实践交流的平台，同时还邀请了国际国内的著名专家学者分享技术创新成果和规划建设经验，为促进智慧城市和轨道交通协同发展作出了贡献。

《智慧城市与轨道交通2022》的形成是轨道交通学组成员集体智慧的结晶。期间，编委会投入了大量的时间与精力，轨道交通学组成员单位给予了积极的支持和帮助，专家顾问提出了宝贵的意见和建议，在此，我们对他们表示衷心的感谢。

轨道交通学组

2022年6月

目 录

第一部分　研究报告篇

宁句城际线列车ATO模式下停车精度问题优化 ………………………………………………… 王崇国 / 002
基于TOD模式的轨道交通车辆基地一体化综合利用策略研究
　　……………………………………………… 李　瑶　陈瑞刚　田　甜　王奇峰 / 007
研讨段场工艺设备大修及更新改造成本控制方案 ……………………………………………… 盛　全 / 013
齿轮箱健康状态评估 ………………………………………………………………………………… 刘　尧 / 017
论虚拟仪器技术在电子专业课程教学中的重要性 ……………………………………………… 张翠云 / 021
城市轨道交通列车客流统计分析管理与研究 ……………………… 赵　健　贾　平　陈士维 / 024
城市轨道交通ISCS数据备份及同步系统研究分析 ……………………………………………… 余　盖 / 028
基于差异性分析的北京地铁CBTC信号系统标准化研究 ……………………… 于　柯　赵　辉 / 033
城市轨道交通集成项目管理研究 ………………………………………………… 蔡大伟　汪　波 / 040
起重机高度限位介绍与比较 ………………………………………………………………………… 李冬宁 / 048
基于深度学习的轨道交通重点区域乘客危险动作识别及安全预警研究
　　………………………………………………………… 蒋春华　汪玉冰　赵　健 / 051
论如何开展虚拟仪器技术的课程教学 …………………………………………………………… 张翠云 / 057
洗车机牵引方式改造研究 …………………………………………………………………………… 李冬宁 / 060
课程思政融入铁路职业院校专业课程教学探索——以铁道信号自动控制专业为例
　　………………………………………………………… 宋　莉　刘乐钰　郭　伟 / 063

第二部分　设计施工篇

松动爆破在悬臂掘进机硬岩施工中的应用 ……………………………………………………… 孙文进 / 068
地铁车站照明配电室一体化BIM正向设计研究 ……………… 江文化　曹雅春　于　澜　冯传辉 / 073

成都地铁地下无柱车站结构形式设计及工程应用	周晓军 / 077
城市轨道交通综合安防系统设计与实现	孙阳松　蔡大伟　余承英 / 084
关于地铁建筑施工噪声的防治办法	王少云　高宏俊 / 091
轨道交通全封闭声屏障设计要点与原则	韦　勇 / 097
轨道交通 U 型槽全封闭声屏障的施工方法	周　洁 / 100
综合监控系统软件开发及测试管理优化研究	程玉婷 / 104
悬臂掘进机在岩溶地区地铁隧道施工中的应用	孙文进 / 110
基于 STM32 的智能家居控制系统设计研究	李勤勤　刘乐钰 / 115
一种轨道交通全封闭声屏障用的几字形开口销螺栓	韦　勇 / 120
合肥地铁车站工业互联网全息态势感知安全防护探析	虞赛君　王婧雯 / 122

第三部分　工程应用篇

节能控制优化技术在深圳地铁 3 号线 BAS 中的应用	张亚杰　赵　健　余承英 / 130
地铁通信无线扩容升级改造实施方案及风险应对研究	耿许光 / 143
城市轨道交通全自动运行系统线路综合监控技术研究——以苏州 5 号线为例	
	余承英　赵　健　蔡大伟 / 148
北京地铁 7 号线车载控制设备改造与提升	梁　博 / 153
地铁车辆对钢弹簧浮置板减振特性影响研究	
	闫宇智　李　腾　高　岩　丁德云　邵　斌 / 156
地铁车辆段架大修能力提升研究	侯云浣 / 161
某学校屋面室外机噪声治理分析	吴瑜媛　王少云 / 164
全自动运行系统线路综合监控乘客调、车辆调应用研究	余承英　赵　健　蒋春华 / 168
钢弹簧隔振器布置对车轨动力性能影响研究	陈　真　任　奇　丁德云　李　超 / 175
轨道交通消防联动程序编制要求浅析	张献良　张　瑞 / 181
基于车车通信虚拟编组的 CBTC 系统方案的研究	贺禧龙　杨　曦　宋　莉 / 188
城市轨道交通综合监控系统安全等级保护设计与实现	张　瑞　张献良 / 192

第四部分　技术创新篇

坐席协作 KVM 技术在城市轨道交通中的应用	王　超 / 202
天津地铁 9 号线 122 事故车修复	高　丽 / 206
轨道交通综合监控系统中刷卡登录验证方案研究	汪　波　贾　平　蒋春华 / 210
轨道交通智能运维建设研究	何鹏飞 / 213

5G通信技术在城市轨道交通的应用	张戴傲　周宇航　宋　莉 /	217
基于人工智能技术的轨道交通智慧车站研究	郝　勇　赵　健 /	221
天津地铁9号线电客车车载电视更新改造	高　丽 /	229
以AIOps为目标的城市轨道交通通信运维研究	张永亮 /	233
智慧城市中5G移动通信技术的应用	林月勤　宋　莉 /	236
基于iNoise平台的厂界噪声评价与治理新方法	万宇鹏　周远波 /	239
轨道交通综合监控系统用户权限管理的设计与实现	贾　平　蒋春华　余承英 /	246
面向新型智慧城市的智慧交通架构探讨	蔡大伟　余承英 /	253
轨道交通全封闭声屏障异形部位做法	韦　勇 /	258
基于人工智能技术的轨道交通智慧安检系统研究	陈士维　张　瑞 /	262

第一部分
研究报告篇

宁句城际线列车 ATO 模式下停车精度问题优化

王崇国

（南京地铁建设有限责任公司，南京 210000）

摘　要：列车停车精度是衡量信号系统 ATO 自动驾驶功能的重要指标，关系到线路开通运营后的服务质量。本文以宁句城际线列车动车调试阶段停车精度优化调整过程为实例，介绍了 ATO 精确停车控制原理，分析车辆电制动、气制动的配合对停车精度控制的影响，以及停车精度调整的过程及验证结果，最终使停车精度满足系统设计要求。

关键词：信号系统；ATO；停车精度；电制动；气制动

1 宁句城际线列车停车精度问题

宁句城际线是南京至句容的一条跨市域城际轨道交通线路，线路全长 43.59km，设站 13 座，采用市域 B 型车，4-4/6-6 编组，地下段最高运行速度 100km/h，高架/地面段最高运行速度 120km/h，于 2021 年 12 月底开通。信号系统采用基于无线通信的列车自动控制系统（CBTC）。

在宁句城际线动车调试及综合联调阶段，列车到站停车欠标问题较多，部分情况下甚至发生了司机无法正常下车立岗作业的情况，以 T1920 车为例，停车精度详见表 1。按照合同要求，在列车纵向冲击率 ≤ 0.75m/s^2 的情况下，列车在车站的停车精度在 ±0.3m 内的概率需 ≥ 99.99%，停车精度范围在 ±0.5m 内的概率需 ≥ 99.9998%。按此标准，列车停车精度也远无法满足合同要求，需要进一步优化调整。

2 ATO 模式列车运行控制原理

2.1 ATO 模式下列车速度控制

ATO 系统包括两层控制结构。上层控制综合考虑停车精度指标、准时性指标、舒适度指标和能耗指标，得到最优目标速度曲线；下层控制是牵引制动系统根据 ATO 系统控制策略指令，根据预测控制原理设计预测速度控制器，实现对目标速度曲线的精确跟踪，使列车轨迹成为上层控制得到的最优目标速度曲线[1]。

表 1　停车精度优化前 ATO 模式下列车 T1920 停车精度情况

列车	T1920	
日期	22/11/2021	
时间	16:50:00—18:30:00	
车站	停车精度 /cm	
	上行站台	下行站台
1	-33	-17
2	-26	-21
3	-25	-23
4	-30	-18
5	-19	-28
6（上行站台_2/下行站台_1）	-33	-40
6（上行站台_4/下行站台_3）	/	/
7	-18	-11
8	-36	-25
9	-28	-35
10	-23	-18
11	-45	-14
12	-21	-18
13	+5	-30

速度曲线的计算基于许多因素（例如道岔限速、站台区限速、线路曲线限速以及零时限速等）。基于 ATO 制动模型和车辆参数，ATO 将通过限速点或车站/信号停车点在线计算出最终速度曲线。图1展示了速度计算曲线模型图。

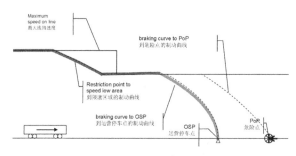

图1　速度计算曲线模型图

常量部分的设定速度（速度限制通过位置延伸施加）也被称为速度等高线。依照 ATP 超速保护，速度等高线端点位置向着运行方向移动一个车长的距离。

制动曲线是非常量部分的设定速度指向速度限制或停车点的起点。制动曲线的指向依赖于限制的类型，这里有两种类型的制动曲线：安全相关的制动曲线和非安全相关的制动曲线。

（1）安全相关制动曲线指向安全限制，由用于 ATP 的防止违背安全限制保护的安全制动模型计算得到。

（2）非安全相关制动曲线指向非安全限制，由一个常量减速度计算得到。由于减速度是常量，因此驾驶曲线几乎无颠簸，提高乘坐的舒适度。常量减速度同样也利于列车的移动控制，列车能够更精确跟随这样的曲线（减少了列车的时间特性，如延时的影响）。

2.2　站台区域精确停车控制

车站停车点由 ATO 根据线路数据库进行控制。ATO 设备通过 ATP 直接获得位置信息。ATO 列车定位功能也在列车经过任一固定安装的同步应答器接收位置信息以提高测量精度。

ATO 制动可以使列车停车精度指标达到 ±0.3m 的兑现率为 99.99%，在 ±0.5m 范围内时，正确率为 99.9998%。精确停车将依靠车站区域安装的应答器实现。

根据 ATO 系统的特点，为了实现精确停车，精确停车应答器在轨道上指定的窗口内安装，每个窗口的范围及所需窗口的数量由系统的要求来确定。典型的站台精确停车应答器配置如图2所示，轨道上的小方点代表列车停稳后车载应答器天线的位置，1、2、3、4 表示应答器安装窗口，需要将 4 个应答器精确地安装到这四个窗口内。具体的站台应答器布置规则基本如下：

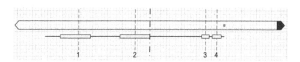

图2　典型站台区应答器配置

（应答器 4 安装窗口至应答器 3 安装窗口距离约 12～20m；应答器 3 安装窗口至应答器 2 安装窗口距离约 40～50m；应答器 2 安装窗口至应答器 1 安装窗口距离约 20～30m。）

为冗余列车（列车前端车载设备故障后，后端主用）精确停车配置的精确停车应答器，需要以列车停稳后车尾端的应答器天线位置为参照，设置同样数量的精确停车应答器。如果应答器窗口有重叠，可以只保留一个。

应答器窗口的设置给 ATO 制动控制时提供了定位的基准，减少了列车在制动控制时位置不确定性，从而保证列车制动控制时有精确的位置信息。

ATO 软件在运算过程中根据 ATP 提供的列车定位信息和线路信息，以及 ATS 发送的列车任务和临时限速信息，实时对列车速度做闭环控制[2]。列车运行基于图3所示的闭环控制原理。测速电机和雷达通过 ATP 将列车实际位置传输给 ATO，同时应答器的位置作为参考位置进行校准。

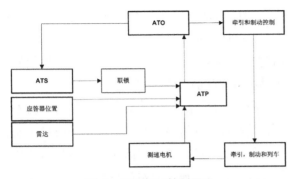

图3 ATO闭环控制原理

基于以上 ATO 伺服控制和闭环控制原理，ATO 可在遵循 ATP 安全防护原则的前提下，充分结合列车性能曲线实现在高速下的类线性常用制动率。因此，ATO 控制是对 ATO 的目标速度曲线进行实时优化，并提供设定值的数据输出至牵引和制动系统用于控车。

3 停车精度优化验证

3.1 ATO 停车和列车制动情况分析

在制动过程中车辆必须产生一个与 ATO 输出制动级位成比例的加速度/减速度[3, 4]，即 ATO 级位信号与加速度/减速度之间的关系是线性的，并独立于功率回收状态。根据车辆制动系统来看，电制动具有响应速度快、响应误差小和跟随性好的特点；气制动响应速度慢，并且误差大。电制动的响应误差小于 ±5%，从初始电制动到有效制动所用的时间为 1.4s；气制动因机械阀特性，响应精度控制在 -10%～+15%，从初始气制动到有效制动所用的时间为 1.6s。对于 ATO 精确停车时需要列车制动系统能够实时跟随 ATO 目标减速度曲线，而制动系统的响应速度和响应误差决定了列车是否能够很好地实际跟随 ATO 目标速度曲线。制动系统在 ATO 停车时分如下两种情况：

（1）在 ATO 停车时，从开始制动到列车停稳，只有电制动参与，即电制动直接制动到车速为 0；列车停稳后，再施加保持制动。

（2）在 ATO 停车时，存在电制动和气制动的转换过程，通常制动系统混合制动开始速度低于 6km/h，制动系统混合制动结束速度大于 1.5km/h；在混合制动开始前通常都是纯电制动，混合制动结束后转为纯气制动。

在情况 a 下，列车的 ATO 停车精度考虑的参数少，制动系统的跟随性好，该条件下 ATO 停车精度可以较快的调试完整，并且会有很好的效果，详细过程就不在此描述。而情况 b 的存在决定了在 ATO 停车时关注的相关参数会更多，需要着重考虑电空转换时整个制动系统的响应误差和响应延时。

从 ATO 闭环控制来看，整个控制的计算和级位的输出基本不存在延时，但 ATO 需要提前考虑到制动系统延时所带来的误差，即设置制动系统的整体延时参数，以保证 ATO 控制列车精确停车时，列车能够精确停到站台停车点。

从制动系统控制执行的过程中，需要提高电制动和气制动在混合制动时的平顺性和对 ATO 需求级位的误差[5]。该过程的验证和参数确认需要列车在线路上进行恒定制动来检查，即在 ATO 输出恒定制动级位时，测量列车的减速度。如图4所示，在 ATO 恒定级

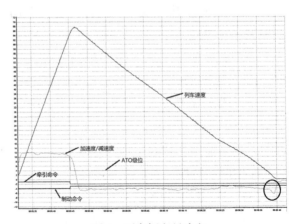

图4 列车恒定制动力

（1.上图横坐标为时间；2.纵坐标为列车速度；3.加速度值以纵坐标0以上表示，纵坐标上2表示加速度值为 0.2 m/s²；4.减速度值以纵坐标0以下表示，纵坐标上2表示减速度值为 -0.2 m/s²；5.ATO级位在纵坐标表示为 0～10，分别为级位 0～100%。）

位下，列车制动系统执行的力值在车速高于4km/h时，整个制动系统的响应控制精度是比较好的，而在车速低于4km/h时，如圆圈标注部分，列车制动系统的输出力值大于需求值的50%，即需求减速度为0.4m/s²，实际减速度为0.6m/s²。

3.2 ATO停车时制动控制级位调整

根据恒定制动力测试结果，从ATO方面可以根据列车停车时制动力增大的曲线去弥补列车制动力增大带来的列车欠标问题，即ATO在停车时减少给列车输出的ATO控制级位，来消除列车在低速制动时带来的制动力过大问题。

更新ATO软件后进行ATO停车精度测试，测试结果如表2所示。

表2 更新ATO制动控制后ATO模式下列车T1920停车精度情况

列车	T1920	
日期	02/12/2021	
时间	09:50—11:25	
车站	停车精度/cm	
	上行站台	下行站台
1	−6	−5
2	−13	−33
3	−26	−23
4	−16	−6
5	−22	−10
6（上行站台_2/下行站台_1）	−22	−8
6（上行站台_4/下行站台_3）	/	/
7	−25	−23
8	−20	−4
9	−20	−23
10	−15	−13
11	−7	−29
12	−5	−30
13	−2	−35

根据表2，我们可以看出列车的停车精度有一些改善，但是不能从根本上解决列车存在欠标的问题。在正常的ATO停车控制中，ATO会根据列车制动系统的实际响应去随时调整目标速度曲线和ATO级位输出，但是由于列车制动系统响应的延时，ATO在车速较低时单方面地调整ATO级位输出仍无法满足停车精度的要求。

假定车速在4km/h以下时，ATO输出为60%级位，即制动系统需要执行的减速度为0.6m/s²，此时列车停下来的距离运用运动学公式 $V^2=2as$（V列车速度，a列车减速度，s列车运行距离），得出列车停下来的距离为1.0m；而其他条件不变，列车制动系统执行的减速度增加0.2m/s²或减少0.2m/s²，得出列车停下来的距离分别为0.75m和1.51m。根据计算结果来看，电空转换过程和列车停车时纯空气制动对ATO的停车精度会有很大的影响。当然在列车实际停车过程中，ATO会进行相应的闭环调整，不断地去修正列车的目标速度曲线，制动系统也会进行相应的响应。为了保证列车的精确停车，恒定制动力实验结果的好坏对与列车ATO精确停车有巨大的指导意义。

3.3 制动减少列车在停车时的制动力

根据恒定制动力测试结果，从制动方面可以根据列车停车时制动力增大的曲线，减少列车制动力增大带来的列车欠标问题，即修改列车即将停车时气制动的摩擦系数或电制动淡出点。本项目制动厂家从减少气制动的摩擦系数着手，修改气制动的软件，进行停车精度的测试，测试结果如表3所示。

表3 车辆更新气制动软件后ATO模式下列车T1920停车精度情况

列车	T1920
日期	12/12/2021
时间	16:50:00-18:30:00

续表

车站	停车精度 /cm	
	上行站台	下行站台
1	−4	−5
2	−14	−16
3	−0	−15
4	−12	−5
5	−10	−5
6（上行站台_2/下行站台_1）	−12	−9
6（上行站台_4/下行站台_3）	/	/
7	−16	−10
8	−18	0
9	−0	−15
10	−12	−11
11	−10	−0
12	0	−10
13	+5	−10

根据表3可以看出，列车的停车精度有了比较大的改善，并且达到了理想的结果。从ATO控制方面来分析，可以在列车即将停车时降低ATO级位的输出来提前抵消制动的力值。从制动系统的角度来看，在列车快停车时可以调整气制动摩擦系数或者调整电制动淡出点，从而调整制动系统的输出力值。

4 结语

为了保证ATO停车精度，ATO系统根据目标速度曲线输出相应的ATO级别，制动控制系统需要实时跟踪和执行制动力的输出，并且要确保制动系统力值的响应误差符合设计范围，停车精度才能够得到更好地保证；停车精度调整需要准确把握停车时制动的时机，考验牵引制动性能的稳定性；信号ATO软件、列车牵引制动软件修改过程中，信号和车辆专业之间需及时沟通，密切跟踪验证结果。

总之，ATO停车精度的优化调整需要信号与车辆专业密切配合，并不断优化验证，才能达到系统设计要求。

参考文献

[1] 王道敏. ATO站台精确停车功能实现的制约因素分析[J]. 铁道通信信号工程技术, 2012, 9（4）: 41-43.

[2] 陈琳奇. 成都地铁2号线ATO模式下列车停车精度的提高[J]. 现代城市轨道交通, 2014（2）: 6-9.

[3] 何浩洋, 王昊. 地铁列车精确停车算法研究[J]. 城市轨道交通研究, 2021（1）: 56-59.

[4] 王鹏. 地铁列车ATO模式对标停车不准故障分析[J]. 铁道机车车辆, 2015, 35（1）: 118-120.

[5] 谭文举. 南宁地铁1号线列车自动运行模式下列车停车精度优化设计[J]. 城市轨道交通研究, 2017（5）: 50-53, 157.

基于TOD模式的轨道交通车辆基地一体化综合利用策略研究

李 瑶[1*] 陈瑞刚[2] 田 甜[3] 王奇峰[4]

(1.北京市轨道交通设计研究院有限公司,北京市轨道交通工程技术研究中心,北京 100068;
2.北京城建设计发展集团股份有限公司,北京 100038;3.北京市基础设施投资有限公司,北京 100101;
4.华通设计顾问工程有限公司,北京 100038)

摘 要：促进轨道交通与城市土地空间的协调发展,发挥轨道交通车辆基地区域的综合效益已经成为轨道交通建设与城市可持续发展的重要模式。基于TOD(以公共交通为导向的发展模式)理论,从城市设计的层面,对车辆段及其周边地区综合开发利用的实践进行分析探讨,寻求实现轨道交通支撑和引导城市发展,促进土地综合利用效率,提升城市环境品质的有效设计策略。

关键词：车辆基地；上盖综合利用；设计策略

1 研究背景

1.1 背景分析

随着我国城市化进程的深入,城市规模不断扩张,全国各大中城市掀起了城市轨道交通新一轮建设高潮。据统计,截至2020年12月31日,中国内地累计有45个城市开通城市轨道交通,运营线路总长度7978.19km[1]。其中北京市已开通24条地铁和4条市郊铁路,车站405座,运营里程达到1092km。轨道交通的引入给城市生活带来便利,而轨道交通所附带的其自身庞大的附属设施给城市的发展及城市空间的利用带来了阻碍,其中,车辆段的建设成为最显著的焦点。根据《城市轨道交通工程设计规范》中的要求,车辆段是车辆检修的基本单位,每条轨道交通线路应设置车辆段,并根据线路长度、用地情况以及其他运营需求增设停车场。一般车辆基地空间占地$20 \sim 40 hm^2$,体量庞大,且根据其使用和功能的需求,要求用地长度一般不少于800m。未进行综合利用的车辆基地会给城市空间带来诸多负面问题,如降低土地使用效率、阻断城市交通、割裂城市空间、给城市景观带来负面效应等。因此,车辆基地的上盖综合利用逐渐被轨道交通建设运营单位所重视,车辆基地上盖的综合利用能够实现土地的集约利用,提升土地利用效率,使城市整体空间环境得以改善,优化轨道交通出行体验。同时,可以拓展土地收益成果,通过用地开发成本分摊或经营性土地收益反哺等方式缓解政府轨道交通建设的投资压力[2]。

1.2 车辆基地综合利用的基本概念

1.2.1 车辆基地

根据2013版《地铁设计规范》,明确了"车辆基地"的统一名称。车辆基地是保证地铁正常运营的后勤基地,车辆基地的设计范围包括车辆段、综合维修中心、物资总库和培训

---

* 李瑶,高级工程师、一级注册建筑师,北京市轨道交通设计研究院有限公司,北京市丰台区角门北京市轨道交通建设管理有限公司A座5层。

中心以及必要的办公、生活设施等，是地铁正常运营所必需的设备和设施[3]。规范中同时指出，车辆段和停车场均为车辆基地，两者只是规模不同而已。每条轨道交通线路应设置车辆段，若运行线路较长，为了有利于运营和分担车辆的停车、检查清洗工作量，可增设停车场，负责部分车辆的停放、运用、检查和整备工作。当技术经济合理也可以两条或两条以上线路共设一个车辆段。

根据车辆基地的主要功能，对其主要的建筑单体进行分区布置，可以分为生产区与厂前区，其中，生产区包括车辆停车场（库）、检修库等，厂前区包括培训中心、信号楼、办公楼、司机宿舍和其他生产、生活、办公等配套设施，综合维修中心、物资总库等根据功能与用地情况灵活布置。生产区以车辆停车库及联合检修库为主，占地规模较大，柱网排布相对均匀，最适宜进行上盖开发利用（图1）。

开发的建筑物群，根据车辆段面积的不同，上盖物业的规模大小不等。车辆基地生产区内主要单体建筑面积较大、柱网规则，利于上盖建筑布局；咽喉区具有一定规模，但柱网不规则，盖上仅适合布置多层小型建筑；出入段线部分形状狭长，柱网散乱，上盖不适宜布局建筑。在车辆段综合利用过程中，根据车辆段工艺布局，合理进行上盖的开发利用。在土地资源愈发紧张的形势下，对地铁车辆段进行综合利用，很好地将轨道交通场站与城市功能结合起来，在改善区域交通、优化空间布局、集约利用土地资源、改善景观环境等方面效果显著（图2）。

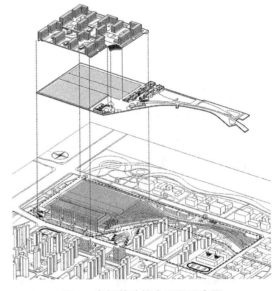

图2　车辆基地综合利用示意图

1.2.3　研究范围界定

目前车辆基地上盖综合利用项目中，车辆基地上盖功能主要分为非经营性开发与经营性开发两类。

非经营性开发主要由政府部门主导投资建设，成为为城市服务的基础设施功能。例如，北京地铁10号线万柳车辆段，将上盖建设成为屋顶绿化花园，整体融入旁边的万柳公园，成为城市的一道亮丽风景；厦门轨道交通1号线高崎车辆段，将上盖建设成为公交停车场，

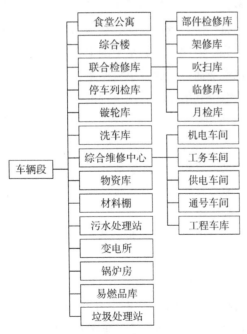

图1　车辆基地功能组成图

1.2.2　地铁车辆基地综合利用

轨道交通车辆基地综合利用是在轨道交通的车辆基地用房屋顶平台之上建设的各种物业

完善城市公共交通体系，缓解城市区域公交停放难的问题。

经营性开发一般由地铁公司主导或地铁公司与开发商联合进行上盖开发。开发功能以住宅为主，并配有完整的能够满足居民基本物质和文化生活所需的配套公建及绿化设施。大多数地铁车辆基地的上盖开发项目多以此种形式出现，因此本文主要研究以经营性物业开发为主导的车辆基地上盖综合利用项目。

2 综合利用车辆基地特征分析

2.1 远离城市核心区

车辆基地一般设置在轨道交通线路一端或两端。根据轨道交通线网规划，车辆基地用地往往位于远离城市核心区的城市郊区，或城乡接合区域。车辆基地的用地本身以及周边用地一般为待开发用地。

这一特征，有利于对于车辆基地上盖开发及其周边区域以TOD设计理念进行整体的规划设计。以轨道交通站点为核心的场站一体化项目自然成为区域的微中心。

2.2 临近轨道交通站点

轨道交通线路设置是从线路终点站站后接轨进入车辆基地，为保证运营效率，要求车辆场段与接轨站尽量邻近设置。

车辆基地进行综合利用以来，为了上盖开发物业的交通便利以及开发产品的价值提升，设计时会将地铁车站尽可能调整至邻近车辆基地用地。

因此，轨道交通站点自然成为区域开发建设的核心，轨道交通站点与车辆基地的一体化开发应以TOD典型模型进行规划布局。

2.3 功能复合化

车辆基地上盖建筑功能并不是单一的，根据车辆基地自身建筑与布局特点，运用库、列检库、联合检修库等大库区域盖上适宜建设高层住宅，咽喉区部分适用建设多层公建，出入段线上方不宜进行开发建设，可进行绿化景观覆盖。

根据区域配套需求，上盖的配套公建需配属社区中心、幼儿园、配套商服等公共服务设施功能。

基于TOD的设计理念，应注重公共建筑与轨道交通站点的关联性，合理布置配套公建及住宅功能的位置关系以及层次递进的路径关联。

2.4 平台上的独立生活区

车辆段上盖开发物业因为架设在车辆段基本功能建筑以上，一般开发平台距地面约9~13m。盖上功能相对独立，私密性较强，但又与城市有着密不可分的功能联系。

上盖综合开发利用的同时应注重保护盖上区域的私密性，又应加强盖上空间与城市地面空间的交通联系，尤其是与轨道交通站点的紧密联系，消除"孤岛效应"，实现盖上的便捷生活。

3 基于TOD模式的轨道交通车辆基地综合利用设计策略

3.1 功能配置

TOD理念提倡城市用地多样化和混合功能的原则，带来城市功能及城市生活的多样性，针对车辆基地的盖上综合利用项目，提倡通过配套公共建筑的营造和整体性开发，在社区中营造车上型的氛围。除住宅区以外，公共配套区倡导的混合功能包括配套服务功能、商业功能、商务办公功能、休闲娱乐功能。

3.1.1 配套服务功能

配套服务功能对于盖上居住物业，是为满足盖上住宅居民日常生活需求的服务功能，主要为教育、社区医疗、社区服务等，若开发面积较小，多直接在车辆基地盖上设置，方便社区居民使用；若开发体量过大，应尽量设置在落地开发区域或整合周边用地的配套服务设施，尽量避免过大体量，人流过于集中的配套服务功能设置于盖板上方。

3.1.2 商业功能

对于车辆基地上盖综合利用项目，商业功能是聚集人气，提升空间活力，塑造区域形象，实现资金平衡的重要功能板块，一般划分为盖下商业与盖上商业。

盖下商业设置于车辆基地综合利用项目的落地开发区，与地铁站点实现一体化的功能衔接，商业地下空间直接承接地铁客流，利用地铁的大客流特征为商业设施带来足够客流量，提升区域内的商业活力，同时利用商业空间打造良好的交通接驳环境，形成区域的微中心。

盖上商业是盖下商业空间与功能的延续，即形成从地铁车站通往盖上居住区的连续的具有活力的步行动线，成为盖上、盖下的过渡空间及盖上的社区门户。盖上的商业面积需要根据盖上开发住宅规模进行核算配建。

3.1.3 商务办公功能

商务办公功能与城市其他功能关系更为紧密，且为避免与上盖居住功能间的相互干扰，多设置在落地开发区。在车辆基地的综合利用中，遵循TOD的规划布局原则，多与商业功能进行整合，在地铁站点上方形成复合功能的城市综合体。商务办公功能的配建是为实现区域的职住平衡以及项目开发的资金收益，需要根据区域规划指标及车辆基地综合利用项目资金平衡测算情况进行配置。

3.1.4 休闲娱乐功能

休闲娱乐功能分为盖上、盖下两部分。盖上休闲娱乐主要服务于盖上住宅的居住人群，因此多以社区绿化、小游园、盖上运动场等形式实现。结合盖下车辆基地功能布局与结构特点，一般设置在咽喉区或出入段线的上盖位置，并与区域景观绿化及开发空间形成网络或呼应关系。

盖下的休闲娱乐一般结合地铁站点附近的公共空间，或与地铁站点上盖开发的城市综合体相结合，以服务区域为主的区域微中心（图3）。

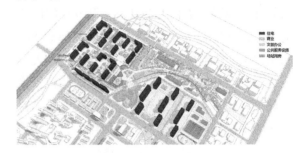

图3 车辆基地上盖综合利用功能配置示意图

3.2 交通组织

地铁车辆段本身交通情况复杂，包括人流、车流、货流多组流线关系。上盖进行综合利用，在原有交通流线基础上增加上盖的人车流线。因此规划设计时应重点考虑各类交通的流线关系，盖上盖下交通流线严格区分不得混行，同时需要考虑对区域交通的影响和修补。

3.2.1 对外交通组织

应首先考虑车辆基地日常使用的交通组织，保障城市公共交通设施的日常运营需求。

综合利用盖上物业对外交通流线设计主要是针对车辆基地内的机动车、人行交通与城市交通及对应轨道交通站点的衔接关系的处理[4]。盖上物业的车行组织主要通过汽车匝道来实现，匝道连接周边市政道路，通往平台上方小汽车库层，一般还设有可接续上至开发物业的室外地面，以实现应急使用及盖上消防车通行。汽车匝道设置数量根据停车数量进行核算，满足汽车库消防及日常使用的需求。汽车匝道与市政道路接口市政应避免与车辆基地交通组织及上盖人行交通相互干扰。人行交通指的是外部到达综合利用盖上的步行路径。最主要的人流方向是轨道交通车站，应注重打造与轨道交通站点的无缝衔接，从地铁车站穿过地下通道、下沉广场、地面广场、空中连廊、景观平台等进入小区大堂，通过一系列要素的相互衔接打造连贯、快捷、舒适的接步行路径。除与轨道交通站点的衔接外，还应设足够的垂直交通设施，方便盖上与城市地面的交通衔接（图4）。

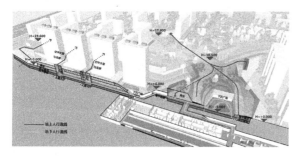

图4 车辆基地上盖综合利用人行交通组织示意图

3.2.2 对内交通组织

车辆基地的综合利用功能是分层组织的，车辆基地基本功能位于地面层，即 ±0；车辆基地生产用房上设置结构转换层兼作综合利用的小汽车停车库，标高一般为 9～13m；小汽车库顶板及其上覆土成为盖上板地，即开发物业的室外地面，标高约 15～19m。在几个层次中分别按其功能需求、规范标准组织各自内部交通流线，互不干扰。有连通需求的层面设置垂直交通进行衔接。板地以上分区组织不同开发功能的内部交通，以及其相互间的交通衔接。

3.2.3 城市过境交通

一般车辆基地空间占地 20～40hm^2，体量庞大，且根据其使用和功能的需求，要求用地长度一般不少于 800～1000m。车辆基地对城市交通路网产生阻隔作用。需通过对城市道路交通分析，评估车辆基地对城市交通的影响，可采用上跨道路的方式，即城市道路穿过上盖平台的交通，以此打通城市道路，完善城市路网系统。此种方式虽然有利于区域道路的通行，但对上盖物业的环境及内部交通组织造成一定干扰，因此需根据区域交通条件权衡判定。

3.3 站城融合

基于TOD模式引导的轨道交通车辆基地综合利用，更应注重发挥轨道交通站点的核心作用和区位优势，加强公共配套设施的配置，增强城市公共空间的建设，提高城市公共交通效率，满足城市居民生活品质和文化需求的提升，提高城市居民对城市区域的认同感与归属感，促进区域活力和社会效益的最大化。

3.3.1 加强地铁站点衔接空间的功能优化与空间整合

城市轨道交通站点多位于市政道路下方，通过闭塞的通道到达地面出入口或接入商业空间地下室内，站点与开发地块空间衔接不够紧密，且独立开发地块的地下空间各自分散，相互之间缺乏联系，造成资源浪费，应进一步进行轨道交通站点及其外部地下空间的一体化设计，将地下交通空间、商业空间、公共空间结合起来，形成完整地下空间体系，实现良好的交通接驳[4]，并有效地将地铁人流导入商业空间内，带动区域活力和经济效益的提升。

3.3.2 提升地面外部空间品质

对于地铁站点周边的地面空间，往往意味着空间品质低下，人车混杂，在与车辆基地一体化综合利用的项目中，应注重提升站点外部空间的品质，考虑预留交通接驳设施的空间，增加广场、绿地等方便人流聚集的公共场所，利用落地开发区设置沿街商业，完善站点周边的配套服务设施，并注重提升站点周边的商业业态水平，打造良好的外部空间环境[5]。

3.3.3 增加盖上外部空间功能

盖上是在车辆基地屋顶形成的板地上进行规划布局，难免整体空间单调，并与城市公共开放空间联系不便，应在盖上增加其景观、商业、休闲等外部空间空能，弥补空间劣势。利用出入段线上盖空间设置绿化公园、运动场地并向区域开放，补充区域的公共开放空间，成为城市的绿色活力核心。

3.4 城市风貌

车辆基地因其工业建筑的功能属性，对于

城市的空间形象往往形成负面效应；上盖进行综合利用建筑也因车辆基地工艺用房的总体布局和结构形式等因素对其布局、层数以及空间形态有诸多限制。开发物业应以多种形态的形体组合，注重适宜的人性化尺度，使得整体地上建筑群更好地融入城市肌理。

3.4.1 融入城市环境与肌理

从区域整体进行分析，并结合车辆基地盖下建筑的功能与结构因素，对盖上开发建筑的高度、体量、造型进行适度变化，形成建筑的自身特色，并与区域的城市文化、区域环境、空间肌理相融合。结合区域特点与原有的城市空间肌理布局盖上建筑、公共空间、景观绿地，改变大体量的车辆段对城市肌理造成的破坏，延续合理的城市肌理形态。

3.4.2 确定整体天际线

上盖开发车辆基地建筑天际线的确定需要根据周边具体环境进行具体性分析。在周边没有山体、高层建筑的条件下，其天际线轮廓应根据整体开发功能区的区别进行重置，丰富周边城市景观。如果存在山体与标志性建筑，应尽量使得建筑天际线不遮挡山体景观与周边建筑有一定整体性或者层次感[4]。

3.4.3 消除侧壁效应

轨道交通的车辆基地本身功能是车辆运维的场所，建筑性质为工业厂房，其与城市的界面会形成高大且丑陋的外立面侧壁，被称为侧壁效应。

车辆段综合开发利用的意图之一就是为了与城市更好地融合，创造宜人的城市空间环境，因此越来越重视消除侧壁效应，在设计中需要采用精细化设计的手法，消除侧壁效应。例如采用植被墙体、外墙的景观处理或增加落地开发空间及沿街商业的手法，消除丑陋的外立面景观，还城市以尺度宜人、景观美好、环境和谐的城市界面空间（图5）。

图5 景观化处理侧立面示意图

4 结语

结合轨道交通站点的车辆基地综合利用，目标是消除车辆基地对城市的割裂，创造宜居的城市空间环境。遵循TOD模式，结合区域特征，因地制宜，利用车辆基地工艺用房屋顶创造出来的新地坪，创造新的城市生活空间，充分利用土地资源，组织紧凑的公共交通支持，配置完善便捷的公共服务设施，提供舒适理想的外部环境空间，进行高密度、高品质的居住开发，实现区域活力和社会效益的最大化。

轨道交通设施建设正方兴未艾，轨道交通车辆基地的综合利用已成为轨道交通建设的重要环节。本文的研究为现阶段综合利用车辆基地设计策略的分析与梳理，总结轨道交通车辆基地综合利用规划设计的有效技术方法，以期对未来车辆基地综合利用的规划设计工作起到借鉴与推进作用。

参考文献

[1] 中国城市轨道交通协会信息[R].北京，2021.
[2] 马静，房明.轨道交通车辆段上盖综合开发研究与实践[J].都市快轨交通，2018（3）：1-5.
[3] 中华人民共和国住房和城乡建设部，中华人民共和国国家质量监督检验检疫总局.地铁设计规范：GB 50157—2013[S].2014.
[4] 李翔宇，苏效杰，张继菁，等.综合开发的车辆基地交通流线设计策略探析：以平台模式车辆基地上盖开发为例[J].建筑学报，2016（S2）：114-118.
[5] 赵永毅.TOD模式下地铁车辆段上盖综合体设计探索[J].智能城市，2019，5（4）：34-35.

研讨段场工艺设备大修及更新改造成本控制方案

盛 全[*]

（天津轨道交通运营集团有限公司，天津 300392）

摘 要：通过分析设备磨损原因，定义设备寿命的概念。在此基础上，研讨延长设备大修周期和预估设备更新改造时机的方法，降低车辆段场工艺设备在开展大修和更新改造时的维保费用。

关键词：段场工艺设备；大修；更新改造；缩减成本

1 引言

天津地铁作为国内早期开通地铁的城市，配套设备采购较早，全部段场工艺设备使用已达 10 年以上。截至目前，重点设备均已完成首次大修或更新改造。随着城市新线路的开通，需要对各线路不同工艺设备进行修程规划，来进行设备的成本控制。段场工艺设备入场后，无论是使用或闲置都会发生磨损，首先对设备磨损的成因和类型进行分析。

2 设备磨损的类型

2.1 有形磨损（物质磨损）

设备在使用过程中，在操作人员的作用下实体产生的磨损、变形和损坏，称为第一种有形磨损，这种磨损的程度与使用强度和使用时间长短有关。

设备封存闲置过程中受自然力的作用而产生的实体磨损，如金属件生锈、腐蚀、橡胶件老化等，称为第二种有形磨损，这种磨损与闲置的时间长短和所处环境有关。

2.2 无形磨损（经济磨损）

设备的技术结构和性能并没有变化，但由于技术进步，制造工艺不断改进社会劳动生产率水平的提高，同类设备的再生产价值降低，因而设备的市场价格也降低了，致使原设备相对贬值。这种磨损称为第一种无形磨损。

第二种无形磨损是由于科学技术的进步，不断创新出结构更先进、性能更完善、效率更高、耗费原材料和能源更少的新型设备，使原有设备相对陈旧落后，其经济效益相对降低而发生贬值。第二种无形磨损的后果不仅是使原有设备价值降低，而且由于技术上更先进的新设备的发明和应用会使原有设备的使用价值局部或全部丧失，这就产生了是否用新设备代替现有陈旧落后设备的问题。

2.3 综合磨损

设备的综合磨损是指同时存在有形磨损和无形磨损的综合情况。对任何特定的设备来说，这两种磨损可能同时发生或互相影响。生产计划的紧密程度可以直接影响设备有形磨损的速度，例如地铁车辆在进入大级别修程时，工艺设备需在车辆扣停空窗期内不间断进行作业，高强度的使用必然使设备物质磨损加快。随着车上牵引、制动系统部件的改型换代，需对工艺设备的功能进行换代升级或更新，由此看来城轨车辆的升级也会加速工艺设备的无形磨损。

由于设备磨损的形式不同，补偿方式也各

---

[*] 盛全（1993—），男，学士学位，工程师，天津轨道交通运营集团有限公司。主要从事车辆段场设备维护和生产管理方面工作。
E-mail: 2447712876@qq.com

不相同。有形磨损通过大修来对损耗件和设备系统进行恢复。无形磨损需要以设备更新改造的方式进行处理，在更新改造的过程中增加新技术和控制方式，以满足设备使用的新要求。大部分设备有形磨损占比较大，通过设备大修可以使设备使用周期延长到 20～30 年。其他设备则属于同时存在无形磨损和有形磨损的情况，需要通过设备更新的方式来进行解决，设备更新常常是解决设备故障率高和技术落后最有效的手段。在明确设备不同磨损分别的处理方式后，下一步就需要对设备大修或更新改造的时机进行预估和测算。此时则需要引入设备寿命的概念。

3 设备寿命

3.1 设备的自然寿命

自然寿命是指设备入场安装验收后，到设备报废所经历的时间，它主要是由设备的有形磨损决定的。随着设备后期故障率的提升，维修和日常保养费用会大幅提升。

3.2 设备的技术寿命

技术寿命是指设备入场安装验收后，到设备因技术功能不满足而被淘汰的时间。例如高速断路器换型后，高速断路器试验台在硬件方面，连接接口需重新设计；在软件方面，测试软件需重新编辑，以满足新型号断路器的试验需要，此时旧设备需被功能更加先进的新试验台取代。由此可见，技术寿命是由无形磨损决定的，社会上同类产品技术升级越快，旧设备的技术寿命就越短。

3.3 设备的经济寿命

经济寿命和设备使用期间的费用投入有关。随着设备使用时间的推移，设备的资产净值逐年减少，而维护成本则逐年增加。在某一时间，设备年均使用成本最低，此时的时间节点 N_0 就被称为设备的经济寿命。从经济角度来讲，也是设备换新的最佳时机，详见图 1。

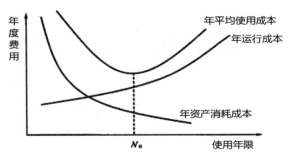

图 1　设备年度费用曲线

4 维护关键部件延长设备自然寿命

对设备关键系统和部件进行重点监测和维护可延长设备的自然寿命。一方面降低了设备的故障率，另一方面延后了设备进入大修修程的时间。通过延后设备大修的启动时间，从而获得了资金的时间成本。表 1 简述了主要段场工艺设备所属关键系统的维护要点和故障处理办法。

表 1　段场工艺设备关键系统的维护要点和故障处理办法

设备名称	关键系统、部件	典型问题	处理办法
镟床	液压系统	漏油	液压泵站和管路查漏
	机械系统	抖动	寻找震动部位，如驱动轮等位置
	牵引小车/公铁两用车	漏油	检查油管路连接件
洗车机	洗车刷组	卡滞不动作	检查通信接口、维护驱动电机
	牵引小车	拖链折断	定期更换硬化、出裂纹拖链
	水循环系统	水质不好	定期更换消化细菌球等过滤材料
架车机	机械系统	举升不联动、不到位	检查螺杆和安全螺母间隙，定期检查传感器和限位开关状态
起重机	驱动系统	大、小车不动作，动作异响	定期维护减速机
	钢丝绳	磨损较快	检查起升限位挡板位置、定期润滑
	制动器	异味	调整闸瓦与制动轮间隙

续表

设备名称	关键系统、部件	典型问题	处理办法
内燃调机	柴油机	不启动	检查断路器开关、柴油机塞门、曲轴是否动作
	空压机	欠电流、欠电压、油温高	检查空压机整流装置、空压机油量、滤清器吸风口
	燃油系统	燃油压力低	检查油量、燃油回流阀位置、燃油是否泄漏
空压机	安全阀	未到设定压力开启	检查加载、卸荷电磁阀动作状态
	进气管路	进气不畅	定期更换空气滤芯
	气罐	锈蚀	使用后立即排气排污
厂内机动车	制动系统	齿轮箱异响	检查齿轮、轴承状态
	转向系统	转向失灵	更换弹簧片、销轴、联轴器
	液压系统	堵、漏、坏	油道疏通、橡胶件、弹簧更换
	蓄电池	蓄电池起鼓	定期充放电，按期活化
充放电机	接头电缆	电流不稳定	线截面积不满足，接头松动
	接头电缆	充满后亏电	线缆过长，线压降过大
试验台	通信系统	通信无反馈	检查通信地址、PLC通信模块及线路
	采集系统	数值不准	传感器、仪表定期校验
	气压系统	漏气	检查电磁阀橡胶件和管路
	液压系统	漏油	检查阀门状态
安全联锁	锁具装置	机械锁具生锈、卡塞	定期对锁具进行除锈、润滑
	通信系统	送断电状态不准	检查无线基站、光电传感器有无异物遮挡
受电弓与轮对动态检测	采集系统	数据不准	检查光电、位置传感器状态
机床类设备	机械系统	设备异响	定期润滑加油

5 计算经济寿命确定设备更新时机

（1）当设备技术功能不足无法满足现场生产需要时，则需要技术管理对设备进行初步判定，优先考虑更新改造的设备特征有：

①设备大修后性能、强度仍不能满足工艺标准。

②设备老化严重，大修成本消耗接近或超过换新的设备。

（2）在确定该设备采用更新的方式进行升级改造后，则需要敲定设备更新时机。利用经济寿命计算公式对 N_0 进行计算，即：

$$N_0 = \sqrt{\frac{2(P-L_N)}{\lambda}}$$

式中：

N_0——设备经济寿命。

P——设备目前价值。新设备包括购置费和安装费，如果是旧设备还包括市场价值和继续使用旧设备追加的投资。

λ——低劣化数值，即设备逐年递增的维修费用。

L_N——第 N 年末的设备净残值。

例如，一台综合电器试验台，采购合同价 $P=300000$ 元，预估报废时设备残值 $L_N=100000$ 元，第一年设备维护成本 $Q=1000$ 元，假设设备每年增加的维护费用是固定的 2000 元，则年劣化值 $\lambda=2000$ 元。通过上述条件计算综合电器试验台的经济寿命：

$$N_0 = \sqrt{\frac{2(300000-100000)}{2000}} = 14 \text{ 年}$$

根据设备年度费用曲线，将计算数值列表，可得到同样的结果。计算可得在第 14 年时设备的年平均使用成本最低，详见表 2。

表 2 用低劣化数值法计算设备更新最优期 / 元

使用年限 N	平均年资产消耗成本 $(P-L_N)/N$	年度运行成本 C_t	运行成本累计 $\sum C_t$	平均年度运行成本 (5)=(4)/(1)	年平均使用成本 (6)=(2)+(5)
(1)	(2)	(3)	(4)	(5)	(6)
1	200000	1000	1000	1000	201000
2	100000	3000	4000	2000	102000
3	66667	5000	9000	3000	69667

续表

使用年限 N	平均年资产消耗成本 $(P-L_N)/N$	年度运行成本 C_t	运行成本累计 $\sum C_t$	平均年度运行成本 (5)=(4)/(1)	年平均使用成本 (6)=(2)+(5)
4	50000	7000	16000	4000	54000
5	40000	9000	25000	5000	45000
6	33333	11000	36000	6000	39333
7	28571	13000	49000	7000	35571
8	25000	15000	64000	8000	33000
9	22222	17000	81000	9000	31222
10	20000	19000	100000	10000	30000
11	18182	21000	121000	11000	29182
12	16667	23000	144000	12000	28667
13	15385	25000	169000	13000	28385
14	14286	27000	196000	14000	28286
15	13333	29000	225000	15000	28333
16	12500	31000	256000	16000	28500
17	11765	33000	289000	17000	28765
18	11111	35000	324000	18000	29111
19	10526	37000	361000	19000	29526
20	10000	39000	400000	20000	30000

上述内容是从理论角度分析设备的更新时机，当设备状态已不满足生产需要时，需提前安排工艺设备的相关修程或更新改造计划，以防对车辆的生产维修造成影响。

6 成本控制的其他方法

（1）按设备的种类签订长期维保合同，可降低运营公司在设备使用期内逐年增加的人力和物料成本。

（2）当车辆架修或大修等修程委托外委单位开展时，可将部分设备作业一同委托乙方单位实施。以此降低设备的损耗频率，延长设备的自然寿命。

（3）对低频、非常用设备进行成本预估，若采购和后期维护成本过高，可考虑采用设备租赁的方式开展相关生产作业。

（4）城市新线路筹建时，建议将起重机、空压机、厂内机动车、旋床等关键设备与已开通线路的同类设备统一型号。在多线路同类设备大修时能实现备件共用，减少设备备件的采购和仓储成本。

（5）段场工艺设备中数控类设备较多，此类设备技术寿命和经济寿命较短。这就要求设备维护人员熟悉上位机和下位机的程序逻辑和编程方法，通过不断优化控制程序以延长设备的经济寿命。

7 结语

目前，由于地铁运营成本居高不下，国内不少地铁线路已采用PPP、TOT等方式来控制成本投入。各运营公司的设备管理者也都在积极寻求既能保证设备稳定又能节约成本投入的维保方法。希望通过文中提到的几点建议，能帮助设备管理人员尽快找到提高设备可靠度和降低概算之间的平衡点，以解决质量与成本无法兼顾的难题。

参考文献

[1] 李钟煦. 提升设备管理及技改大修项目精益化管理水平[J]. 设备管理与维修, 2020（2）: 21-22.

[2] 程相龙. 提升设备管理 严控大修项目精益化管理水平[J]. 中国设备工程, 2020（18）: 64-65.

齿轮箱健康状态评估

刘 尧

（北京市地铁运营有限公司地铁运营一分公司，北京 102200）

摘 要：地铁车辆的机械齿轮传动机构故障是车辆重大安全隐患之一。为了避免车辆运行中齿轮传动机构故障的发生，避免人员重大伤亡事件，现阶段有必要开展地铁列车齿轮箱健康状态评估，并结合车辆日检、周检、月修、定架修和大修等修程，实施状态维修，优化车辆修程。本文首先对地铁车辆齿轮传动机构原理和常见故障进行简要介绍，其次详细说明地铁列车齿轮箱健康状态评估机理，再次是介绍如何搭建列车走行部健康状态评估平台，最后根据评估结果优化车辆齿轮箱修程。

关键词：齿轮传动机构；齿轮箱健康状态评估；列车走行部健康状态评估平台；优化车辆齿轮箱修程

1 引言

齿轮箱是将电机的扭矩传递到车轮的中间传动机构，也是车辆走行部的重要传动部件之一。地铁车辆齿轮箱属于闭式齿轮传动机构，其优点在于齿轮在密闭空间传动，有良好的润滑、齿轮工作环境清洁；但是其缺点也显而易见，一方面此结构不易观察不能及时排除隐患，另一方面平时修程过程中需要耗费大量人力、财力进行检修，效率较低。因此，现阶段有必要开展地铁列车齿轮箱健康状态评估，并结合车辆日检、周检、月修、定架修等修程，实施状态维修，优化车辆修程。

2 齿轮箱传动机构原理和常见故障

地铁车辆采用一级圆柱斜齿轮减速传动，齿轮箱内部传动机构由一个主动齿轮和一个从动齿轮组成，齿轮传动比为 7.69，大齿轮采用碳钢高频淬火，渗碳硬化；小齿轮采用镍铬钼钢，渗碳硬化；大齿轮齿数为 100，小齿轮齿数为 13。

齿轮常见失效形式主要有以下几种：主动、从动齿轮齿面有轮齿折断、齿面点蚀和齿面胶合，齿面存在明显磨损，接触状态不良；齿轮箱轴承常见失效形式主要包括：轴承保持架碰外环、轴承保持架碰内环、轴承外环故障、轴承内环故障、轴承滚动体单故障、轴承滚动体双故障、齿轮与封严碰撞。

无论大齿轮、小齿轮故障，抑或是齿轮箱轴承故障，齿轮与轴承之间相互间接作用，齿轮或者齿轮箱轴承故障均会对相对应部件产生影响，因此可以建立齿轮与轴承之间的相关定点疲劳方程，利用相关技术，从而对齿轮箱健康状态进行分析、评估。

3 齿轮箱健康状态评估机理

无论齿轮箱内部齿轮以何种形式失效，或者是齿轮箱轴承以何种形式失效，均会在运行过程中产生相应幅度的振动、冲击信号，通过采用广义共振与共振解调技术，多因素、多参数联合诊断决策技术和同类故障的归类诊断准则等技术解决上述问题。

第一，运用广义共振与共振解调进行相应故障诊断，该技术主要在于准确提取振动冲击信号，对于正常振动冲击信号（常规、不危害设备安全）进行吸收和重新分配，对于故障冲击信号进行解调，从而得到平滑、信噪比好的解调信号。

一个复杂的机械结构含有多种振动模态和固有频率，上述模态可以产生广义共振，因此机械系统广义共振频率 f_1 为：

$$f_1 = \frac{1}{2\pi}\sqrt{\frac{K}{M}}(1-\eta^2) \approx \frac{1}{2\pi}\sqrt{\frac{K}{M}} \quad (1)$$

式中：

K——谐振系统刚度；

M——谐振系统质量；

η——谐振系统阻尼系数，通常数值很小，对固有频率影响较小。

根据经验公式[1]：

$$A_{dB} = 20\log\frac{2000 S_v}{nD^{0.6}} \quad (2)$$

式中：

A_{dB}——故障级差；

S_v——表示冲击值大小的物理量；

n——轴承、齿轮、踏面所在轴的转速；

D——轴承、齿轮、踏面所在轴的轴直径。

从而可以达到评价机械结构故障严重程度的目的。

利用上述机械结构所构成的振动冲击复合传感器，该传感器可以提取其内部高频广义共振频率信号，同时滤掉低频振动信号，复合传感器可以将该广义共振信号转换成为电信号[1]。

第二，利用多因素、多参数联合诊断决策技术进行相应故障判断。该技术既分析了信号的幅度因素，又研究了信号的特征频谱、特征谐波、边频、半谱、调制谱、干扰谱多因素，针对上述因素，基于数值分析、模糊数学和统计学等技术进行相关推理，从而达到确定机械机构中某一部件或者某些部件故障的目的。

第三，利用同类故障的归类诊断准则，对精密诊断数学模型进行简化，可以达到准确识别齿轮箱故障类型的目的[2]。精密诊断数学模型如表1所示。

表1 精密诊断数学模型

故障类型	故障特征频率公式
轴承保持架碰外环	$f_{Bw} = \dfrac{D_0 - d\cos A}{2D_0} \times f_n$
轴承保持架碰内环	$f_{bn} = \dfrac{D_0 + d\cos A}{2D_0} \times f_n$
轴承外环故障	$f_w = \dfrac{D_0 - d\cos A}{2D_0} \times Zf_n$
轴承内环故障	$f_n = \dfrac{D_0 + d\cos A}{2D_0} \times Zf_n$
轴承滚动体单故障	$f_D = \dfrac{D_0^2 - d^2\cos^2 A}{2D_0 d} \times f_n$
轴承滚动体双故障	$f_S = \dfrac{D_0^2 - d^2\cos^2 A}{D_0 d} \times f_n$
齿轮与封严碰撞	$f_{CH} = f_n$

D_0 为轴承中径，d 为滚子直径，A 为滚子接触角，Z 为滚子数量，f_n 为轴承内圈相对于外环的转速频率。

第四，建立轴承、齿轮健康评估模型。

首先介绍轴承健康评估模型，根据状态数据（轴承报警、温度报警）、趋势数据（冲击 dB 值趋势、冲击 SV 值趋势、振动有效值趋势、振动峰值趋势、振动平均值趋势及温度趋势）和其他辅助数据（维修信息、健康评估历史结论、轴承参数），在健康模型计算过程中对数据进行清洗（去除异常数据，删除重复、无关数据），然后对上述状态数据、趋势数据和辅助数据进行分析，达到数据多维度状态融合，从而完成轴承健康状态评估，最后输出轴承健康等级。

其次介绍齿轮健康评估模型，根据状态数据（齿轮报警、温度报警）、趋势数据（冲击 dB 值趋势、冲击 SV 值趋势、振动有效值趋势、振动峰值趋势、振动平均值趋势及温度趋势）和其他辅助数据（维修信息、健康评估历史结论、齿轮参数），在健康模型计算过程中对数据进行清洗（去除异常数据，删除重复、无关数据），然后对上述状态数据、趋势数据和辅助数据进行分析，达到数据多维度状态融合，从而完成齿轮健康状态评估，最后输出齿轮健康等级。

根据健康输出等级可以将轴承和齿轮的健康评估分成5个等级，即健康、亚健康、轻微故障、中等故障和严重故障。

其中以齿轮健康标准为例进行说明。健康：齿轮无异常状态，正常运营；亚健康：齿轮存在早期特征，例如冲击特征、振动特征等，不影响安全运营，建议结合月修/均衡修观察油脂颜色是否存在变色、漏油现象；轻微故障：冲击、振动值较高，连续性较强，但是暂时不影响安全运营，建议结合月修/均衡修放油，观察油脂颜色是否存在变色、金属杂质；中等故障：冲击、振动值高，连续性强，建议月修/均衡修进行拆卸检查；严重故障：齿轮失效，冲击、振动值高，影响安全运营，建议回库后拆卸检查，尽快更换齿轮。

另外轴承健康状态亦有5个等级，健康：轴承无异常状态，正常运营；亚健康：轴承存在早期特征，例如冲击特征、振动特征等，不影响安全运营，建议结合月修进行开盖检查，观察油脂颜色是否存在变色、有无气味；中等故障：冲击、振动值高，连续性强，建议月修对轴箱轴承进行更换；严重故障：冲击、振动值高，且伴轴箱轴承齿轮受损。

4 列车走行部健康监测平台

设计列车走行部健康监测平台，设计相关软件平台，搭建硬件平台。

首先设计相关软件平台，列车走行部健康监测平台是一套智慧化的信息系统，系统主要由故障诊断、健康评估、寿命预测、统计分析、维修建议等功能模块组成，其中该系统融合走行部、轨旁系统和维修系统等数据，能为车辆走行部维修计划提供支持。健康监测平台底层软件采用Linux2.6，共设计两层网络，下层网络利用云计算对关键数据进行计算、存储和信号接口调度，上层网络利用雾计算对非关键数据进行计算、存储和信号接口调度[3]。

车辆走行部健康评估信息一方面通过MVB网络传输到司机控制显示器（HMI），信息包括故障诊断、健康评估、寿命预测、统计分析、维修建议等，司机可以根据上述信息及时做出判断；另一方面通过以太网传递到行车记录仪（ERM），方便维护人员及时下载、调取相关信息；另外基于物联网解决方案，并通过PPTP/L2TP VPN通道及实时服务器软件传输数据，利用波导局域网和相关MIMO技术，提升无线网宽度至300Mbps，经过对接口、带宽进行合理分配可以保证信号传输稳定性、安全性。车载子系统结构图如图1所示。

其次搭建走行部健康监测硬件平台，走行

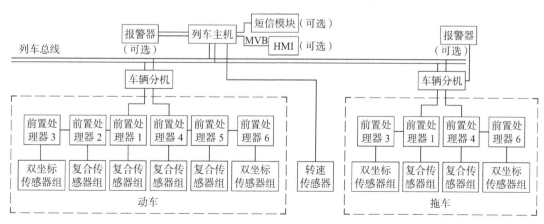

图1 车载子系统结构图

部健康监测平台由 6 台诊断仪、18 台处理器、60 个复合传感器和 1 个转速传感器组成。通过复合传感器可以监测轴承、齿轮冲击、振动、温度这几个物理量，从而实现在线监测、诊断车辆走行部健康状态。

走行部对于所监测的温度需要设定一定的标准，温度测量范围在 $-15 \sim 105$℃，测量误差在 ± 2℃之间，系统对于温度报警准确率不低于 98%，漏报率低于 0.1%。

5 齿轮箱修程优化

根据日检、列检、月修、大修等修程规定，在此基础上结合列车走行部健康监测平台输出信息，确定相应可以优化的修程项点。根据评估结果，最终齿轮箱修程优化项点为 3 项，下面按照各修程一一进行说明。

首先对于日检、列检修程，小齿轮轴承、齿轮处于健康状态的情况下可以不给予检测（齿轮箱小轴温度），如果小齿轮轴承、齿轮健康状态处于亚健康及以下状态，则需要检查；其次对于月修修程，齿轮箱齿轮、轴承处于健康状态的情况下可以不给予检测（箱体状态、漏油、安装状态、加油堵和放油堵无泄露），如果齿轮箱齿轮、轴承处于亚健康及以下状态，则需要检查；对于架修修程齿轮箱齿轮、轴承处于健康状态的情况下可以不给予检测（主动、从动齿轮齿面不得有轮齿折断、齿面点蚀和齿面胶合等现象，齿面无明显磨损，接触状态良好），如果齿轮箱齿轮、轴承处于亚健康及以下状态，则需要检查；最后对于大修修程，齿轮箱齿轮、轴承处于健康状态的情况下可以不给予检测（更换大、小齿轮轴承，齿轮箱组装后测量小轴承游隙、大齿轮游隙和齿轮啮合齿隙），如果齿轮箱齿轮、轴承处于亚健康及以下状态，则需要检查。

6 结论

通过建立列车走行部健康状态评估平台，可以达到以下四个目的：

（1）评估列车走行部关键机械系统健康状态，并提出相应处理建议，有助于运营正线列车司机及时做出正确的判断，避免车辆发生严重事故。

（2）数据及时存储，有利于检修人员调取数据，分析相关故障点，及时做出正确的维修手段。

（3）通过无线网络将数据及时传输，有利于调度人员做出相关判断，从而可以辅助列车司机做出正确的故障处理手段。

（4）根据走行部健康状态评估结果，有利于简化相关修程，从而可以有效节约相关人力、财力。

参考文献

[1] 叶鹏君，刘东宇，吴涛. 城市轨道交通智能运维系统工程应用研究 [J]. 轨道交通装备与技术，2021，3(25)：55-58.

[2] 唐德尧. 轨道交通车辆走行部故障机理诊断技术 [J]. 电力机车与城规车辆，2015，1(13)：32-37.

[3] 黄贵发. 用于城市轨道交通车辆走行部故障的车载在线实时诊断与监测系统 [J]. 城市轨道交通研究，2015，9(25)：46-51.

论虚拟仪器技术在电子专业课程教学中的重要性

张翠云*

（安徽职业技术学院，合肥 230009）

摘　要：在电子专业的授课过程中，涉及很多实验，需要学生在动手操作的过程中做到理实结合，融会贯通。但是，由于资金、场地等诸多因素，学校只能提供给学生少数实验设备进行操作。为此，将虚拟仪器技术应用到课程教学实验操作中，很好地解决了实验设备短缺、学生动手少的问题，从而极大地提高了教学质量。

关键词：虚拟仪器技术；课程教学；实验操作；教学质量

1　引言

大学生在学习专业知识的过程中，遇到很多晦涩难懂的知识点，必须借助实验课程，通过动手操作，观察调试的过程，理解所学知识并加以应用。但是，在实际的教学过程中并没有足够的资源供给每位学生。一方面，是由于学校资金有限，需要做到统筹分配，合理配置，并不能将资源集中到某个专业的建设上来；另一方面，有些设备要求精度高、购买成本昂贵，不可能做到人手一台；同时，技术发展迅速，传统的实验项目可能跟不上科技进步的步伐，设备又面临着更新换代的窘况，再加上实验场地受限等诸多因素[1]，让教学质量大打折扣。为此，必须提出新的思路。

虚拟仪器技术的发展则很好地解决了实验课程中所面临的问题。虚拟仪器技术的核心技术是软件，"软件"即是仪器；而硬件则为信号采集、传输的重要工具。虚拟仪器技术依托于计算机技术、总线技术和各种标准化文件的发展而进行逐步完善[2]，是在计算机的基础上，借助于计算机强大的处理系统和运算能力，采用图形化的语言构建仪器，并在编程的时候调用各种函数完成数据分析、信号处理等功能[3]，实现了传统仪器所具有的功能，同时又可借助这个平台加以创造和丰富功能。

2　虚拟仪器相比传统仪器优势突出

虚拟仪器和传统仪器做对比，有如下几个方面的优势：①关键技术不同，虚拟仪器的关键是软件，而传统仪器的关键是硬件；②在系统功能方面，虚拟仪器可以由用户灵活定义，而传统仪器则依赖于厂家制定；③在使用时，虚拟仪器更为灵活可与计算机同步发展，而传统仪器则功能固定并且仪器之间的配合性差；④在显示方面，虚拟仪器提供了无限多选项，而传统仪器则受体积限制是有限的；⑤在开发维护方面，虚拟仪器可以依赖软件、开发维护方便，而传统仪器则依赖厂家，周期很长；⑥在价格方面，虚拟仪器由于可以重复利用资源，所以价格相对传统仪器较低。

由此可见，虚拟仪器因其固有的特性，完全可以应用到课程实验教学当中。

---

* 张翠云（1988—），女，硕士，机电工程师、讲师，研究方向：电力电子。项目名称："虚拟仪器应用技术"之"虚实结合 智慧助农"温室大棚测控系统的设计与调试案例（2021xjtz064）；项目类别：提质培优项目。

3 虚拟仪器技术在"模拟电子"实验中的应用

"模拟电子"是电子技术专业开始的一门基础课程，是打开电子世界的一门启蒙性的课程，课程涉及二极管特性、三极管特性、场效应管特性、运算放大器的应用、信号的产生、滤波和功率放大等内容。对于初学者，如果仅靠理论学习，难度相对很大，同时，也会打击学生学习的积极性，产生对专业的抵触情绪，不利于学生的专业培养和发展。所以，在教学过程中必须引入各种实验，将晦涩的理论知识用简单易懂的实验现象来体现，增加了课程的趣味性，也极大地帮助了同学们理解知识、运用知识。

为了达到这种教学效果，必须让每位同学参与实验当中，并能够主导实验过程。如果学校实验室不能提供足够的设备，我们可以借助虚拟仪器平台来完成。比如在"单管放大电路实验"中，按照传统实验方法，我们需要准备多种实验设备，包括万用表、可调电源、信号发生器和示波器；而如果借用虚拟仪器平台，我们完全可以依靠虚拟仪器的软件开发平台LabVIEW中提供的12种设备的驱动程序来进行试验，通过LabVIEW将万用表、可调电源、信号发生器和示波器设备的控制界面调出，然后按照电压、幅值、频率等各项要求进行设置。这样做完全不用为每位同学分发这四种设备，仅仅为每位同学提供一台计算机和一个虚拟实验平台就可以完成实验（图1）。

4 虚拟仪器技术在"数字电子"实验中的应用

"数字电子"和"模拟电子"课程一样都是初学者最重要的基础课，必须打牢基础。"数字电子"实验中涉逻辑门电路、编码器、译码器、移位寄存器、定时器和触发器等测试电路，在实验中也会用到各种设备。比如在"555定时器测试实验"中，我们需要用到可调电源、脉冲发生器和示波器。这完全可以由虚拟仪器平台提供，通过LabVIEW程序中Finite Output文件可以设置时钟脉冲的脉宽作为触发信号，同时，利用程序NI ELVISmx Instruments Luncher软件包下可以调用可调电源、示波器观察输出信号。由此可见，虚拟仪器平台功能强大，可以很好地完成各种实验。

5 结语

电子专业课程学习中最常见的模式是"教学做一体化"，"做中教、做中学"的教学理念能够很好地达到教学目标；考虑到目前学校由于资金、场地等诸多因素而不能为学生提供足够的实验设备和器材，可以通过搭建虚拟仪器实验平台，利用虚拟仪器自身强大的软件处理和创建能力，简化实验室构造，降低采购成本来完成各种实验。虚拟仪器平台的计算机还可

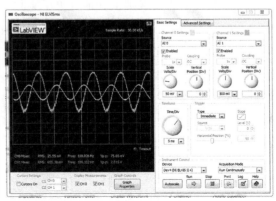

图1 LabVIEW中设备的设置界面图

以用于其他课程的教学中,做到资源的重复利用。同时,这种开放性的实验环境,可以极大地触发学生们的创新性,在实验中提出自己的创新思路。并且,虚拟仪器技术本身作为21世纪仪器发展的革新方向,本身也具有极大的吸引力,引导学生追求新技术和新思想。

参考文献

[1] 曹颖.虚拟实验室在仪器分析教学中的应用探讨[J].实验科学与技术,2015,13(2):36-37.

[2] 李璠,曾晨晖,徐文正.总线技术在虚拟仪器中的发展及应用[J].理论与方法,2008,27(11):11-13.

[3] 喻波.虚拟仪器的驱动技术[J].信息技术与应用,2016,3(5):16.

城市轨道交通列车客流统计分析管理与研究

赵 健[1] 贾 平[1] 陈士维[2]

（1.深圳市赛为智能股份有限公司，深圳 518000；2.合肥赛为智能有限公司，合肥 230000）

摘 要：近年来，随着我国城市化的快速推进以及城市轨道交通系统的快速发展、城市人口密度逐渐增加，日益增长的线网规模给城市轨道交通的日常运营与安全管理带来了新挑战，随之而来的危险因素不断增加，如上下班时间地铁运营出现客流高峰、公众场合人群拥挤踩踏事件等。这就使得针对列车运行期间，对客流的实际状态进行统计变得必需且紧要。因此，本文基于智能视频分析技术的列车客流统计分析管理技术的研究，综合视频图像分析技术手段，以列车客流密度作为重要的衡量指标，可以有效提升列车运营服务水平。

关键词：城市轨道交通；客流统计；视频分析；图像分析

1 引言

近年来，日益增长的线网规模给城市轨道交通的日常运营与安全管理带来了新挑战。随着城市人口密度逐渐增加，城市轨道交通系统越来越复杂，随之而来的危险因素不断增加，如上下班时间地铁运营出现客流高峰、公众场合人群拥挤踩踏事件等。地铁运营量的不断增大，使得结构局限的地铁列车成为高密度客流聚集之地，同时也产生了一定的安全隐患。这就使得针对列车运行期间，对客流的实际状态进行统计变得必需且紧要。

除人身安全之外，地铁车辆拥挤度也是乘客在乘车过程中对舒适度和安全性的一种心理感受，是衡量城市轨道交通系统服务质量的重要指标。在《城市轨道交通工程项目建设标准》中首次提出了该概念及相应的评价标准。随后，在北京颁布的《城市轨道交通工程设计规范》中进一步给出了车厢拥挤度的相关建议值，作为城市轨道交通客运组织的参考数据。地铁车辆拥挤度能够反映城市轨道交通线网服务水平与运营效益，对车厢拥挤度进行实时检测可以真实地反映线网客流状态，提供更全面的断面客流信息，为城市轨道交通实时调度与客流控制提供依据。

2 地铁列车客流统计分析的重要性

地铁列车客流进行智能检测与统计分析非常重要，主要表现在：

（1）保障乘客安全，优化列车空间资源配合。由于列车空间有限，中途上下车旅客流动，容易引起车厢中人员拥堵，导致列车存在潜在安全威胁。疏导车厢人员的流动，能够优化车厢空间的资源，特别是当前节假日客流高峰时段对列车车厢空间资源合理配置有较强指导意义，有效提升乘客满意度。

（2）提高灾后救援的科学性。在发生重大安全事故时易导致车厢受损严重，人员被困，车厢客流量统计信息可为施救方对受灾人员数量和分布的掌握、救灾方案的制定提供科学依据。

（3）为城市轨道交通服务和管理部门提供技术数据和决策支持，有利于更高效地管理和组织工作，对智能交通系统的运作和运行效益有直接影响。

3 列车客流统计分析的详细实现思路

（1）基本思路

系统可与轨道交通车载乘客信息系统联动，使用车载网络通信系统作为基础数据传输的网络通道，以车载视频监控系统采集客室视频图像为传感途径，通过后端智能视频图像分析方式实现客流统计分析和客流密度分析，与车载媒体播放系统和车载广播对讲系统实现智能联动，也可将分析结果实时上传至运营控制中心，通过地面乘客资讯系统和地面广播系统进行信息发布，实时引导乘客进行乘车分流服务，紧急情况下为疏导乘客安全撤离提供决策指挥条件，从而达到科学、合理的组织列车运营管理目标等用户需求。通过掌握列车的实时客流信息，可以在运营控制中心通过大数据分析技术，对客流数据进行预测分析，并可智能协同其他专业系统进行联动运行，针对客流数据进行进一步的挖掘分析用于指挥调度。

本系统以列车客流密度作为重要的衡量指标，通过量化的实时客流数据联动多个系统协作运行，能够有效为组织列车运营工作提供科学支撑，为乘客提供舒适的乘车环境。依据客流数据组织列车运营管理工作，可以有效提升列车运营服务水平，提升乘客乘车出行的满意度，同时提升运营管理效率并降低运营管理成本。

（2）实现方法

基于智能视频图像分析技术的列车客流统计分析管理服务系统采用嵌入式分布式系统架构，由车载系统和地面系统共同组成，可以满足大规模并发系统构建，支持线路级、线网级系统建设，实现多系统协同工作。

由于车载视频监控系统设计的初始目标为安防监控，摄像机配置数量（2个或4个不等，国内不同项目配置摄像机数量不同）和安装位置（一般采用2个摄像机以客室斜对角方式实现车厢区域覆盖）均与客流统计的应用需求（客流统计一般要求摄像机垂直或倾斜安装在每个入口或者特定区域的上方）存在较大的不同，因此在不调整摄像机数量和安装位置的前提下想要得到准确的客流密度分析较难。

考虑上述客观条件，在不进行大幅度提升系统建设成本的前提下，采用基于智能视频图像分析技术来实现客流密度分析，必须采用特殊的设计方案和技术手段，以科学的数据分析和统计方式来相对准确地获得较高精度的客流密度。

系统采用车载视频监控系统智能视频图像分析的方式，并利用概率统计、数据挖掘和人类社会行为学的基本原理来综合实现客流密度分析。利用车载视频监控系统提供的实时视频图像，通过智能视频图像分析技术和数据建模统计技术，由嵌入式车载智能客流分析设备按照预定数学模型进行加权计算后获得客流统计，并生成客流密度数据，以大数据分析来考虑客流统计问题域，获得科学、经济的问题解决方案。

通过特定公式，可以灵活设定相关分析模型的技术参数，运用深度学习的神经网络算法，从而得到相对科学的统计模型，并充分运营大数据的思维，建立在机器学习的基础上，通过不断学习得到准确的统计数学模型。

4 列车客流统计分析的系统结构

系统本身具备基于智能视频图像进行综合客流信息分析的系统功能，可以实时获取列车客流统计数据和客流密度分析结果，并可与车载媒体播放系统、车载广播系统、地面乘客资讯系统、地面广播系统等其他专业系统进行数据共享和信息交互，以及时发布客流数据信息用于诱导乘客乘车和组织列车运营。

（1）数据采集端

在车站内，通过在设定区域内部署视频数据采集设备，将区域内的数据进行实时采集，并通过网络进行传输至后端设备处。本系统使用车厢内已有网络摄像头，进行视频信息的采集。根据项目的不同，会出现车厢内摄像头安装位置和角度相差较大的情况，本项目聚焦场景下，摄像头采用半球摄像机，吸顶安装，朝下拍摄，每节车厢为左右两侧各安装一个，方向为向车厢内侧对射。项目实施时，可以对摄像头的拍摄角度、方向等进行微调。

（2）数据分析处理端

在中心控制机房等部署视频分析处理服务器，接入车站内部署的视频源，并进行相应的分析任务。根据网络情况，服务器可分为车站部署、车载部署或中心集中部署。

（3）业务管理服务端

在中心控制机房部署业务管理服务端，进行相应设备管理、数据管理和应用管理，并可将相应告警信息、视频分析结果、事件处置等输出至指定的对接系统或屏幕墙。

（4）操作平台端

在监控中心进行管理平台的相应操作，包括日常信息查看、预警信息展示、视频分析结果展示、系统维护等。

（5）数据存储端

在中心控制机房部署视频存储服务器，对前端视频采集设备的视频信息进行相应存储。

（6）信息展示端

根据需要，可在监控中心屏幕墙或其他设备进行相应采集信息、数据信息的展示。同时可以通过系统对接，将信息展示同步至 PIS 系统等。

基于智能视频分析技术的列车客流统计分析管理系统采用两级系统架构，即车载级系统、控制中心级系统。

具体系统架构如图 1 所示。

5 列车客流统计分析的系统功能

（1）人流统计分析

根据应用管理需要，在车站进出口、换乘口、闸机口等位置设定虚拟跨线或区域，以统计跨线或者跨区域的人员数量。通过统计的数量，可得到进入车站或进入闸机的乘客数量，为站内客流疏导工作提供数据支撑。

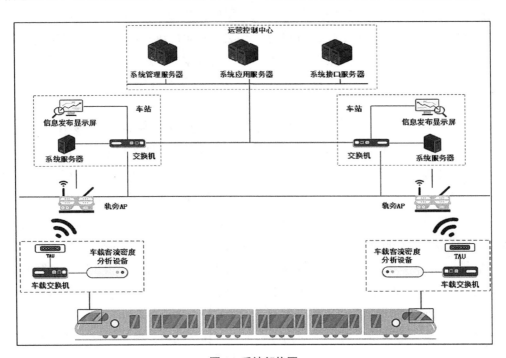

图 1 系统架构图

（2）人流密度分析

根据应用管理需要，在通道内、站台区、车厢内等区域内进行人流密度的实时统计分析，当区域内人流密度超过设定阈值时，即通过车站管理系统等进行相应的信息提醒，以便进行人工疏导或选择人流量较少的车厢。

（3）人流热点移动分析

根据应用管理需要，较为容易产生拥挤的通道、闸机口、换乘口和手扶梯等位置，在产生拥挤后，进行人流移动的实时数据，当移动速度产生异常时，进行相应的信息提示，以便地铁工作人员进行相应的人工干预和引导。

（4）大数据应用分析

依托于日常应用数据的积累与处理，可形成以日、周、月等为周期的车站整体数据分析报表，也可形成以时间、地点等关键点基础的数据变化报表，并进行相关客流趋势的预测，为地铁运营管理的优化、提升提供数据支撑。同时可提供包括客流数据、视频数据等进行协议对接。

6 结语

本文基于智能视频分析技术的列车客流统计分析管理技术的研究，综合采用视频图像分析技术手段，依据数据互补算法，有效实现列车内部客流数据的精准统计和分析，以列车客流密度作为重要的衡量指标，通过量化的实时客流数据联动多个系统协作运行，能够有效地为组织列车运营工作提供科学支撑，为乘客提供舒适的乘车环境。依据客流数据组织列车运营管理工作，可以有效提升列车运营服务水平，提升乘客乘车出行的满意度，同时提升运营管理效率并降低运营管理成本。

基于智能视频分析技术的列车客流统计分析管理系统，相关硬件设备和软件平台最终产品具体高度的技术创新性，符合未来"人工智能＋轨道交通"的发展方向，产业化前景十分可观。

参考文献

[1] 李娟, 刘鹏. 成都市地铁一号线客流统计分析 [J]. 交通企业管理, 2013（7）: 1-3.

[2] 章铖. 大型公共场馆客流统计与分析: 以上海科技馆智能视频客流统计分析系统为例 [J]. 科学教育与博物馆, 2015（2）: 120-128.

[3] 李欣, 罗思敏. 基于广州公交智能调度的客流统计分析系统 [J]. 城市公共交通, 2012（4）: 35-37, 43.

[4] 李宇杰, 裴中阳, 李强, 等. 智能视频分析技术在地铁站客流监测中的应用研究 [J]. 现代城市轨道交通, 2022（3）: 86-92.

城市轨道交通 ISCS 数据备份及同步系统研究分析

余 盖

(合肥市轨道交通集团有限公司，合肥 230000)

摘 要：近年来，随着我国城市化的快速推进以及城市轨道交通系统的快速发展，轨道交通已经成为城市生活中重要的出行方式，轨道交通的正常运营尤为重要。本文针对城市轨道交通 ISCS 系统的正常运营，旨在建立一种数据备份及数据同步系统，对 ISCS 系统的核心数据、应用进行保护，在系统故障时，系统快速恢复，大大降低了产生故障对整个系统的影响，为城市轨道交通 ISCS 系统正常运营提供了有效的保障。

关键词：ISCS 系统；冗余结构；数据备份；数据同步

1 引言

城市轨道交通 ISCS 系统是一个多功能性的庞大信息系统，分布式结构，通过对地铁其他关联的子系统进行集成和互联，实现各子系统间的信息共享和联动，其实现的功能包括中央级及车站级。ISCS 系统一般按照两级管理（中央、车站）、三级控制（中央、车站及就地）的原则进行设计。

ISCS 系统存储的数据具有很强的实时性要求。一旦系统出现故障或其他原因导致数据丢失，将可能导致地铁无法正常运营维护，造成不可估量的损失，因此城市轨道交通 ISCS 系统需要将系统冗余备份，在故障发生时可以将数据进行快速恢复。本文给出了一种城市轨道交通 ISCS 系统的冗余结构，通过该结构实现数据备份及数据同步，大大降低了产生故障对整个系统的影响，为城市轨道交通 ISCS 系统正常运营提供了有效的保障。

2 系统冗余结构介绍

ISCS 系统的主要设备均采用主备冗余方式。冗余机制涉及中央主备实时服务器之间、中央主备历史服务器之间、车站主备实时服务器之间、主干网双网之间、中央局域网双网之间、车站局域网双网之间。不仅包括硬件设备，而且包括相应的软件；不仅包括运行的功能，而且包括数据流程，都是冗余的，任何单点故障和交叉故障，都不应影响 ISCS 系统运行。冗余切换时应保证数据不丢失，保证数据的一致性。

ISCS 系统应用平台按系统结构可划分为子系统层、链路层、网络层以及应用层。

（1）子系统层冗余。所有接入 ISCS 系统的子系统，采用两路独立的信号线接入，且两路信号必须同时在线交换数据，以此保证子系统级数据的冗余切换不受上层的影响。

（2）链路层冗余。链路层的冗余功能由链路或其他通信模块实现，链路级由两台互为冗余的链路设备组成。在每一个数据采集周期内，各链路均独立对各子系统的数据进行采集和协议转换。在子系统通信的数据链路故障时，主链路检测到该故障后，即通过主备链路通信程序向备用链路请求该部分子系统数据。若备用链路也检测到该数据链路的故障，主链路即可判断出子系统故障同时向车站实时数据服务器发出告警信息。若备用链路中该子系统无故障状态，主链路将备用链路中的数据作为正常数据对外发布。对于主备链路而言，接入子系统的数据通信链路故障并不引起其主备切换。通过链路数据通信服务程序，冗余链路可以实现对外数据发布的一致性，即若某子系统连接到链路的两条数据链路中的其中任意一条发生故障，该链路仍然可以通过数据交换服务程序获得该子系统冗余数据链路上的数据，其所提供的数据也仍然有效。

（3）网络层冗余。整个ISCS系统网络均采用双环结构，作为常用的高级工业冗余网络系统结构，双环网络可保证较快的网络链路切换时间，且具有较强的容错能力，可允许交换机、链路、网卡等故障。ISCS主干网与设备环网都采用环网冗余技术实现设备环网与主干网的冗余连接。

（4）应用层冗余。应用层冗余是指服务器之间的冗余以及调度工作站的冗余。为有效实现应用级冗余，通信链路均采用国际标准协议，两路通信链路采用主备形式同时以该协议对外进行数据通信。站级实时服务器支持双网卡冗余链接，通过分别与两个链路相连，可以保证任一链路发生故障，都不影响该实时服务器进行数据采集及数据交换。此外，两台实时服务器之间通过监控平台自身的技术实现了冗余，当主实时服务器由于系统故障不能正常运行时，应用服务自动切换到另外一台正常服务器上运行，对监控工作站而言，任意时刻都能与服务器进行数据交换，保证了监控工作站的高可靠性和高可用性，实现系统的全冗余功能。

3 数据备份及数据同步

当车站、车辆段或中央收到设备更新的信息，将会把这信息存进对应的数据库。其数据将通过本系统提供的实时数据同步机制被传送至控制中心历史数据库，控制中心历史数据库再进程同步到备控制中心历史数据库，如有必要，全局数据库将再通过相同的机制把它发送到其他车站的数据库。事件管理器、报表管理器、历史趋势等程序将从数据库里提取这些数据以显示在MFT上。

主控制中心失效时，实时数据库依据TCP/IP心跳连接检测到后，将建立到备用控制中心数据库的连接，主控制中心恢复后，备控制中心利用高级消息队列AQ将数据同步到主控制中心（图1）。

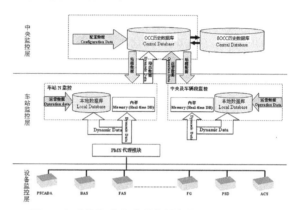

图1 车站数据库和主控备控数据库之间的关系

3.1 最高可用性的备份同步方案

中央控制中心采用双节点保证可用性，通过ISCS系统内部网络向备控制中心进行数据备份（图2）。

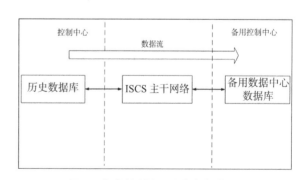

图2 向备控制中心进行数据备份

3.2 冗余数据库切换的数据同步与数据流

ISCS系统服务器均为冗余配置，冗余服务器是由两台相同的服务器组成，在同一时刻，它们执行相同的任务，接收相同的数据，产生相同的输出，冗余的服务器具有相同的行为和属性。冗余服务器对中，一台称为在线服务器，另一台是备份服务器，任何一台服务器的能力均可以独立满足系统需求。这两台服务器在客户端看来是一台逻辑上的服务器。

每一次数据同步过程都是从等待接受消息队列开始，进程 Input Manager 负责处理所有的外部和内部的消息接口。来自客户端或内部其他进程的消息，首先到达进程 Input Manager 的接收消息队列，Input Manager 按照消息到达的先后顺序逐一处理，将消息发送到的目的进程，Input Manager 等待这些进程的处理结果，在得到结果后，处理下一条消息。

在线服务器上的 Input Manager 进程将消息送往本机的目的进程的同时，将该消息送到备份服务器的 Input Manager 进程。在 Input Manager 进程有两个接收消息队列，一个是本地（Local）消息队列，另一个是接收来自在线服务器的消息队列（from Online）。在备份服务器上，Input Manager 进程将本地队列的消息抛弃，只接收从在线服务器发来的放置在 from Online 队列中的消息。

当某一台客户端的进程 P1 发送一条消息 M 到服务器的进程 P2 时，这条消息并非直接发送到目的进程，而是先将消息 M 发送到两台服务器的 Input Manager 进程。

在线服务器的 Input Manager 进程将消息 M 发送到本机的 P2 进程，同时发送到备份服务器的 Input Manager 进程的 from Online 队列。备份服务器的 Input Manager 进程得到 from Online 队列的消息 M，将该消息送往本机的 P2' 进程，同时抛弃在本地队列中的消息 M。P2 和 P2' 进程接收相同的顺序相同消息，保证双机数据和处理过程的一致性。保证在发生服务器切换时不丢失数据，服务正常进行。

通过 Cluster 集群软件保障整个系统的冗余，无单点故障，通过监听程序可以做到与数据库的完美结合，做到应用级的快速切换；CPU 为并发多核多线程处理器结构，无论哪一个 CPU 内核出现故障，都会将处理任务自动切换到其他没有故障的 CPU 内核上工作，CPU 的切换为秒级的切换。

配置数据：利用镜像复制的方式进行同步。全局数据库作为正本，站点数据库作为副本，更改配置数据的时候需要在全局数据库中进行修改。一旦在全局数据库中的更改提交之后，如果一个站点的数据库暂时离线，等到其在线时，站点数据库在物化视图技术下会去全局数据库拿取当日（可以根据需要配置，一般设置为 1 天）的 log 来到本站快速刷新，如果站点数据库离线时长超过 1 天，也可以手动进行完全刷新，以保证数据库之间的同步。

审计/状态数据：审计/状态数据由站点服务器进程以负载 SQL 脚本（payload）的形式直接写入到相应站点数据库的 Queue 中，SQL 脚本在本站立即得到执行。此时 AQ 引擎会立即将负载 SQL 脚本传送中全局数据库中（En-Queue），SQL 脚本会立即得到执行，这样实现了全局数据库与站点数据库的同步。如果此信息需要发送至全线其他车站，可以在负载 SQL 脚本中定义其属性为公共（Public），这种情况下全局数据库在接受到站点的 En-queue 信息后，会立即将其向全线广播（De-queue），将此负载 SQL 脚本传送至各站点执行，以实现全线同步。如果某一数据库离线，那么 En-queue 信息会积压在数据库的 Queue 表中，待在线状态时立即分发。此技术保证了审计/状态数据的同步。

3.3 正常情况下数据备份与同步

（1）在控制中心 CISCS，数据库驻存于 CISCS-A 服务器中，为本地软件代理和应用程序提供以下服务：

提供配置数据；

接受审计（包含报警、事件等数据）/状态数据的写入；

CISCS-B 中的软件代理也指向 CISCS-A 中的数据库。

（2）在车辆段 DISCS，本地数据库驻存于 DISCS-A 服务器中，为本地软件代理和应用程序提供以下服务：

提供配置数据；

接受审计（包含报警、事件等数据）/状态数据的写入；

DISCS-B 中的软件代理也指向 DISCS-A 中的本地数据库。

（3）在车站 SISCS，本地数据库驻存于 SISCS-A 服务器中，为本地软件代理和应用程序提供以下服务：

提供配置数据；

接受审计（包含报警、事件等数据）/状态数据的写入；

SISCS-B 中的软件代理也指向 SISCS-A 中的本地数据库。

配置数据由上往下从全局数据库向本地数据库更新。审计（包含报警、事件等数据）/状态数据由下往上从本地数据库向 OOC 历史数据库以及 BOCC 历史数据库更新（图3）。

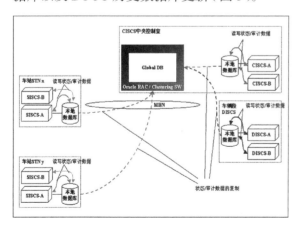

图3　在正常模式下，数据库备份同步流程图

3.4　降级情况下数据备份与同步

在车站服务器与中心服务器失去连接时，车站服务器将连接备控中心服务器，连接方式如图4所示。

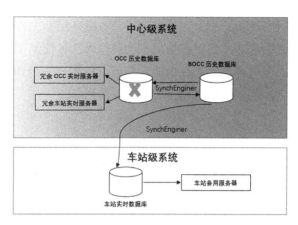

图4　车站服务器连接备控中心服务器的连接方式

软件可以在不同服务器间通过数据库配置设置服务器冗余，在数据库中配置主控制中心和备控制中心的冗余信息，实现主控制中心失效时，备控制中心接管服务。

数据库冗余通过进程 SynchEnginer 控制，通过在 OCC 和 BOCC 安装设置 SynchEnginer 进程实现不同服务器间数据库的通信和冗余。具体通过 FileZilla 等 FTP 软件将安装包上传到服务器中，将 bin、lib 等文件解压到相应目录，并赋予读写执行等相应权限。SynchEnginer 进程通过关联不同服务器的主机名实现 SynchEnginer 进程的连接。

当主控制中心 OCC 失效时，进程会自动切换到备控制中心 BOCC。BOCC 进程由监视转为控制，系统数据中日志、进程操作等相关信息也会储存在备控服务器中。控制中心数据库间同步由服务器 SynchEnginer 进程控制，主控和备控服务器中的 SynchEnginer 进程彼此间有心跳线，主控制中心失效时，备控制中心 SynchEnginer 检测到该信息，此时原来对主控制中心数据库进行的相关操作，会由备控制中心接管。

当主控制中心恢复时，主控制中心服务器进程会转为控制，而备控制中心服务器进程转为监视，此时的系统数据信息将会储存到主控制中心服务器中。主控和备控制中心的

SynchEnginer 进程将重新建立心跳连接，主控制中心除了接管数据同步的操作外，备控制中心在主控制中心失效期间的数据也将会同步到主控制中心服务器，实现数据的同步。

4 结论

随着城市轨道交通的快速发展，数据规模、信息化水平也日益扩大，数据安全关乎地铁正常运营，所以对数据备份及同步是非常有必要的，本文利用城市轨道交通系统的冗余结构，来实现数据备份及数据同步，使得系统数据得到充分的保护，降低地铁运营风险。

参考文献

[1] 刘志宏. 地铁综合监控系统的数据备份与恢复系统研究[J]. 通讯世界，2018（5）：21-22.

[2] 宋大治. 地铁综合监控系统数据保护与业务连续性保障[J]. 电子技术与软件工程，2021（21）：256-258.

[3] 梁平. 轨道交通综合监控系统双机热备机制研究与实现[J]. 中国高新技术企业，2010（18）：23-24，28.

基于差异性分析的北京地铁 CBTC 信号系统标准化研究

于 柯[1] 赵 辉[2]

(1.北京市地铁运营有限公司，北京 100044；
2.北京市地铁运营有限公司地铁运营技术研发中心，北京 102208)

摘 要：目前北京地铁所辖各线众多，各线工况条件不同，不同厂家信号系统在各线的处理机制、功能配置、操作界面、维护维修等存在一定差异。本文选取了目前北京地铁 4 条使用主流厂家信号设备的线路，从系统现状入手进行分析，对 ATS、ATP、ATO、DCS 几大子系统的主要功能指标进行对比，提出从北京地铁运营现状的功能需求以及实现互联互通应用的角度出发，通过对系统功能参数进行规范，实现信号系统标准化的最佳方案。

关键词：CBTC；互联互通；标准化；差异性分析

1 引言

截至 2020 年，北京市地铁运营有限公司共管辖 1 号线、2 号线、5 号线、6 号线、7 号线、8 号线、9 号线、10 号线、13 号线、15 号线、房山线、昌平、亦庄线、八通线、机场线等 16 条在线运营线路，其中 13 号线为固定闭塞的 ATC 系统，5 号线为准移动闭塞的 ATC 系统，其余各线均为基于通信的移动闭塞的系统（CBTC 系统）。为了解决目前城市轨道交通的问题，结合国外城市轨道交通的发展经验，基于网络化运营设计的互联互通思想应运而生[1]。目前国内外 CBTC 信号系统互联互通实现的方式主要有以下几种：采用相同厂家的系统设备；为既有线加装多套互通的车载与地面设备；配置基于统一规范标准的信号互联互通设备[2]。

2 北京地铁现有 CBTC 系统情况调研

目前北京在用信号系统主流设备厂家为卡斯柯信号有限公司、交控科技股份有限公司、通号城市轨道交通技术有限公司。由于各线工况条件不同，不同厂家信号系统在各线的处理机制、功能配置、操作界面、维护维修等存在一定差异。其中北京地铁 1 号线、八通线、6 号线、9 号线、房山线采用卡斯柯信号有限公司的 CBTC 系统，北京地铁 8 号线采用通号城市轨道交通技术有限公司的 CBTC 系统，北京地铁 7 号线采用交控科技股份有限公司的 CBTC 系统，昌平线、亦庄线采用各家部分设备集成的 CBTC 系统。鉴于同厂家不同线路间信号系统差异性少的原因，本文考虑从 1 号线、6 号线、7 号线、8 号线的信号系统现状进行分析。

在 CBTC 的标准方面，国际上对 CBTC 及无人自动驾驶系统制定了相关标准，主要的国际标准包括 IEEE 1474 系列标准，IEC 62290、IEC62267 等。国内对 CBTC 的功能及互联互通制定了相关标准，这些标准包括《城市轨道交通信号系统用户需求书（范本）》《城市轨道交通 CBTC 信号系统行业技术规范—产品规范》《城市轨道交通基于通信的列车运行控制系统（CBTC）互联互通系统规范》《城市轨道交通基于通信的列车运行控制系统（CBTC）互联互通接口规范》《城市轨道交通基于通信的列车运行控制系统（CBTC）互联互通测试规范》《城市轨道交通基于通信的列车运行控制系统（CBTC）互联互通工程规范》等相关规范。以上这些基础资料、相关标准为北京地铁 CBTC 统一化技术标准研究奠定良好的基础。

3 北京地铁现有 CBTC 系统主要功能差异性分析

目前北京地铁 CBTC 信号系统主要由 ATS、ATP、ATO、CI、DCS 以及 MSS 几大部分组成[3]，其具体架构如图 1 所示。

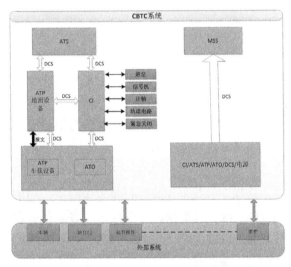

图 1 北京地铁 CBTC 系统架构

其中 ATS 主要功能为监控，通过与 ATC 系统交互实现对地铁列车信号系统的监控，是行车调度的主要依据。ATO 主要依据系统所提供的信号进行列车自动化运行操作，包括自动加减速及调整加减速时间，最终协助调度实现列车班次加减，解决早晚高峰排班问题。ATP 是列车运行防护系统，其主要功能是防止超速、导致恶性碰撞事故的发生，因此也是整个 CBTC 系统的安全保障核心。CI 是计算机联锁系统，该系统按一定的程序和条件控制轨旁的道岔、信号机和其他设备，为列车运行建立进路，实现进路上轨道区段、道岔、信号机等设备之间的联锁关系[4]。DCS 是数据通信系统，它作为控制系统的传输通道，实现控制中心、车站、轨旁、列车、车辆段/停车场、试车线、培训中心以及维护中心的信息传输与网络连接。MSS 是维护支持系统，实现与其他系统的数据采集与故障告警功能[5]。

本文主要从与列车控制及信息传输相关的 ATS、ATP、ATO、DCS 这几大子系统的功能差异性入手，研究不同厂家特点，找出适合北京地铁运营现状的功能需求，并最终通过标准化途径对功能参数进行规范，实现信号系统标准化。

3.1 现有 ATS 系统差异性分析

本文通过对 1 号线、6 号线、7 号线、8 号线的信号系统现状进行分析，发现 ATS 子系统功能化差异如表 1 所示。

表 1 ATS 子系统功能差异化分析

功能描述	差异性分析		
	1 号线、6 号线	7 号线	8 号线
设置扣车权限与控制权是否有关	无论控制权在中心还是车站，中心/车站都具有扣车功能	中控状态下车站无扣车权限；站控状态下中心、车站均有扣车权限	与 1 号线、6 号线一致
扣车与跳停关系	若先设置跳停再设置扣车，需要先取消跳停后设置扣车，若要继续跳停需取消扣车后再次设置跳停；若已设置扣车再设置跳停，那么跳停无法设置成功	在未办理扣车作业的情况下，方可办理跳停；在跳停状态下，办理扣车作业后，跳停自动终止。如果此时取消扣车，则继续执行跳停命令	与 1 号线、6 号线一致

续表

功能描述	差异性分析		
	1号线、6号线	7号线	8号线
有限速区段重新下发	先取消再下发	CBTC项目需先取消再下发；FAO项目支持对同一区段重复下发临时限速命令，前提两次命令涉及的区段相同	与限速类型（ZC或CI）有关，如两次限速类型相同，则需先取消再下发，否则可直接设置
回段提示	提示对话框	入段提示：小站台边框红闪＋提示音	车次号显示HH、HY或者DH
中心故障情况下车站是否具备时刻表功能	通过当天预先下载的时刻表图定功能，不具备调整功能	与1号线、6号线一致	不具备
自动化车辆段/停车场内车组号/车次号的连续追踪	段内设置头码，转换轨赋予车次号	段内车组号追踪，转换轨赋予车次号	段内赋予车次号
列车识别号的组成及各部分位数	表号3位数字、车组号4位数字、头码号2位由大写英文字母构成	列车识别号由5位字符组成，前两位为表号或头码号，后三位为车次号或车组号，表号由两位阿拉伯数字组成，头码号由两位大写英文字母组成，车次号和车组号由三位阿拉伯数字组成	AABBB模式
车次窗显示的信息及位数	根据列车性质不同	车次窗内显示的列车识别号为5位，显示要求如下：对于计划车，车次窗的显示为表号＋车次号，其中表号2位，车次号3位；对于头码车，车次窗的显示为目的地号＋车组号，其中目的地号2位，车组号3位；对于人工车，车次窗的显示为M0＋车组号；对于特殊人工车，车次窗的显示为MM＋车组号	根据列车性质不同
在列车识别号因故丢失的情况下，根据运行图、列车位置及时间自动推算并自动设置列车识别号，且能通过车地双向通信进行校核	既有线不具备	通信正常时可实现	具备
对车辆段/停车场的ATS工作站进行出库列车自动预先通知，在规定时间尚无列车在车辆段/停车场发车时应自动进行报警	系统会对列车出库的正确性进行检查。当出库列车与派班计划吻合时，系统自动为列车分配车次号，并办理正线进路。当监测到出库列车与派班计划不一致时，系统自动弹出告警提示信息，待调度员确定后进行相应的处理。在人工干预之前，系统不会自动为该列车分配车次号和办理前方进路	与1号线、6号线一致	计划出库列车车次号会变为M0

通过上述比较分析可以发现，差异性主要集中在：限速区段重新下发机制；列车识别号的组成及各部分位数；在列车识别号因故丢失的情况下，根据运行图、列车位置及时间自动推算并自动设置列车识别号，且能通过车地双向通信进行校核3个方面，其余各项功能均至少有2家保持一致，在标准制定时我们采取少数遵循多数的原则进行协商，针对3家各不相同的功能参数将根据《城市轨道交通CBTC信号系统行业技术规范—产品规范》《城市轨道交通基于通信的列车运行控制系统（CBTC）互联互通系统规范》《城市轨道交通基于通信的列车运行控制系统（CBTC）互联互通接口规范》《城市轨道交通基于通信的列车运行控制系统（CBTC）互联互通测试规范》《城市轨道交通基于通信的列车运行控制系统（CBTC）互联互通工程规范》等相关规范进行协商寻求最优方案。

3.2 ATP、ATO系统功能差异性分析

研究通过对1号线、6号线、7号线、8号线的信号系统现状进行分析，发现ATP、ATO子系统功能化差异如表2所示。

表2 ATP、ATO子系统功能差异化分析

功能描述	差异性分析结论		
	1号线、6号线	7号线	8号线
RM车或点式车位于办理进路内（列车后方区段已解锁，列车包络/列车汇报内及前方区段锁闭），是否可计算移动授权	授权至少隔一个计轴区段	尾筛存在，可以计算授权	授均隔一个计轴区段
CBTC车追踪非通信车，移动授权信息	授权按照距离计算	授权隔一个计轴区段	授权隔一个计轴区段
站台有车且站台能满足后车进入时，后车移动授权是否能进入站台	前车为CBTC车，且距离条件满足，后车可进入站台	后车MA不能进入站台	后车MA不能进入站台
轮径校正/校准成功处理	采用新的轮径值	采用新的轮径值	轮径值超出配置值，列车紧急制动，未超出继续使用配置值
校轮失败后反应	多次校准失败，列车无影响，人机界面无故障信息显示，当列车超过误差紧急制动	连续两次校准失败，即使车载重启，人机界面仍然显示校轮失败的故障信息，列车不紧急制动	一次校准失败，列车紧急制动不缓解人机界面显示校轮失败的故障信息，车载重启后故障信息消失
退行提示窗时机	无退行提示窗	冲标（黄标）50~500cm范围内	冲标（黄标）50~500cm范围内
退行允许条件	无退行允许条件	冲标（黄标）50~500cm范围内	冲标（黄标）50~500cm范围内
超过退行距离或超出退行允许速度后的处理	定位不丢失，列车降级，方向手柄向前，RM模式运行	超距不缓解，超速可缓解。超距情况下，向前运行，方向手柄向前，向后运行，切除ATP运行	超距不缓解，超速可缓解。超速和超距均不缓解，均丢定位，列车均降级。方向手柄向前，RM运行
无相关要求	RM模式	CM和RM模式	CM模式
超出溜车范围的响应	紧急制动不缓解，不丢失定位，列车降级转RM，紧急制动自动缓解	累计后溜50cm，累计前溜150cm，紧急制动不缓解，列车降级转RM，不丢失定位	累计前/后溜50cm，紧急制动不缓解，列车降级转RM，丢失定位，按压确认紧急制动缓解

续表

功能描述	差异性分析结论		
	1号线、6号线	7号线	8号线
点式级别下进站停准时前方信号机红灯的处理（与联锁有通信）	列车停准停稳后，切除牵引，信号开放后，牵引恢复，司机根据信号自动运行	两种方式：1.列车停准停稳后，切除牵引，距离信号机200m内提示开口确认功能，司机人工确认信号开放后，根据开口速度运行；2.列车停准停稳后，切除牵引，信号开放后提示开口确认功能，牵引恢复，根据开口速度运行	列车停准停稳后，切除牵引，信号开放后提示开口确认功能，牵引恢复，根据开口速度运行

通过上述比较分析可以发现，差异性主要集中在列车移动授权计算、轮径校正/校准等方面，其余各项功能均至少有2家保持一致，在标准制定时我们采取少数遵循多数的原则进行协商，其中列车移动授权规则的差异性较大，其根本原因是3个厂家系统计轴机制不同，最后参考相关标准及厂家机制采用隔一个计轴区段方式，其余差异性根据相关规范进行协商寻求最优方案。

3.3 DCS功能差异性分析

研究通过对1号线、6号线、7号线、8号线的信号系统现状进行分析，发现DCS子系统功能化差异如表3所示。

表3 子系统功能差异化分析

功能	差异性分析		
	1号线、6号线	7号线	8号线
区间AP箱布置原则	600～800m布置一个	220～240m布置一个	间隔为200m左右，满足信号强度需求
每个AP箱故障影响范围	双网故障影响双向各400m；单网不影响	无影响	单网不影响；双网故障影响双向各100m
点式级别站台门控制信息是否经站台附近的AP箱传输	点式级别站台门控制信息经站台附近的AP箱传输	与1号线、6号线一致	不经过AP传输
骨干网环网结构（集中站）交换机数量、种类	SDH1500或SDH2500，1台。2500带延伸扩展功能，根据需要配置。2台二层电交换机（3100V2-28TP-EI）、2台二层光交换机（5560）	ATS骨干网交换机：2台LS-3600V2-28TP-EI ATC骨干网交换机：2台LS-3600V2-28TP-EI	每张网骨干网部署1台交换机型号待定，安全网交换机2台型号待定，无线网交换机2台型号待定由信号SDH组网，ATS网交换机2台型号待定，维护网利用通信传输通道
骨干网环网结构（段场）交换机数量、种类	SDH1500或SDH2500，1台。2500带延伸扩展功能，根据需要配置。2台三层电交换机（3600V2-28TP-EI）、2台二层电交换机（3100V2-28TP-EI）、2台二层光交换机（5560）	ATS骨干网交换机：2台LS-3600V2-28TP-EI ATC骨干网交换机：2台LS-3600V2-28TP-EI	每张网骨干网部署1台交换机型号待定，安全网交换机2台型号待定，无线网交换机2台型号待定由信号SDH组网，ATS网交换机2台型号待定，维护网利用通信传输通道

续表

功能	差异性分析		
	1号线、6号线	7号线	8号线
骨干网环网结构（中心）交换机数量、种类	SDH1500 或 SDH2500，1台。2500带延伸扩展功能，根据需要配置。2台二层电交换机（3100V2-28TP-EI）	信号设备室： ATS骨干网交换机：2台 LS-3600V2-28TP-EI ATC骨干网交换机：2台 LS-3600V2-28TP-EI 设备室DCS机柜： ATS骨干网交换机：2台 LS-3600V2-28TP-EI ATC骨干网交换机：2台 LS-3600V2-28TP-EI 网管交换机：1台 LS-3600V2-28TP-EI 控制中心大厅： ATS骨干网交换机：2台 LS-3600V2-28TP-EI	ATS网交换机2台型号待定，维护网交换机1台型号待定，利用通信传输通道
骨干网环网结构（非集中站）交换机数量、种类	无	ATS骨干网交换机：2台 LS-3600V2-28TP-EI	除育新站、北土城站部署无线网交换机外，其余非集中站不部署安全网、无线网交换机，各非集中站部署2台ATS交换机，无维护网交换机

通过上述比较分析可以发现，由于目前通信技术与计算机网络技术发展较快，可应用于数据传输的产品种类繁多，各厂家在CBTC信息传输的网络架构设计以及所用通信技术均有很大程度的不同，导致既有线路的DCS子系统在实际应用上显现出差异性较大的特点。DCS作为CBTC系统的信息传输主要通道，系统的标准化也是互联互通的重要攻关壁垒，因此建议在标准化策略上采用包容兼并的方式，设计一套能够兼容主流厂商的DCS系统是关键解决方案，在兼容系统设计时应根据相关规范进行协商寻求最优方案。

4 北京地铁CBTC系统功能统一化标准可行性研究

北京地铁CBTC系统未来规划将逐步实现设备功能参数标准化，最终达到互联互通，对于厂家设备要求将重点放在不同线路间的兼容性上。

（1）由一个厂家供货的CBTC车载工作设备必须能够在第二个厂家供货的轨旁CBTC设备环境下正常工作。

（2）由一个厂家供货的CBTC轨旁设备必须能与第二个厂家供货的轨旁CBTC设备在两条线之间或在不同时间改造的两条线的分界处实现正常的接口。

（3）在由一些相互独立的基础工作单元组成的列车上，由多家供货商提供的车载设备必须能相互配合，实现正常工作。

上述三个规范化要求是IEEE针对信号系统互联互通的基本要求，也是CBTC系统规范化、标准化建设的基准条件。本文也针对CBTC设备供应商功能兼容的差异性进行规范，以实现不同厂家的兼容互通。通过这些步骤，北京地铁将会有三个合格的CBTC车载设备的供货，在将来订购车辆时，车载设备将限定在事先选定的有合格资质的供货商范围之内，通过标准约束实现不同线路之间的互联互通。

5 结论

通过对北京地铁典型线路所用主流厂家的CBTC信号系统中ATS、ATO、ATP、DCS几大子系统主要功能指标的差异性分析，发现不同厂家在部分功能的设计上存在较大差异性，从标准化角度看应采用包容兼并的方式，对信号系统的功能参数标准进行统一。CBTC信号系统功能标准的统一，可以优化系统设备性能，进而降低运营操作及维护的操作差异，加快先进的CBTC技术在城市轨道交通领域的互联互通应用。

参考文献

[1] 安彬. 城市轨道交通基于通信的列车控制系统实现互联互通存在的主要问题分析[J]. 城市轨道交通研究，2017，20（z1）：18-19.

[2] 李中浩. 城市轨道交通CBTC互联互通发展趋势及建议[J]. 城市轨道交通研究，2018，21（5）：12-15，33.

[3] 城市轨道交通 基于通信的列车运行控制系统（CBTC）互联互通系统规范 第2部分：系统架构和功能分配：T/CAMET 04010.2-2018[S].2018.

[4] 城市轨道交通CBTC信号系统规范 第5部分：基于WLAN的DCS子系统：T/CAMET 04018.5-2019[S].2019.

[5] 城市轨道交通 基于通信的列车运行控制系统（CBTC）互联互通接口规范 第7部分：信号各子系统与维护支持系统（MSS）间接口：T/CAMET 04011.7-2018[S]. 2018.

城市轨道交通集成项目管理研究

蔡大伟[1]　汪　波[2]

（1.合肥赛为智能有限公司，合肥 230000；2.深圳市赛为智能股份有限公司，深圳 518000）

摘　要：随着城市轨道交通的快速发展，越来越多具备条件的城市纷纷开始对城市轨道交通项目进行可行性调研、规划、立项、建设。本文着重对大型、复杂的城市轨道交通集成项目的管理系统类型、管理模式及措施的探讨，采用理论与实际相结合的方式，实现城市轨道交通集成项目管理的最终目标。

关键词：城市轨道交通；项目管理；过程管理；调试管理；验收管理

1 引言

城市轨道交通是城市现代化的标志之一，它是城市中大容量的运输工具，城市轨道交通改善了公民出行条件，节约土地资源，促进节能减排，解决城市拥堵，并且具有安全、舒适、环保、快捷、运量大的特点，在指导城市布局合理调整，促进城市经济发展等方面发挥着重要作用。越来越多具备条件的城市纷纷开始对城市轨道交通进行可行性调研、规划、立项、建设，城市轨道交通集成项目管理也逐渐成为大家讨论的重点之一。本文基于城市轨道交通的发展背景及特点，介绍大型、复杂的城市轨道交通集成项目的管理系统类型、管理模式及措施，对城市轨道交通建设进程的加快发挥着重要作用。

1.1 城市轨道交通定义及分类

根据《城市公共交通分类标准》，城市轨道交通是贯彻落实城市交通的总体规划，采用专用轨道导向运行的城市公共客运交通系统，设置了专用轨道路线：全封闭或者部分封闭，采用多辆编组列车、单车等方式，对相当规模的客运量进行运用的公共交通方式，主要包括自动导向轨道、地铁、单轨、磁浮、有轨电车、轻轨、市域快速轨道等系统，称为"城市交通的主动脉"。

在大城市地下空间所修筑的隧道中，城市轨道交通运行其中，有的可以穿出地面，有的可以在地上运行，有的还可以在高架桥上运行。至今，在我国城市内部轨道交通中，主要是以"地铁"为主导，地铁以钢轮钢轨为体系，标准的轨道距离为1435mm，按照客运规模，可以分为高运量地铁以及大运量地铁；根据选用车型，可以分为小断面地铁和常规地铁。一般地铁列车的编组为4～8辆，列车长度为70～190m，线路有较长的站台与之相配，其最高的车速要高于80km/h。

目前由于城市的跨度范围广，导致人们对于出行的方式也有不同的要求，因此造就了市域快速轨道交通。市域快速轨道交通具有运量大的轨道系统，主要适用于中长距离的客运运输，如城市区域内重大经济区之间，其客运量可达到20万～45万人次/日（与地铁不同，市域快速轨道交通正常情况下不使用高峰小时客流量的说法），如果要在地面或者高架桥上行驶，可以采用隧道的方式，在采用钢轮钢轨体系的时候，标准的轨距同样也为1435mm，由于线路比较长，站间距相对就比较大，可以不用设计中间车站，既可以选择中低速磁悬浮列车，也可以选择最高运速大于120km/h的快速专用车辆。

1.2 城市轨道交通发展的政策技术背景

当前,我国已经进入"互联网+城市轨道交通"的时代,如何以信息化建设促进城市轨道交通发展成为重要的战略发展方向。当前信息化已覆盖城市轨道交通的建设、运营、管理、安全以及服务等各领域,信息化建设也进入大规模开发和应用阶段。云计算及大数据等新一代信息技术在城市轨道交通行业得到广泛应用,涉及城市轨道交通行业的信号系统、综合监控系统、视频监视系统、自动售检票系统、乘客信息系统等诸多业务系统的建设与管理。

党的十九大提出推动大数据、物联网、人工智能和实体经济深度融合,在创新引领、绿色低碳、共享经济等领域培育新增长点、形成新动能,明确提出建设"智慧社会"。建设智慧社会是要充分运用物联网、互联网、云计算、大数据、人工智能等新一代信息技术,以网络化、平台化、远程化等信息化方式提高全社会基本公共服务的覆盖面和均等化水平,构建立体化、全方位、广覆盖的社会信息服务体系,推动经济社会高质量发展,建设美好社会。

2020年3月,中国城市轨道交通协会遵循"推进城轨信息化,发展智能系统,建设智慧城轨"的建设主线,组织编制了《中国城市轨道交通智慧城轨发展纲要》,以此作为城轨交通行业今后一个时期(2020—2035年)制定智慧城轨发展的技术政策、技术规范、发展规划和实施计划的指导性文件。文件从时代背景、总体要求、发展战略、建设目标、建设重点、建设路径、保障措施等七个方面对今后我国智慧城轨建设做出了指导和规范。

1.3 城市轨道交通集成项目的主要特征

当前城市轨道交通已形成以地铁为主导,轻轨为辅助,单轨、磁悬浮等进行补充,多种类型并存的交通体系。城市轨道交通集成项目往往具有典型的复杂系统特征,具体体现在以下几个方面:

(1)项目建设规模大

一方面项目建设的投资额大,城市轨道交通建设费用每公里高达3亿~8亿元,一个集成项目往往能达到几千万到数十亿的规模,资金管理要求高;另一方面,一个城市的轨道交通线网里程数往往能达到百余公里至数百公里,规模很大,也给管理带来一定难度。

(2)项目建设周期长

单线建设周期需4~5年,线网建设周期一般需30~50年。

(3)项目参与单位多

有成百上千家参与单位,各参与单位的工作时间、内容和目标等不尽相同,存在利益冲突,涉及的合同关系复杂。同时施工面沿线路展开,在工程实施过程中所产生的信息量很大,组织信息沟通困难,各参与单位信息化程度不同,处理工作非常繁重。

(4)项目技术要求高且施工管理的内容多

城市轨道交通集成项目专业性强,涉及计算机技术、控制技术、智能新技术和其他机电设备工程等高新技术领域,技术要求高。建设内容包括车站、区间、主变电、控制中心、车辆段、出入段等多项工作。

(5)项目施工风险大

项目是以地下线为主的公共工程,复杂程度较高,施工工艺复杂,施工过程面临的环境复杂,地质及水文地质条件复杂多变,存在大量不确定风险因素,施工风险大。工程接口复杂,质量安全管理影响大。

(6)项目受环境制约大,对环境影响也大

位于繁华市区需要考虑周密的交通疏解和管线迁移方案。项目实施期间还要预测项目污染物的排放对沿线地区震动、噪声、大气等环境要素的影响程度,并提出应采取的环保措施和对策。

2 城市轨道交通系统集成项目系统类型

2.1 综合监控系统

综合监控系统对子系统的集成方式包括集成和互联两种类型。所谓集成，即是实现各集成系统全部监控和管理功能，同时提供统一的数据库平台，实现各种基础数据的统一管理以及相关系统之间的数据共享，实现各系统联动。综合监控系统还可以提供辅助决策支持功能，为运营人员提供最大的帮助。一般情况下，综合监控系统集成的子系统包括环境与设备监控系统（BAS）、电力监控系统（PSCADA）、门禁系统（ACS）、屏蔽门系统（PSD）、火灾自动报警系统等。

综合监控系统与这些子系统主要通过计算机接口交换信息，必要时进行各系统的联动。综合监控系统可以接收各系统的设备运行信息，进行统一的设备维修管理工作。一般情况下，车站级工作站能够监视本站及相邻车站相关设备的状态和报警信息。必要情况下，通过权限设置，可以实现跨区域控制和管理。还可以提供基于WEB的数据共享，为运营管理提供轨道交通运营的实时信息和远程维护管理。

2.2 信号系统

在城市轨道交通系统中，信号系统是一个集行车指挥和列车运行控制于一体的非常重要的机电系统，它直接关系到城市轨道交通系统的运营安全、运营效率以及服务质量。它保证列车的行车安全，实现列车快速、高密度、有序运行的功能。

信号系统通常由运行线列车自动控制ATC（Automatic Train Control）系统和车辆段信号控制系统两大部分组成，用于控制列车进路和运行间隔、信息管理、设备工况监测及维护管理等，由此构成一个高效的综合自动化系统。

其中运行线列车自动控制ATC系统主要由列车自动监控ATS系统、列车自动防护ATP系统和列车自动运行ATO系统等三个子系统构成。它们构成了一套完整的控制、监督和管理系统，互相之间不仅相互独立又相互联系。

2.3 电力监控系统

电力监控系统由控制中心的电力调度系统（主站）、变电所综合自动化系统和车辆段/停车场接触网隔离开关监控系统（被控站）、供电车间供电复示系统以及通信通道构成。主站系统集成入综合监控系统，主站和通信通道由综合监控系统统一提供，被控站的监控功能由车站级综合监控人机界面实现。

电力监控系实施对全线供电设备运行的调度管理、实时监控和数据采集，及时掌握和处理供电系统的各种事故、告警事件，保证供电的可靠性、安全性。实现变电所各种设备的控制、监视、联动、联锁、闭锁功能，自动投切、电流、电压、功率、电度采集功能。

2.4 通信系统

城市轨道交通通信系统是提供指挥列车运行、实施运营管理、进行公务联络和传递各种信息的重要手段，为城市轨道交通运营、管理服务。为了确保城市轨道交通的正常运营，系统必须具备迅速、准确、可靠地传送城市轨道交通运营、管理所需的各种信息，这些信息包括普通话音、宽带广播、文字、数据及图像信息等。

通信系统一般包括但不限于以下系统：

（1）传输系统；
（2）公务电话系统；
（3）专用电话系统；
（4）无线通信系统；
（5）视频监视系统；
（6）广播系统；
（7）时钟系统；
（8）乘客信息系统；
（9）电源及接地系统；
（10）集中告警系统。

2.5 火灾自动报警系统

火灾自动报警系统是由触发装置、火灾报警装置、联动输出装置以及具有其他辅助功能装置组成。火灾自动报警系统将燃烧产生的烟雾、热量、火焰等物理量，通过火灾探测器变成电信号，传输到火灾报警控制器，并同时以声或光的形式通知整个楼层疏散，控制器记录火灾发生的部位、时间等，使人们能够及时发现火灾，并及时采取有效措施扑灭初期火灾，最大限度地减少因火灾造成的生命和财产的损失。

2.6 自动售检票系统

城市轨道交通自动售检票系统（AFC）的结构层次一般分为车票、车站终端设备（SLE）、车站计算机系统（SC）、线路中央计算机系统（LC/LCC）、清分系统（CC）五个层次（图1）。

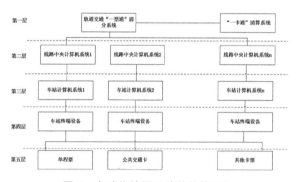

图1 自动售检票系统的结构层级

2.7 屏蔽门系统

屏蔽门系统主要设置在地下和高架车站站台区域，是一道自上而下可控开关的隔离屏障，沿着车站全站台边缘设置，将列车轨行区与站台候车区隔离开来，能够为乘客提供一个安全、舒适的候车环境的一套机电设备系统。

屏蔽门系统的现实意义主要体现在对地铁安全运行的增强和环保作用上。

2.8 电扶梯系统

电扶梯系统作为轨道交通车站内疏散乘客的重要工具，它是城市轨道交通系统的一个重要组成部分，每天担负着运送大量乘客的任务，将乘客安全、舒适、迅速地运送到站台、站厅或地面上。车站根据远期客流量统计设置上、下行自动扶梯，以满足疏散乘客的需要；车站内设置垂直升降机、轮椅升降机，以满足特殊人群、特殊用途的需要；在机场或高铁站一般会设置自动步道。

常用的电扶梯系统主要有自动扶梯、垂直电梯及自动人行道。

3 城市轨道交通集成项目过程管理

3.1 合同管理

合同管理是一项连续性的管理活动。城市轨道交通集成项目管理单位对工程合同的全过程进行管理，对合同的形成、履行、终止的整个过程进行组织计划和协调控制，具体包括建设工程项目的合同策划、合同谈判、合同签订、合同履行、竣工验收及合同整理等环节。

3.2 变更管理

变更是指在维护过程中对系统和服务所做的各种改变，包括增补、移除和其他修改。变更管理是指对在最短的中断时间内完成系统和服务的任何一方面的变更而对其进行控制的服务管理过程。

提出变更请求的情况主要有以下几种：

（1）要求解决事件和问题；

（2）用户或乘客对系统或服务不满意；

（3）引入或移除某个组件；

（4）升级组件；

（5）出现新法规/标准或原有法规/标准发生改变；

（6）厂商或服务商提出改动产品或服务。

变更可能是对问题和外部强制性要求的被动反应，也可能是主动寻求提高系统和服务的效率和效果的需要。变更管理的目标是确保在变更实施过程中使用标准的方法和步骤，尽快地实施变更，以将由变更所导致的系统中断对乘客的影响减小到最低。具体有以下几点：

（1）确保所有的变更都遵循标准的方法、程序和规则；

（2）确保所有的变更能快捷有效地进行；

（3）减少与变更相关的事件对服务质量的影响；

（4）确保所有的变更都有明确的记录和追踪；

（5）维持变更需要和实施变更后的可能后果之间的适当平衡。

3.3 进度管理

为保证进度目标的实现以及有效控制工程实施进度，建立进度管理体系。在进度管理体系的建设过程中，结合质量管理体系、安全管理体系、环境管理体系等，尽可能与项目内部其他管理体系结合并保持结构协调、总目标一致，进行进度管理体系的文件系统的策划，相关制度的建立。进度管理体系的文件通常由进度管理总要求、程序文件的要求、作业制度和规章制度三部分组成。具体包括工程进度报告制度、进度计划审核制度、进度计划实施中的检查分析制度、进度协调会议制度、图纸审查及工程变更和设计变更管理制度等。确定目标，明确职责，配备相应的资源（图2）。

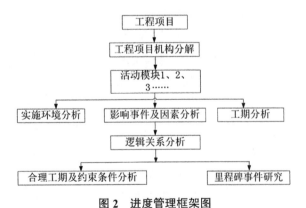

图2 进度管理框架图

3.4 质量管理

按照ISO 9000标准中影响质量的四个方面：管理职责、资源管理、产品实现、测量分析和改进，建立相应轨道交通运营质量管理体系。

3.5 安全管理

地铁车站设备安装工程安全生产文明施工应执行《地铁安全生产文明施工管理办法》的相关规定。各地铁车站设备安装工程项目部负责督促落实各项安全生产制度、文明施工的制度的执行。实行相关单位全面管理负责制，即各施工点的安全生产、文明施工、消防、社会治安等由各相关单位全面负责。

3.6 成本管理

轨道交通成本主要分为三个部分：一是前期规划设计成本；二是建设成本；三是运营成本。前期规划设计成本主要包括前期策划费用、研究费用以及勘察设计费用等；建设成本主要为工程建设费、车辆购置费用等，占比重较大；运营成本主要指轨道交通系统完成乘客运输过程中的费用支出，主要包括电费、设备系统以及基础设施的更新维护费、折旧费、职工工资以及福利费、运营管理费等，其中设备的更新维护费和人工费占比重较大，运营综合管理费用灵活性较大，例如员工的办公费用、出差费用等，如果没有相关管理制度对其进行约束，很容易造成费用滥用的现象。

4 城市轨道交通集成项目组织管理

4.1 项目管理组织机构设置

根据项目规模和技术特点，组建项目部。在组织机构和部门设置方面，对公司及项目部进行科学的设置，公司对该工程成立领导指挥小组，组长由项目总负责人担任，执行组长由项目经理担任，主要负责该项目所有的统筹、安排与实施；负责对工程中的劳动力、材料供应、机械设备进行总调度、指挥；全面落实质量认证体系和环境管理体系、职业健康安全管理体系在该项目中具体实施运作，落实质量、安全、工期指标。

由符合资质优秀的项目经理作为公司项目经理，负责工程对内及对外各专业的协调工作。在公司决策层的领导及职能部门的指导下，项目经理部负责实施从工程项目开工到竣工，交付使用全过程的施工经营管理。在项目经理的领导下，全权组织生产施工要素，包括与业主、各专业、各工种的协调、劳动组织、材料供给，对工程的工期、质量、安全、成本实施全过程的动态管理。

由项目经理根据"项目经营管理目标"进行目标分解，下设工程技术部、安全质量部、物资管理部、计划财务部、综合管理部、劳务办（或劳务用工专员）。所有人员公司直接派遣到项目部，其组织关系仍在公司，项目人员由项目经理管控。项目经理部向公司负责，接受公司机关业务部门指导、监督、检查和考核。根据工程规模，对各部室职责进行明确，做到设置合理、分工明确、协作有序，确保各项工作有序开展，极大提高了管理效率和管控水平。其项目组织架构图如图3所示。

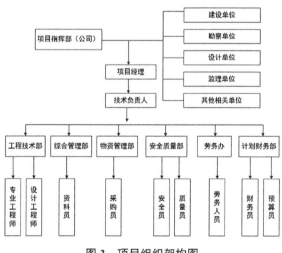

图3 项目组织架构图

4.2 主要职能部门

（1）工程技术部

工程技术部严格按照国家的施工规范、规程、标准、规定，对工程实行质量监督和技术管理。在项目领导班子领导下做好施工管理、施工质量监督，确保工程质量和进度。组织图纸会审、技术交底工作，负责施工过程中设计变更联系单的制定及工程建设技术指导工作。负责工程建设过程质量管理、进度管理及文明施工、安全管理工作。组织对施工质量的检查与评定，确保施工质量。施工设计文件和复核，编制特殊项目的施工技术方案和作业指导书，作业队、作业工班技术交底和指导施工；组织对工程质量检查及事故的调查、分析和处理工作。制定技术方面的纠正和预防措施并指导实施；制定新技术、新材料的作业指导书，处理施工中的主要技术问题。

（2）安全质量部

安全质量部是每个工程项目的常设机构，负责安全监督、质量监督及项目督办工作。负责本工程的安全和质量体系。负责工程质量和安全生产，负责全面组织、检查、监督责任；组织对安全质量检查及事故的调查分析和处理工作，跟踪检查整改措施的落实情况；对施工质量和过程控制进行检查监控，对违章操作和忽视工程质量和安全的现象有权制止和纠正。

（3）物资管理部

物资管理部负责工程所需设备材料的供应和管理工作，对质量负全部责任；严格执行拟定的《采购程序》《进货检验和试验程序》《标识和可追溯性程序》《搬运和储存程序》，及时了解掌握所到材料、设备的质量情况，确保物资的供应；编制设备物资采购计划并负责实施，确保工程所需物资的供应；负责制定和履行物资采购合同；协助业主按工程进度保证甲供设备、材料的供应；领导工程临时仓库的工作。

（4）计划财务部

计划财务部负责工程合同管理、预算、计划、验工计价、资金管理、成本核算等工作；按要求报送有关施工预算和验工资料；编制各项计划，合理调度，监督计划执行。按时提报各阶段施工计划，及时完成统计报表；及时完成各项核算工作，报送各项财务报表。

（5）综合管理部

综合管理部负责工程人力资源和施工机具、试验设备等管理工作；负责工程的信息管理等工作，及时将各种信息进行反馈，为领导决策提供依据，负责工程项目管理的文件管理工作；负责工程项目对内、对外的各种关系协调；配合总包提供相关资料和数据，组织和管理项目奖项申报工作。

（6）劳务办

劳务办认真执行安全生产的各项法规、规定、规章制度及安全操作规程，合理安排班组人员工作，对人员在生产中的安全和健康负责。按制度严格履行各项劳务用工手续，做好人员的岗位安全培训。经常组织学习安全操作规程，监督人员遵守劳动、安全纪律，做到不违章指挥，制止违章作业。必须保持人员的相对稳定。

4.3 主要岗位管理责任制

组织机构设立后，将根据工程计划具体抓五个环节的工作，即安全、质量、工期、成本和协调工作的控制，为保证这些施工环节的落实首先建立健全的现场项目管理制度。

（1）项目经理岗位责任制

项目经理需制定并指导施工管理班组的思想及业务学习，树立正确法制教育，重视项目部的技术培训，不断提高施工班组人员的素质和工作能力。

项目经理是本工程的第一责任人，代表企业法人全面负责施工现场生产计划及管理工作，负责生产任务的下达，组织施工，编制并督促进度、计划、质量、安全等规章制度的执行，狠抓工程进度、质量与工地文明施工，确保工程顺利进行并达到规定标准。

审核预结算、指导财务、材料供应及后勤方面等工作，协调材料和财务及后勤方面关系，以确保工地的良性运作。

协调业主、监理、设计及其他施工方的关系，参加并组织定期例会，做好与各方面的沟通工作。

（2）技术负责人岗位责任制

遵照国家颁发的规范、标准、规定，以及设计要求，结合工地现场和实际条件，负责编制单位工程的施工组织设计（施工方案），经审批后，贯彻实施。

对负责施工的工程质量、安全生产、工期等负有技术责任。

（3）安全员岗位责任制

认真学习安全知识，以及国家和建筑业的法律和法规，积极宣传，贯彻执行安全法规、措施。

安全员必须熟悉工地管理制度，对工人进行进场前的安全生产的技术培训和技术交底，对工人进行安全生产知识学习和教育，并严格进行三级安全教育。

（4）质量员岗位责任制

严格遵照国家颁发的施工规范、工程质量检验评定标准和有关规定；履行工程质量监督职责，负责制定和执行工程质量检查计划。

（5）专业设计工程师岗位责任制

在整个施工过程中，负责贯彻各项专业技术标准。

（6）资料员岗位责任制

严格遵守项目所在地有关施工技术资料的管理规定；对本工地施工的工程负有真实、及时、完整地编制技术资料的责任；负责竣工资料的整理、分册、汇总和装订工作；接受有关部门对资料的审查，认真做好收发文工作。

（7）采购员岗位责任制

认真执行安全生产的规章制度；根据施工组织设计和材料预算制度实施采购计划，确保工程进度。

（8）预算员岗位责任制

熟练掌握项目所在地建筑工程和安装工程的预算定额和有关预决算编制的规定，掌握材料价格、市场动态，及时编制施工预算和施工图预算，做好材料分析。

（9）财会员岗位责任制

熟悉掌握项目所在地有关财会方面的规定，严格财会制度；认真协助项目经理做好财务核算工作；及时上报有关表册和发放工资，并做好资金的保存工作；接受有关部门对财务的检查，及时改进存在的问题。

5 城市轨道交通集成项目调试管理

（1）单机调试

常规设备单机单系统调试是对综合监控系统设备安装完成后进行的功能性测试，通过试验、调试，发现和消除设备质量问题、设计缺陷及安装质量问题，为后续系统联调做准备。单机单系统调试包含服务器、工作站、机柜等设备的调试检查。

（2）单系统调试

整个系统的调试应在单体、单机试验完成后进行，即单系统调试。接口安装、系统调试等均由设备安装施工单位进行。所谓单系统调试就是对系统进行测试，同时对系统各项功能进行试验，只有试验和测验结果与相关技术要求相符才能进行后续工作，如不相符则需由设备安装施工单位对其进行检查，将其中存在的问题找出来并对问题进行分析，从而找到解决问题的对策，直到与要求相符才能通过。最后，由设备安装单位完成调试与测试合格报告。

（3）综合联调

地铁是由多个子系统组成的综合性大系统，存在着系统集成是否成功的风险。为此，进行系统联调就显得尤为重要。

综合联调意在全面、系统地检验各系统的实际功能是否达到开通试运营的标准，以及系统间是否可按设计要求协同运作。暴露系统设施设备建设过程中存在的问题，及时对各系统的技术参数进行调整与修改，及时协调解决暴露出的问题，使其满足运营的实际需要。

6 城市轨道交通集成项目验收管理

城市轨道交通集成项目按设计文件完成并具备开通条件后，集成单位应按设计文件及检验标准进行自检，提交申请竣工验收报告，并编制正式的竣工图、已完工程数量报告、已完工程技术资料等竣工文件。工程验收依据包括：与业主签订的工程承包合同、经批准的设计文件、工程所采用的产品说明书和技术文件、国家现行的有关施工规范和验收标准、业主在合同中或以其他书面形式指定的规范和标准。

7 总结

项目集成管理计划是工程项目建设过程中不可缺少的，本文从施工总承包角度，全面地计划项目集成系统类型、项目过程管理、项目管理的组织、项目调试及验收管理，并对与项目管理有关的组织工作做出了预先安排，大大提高了工作效率及项目管理水平。

参考文献

[1] 李宇. 基于关键链的城市轨道交通综合监控系统集成项目进度管理研究[D]. 重庆：重庆大学，2021.

[2] 吕兆辉. 城市轨道交通通信系统集成项目的管理[J]. 智能城市，2019，5(19)：151-153.

[3] 城市轨道交通通信系统集成项目质量管理研究[C]// 智慧城市与轨道交通2019. 北京：中国城市出版社，2019：149-152.

[4] 严政. 某军工研究所项目组织和计划管理模式研究[D]. 南京：南京理工大学，2010.

[5] 李雪静，周卫江. 浅谈工程项目的项目组织计划[J]. 新疆石油教育学院学报，2004(2)：129-130.

起重机高度限位介绍与比较

李冬宁

（天津轨道交通运营集团有限公司，天津 300382）

摘　要：本文列举了桥式起重机高度限位，着重对比分析了不同高度限位优缺点以及应用场合。

关键词：起重机；高度限位

起重机，是指用吊钩或其他取物装置吊挂重物，在空间进行升降与运移等循环性作业的机械。包括桥式起重机、门式起重机、臂架式起重机、组合式起重机等多种类型。其中，地铁检修车间使用较多的是桥式起重机，具体可分为桥式双梁起重机、桥式单梁起重机、悬挂式起重机，根据《起重机械安全规程　第 1 部分　总则》GB 6067.1—2010 第 9.2.1 条的规定，起升机构均应装设起升高度限位器。起重机高度限位器是用于限制取物装置的高度，当吊钩起升到上极限位置时，限位器能够自动切断电源，使起升机构停止运转，防止取物装置继续上升，避免发生拉断起升钢丝绳而导致重物坠落和出现人员安全事故。

目前市场上应用比较广泛的起重机高度限位器有传动式高度限位器、断火式高度限位器、重锤式高度限位器、压板式高度限位器四种。下面对各种限位器进行逐一介绍和分析。

1　传动式高度限位器

传动式高度限位器连接在葫芦或者卷筒轴的尾端，通过机械轴传动，使接入控制回路的保护开关动作，达到限高的目的。由于传动式高度限位器直接与起升机构相连，伴随起升机构同步动作，相较其他高度限位器可靠性更高。

根据限位器与葫芦或者卷筒轴不同的连接方式，传动式高度限位器分为以下几种类型：螺杆式高度限位器、蜗轮蜗杆式高度限位器、齿轮式高度限位器。

螺杆式高度限位器的结构，是由卷筒轴端连接，引出运动关系和尺寸范围。螺杆带动螺母侧沿着螺杆移动，通过与螺母一起的撞头，去撞击触发限位开关触头来断开电源，当螺杆两端都安装限位开关时，可以控制上升、下降双限位。

蜗轮蜗杆式限位器由一个传动比较大的蜗轮蜗杆减速器组成，一般安装在起重机卷筒轴尾部，从而驱动涡轮转动，然后再驱动安装在涡轮上的凸轮转动，凸轮上的凸台去触碰限位开关，限位开关控制起升机构控制回路，可切断起升机构动力电源。制造这种传动式高度限位器对涡轮蜗杆的精度要求较高，所以装置制造成本也会相对较高。与其他高度限位器的单点位置控制起升高度相比，它可以实现在不同起升高度上设置控制点，且响应灵敏准确、寿命长，多用于卷扬机构。

齿轮式限位器安装在工作卷筒轴的一端，与卷筒齿轮保持联动，当吊钩上升到极限位置时，此时齿轮获得一定的传动比和圈数，靠凸轮触发限位开关动作，切断控制回路。

以上三种传动式高度限位器，基本原理相同，与卷筒连接的传动机构不同。限制器可通过调整凸轮凸台的位置控制限位开关触发的时机，实现控制起升机构的起升高度及下降深度。当更换钢丝绳或原有钢丝绳长度发生变化就必须重新调整限制器的控制范围。

2 断火式高度限位器

断火式高度限位器是将开关串联在电源主回路，通过断开起升动力电路火线实现动作。一般安装在电动葫芦上，除了限位器本体，还由支座、定位块、限位杆等部分配合实现限位功能。

当吊钩上升或下降时，卷筒上钢丝绳带动导绳器随钢丝绳的收回或放出左右移动，当到达上升极限位置时，导绳器上的触发模块触碰传动杆上的碰块，对传动杆产生推或拉的动作，通过传动杆的移动来带动断火开关内的一对动静触头分断，切断主电源，从而起限位作用，当传动杆复位时，在弹簧力的作用下，触头重新闭合。

该装置适用于电动葫芦，可作为双向行程保护，原理也较为简单，维修方便，零件不易磨损，安全可靠性价高。

断火开关一般是自复位型。自由状态处于中位，断火开关处于接通状态，左右两位时断火开关均处于断开状态。

限制器是通过调整传动杆上左右碰块的固定位置控制断火开关触发的时机，实现控制起升机构的起升高度及下降深度。

当更换钢丝绳或原有钢丝绳长度发生变化就必须重新调整限制器的控制范围。

3 重锤式高度限位器

重锤式高度限位器又称防过卷开关，通过重锤碰触开关切断起升控制回路，实现动作，具有结构简单、价格低、易安装维修的优点。

重锤穿过钢丝绳，通过钢丝绳与限位开关上的拉杆连接，悬吊在限位开关的触发杆上，并空套在起升钢丝绳上，重锤可沿起升钢丝绳上下自由移动。正常状态下，重锤因为重力向下拉动拉杆，开关处于常闭状态，起升机构正常工作。当起升机构超出规定范围，继续向上运行时，滑轮组就会抬动重锤，重锤受到滑轮组施加的支撑力，限位开关复位，开关断开起升电路，保护起升机构防止冲顶。

限位装置的限位开关是自复位型，自由状态是触发杆收回，限位开关断开，切断起升机构的起升控制电源从而使起升机构停止升起；当有重锤悬吊在触发杆上且重锤处于自由下垂状态，触发杆外伸，限位开关闭合，接通起升机构的起升控制电源从而使起升机构可以执行起升指令；当起升机构的取物装置（如吊钩）提升到一定高度，触碰到限制器的重锤时，将推动重锤沿起升钢丝绳上移，重锤的悬吊绳松弛，限制器的触发杆收回，限位开关断开，切断起升机构的起升控制电源从而使起升机构停止起升。

限制器是靠重锤悬吊绳的长度来控制起升机构的极限起升高度，更换钢丝绳及起升钢丝绳长度发生变化不影响起升机构的起升高度控制。

重锤式限位的缺点是绳锤容易与起升钢丝绳发生缠绕，造成停车故障；小车运行时，绳锤和取物装置容易发生摆动，使保护动作失效。

4 压板式高度限位器

压板式高度限位器主要应用于采用电动葫芦作为起升机构的起重机上。安装于电动葫芦钢丝绳上，压板朝下布置，开关与控制回路串联，一般处于常闭状态。通过上升的吊钩滑轮碰触开关托板，带动下端触点动作，来切断起重机主回路状态或者运行速度状态。

压板式限位开关可以避免重锤式限位容易与起升钢丝绳发生缠绕的缺点。

单限位开关主要用于高度限位，切断主回

路电源。

双限位开关，增加一次高度限位保护，可以防止接触器粘连和一次断火损坏造成的冲顶事故。双限位开关，在双速电葫芦上可以实现快慢速限位的功能。

5 双限位要求

综上所述，以上四类限位器在不同领域均有很多应用。传动式限位器主要应用于卷筒安装；断火式限位器主要安装在电动葫芦上；重锤和压板式限位开关也主要应用于电动葫芦。根据国家市场质量监管总局下发的《市场监管总局办公厅关于开展起重机械隐患排查治理工作的通知》（市监特设发〔2021〕16号）的要求，在用桥式、门式起重机应安装两套不同形式的高度限位装置，确保该设备满足"双限位"装置的要求。在目前普遍要求安装双限位增加安全性的前提下，一般可考虑"传动式＋重锤／压板式"和"断火式＋重锤／压板式"方案。

基于深度学习的轨道交通重点区域乘客危险动作识别及安全预警研究

蒋春华[1] 汪玉冰[2] 赵健[1]

（1. 深圳市赛为智能股份有限公司，深圳 518000；2. 合肥赛为智能有限公司，合肥 230000）

摘 要：为了贯彻落实国家《交通强国建设纲要》的战略部署，以"创新、协调、绿色、开放、共享"的发展理念，利用新兴信息技术与城市轨道交通深度融合为发展主线，深入推进城市轨道交通信息化，发展智能系统，建设智慧城轨，实现城轨交通由高速度发展向高质量发展的跨越，助推交通强国的崛起，成为中国城市轨道交通建设的总体指导思想。依据《中国城市轨道交通智慧城轨发展纲要》相关内容，城市轨道交通乘客动作信息智能识别成为智慧城轨建设中智慧乘客服务、智能运输组织、智能能源系统和智能运维安全等体系实现的核心要素，因此有必要建设完善的基于深度学习的轨道交通重点区域乘客危险动作识别及安全预警系统。

关键词：轨道交通；乘客危险动作识别；安全预警系统

1 引言

面向轨道交通运行安全与智能化深度融合的重大发展需求，研究开发集计算机视觉、深度学习模型于一体的具备实时安全事件识别能力的人工智能系统。

使用基于深度学习视觉分析技术，采用行人分割、人体姿态识别、人脸识别相结合，不同于传统数人头和活动目标检测方式来统计小场景人数，可以对密集人群进行分析。有效对抗人体之间的遮挡，可对人进行精确识别、跟踪和行为分析，准确率高。能很好适应倾斜、顶装等各种视角的摄像头，对于光照、阴影等外部环境干扰，以及人员拥挤、快速移动等有良好适应性。可准确实现各种肢体动作和异常行为分析。

国内轨道交通行业对公共安全、乘客人身安全的保护需求迫切，视频监控系统如摄像头、存储、分析等设施也大量应用在轨道交通行业。但是利用深度学习等大数据智能技术及时发现险情、辅助管理人员工作，在轨道交通领域尚处于研究探索阶段，无法对站台、车厢等复杂应用场景做准确分析识别，没有对轨道交通行业的特殊场景需求做深入研究。

2 解决轨道交通重点区域关键技术

采用基于深度学习的重点区域乘客微信动作识别及安全预警系统软件，在轨道交通场景应用，软件已用于多个科研及工程项目，有丰富的使用与开发经验。软件主要功能及界面介绍如下。

2.1 基于深度学习的关键技术

（1）乘客特征及姿态识别

基于深度学习，系统可对实时视频中人物的特征和姿态进行识别，对人体18个骨骼关键点识别、行为动作识别，识别发型、年龄、性别、种族、是否戴帽、是否背包、上衣类型与颜色、裤子类型与颜色等特征（图1、图2）。

（2）人数统计分析

采用深度学习行人检测技术，通过视频分析对指定断面或范围内的行人进行人数统计，

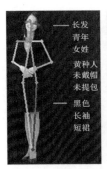  

图1 基于深度学习的乘客识别图例1

图4 基于深度学习的乘客识别图例4

图2 基于深度学习的乘客识别图例2

图5 基于深度学习的乘客识别图例5

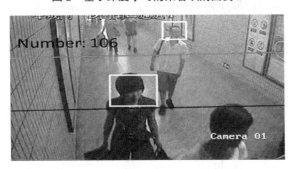

图3 基于深度学习的乘客识别图例3

可区分行人方向（图3）。

（3）人群密度分析

采用基于深度学习检测算法，对视频画面内的人群密度进行监测，并对超过指定密度的区域进行告警提示（图4）。

（4）人群活跃度分析

人群活跃度分析主要是指采用基于深度学习的人体姿态动作识别，对视频内的人员进行动作识别，并对每个人员个体的活跃度进行评价，对低于活跃度临界值或高于活跃度临界值的人员进行告警（图5）。

2.2 乘客危险动作识别关键技术

（1）入侵检测

基于深度学习技术对特定场景下人员的危险或违规动作行为自动检测、报警。针对进入所设定虚拟禁区或跨越所设定的折线（虚拟边界）的目标进行监测跟踪，并按照用户设置的规则触发报警（图6）。

图6 乘客危险动作识别——入侵检测图例

（2）滞留徘徊检测

基于深度学习进行行人检测，并对人进行动态跟踪，根据人的轨迹分析，判断此人是否在一个区域内长期反复滞留徘徊，当其逗留徘徊超过一定时间之后，进行自动告警（图7）。

图7　乘客危险动作识别——滞留徘徊检测图例

（3）尾随检测

基于深度学习进行人体识别和行为跟踪，对重点区域内长期尾随某一个人的行为进行监测识别和告警（图8）。

图8　乘客危险动作识别——尾随检测图例

（4）聚集检测

通过基于深度学习监测技术，对区域内人群密度超过一定值的进行告警（图9）。

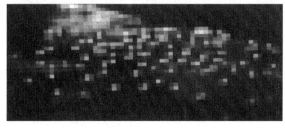

图9　乘客危险动作识别——聚集检测图例

（5）异常倒地检测

通过基于深度学习的人体姿态识别，对人的动作进行识别，当人出现倒地时，进行告警提示（图10）。

图10　乘客危险动作识别——异常倒地检测图例

（6）奔跑打斗检测

通过基于深度学习的人体姿态识别，对场景内的人员异常奔跑、剧烈运动等行为进行检测，并进行告警（图11）。

图11　乘客危险动作识别——奔跑打斗检测图例

2.3　安全预警动作识别关键技术

（1）工作着装检测

通过基于深度学习的人员检测和人体属性特征识别，对进入区域内的工作人员是否穿工作服进行检测，一旦发现有未穿工作服的人员，则立即进行告警（图12）。

（2）执勤动作规范化

通过基于深度学习的人员检测和人体动作特征识别，可对执勤人员的规范动作进行识别，并基于动作给予考核或评分（图13）。

（3）脱岗检测

基于深度学习进行值班及站岗人员的体态

动作识别，判定值班人员、站岗人员是否擅自脱岗、在岗时间等进行精确分析和报警（图14）。

图12　安全预警动作识别——工作着装图例

图13　安全预警动作识别——执勤动作规范化图例

图14　安全预警动作识别——脱岗检测图例

2.4　异常行为识别及预警软件平台

通过软件平台能够实时检测规定范围内的安防监控问题（图15）。

3　项目工程化技术路线

项目工程化技术路线首先利用摄像装置实时获取视距范围的轨道交通场景海量视频数据，通过训练、测试、推理、自动提取动作时

图15　软件异常行为识别及预警平台图例

序等异常行为信息的特征，建立自主识别安全事件的深层神经网络模型型；其次利用网络剪枝、权值共享、参数压缩等技术将所建立的神经网络模型进行轻量化；再次结合业务流程和软硬件部署，将目标模型移植到嵌入式设备环境形成智能终端；最后开发信息管理平台将乘客安全事件信息通过传输网络上传至相关监管部门及时决策。

主要工作技术路线为：运动人体目标分割、基于深度学习识别人体行为、复杂背景下人体目标跟踪、基于运动轨迹的人体异常识别。

3.1　运动人体目标分割

对运动目标进行描述，首先要做的工作就是要将运动目标从视频序列中提取出来，作为后续处理的输入。采用的运动目标检测方法包括光流法、帧差法、背景减除法以及混合高斯模型法等，其中光流法是一种基于光流场估计的运动目标检测方法，运算量大，实时性差；后面三种方法是基于背景建模的运动目标检测方法。

人体运动识别是对输入运动序列按其动作类型不同将其分类，识别过程主要可分为特征提取、特征表示、动作分类三个阶段。其中，特征提取是从人体运动序列中提取所需的人体运动信息；特征表示是将提取的特征信息按某种方式组织起来，进行压缩和抽象，以适应后续的具体分类算法，这个步骤根据后续的识别算法可以省略；动作分类是将输入的运动序

列归入某个具体类中,即给出一个类别标记。特征提取方法和识别算法是最重要的两个部分,以下将着重介绍这两部分目前常用的方法(图16)。

图16 人体运动识别框架图

特征是从人体运动序列中抽取的可以表示运动状态的参数。采用的特征参数既可以是直接从图像中获取的颜色、纹理等信息,也可以是由跟踪得到的运动学信息,如人体运动速度、加速度、关节角度、位置等。特征作为识别的依据,如何提取和如何挑选需要根据识别对象的特点来确定。

根据是否使用人体模型,特征提取方法可以分为两大类:非模型的方法和基于模型的方法,后者是在前者的基础上发展起来的。

(1)非模型的方法

非模型方法无须对人体建模,直接提取图像中感兴趣区域的底层二维表观特征,然后找出区域特征与人体动作的对应关系进行匹配。一般采用图像中的人体表观特征,常用有边缘、剪影、轮廓、颜色、光流、深度图等,使用数字图像处理和计算机视觉的基本算法进行特征提取。由于不采用明确的模型,该方法可以根据特征的类型和识别动作的特点,灵活决定分类决策。

(2)基于模型的方法

通过模型识别人体运动信息,首先利用人体结构的先验知识建立人体模型,然后提取图像底层特征匹配到模型中,并以运动规律加以约束,从而得到人体运动信息。由于采用统一的人体模型表征任意个体,因此能够不受人体外形差异的影响。在发生特征难以获取或不准确的情况下,运动规律可以指导人体姿态的估计,使之近似于实际情况。因此,比较非模型的方法,基于模型方法能获得更精确、更完备的特征数据,有利于识别更加复杂的人体运动,已成为人体运动识别发展的趋势。

具体过程一般分为三个阶段:初始化、跟踪、姿态估计。初始化过程包括摄像机定标,获得背景模型、人体模型的初始参数和模型初始姿态等。跟踪阶段是对图像提取底层特征,并将帧之间的特征进行对应。然后,将底层特征匹配到人体模型,从而得到人在当前帧的特征,完成姿态估计。在完成这三个阶段之后,就可以得到人体运动特征数据,为运动识别提供依据。

根据使用的不同,人体模型可以分成两类:一类是二维模型,采用人体表观特征估计的二维形状来拟和人体各个部分;另一类是三维模型,一般先采用人体多关节骨架模型表示人体,然后根据需要定义一个身体形状模型附着在骨架模型之上,如圆柱、圆锥几何模型。

3.2 基于深度学习识别人体行为

人体动作识别整体框架如图17所示,主要由特征提取及表示模块、模型训练模块、动作识别模块和评测模块4大部分组成。其中,特征提取及表示模块的功能是提取运动序列中有用信息并组织成适合识别算法的格式,传递给模型进行参数训练和识别;模型训练模块通过参数估计得到不同动作的条件随机场模型参数;动作识别模块对测试序列对应的特征观测序列进行识别;评测模块的功能是对最后的识别结果进行评定即系统性能的评价。动作识别部分是轨道交通研究的重点,根据识别对象的不同,采取的方法也不一样。为了体现运动速度、动作幅度及复杂度的差异性,我们选择走、跑、向上跳、向前跳跃、侧空翻、前空翻、后空翻、侧手翻、前旋踢腿、后旋踢腿10种动作作为基本动作类型,并分别从单个动作和连续动作两方面进行识别。

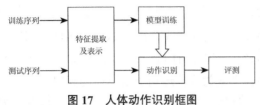

图 17 人体动作识别框图

4 结语

近年来,国内外广大的科研工作者在国内轨道交通行业基于图像和视频的人体行为分析这一领域开展了大量的相关研究,并且取得了较大的研究成果。中科院自动化所模式识别实验室,北京大学视觉与听觉信息处理国家重点实验室,清华大学、浙江大学和西安交通大学等高校都在人体异常行为识别领域作出了大量贡献,取得了突出的成果。比如,中科院自动化研究所开发的 CBSR 的智能视频监控系统,功能十分强大,能够实现行人及车辆的多目标检测、跟踪及分类,人脸的跟踪和识别,物体的滞留和丢失,人体异常行为的识别以及人群、交通的监控等。

参考文献

[1] 吴迪. 城市轨道交通在突发情况下的客运管理策略与建议 [J]. 科技创新与应用,2022,12(12):151-154.DOI:10.19981/j.CN23-1581/G3.2022.12.034.

[2] 卓玟道. 浅析城市轨道交通运营安全预警系统 [J]. 通讯世界,2019,26(6):261-262.

[3] 黎新华,李俊辉. 城市轨道交通运营安全预警系统研究 [J]. 现代城市轨道交通,2018(10):53-57.

[4] 司海燕,郑州地下轨道交通工程安全预警系统. 河南省,郑州市轨道交通有限公司,2010-07-14.

论如何开展虚拟仪器技术的课程教学

张翠云*

（安徽职业技术学院，合肥 230009）

摘　要：虚拟仪器是仪器发展的重要方向，随着软件、硬件等技术的标准化制定，虚拟仪器得到了飞速的发展。所以，在电子专业的课程设置中将虚拟仪器技术作为一门重要课程，如何设置课程内容，调动学生学习积极性，激发学生学习热情是教学环节的重中之重。

关键词：虚拟仪器技术；课程内容；教学

1　引言

仪器的发展经历了模拟仪器、数字仪器、智能仪器和虚拟仪器的发展过程，而虚拟仪器作为当今仪器的发展方向，越来越多地被大家认可，并在各行各业中开始发挥重要作用。虚拟仪器技术的本质是将开发软件植入计算机，借助计算机强大的处理系统和数据运算能力进行仪器的设计工作，所以，软件是虚拟仪器技术的灵魂，也是虚拟仪器和传统仪器最本质的区别。为了满足数据传输、设备通信、设备系统管理等要求，虚拟仪器在软件和硬件上不断创新，并解决了很多行业难题。由此可见虚拟仪器技术的重要性，为此，在电子技术人才培养方案的设计中，我们引入了《虚拟仪器技术》这门课程，希望同学们深入了解这项技术，最重要的是在课程学习中有知识的收获[1]，也有创新性的一些想法，让学生学有所悟、学有所思，达到育人和专业教育并举的目的。

2　虚拟仪器技术的 LabVIEW 软件实验案例设计

LabVIEW 是世界上最具代表性的虚拟仪器开发平台之一，应用很广泛。它是 NI 公司推出的一款采用图形化的编辑语言进行仪器设计的软件[2]。图形化的编辑语言是程序以图形方式进行搭建，而非传统的采用代码模式进行编写，这种编程方式学习方便，通俗易懂。LabVIEW 可以完成数据采集、数据分析、控制、信号处理等功能。

LabVIEW 的软件可以分为以下几个章节：程序结构、数据类型、图形显示、文件 I/O、数据采集、数学分析、信号分析与处理、对话框和用户界面。在教学的过程中，单独的讲解软件用法肯定枯燥乏味，为此，针对每个知识点必须设计相应的 VI 程序，让学生边学边动手操作。设计案例时还必须考虑如何将知识点与所学专业相联系，模拟一些在工作中遇到的项目处理方式，以 LabVIEW 案例的形式进行编程。比如在表 1 中我们关联所学专业，用到了电压采样、电压滤波处理、液位检测报警、双机通信、波形显示等专业知识点，潜移默化地将实际工作的相关内容注入课程学习中，为学生学以致用打下基础。

---

* 张翠云（1988—），女，硕士，机电工程师、讲师，研究方向：电力电子。项目名称：《虚拟仪器应用技术》之"虚实结合　智慧助农"温室大棚测控系统的设计与调试案例（2021xjtz064）；项目类别：提质培优项目。

表1 LabVIEW部分知识点和专业性案例

编号	知识点	案例内容
1	FOR循环结构	采集电压求最大值和最小值
2	While循环结构	对采集的温度进行滤波处理
3	条件结构	检测液位并进行报警处理
4	顺序结构	计算程序运行时间
5	公式节点	求二维函数曲线
6	局部变量	设计电流的显示程序
7	全局变量	实现双机通信程序
8	波形图表	设计正弦波、方波、三角波的顺序显示程序
9	强度图	设计二维数组和屏幕强度关系的程序

3 虚拟仪器技术的硬件案例关联模拟电子、数字电子等课程

在专业人才方案的制定中,我们希望各专业课程之间由浅入深、相辅相成、彼此关联、相互衔接。为此,在虚拟仪器的硬件案例设计时,我们考虑引入模拟电子和数字电子相关的知识点,一方面模拟电子和数字电子是电子专业最基础也是最重要的两门课程;另一方面,我们通过虚拟仪器技术课程设计相关联的实验,让同学们既能巩固之前所学内容,又便于进一步理解虚拟仪器技术的强大之处,使得同学们在进行实验时同步进行电路分析,达到课程之间相辅相成的目的(表2)。

表2 虚拟仪器技术和模拟电子、数字电子结合的案例

编号	模拟电子案例	编号	数字电子案例
1	二极管特性和分析案例	7	基本逻辑门电路的测试案例
2	单管基本放大电路的分析案例	8	译码器功能测试案例
3	场效应管的放大电路案例	9	比较器功能测试案例
4	阻容耦合多级放大及反馈案例	10	七段码锁存器测试案例
5	差分放大案例	11	555定时器测试案例
6	集成运放设计案例	12	触发器功能测试案例

4 虚拟仪器技术在项目设计上紧密联系生产

在虚拟仪器技术学习的过程中,做到循序渐进,让学生由点及面慢慢把握全局。要做到对课程知识点全局的把握,最有效的方式是设计一个完整的项目案例,将各个知识点、软硬件如何关联、数据如何传输等内容融入项目设计之中,通过老师细致的讲解和案例分析,让学生学有所悟,明白在实际工作中虚拟仪器技术是如何指导生产的。

为此,我们设计了一款基于虚拟仪器的温室大棚监控系统来模拟实际生产中温室大棚的监控状况,包括温室大棚的温度监控、湿度监控、烟雾报警、昆虫数量监控等指标(图1)。而温度、湿度、昆虫数量、烟雾状态等指标需要通过设计检测电路,将最终采样结果送入LabVIEW平台,LabVIEW平台借助DAQ函数,实现数据的对接。在这个过程中,学生要学会分析硬件检测电路的原理,理解温度和湿度处理程序的编写逻辑,掌握系统报警信息的控制原理等内容。通过这个项目,让学生对现实生产中温室大棚的控制原理有了概括性了解,从而做到理实结合,学会灵活运用虚拟仪器技术。

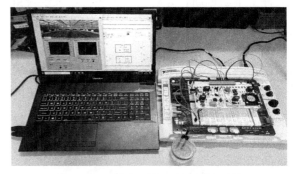

图1 "温室大棚测控系统"模拟系统

5 将课程思政融入虚拟仪器技术教学中

高校进行人才培养必须把思想政治教育贯穿其中,抓好每门课程的思政因素,解决专业教育和思政教育"两张皮"的问题,提高人才培养质量。通过挖掘课程中所暗藏的课程思政

因素，帮助学生树立正确的人生观和价值观，通过学习，掌握事物发展规律、明辨是非，增长见识，塑造人格[3]。

在虚拟仪器技术的课程中我们也将知识点和课程思政紧密结合。比如，在温室大棚测控系统的项目中，让同学们理解科技助农的重要性，摈弃一些传统的对农业的误解，培养学生的三农情节，在择业的时候，能够树立服务三农、振兴乡村的使命感和责任感。在实验电路板的焊接中，通过学生动手实操，培养学生的动手操作能力，明确走入社会后作为专业技术人才所具备的技能要点，培养学生吃苦耐劳、认真钻研的品格。

参考文献

[1] 吴泠.高校课程建设刍议[J].江苏高教，2005（3）：59-61.
[2] 张鸣.谈"虚拟仪器"的应用技术与发展[J].信息通信，2015（2）：145-146.
[3] 王新华，王娜.论课程思政改革的价值引领[J].学校党建与思想教育，2012，2（11）：52-54.

洗车机牵引方式改造研究

李冬宁

（天津轨道交通运营集团有限公司，天津 300382）

摘 要：本文介绍了天津地铁洗车机的现状，通过实际工况数据，对比了洗车机不同牵引方式的优缺点，重点阐述了改造方案的研究和实施关键点，讨论了改造带来的影响。

关键词：地铁；洗车机；牵引方式；设计改造

1 引言

洗车机是地铁车辆段标准配置的设备之一，安装在车辆段或停车场的洗车库内。洗车机是使用频率较高的车辆段工艺设备，能够对电客车头部、尾部两端，车体两侧，侧弧顶及车顶进行自动清洗。清洗过程中，电客车从洗车机的前端进入，依次通过预湿喷淋工位、清洗机喷淋工位、侧刷工位、端刷工位、漂洗工位、强风吹扫等工位，完成自动洗车的流程。目前市场主流的洗车机，一般均采用电客车自行牵引通过洗车库完成洗车作业，目前天津地铁2、3、4、5、6、8号线均采用此种方式进行洗车。但是在之前较早的一段时间内，有的洗车机专门配置了牵引小车，通过牵引小车牵引电客车通过洗车机完成洗车作业，电客车洗车全程无须牵引、制动，天津地铁1、9号线采用了此种方式的洗车机。本文介绍以上两种洗车机牵引方式的异同，并根据实际情况，提出了9号线洗车机牵引方式的改造方案，为今后类似改造项目提供了参考。

2 现状

天津地铁9号线洗车库长54m，位于洗车线上，为通过式洗车库，洗车时电客车自东向西穿越洗车库，完成洗车作业。天津地铁9号线为4编组B型车，整车全长越78m。供电方式为接触网供电，接触网贯通洗车库。在洗车库库外两侧距离库门8m左右的接触网上各安装有一个分段绝缘器，两个分段绝缘器之间的接触网为无电区。无电区覆盖整个洗车库，长度约70m，并通过电缆接地。

进行洗车作业时，电客车停于洗车库前，降下受电弓，释放制动。牵引小车从上次洗车结束的停止位置开始，自动行驶到待洗电客车的尾端，行驶的距离约为洗车库长度与电客车长度之和，$S_1 \approx 54+78=132m$。牵引小车自动找到电客车车尾部最后一个转向架的最后一个轮对，通过液压顶升车轮，然后牵引电客车进入洗车库，完成车端、车体两侧的清洗，牵引小车停于终点位置，此时电客车大部分已被牵引出洗车库，两个受电弓均位于接触网有电区，电客车升起受电弓，驶离洗车库。

整个洗车过程中，牵引小车行驶距离为 $2S_1$，约为264m，牵引小车时速为1.2km，每分钟行驶距离约20m，不考虑电客车进行头尾车端部洗车时的时间，牵引小车牵引电客车穿越洗车库，完成洗车作业的时间为 $t_1 = 264m \div 20m/min \approx 13min$。

天津地铁9号线洗车机已投用近20年，虽然有日常保养和定期大修，但是牵引小车故障率仍较高，对洗车机正常使用造成影响。同为牵引小车方式的1号线洗车机已拆除停用，同时，其他较新的线路，均采用电客车自行牵引模式进行洗车。牵引小车的牵引方式，洗车全程不需要司机进行操作，但是效率低，时间长；电客车自行牵引方式，需要司机参与，按照指示停车、启动电客车，优点是效率更高，减少使用的设备。因此，计划取消洗车机的牵引小车，改为电客车自行牵引。

3 接触网改造研究

为了满足电客车自行牵引通过洗车库的需求，电客车必须在洗车全程能够带电通过。为此，需要对洗车库内的接触网进行改造，改造方案有以下两种：

（1）将原有长度为70m的接触网无电区改为有电区。这种改造方案，需要将现有的洗车库库外两侧接触网上各一个分段绝缘器，改为手动隔离开关。在洗车工况下，手动隔离开关闭合，全部接触网为带电区，电客车可以自行牵引通过洗车库完成洗车作业。在洗车机或洗车库建筑需要检修的情况下，可以将洗车库两端的手动隔离开关断开，两个隔离开关内的接触网无电，同时在洗车库两端封挂地线，保证检修人员安全。

（2）将原有长度为70m的接触网无电区部分改为有电区。当无电区的长度小于电客车两受电弓之间的距离时，可以保证电客车两个受电弓中的一个时刻处于有电区。天津地铁9号线为4编组B型车，受电弓位于1、4车，两弓之间距离为44m。因此必须保证无电区的长度小于44m，考虑安全裕量，拟定无电区长度为40m，与改造前相比，无电区缩短了30m。此种改造方案，需要在第一种方案的基础上，在洗车库内额外增加两个分断绝缘器，两个分断绝缘器间的距离设置为40m。在洗车工况下，手动隔离开关闭合，接触网有电区延伸至洗车库内，仅分断绝缘器内40m接触网为无电区，可保证电客车至少一个受电弓带电，自行牵引通过洗车库。在洗车机或洗车库建筑需要检修的情况下，可以将洗车库两端的手动隔离开关断开，两个隔离开关内的接触网无电，同时在洗车库两端封挂地线，保证检修人员安全。

第一种方案，直观简洁，改造量小，洗车库接触网带电。这种配置常见于动车组列车洗车。第二种方案，改造量大，洗车库接触网存在部分无电区，这样配置，是考虑到地铁车辆段配置的洗车机一般有淋雨试验和车端清洗工位，这两个工位在工作时，会有水喷淋到接触网上，为了作业安全，一般会在洗车库内设置接触网无电区，无电区尽可能覆盖整个洗车机的工作区域，至少保证覆盖淋雨试验和车端清洗工位。

从安全角度出发，考虑采用第二种方案。在这种方案下，电客车经过洗车机时，两受电弓带电情况依次为：双弓带电—前弓无电后弓有电—前弓有电后弓无电—双弓带电。考虑如下问题：电流是否会从有电区的受电弓流入无电区的受电弓。天津9号线两受电弓之间装有隔离二极管，可以起到隔离作用，但是当隔离二极管发生故障时，两个受电弓会存在导通情况，即电流会通过位于有电区的受电弓流向无电区。由于目前设置的洗车库无电区通过接地电缆接地，一旦隔离二极管发生故障，将导致接触网短路，因此本次改造，需将原有的接地电缆拆除，无电区不接地，电位浮空，避免发生短路。

4 洗车机改造研究

取消牵引小车，对洗车机洗车设备本身的工作没有影响，但是需要考虑的是，洗车机对电客车前后车端进行清洗时，需要电客车停车静止，以便洗车机端刷完成清洗。目前由牵引小车牵引电客车洗车时，在到达端洗位置时停车，以及完成清洗后的启动是由牵引小车控制的。改为电客车自行牵引后，由司机驾驶后，需要增加停车、启动的信号和标志。

为此，需增加以下设施：

（1）在洗车库入库方向库门外约 3～5m 范围内（精确值需实测），增加指示灯 1 个、停车指示牌 1 个。当指示灯颜色为红色时，司机驾驶电客车停于停车指示牌前，此时司机可与洗车机操作人员进行联系，当洗车机正常，满足洗车条件时，洗车机操作人员按下操作按钮，指示灯颜色由红色变为绿色，司机驾驶电客车进入洗车库。

（2）需在洗车库内端洗停车位置，增加指示灯 1 个、停车指示牌 1 个。当电客车进入洗车库内后，指示灯颜色为红色，司机驾驶电客车停于停车指示牌前，洗车机开始进行前端清洗，当清洗完成后，指示灯颜色由红色变为绿色，司机驾驶电客车继续前进。

（3）需在洗车库出库方向库门外约 35～40m 范围内（精确值需实测），增加指示灯 1 个、停车指示牌 1 个。当电客车完成前端清洗驶离洗车库后，指示灯颜色为红色，司机驾驶电客车停于停车指示牌前，洗车机开始进行后端清洗，当清洗完成后，指示灯颜色由红色变为绿色，司机驾驶电客车继续前进。

（4）需在洗车库出库方向库门外约 75～80m 范围内（精确值需实测），增加指示牌 1 个、提示洗车作业结束。当司机驾驶电客车行驶到此标志牌时，表示整列电客车的洗车作业已经完成，司机可以结束洗车模式操作，正常驶离。

以上增加的设施，指示灯、指示牌均需要基础固定安装，指示灯需从洗车机控制室电气柜引电缆敷设至指示灯的安装位置。

电控系统方面，程序上需增加上述指示灯的控制程序，同时取消牵引车的控制程序。电气柜内需要增加指示灯的控制回路。同时，需要拆除牵引小车本体、拖链、电缆及控制电气元件等。

5 改造后

改造后电客车可根据洗车机指示灯的提示，自行驶至洗车库内，完成前、后端洗，两侧清洗的工作，然后自行驶离洗车库。按照洗车库长 54m，电客车洗车模式为时速 3km（50m/min）计算，$t_2 = 54m \times 2 \div 50m/min \approx 2min$。每列电客车洗车的通过时间可减少约 $t_2 - t_1 = 11min$。自行牵引模式洗车明显用时更短，效率更高。另外，采用自行牵引模式，取消了洗车机牵引小车的配置，可减少后期设备维护成本，降低维护难度。改造后，天津地铁 9 号线洗车机将与其他线路操作保持一致，提高设备的一致性，方便司机和洗车操作人员的操作。

课程思政融入铁路职业院校专业课程教学探索
——以铁道信号自动控制专业为例

宋 莉[1*] 刘乐钰[2] 郭 伟[2]

（1.南京铁道职业技术学院，南京 210031；2.马鞍山学院，马鞍山 243199）

摘 要：以"立德树人"为目标的课程思政已经成为当前高等教育中的一项重要内容，如何在理工科专业课程中融入思政教育也是高校教师教学过程中亟须探讨的课题。文章以铁道信号自动控制专业为例介绍了在铁道工程技术专业课程中融合课程思政的教学探索，把人文素养、科学素养、职业素养等方面的内容融入实践教学中，让学生在实践课程中树立理想信念，增长才干，锻炼品格，树立正确的核心价值观，逐步成长，提高思政教学水平，达到全程育人、全方位育人的目标。

关键词：立德树人；课程思政；铁道信号自动控制

1 引言

铁路是国民经济的大动脉，将思想政治教育融入高职铁路院校专业课程是培养技能和素养双线合格的铁路事业接班人的必由之路。习近平总书记在全国高校思想政治工作会议上强调，要用好课堂教学这个主渠道，各类课程都要与思想政治理论课同向同行，形成协同效应。为了积极响应习近平总书记的号召，国内学者对课程思政也进行了大量的研究，闫彦等[1]基于思政示范课探究了思政素材的挖掘路径与融入技巧，韩海棠[2]将思政元素有机融入专业知识，李伟兵等[3]提出合作式教学方法在工科专业授课中融入思政的新思路，谢旺军等[4]探讨了铁路线路课程教学过程中思政教育的方法，唐乐为等[5]提出专业知识、国家战略、文化素质培养和课程思政相融合的工程制图教学模式，周威等[6]认为在专业课程中融入思政元素的同时还需考虑教学设计、教学方法及考核制度。上述研究对课程思政的建设发挥着巨大作用。课堂教学是学生素质养成和能力培养最重要的途径，本文以铁道信号自动控制专业为切入点，借助信息化教学手段，将知识传授与价值引领相结合，探讨课程思政的教学研究。

2 课程思政在铁路专业的重要意义

铁道信号自动控制专业作为一个具有铁路特色的专业，所培养人才必须满足新时期铁路精神的明确要求，主要表现在以下几个方面：①安全是铁路人的首要职责；②优质是铁路人的职业追求；③兴路是铁路人的奋斗目标；④强国是铁路人的崇高理想。安全优质，就是要深刻认识安全是铁路的"饭碗工程"，以高度的责任心和严谨务实的作风，确保铁路

基金项目：安徽省教育厅轨道交通自动化重点实验室重点科研项目"基于Wincc OA的综合监控系统培训管理系统（TMS）开发研究"（KJ2020A0847）；安徽省教育厅轨道交通自动化重点实验室重点科研项目"基于云技术的轨道交通综合监控管理平台开发研究"（KJ2020A0846）；马鞍山学院重点科研项目"无线能量收集网络中任务卸载方式研究"（RZ2100000271）。

* 宋莉（1994—），女，江苏徐州人，硕士，研究方向：高速列车速度控制及预测方向。

大动脉安全畅通。兴路强国，就是要科学有序加快铁路建设，为实现中华民族伟大复兴的中国梦贡献力量。目前职业院校存在思政课教学与专业课教学分离的现象。思政课的讲授一般由马克思主义学院教师承担，强调理论知识体系的学习；部分教师讲授的理论与学生生活脱节，无法激起学生的学习兴趣，导致价值灌输达不到预期目标。而且大部分专业课教师授课时缺乏对学生进行思政教育的意识，只注重专业知识的传授和操作技能的培养，只有少部分专业教师具有对学生进行思政教育的意识，但是缺少对所授课程进行"课程思政"设计的思路和将德育资源有效融入教学的实施方法。

3 铁路职业院校专业课程思政存在的问题

（1）学生学习不够积极

受到传统思政教育模式的影响，导致学生不认真学习，最终影响铁道信号自动控制专业思政教育质量。一些学生的人生观、价值观受到影响，对于课程思政不够重视，或者是产生抵触心理，认为思政教育内容对于自己的未来发展并没有过多的意义，所以也就没有积极学习这种意识。教师在教学过程中，只讲解理论知识，学生只是为了能够通过期末考试，并没有真正地让其课程思政发挥自身作用。

（2）教学方法需要提升

高职院校的铁道信号自动控制专业在开展课程思政教学过程中，需要有针对性地采取相应措施，来积极解决当前所存在的问题，创新其教学方法。但是从实际情况来看，教学中并没有充分体现出学生的主体地位，还是以传统的教学方法来进行教学，以理论知识为主要内容，其专业内容和思政课程联系不多。一些教师对于学生的思政教育往往是学生在犯错后才进行，这样就会导致学生存在抵触心理，无法有效提升学生的思想素质。

（3）各课程思政教育资源没有深入挖掘

对于铁道信号自动控制专业的思政教育内容而言，不仅要从相应的政治体系中挖掘，还应该能够从传统的基础课程和专业课程中有所挖掘，从实际情况来结合思政方面的相应内容。但是，当前铁道信号自动控制在开展教学过程中，对于精益求精、劳动光荣、努力勤奋等内容并没有有效地深入其中，这样就导致思政课程教育资源和专业课资源无法有效融合。

（4）协调发展管理制度没有积极建立

对于当前高职院校铁道信号自动控制专业的思政教育课程而言，大多都是由专门的思政课来完成，而且是以大课的形式来进行，学生和教师并不会有过多的接触。而且大课每周的时间又较少，能够和学生接触多的专业课又没有积极地融入思政知识内容，进而导致课程思政无法有效地取得理想的教学效果，相关部门缺少配合，不能够共同调动思政方面的知识，无法取得理想的思政教学效果。

4 铁道信号自动控制课程思政元素结合点开发

（1）依托铁路发展，厚植爱国情怀

课程结合我国铁路发展史、新时期我国高铁快速发展趋势及国产化铁路信号装备在国内外的广泛应用，特别是其在"一带一路"倡议中发挥的重要作用，深刻体会我国铁道信号技术在世界领域的领先地位，激发学生爱国情怀，增强民族自豪感。

以京张铁路建设的伟大事迹对学生进行家国情怀、责任担当、理想信念、民族精神、人生观、世界观、价值观教育。在讲授信号系统工程设计意义时，举例京张铁路建设的背景，清政府决定修建京张铁路，英国、俄国都想争夺路权，后以中国自办外人不得干预妥协，于是修建铁路重担落在了工程师詹天佑的肩上。詹天佑在给留美时的房东信中，怀着极其强烈的使命感提到，如果修路失败了，不仅仅是个人的不幸，更是所有中国工程师和中国人的不幸。在詹天佑及全体筑路人的努力下，建成了中国人自主勘测、设计、施工、管理的第一条铁路线路。通过这个案例帮助学生认识家国情怀、家国同构的内涵，深刻理解民族精神、使命担当在不同历史时期的含义，并引导学生思考在新的历史时期，同学们的使命担当是什么。同时对比京张高铁修建阐述我国高铁技术先进性，让学生坚定民族自信心，鼓励他们努力学习专业知识，树立职业梦想，树立正确的人生观、价值观、世界观，将个人职业发展和国家的命运紧密相连。

（2）明确岗位职责，培育敬业精神

学习任务中都明确铁路信号工岗位具体职责范围，使学生深刻理解所从事岗位直接关系行车安全的重要性，在学习中建立职业自豪感和高度的责任心，引导学生爱岗敬业，激励学生在铁路现场平凡的工作中一丝不苟、专心致志、精益求精、追求卓越。

以7.23甬温线特别重大铁路交通事故产生的原因为案例，对学生进行社会责任、工作态度、职业道德教育。通过分析典型事故案例，造成重大事故的原因是信号系统中列控设备设计时存在缺陷、工程项目建设中审查把关不严、设备发生故障后应急处置不力等因素叠加。通过分析事故与工作责任、工作态度、职业道德、设计理念与运行安全相互之间的关系，提醒学生形成严谨的工作态度、良好的责任心，始终秉持信号领域"故障—安全"理念，产生对信号工职业的敬畏感，深刻理解个人工作与社会责任之间的关系，工作时认真履行岗位责任、深刻理解职业道德。

（3）对接企业标准，塑造铁路工匠

在学习任务内容设计、实训流程标准制定及过程考核评价等方面，对接企业标准，每一个教学和学习环节都融入工匠精神的培养，让学生正确理解和把握工匠精神内涵，增强对工匠精神的认识，逐步将工匠精神自觉内化为习惯思维及坚定信念，在工作岗位上坚守工匠操守、践行工匠精神。

在这个结合点上体现出企业助力课程思政：充分结合和挖掘企业元素，企业在参与教学设计、教学实施等过程中，将铁路行业的发展历史和趋势、企业文化和工匠精神融入专业技术技能教学实践，课程内涵更加丰富，潜移默化地进入学生内心，增加学生的获得感，提高学生的专业素养与思想道德水平，实现了"育术＋育能＋育人"的综合性目标。

（4）借助榜样力量，弘扬奉献精神

充分发掘铁路一线岗位的先进人物、劳动模范，以生动事迹、榜样的力量感染学生，结合铁路优秀职工在春运、暑运、灾情、疫情期间，迎难而上、舍小我为大我的忘我精神，培养学生大爱无疆、无私奉献、勇于担当的人生观和价值观。

（5）引入现场案例，增强安全意识

在学习项目引入来源于生产一线的素材，将信号故障引发的事故案例立体化呈现，使学生切身感受铁路安全生产的重要性，增强学生的安全意识以及不断提升自身素质的责任意识，建立恪守安全规章和遵章守纪的职业操守，使学生走出校园前就把安全意识入脑入心。

（6）强化实操训练，提升职业素养

实训教学是培养学生综合能力的重要教学手段，也是职业技能训练和提升的一个重要环节。实训教学项目中蕴含着理想信念、安全意识、工匠精神、团队合作、环境意识等思政要点，把思政要点具体化为实训操作体验，从而把专业实训教学与思政教育有机结合起来。专业课教师通过分析、梳理，把思政要点具体化为实训操作，充分发挥实训教学育人的作用。例如，实训教学项目"道岔的调整"，指导学生在技能训练过程中体验"理论指导实践，实践反哺理论"的过程，润物无声地把思政要点渗透到实训项目的具体操作步骤中，培养学生做事情重细节、一丝不苟、精益求精的"工匠精神"、科学规范的操作习惯和对职业敬畏、对工作执着的意识。

建立基于铁路现场真实设备及作业环境的实训基地，检修维护实训均严格按照铁路一线标准化流程规范操作，强化学生的岗位实践技能，培育学生严谨求实的做事原则和工作态度，形成铁路标准化作业的工作作风和行为习惯，促进职业素养的全面提升。包括实训过程着装规范、养成习惯，展示良好的精神面貌，环境育人、氛围育人。

（7）紧随行业发展，培育创新思维

当今的社会是创新发展的时代，因此培养学生的创新意识非常重要，学生们在学习中可以思考技术的创新，也可以思考维修方法的创新。教学过程中还有其他的一些结合点、融入点，有时也是根据学生提出的问题、课堂上出现的一些情况随机应变，敏锐地抓住学生的兴趣，巧妙地寻找适合的切入点非常重要。因势而导、因情而生的即兴式思政融入方式，可能效果更佳。看似与学生闲聊，实则隐含着道理；像是说者无意，实则有良苦用心。

5 结语

高等学校人才培养是育人和育才相统一的过程。学生思政的高度直接关系到育人的成败。身为专业课教师，不仅要教授学生专业知识，同时要担负起育人的重担。以铁道信号自动控制专业为例对思政融入教学过程进行了探索。做好课程思政教育，应从思政教学目标确立到教学设计、优化教学手段上进行精心组织、设计，将课程思政教育融入课程教学的整个环节中。结合铁道信号自动控制专业的特点，本文针对学生爱国教育、爱岗敬业、团队意识建设等结合课程专业知识学习进行了融合示范。通过实践，进一步增强了教师进行课程思政教学探索的信心，努力将立德树人作为教学原则，实现全员育人、全程育人、全方位育人。

参考文献

[1] 闫彦，张颖，温海霞，等."课程思政"融入生理学教学的实践与探索：以一堂课程思政示范课为例[J].医学教育研究与实践，2021（3）：428-432.

[2] 韩海棠.生物化学课程思政教学探索[J].生命的化学，2021，41（5）：1082-1086.

[3] 李伟兵，潘绪超，王雅君.基于"课程思政"理念的工科专业教学方法研究[J].大学教育，2021（6）：6-9.

[4] 谢旺军，刘振华，莫品疆.高职院校铁道类专业课程思政教学改革与实践：以"铁路线路"课程为例[J].中国多媒体与网络教学学报（中旬刊），2021（4）：55-57.

[5] 唐乐为，熊嫣，刘桂萍，等.课程思政在工程制图课程中的教学模式探索[J].大学教育，2021（6）：58-61.

[6] 周威，尹素媛，高卿.铁路轨道施工与养护课程思政探究[J].石家庄职业技术学院学报，2020，32（6）：71-73.

第二部分
设计施工篇

松动爆破在悬臂掘进机硬岩施工中的应用

孙文进

（西安市轨道交通集团有限公司，西安 710000）

摘 要：针对悬臂掘进机在硬岩施工中效率低、成本高、粉尘大的难题，本文通过分析围岩裂隙扩展机理，结合现场试验，得出松动爆破在硬岩掘进中的参数，进而指导施工，同时为类似工程提供借鉴。

关键词：硬岩；悬臂掘进机；松动爆破；裂隙扩展

1 引言

近年来，城市轨道交通行业飞速发展，为了减少地铁爆破施工对周边构筑物的影响，悬臂掘进机越来越多地应用到地铁施工中，但悬臂掘进机在切割过程中遇到硬岩时，存在效率低、截齿消耗大、成本高、粉尘大等问题。

与传统爆破相比，松动爆破是一种能充分利用爆破能量，使爆破对象成为裂隙发育体，并且不产生抛掷的爆破技术，松动爆破后岩石呈现破裂和松动状态，可以形成裂隙区。通过控制爆破过程中炮孔布设、炮孔深度及单孔药量，以此达到降低爆破振速的目的，不仅能够减小对周边管线及构筑物的影响，还大大提高悬臂掘进机的掘进效率。

本文结合贵阳市轨道交通 2 号线 2 标云峰路站—白云行政中心站区间隧道悬臂掘进机施工情况，通过松动爆破裂隙形成机理来制定合理的爆破参数，以达到高效生产的目的，为此类工程提供一定的借鉴。

2 工程概况

2.1 工程简介

云白区间隧道为地下暗挖双洞单线隧道，右线全长 781.712m，隧道线间距 10～14m；隧道呈马蹄形，断面宽 6.6m，高 7.1m，单洞开挖面积约 40m²，洞顶埋深 16～23m，拟采用矿山法施工；线路在 YDK11+450～YDK12+169.7 和 ZDK11+530～ZDK12+169.7 上方建筑物密集，沿线分别下穿 17 栋（4～9 层）既有建筑、（1～3 层）民房区、铝厂专用线（铁路线，已停运），临近 4 栋（4～9 层）既有建筑。

该里程段建筑物多修建于 20 世纪 90 年代，条形基础，多为框架结构，部分为砖混结构，抗震能力差。由于本区间埋深过浅，岩石强度过高，下穿段若采用爆破施工，易引发地表沉降、房屋开裂等现象，为避免对周边建筑物的损伤，设计采用冷开施工。

2.2 地质情况

云峰路站—白云行政中心站区间暗挖隧道场区位于云贵高原东部一级剥夷面之上，整体地势北高南低，地貌类型为溶丘、洼地与槽谷地貌。根据地勘资料，隧区上覆地层为第四系覆盖层为人工填土 Q_4^{ml}、残坡积红黏土 Q_4^{el+dl}；下伏地层为三叠系下统安顺组 T_1a 白云岩，三叠系下统大冶组（T_1d）灰岩（图 1）。

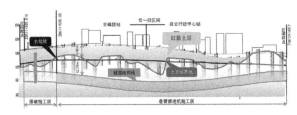

图 1 云—白区间地质纵断面示意图

根据地勘单位室内试验、原位试验成果，

得到各类岩层设计参数如表1所示。

2.3 设备选型

EBZ260式悬臂掘进机最经济切割强度≤60MPa，最大切割强度≤90MPa，根据设计地勘资料，本区间岩石饱和抗压强度均未超过50MPa，因此选择该类型掘进机作为施工设备。

2.4 存在问题

设备进场开始掘进施工后，第一循环（0.75m）进度较快，截齿损耗2个；第二循环（0.75m）损耗截齿12个，严重影响施工进度。根据试验部门取样送检报告得到各部位岩石实际抗压强度，取部分试验结果如表2所示。

由于下穿段地勘钻探不具备条件，设计值为相同里程平行钻探推测值，贵阳喀斯特地貌围岩变化情况大，实测岩石饱和抗压强度平均值为98MPa，该实验值是单轴强度，在隧道施工中，岩石处于三向受力状态，实际强度大于试验值，且大于设计参考值（30.2MPa）和EBZ260式悬臂掘进机最大切割强度（90MPa），因此导致现场施工时截齿损耗大，开挖进度慢（图2）。

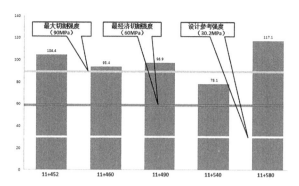

图2 云—白区间岩石强度对比示意图

3 松动爆破原理

针对现场岩石强度过高、掘进难度大的情况，决定采取松动爆破增加围岩裂隙，降低围岩整体性，同时控制爆破振速，以此达到正常施工的目的。松动爆破是一种能充分利用爆破能量，使爆破对象成为裂隙发育体，不产生抛掷的爆破技术，以下从裂隙形成机理对松动爆破原理进行阐述。

3.1 爆破破坏形式

炸药起爆后，岩石是在多种荷载的综合作用下发生破坏，这些荷载包括：爆炸冲击波对被爆岩石产生的动态荷载；爆炸气体对被爆岩石产生的准静态荷载；使被爆岩石产生位移和

表1 云—白区间岩体物理力学设计参考值

地层岩性	风化程度	重度/(kN/m³)	弹性模量/GPa	饱和抗压强度/MPa	承载力特征值/MPa	抗剪断强度		等效内摩擦角
						ψ(°)	C(MPa)	ψ_d(°)
T_1a	中风化	26.9	6.0	30.2	3.0	43	0.65	55
T_1d	中风化	26.7	8.0	48.4	3.5	45	0.7	57

表2 云—白区间实测岩石强度统计

序号	试验里程	饱和抗压强度/MPa			饱和抗压强度平均值/MPa	备注
		1	2	3		
1	YDK11+452	102.4	106.8	103.9	104.4	
2	YDK11+460	94.4	94.3	91.4	93.4	
3	YDK11+490	97.7	94.8	98.2	96.9	
4	YDK11+540	75.3	81.4	77.6	78.1	
5	YDK11+580	114.6	120.3	116.4	117.1	

爆炸应力场瞬间的荷载释放。在爆破作用对岩石的整个破坏过程中，会产生5种破坏形式：

（1）炮孔周围的岩石被压碎；

（2）产生径向裂纹；

（3）应力卸载使岩石产生环向裂纹；

（4）压缩应力在自由面反射变为拉伸应力所造成的"片落"现象；

（5）爆炸气体作用下岩石产生的裂纹。

3.2 爆破裂隙形成机理

爆炸产生的裂缝主要是爆炸冲击波和爆炸气体共同作用的结果，两者作用于被爆岩石的时间不同：爆炸冲击波首先作用于岩石，使其产生裂纹，然后在一定程度上促使裂纹的发展；而爆炸气体的作用是当岩石裂纹产生并扩展后，进一步使裂纹发展并相互贯通，将岩石切割为彼此相对独立的块状。

爆炸发生后，冲击波和气体对孔壁周边围岩产生压力，围岩在切向方向受到拉应力作用，产生拉伸变形。由于岩石的抗拉强度远远低于抗压能力，当其所承受的拉应力超过极限抗拉强度时，就会在径向方向产生裂隙。在径向方向，由于质点位移不同，因此产生剪应力，当剪应力超过岩石极限抗剪强度，则发生剪切破坏，产生径向剪切裂隙。

裂隙形成的过程中，在冲击波未叠加之前，每个炮孔仅在各自孔壁上产生不定向的裂隙，当炮孔之间的爆炸冲击波叠加后，加上临近炮孔的导向作用，在炮孔连线方向产生了应力集中，当应力集中处的拉应力大于岩体动态抗拉强度时，形成了大量贯通的裂缝。

根据爆炸对岩石的破碎效果范围分为以下类型：爆破压碎圈、爆破松动圈、爆破震动圈。岩石爆炸后，在爆破松动圈内，岩石爆破后所产生的冲击波和爆炸所生成的气体将岩石破碎成为裂隙体。

3.3 爆破振速控制

地铁施工一般在城市繁华地段，隧道埋深较浅，周边建筑物多，地下管线复杂，因此在施工过程中需要严格控制爆破振速，确保周边构筑物及管线的安全，本工程松动爆破振速控制在1cm/s以内。

根据《爆破安全规程》规定的爆破震动安全距离验算公式，推导出距周边建筑物不同距离一次起爆或微差爆破单段允许最大段起爆炸药量 Q_{max}。

$$V = K\left(\frac{\sqrt[3]{Q}}{R}\right)^{\alpha}$$

式中：

R——爆源中心到被保护物的距离（m）；

Q——单段最大起爆药量（kg）；

V——建筑所在地面允许的质点振速，按一般砖房、非抗震的大型砌块建筑物可取安全值的下限为2.3cm/s（浅孔爆破震动频率一般在40～100Hz区间），考虑到最近民房基础和结构较差，则取保守值为2cm/s；

K、α——修正系数，这里取$K=200$、$\alpha=1.7$。

每次爆破装药前，必须根据以上公式计算单段最大装药量，通过计算控制装药量值，确定微差延期爆破分段数目，严格控制每次爆破规模，控制爆破震动速度值，确保附近建（构）筑物的安全，而且还能达到改善爆破效果的目的。

影响振速的因素均会在不同程度上影响着震动波的传播过程，进而影响其振速、加速度、频率等相关物理量，主要分为爆源和非爆源两大类。爆源因素主要指的是爆破参数与爆破网络，例如装药结构、单耗、起爆方式等；非爆源因素主要指爆破振速波传播的介质属性以及与爆破网络无关的因素，如岩性、裂隙等。

（1）单段药量

一般情况下，爆破震动的强度大小以及质点的峰值振速随着装药量的增大而增强。爆破作业中，质点的峰值振速取决于最大单段药量，因此可以根据萨道夫斯基公式估算最大单段药量，从而达到控制爆破振速的目的。

（2）最小抵抗线

爆破所使用的炸药在一定深度范围内岩石自由面爆破，只有当最小抵抗线大于爆破松动圈半径时，形成压缩爆破（内部爆破）；当最小抵抗线小于或等于松动圈半径时，形成松动爆破，因此，在实践工作中确定最小抵抗线为松动圈半径。

（3）其他因素

除单段药量、最小抵抗线外，松动爆破的振速控制还需要考虑炮眼深度、单孔药量、炮孔堵塞措施等因素，具体参数根据现场试验效果确定。

4 现场试验

4.1 试验参数

根据松动爆破裂隙形成机理，同时结合现场实际情况，制定适用于本工程的松动爆破方案，包括单段药量、最小抵抗线、炮眼间距、炮孔深度、单孔药量等（图3）。现场共进行8次试验，通过分析对比，确定松动爆破参数，见表3（围岩变化时进行调整）。

综合分析可得针对本工程松动爆破的试验参数如下：

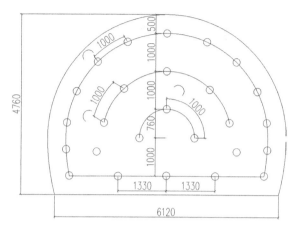

图3 松动爆破炮孔布置示意图

布孔个数：26个；炮眼深度：2m；单孔药量：0.45kg；单段药量：3.9kg；段数：2。

4.2 试验效果

试验结果显示该爆破参数对振速的控制较好，均在0.7cm/s以内，通过对周边构筑物及管线的监测，未发现沉降、开裂现象。

此外，松动爆破后，围岩裂隙大量发育，整体强度降低，掘进速度加快，设备损耗降低，施工粉尘减少：

（1）悬臂掘进机施工每循环（2m）时间由20h降低到12h，施工速度提高近40%。

（2）截齿的损耗减小，由每循环10～15个降低到每循环4～8个，节约了成本，提高了经济效益。

（3）施工产生的粉尘也明显减少，改善工

表3 松动爆破试验参数汇总表

序号	孔数/个	孔深/m	单孔药量/kg	总药量/kg	段位	单段药量/kg	爆破振速/(cm/s)
1	13	2	0.3	3.9	2	1.95	0.43
2	17	2	0.3	5.1	2	1.7	0.40
3	21	2	0.3	6.3	2	3.15	0.51
4	24	2	0.45	11.7	3	3.9	0.54
5	26	2	0.45	11.7	3	3.9	0.62
6	26	2	0.45	11.7	3	3.9	0.60
7	26	2	0.45	11.7	3	3.9	0.58
8	26	2	0.45	11.7	3	3.9	0.56

人作业环境，降低了粉尘对人体的伤害。

5 结论

悬臂掘进机在硬岩施工时，松动爆破能充分利用爆炸能量产生和发展裂纹，使爆破岩石松动破碎，又不会使爆破岩石产生抛掷运动，同时爆破振速得到有效控制，降低对周边房屋及管线的损害；爆后岩石能够使悬臂掘进机顺利切割，提高了施工效率，保证了工期进度。此外，设备损耗降低，大大节约了成本；强度降低后，对粉尘有了更好的控制，施工作业人员的人身健康得到了保证。

地铁车站照明配电室一体化 BIM 正向设计研究

江文化[1]　曹雅春[1]　于　澜[2]　冯传辉[2]

（中铁云网信息科技有限公司，北京 100039；北京芷苜工程技术有限公司，北京 100085）

摘　要：BIM 技术在城市轨道交通工程建设中的深入应用过程中，管线综合信息模型正向设计发挥了不可替代的作用。地铁车站照明配电室具有管线多、空间小、设备多等特点，管线错综复杂，导致管线施工困难，检修维护不方便。现有的二维管线综合设计很难解决上述问题。本文对照明配电室的管线和设备进行一体化设计，提出需要考虑的问题，给出设计方案，实现 BIM 技术应用价值的最大化。

关键词：地铁车站；建筑信息模型（BIM）；照明配电室一体化；信息模型正向设计

随着 BIM 技术在城市轨道交通工程建设中的深入和广泛应用，管线综合 BIM 设计已远不能局限于只是解决管线碰撞问题[1]。在管线综合 BIM 正向设计过程中，除了需要考虑满足本专业设计规范外，还需要综合考虑管线和设备的安装空间、检修空间、净高要求，以及管线跟设备之间的空间关系等问题。还需要通过管线综合 BIM 正向设计优化各专业的设计，实现各专业设备合理布置、管线布置顺畅、节约材料，达到实现 BIM 技术应用价值的最大化的终极目标[2]。以下将围绕地铁车站照明配电室管线综合设计，开展照明配电室一体化信息模型正向设计的研究。

1　地铁车站照明配电室现状

地铁车站设车站公共区照明、设备区照明、广告照明、应急照明等。照明配电箱集中布置在站厅层、设备层、站台层设备区两端照明配电室。照明配电室的面积一般根据配电箱的个数计算，因受车站建筑面积控制和压缩的影响，照明配电室的面积经常受到压缩调整，大小不一，空间紧张。

照明配电室的主要设备有：正常照明配电箱、应急照明电源柜（EPS 电源柜）、EPS 电池柜（BATT 电池柜）、动力配电箱、BAS 模块箱、FAS 模块箱、电伴热控制箱。除电源柜、电池柜落地安装外，其他设备均挂墙安装，如图 1 所示。

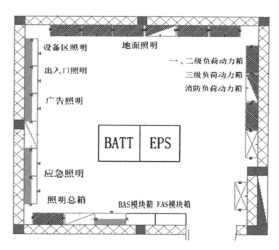

图 1　典型车站照明配电室设备布置图

照明配电室除了上述设备外，还有进出照明配电室的各类管线，比如小系统送风和排风管、VRV 设备及管线、动力照明桥架、火灾自动报警系统（FAS）桥架、环境与设备监控系统（BAS）桥架、气体灭火或高压细水雾等，有时候还有穿越照明配电室的环控大系统风管及其他无关专业管线，如图 2 所示。

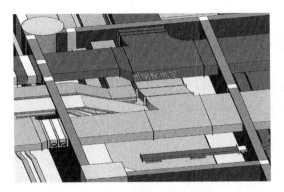

图 2　照明配电室管线综合 BIM 设计图

针对照明配电室内的设备种类多、专业管线多、管线布置复杂等特点。应用 BIM 技术开展管线综合 BIM 正向设计，在设计阶段预防施工安装问题和运维检修可能遇到的问题。

2　管线综合 BIM 设计应综合考虑的设计要求

在照明配电室管线综合 BIM 正向设计中，应综合考虑以下设计要求：

（1）动力照明桥架、火灾自动报警系统（FAS）桥架和环境与设备监控系统（BAS）桥架建议采用下进下出线方式布置。

若采用上进上出线方式，桥架支吊架安装，会因为上部风管太多，桥架吊装施工不方便，若采用沿墙敷设，由于主桥架高度一般在 2.0 m 以上，电缆敷设施工不方便，如图 3 所示。

图 3　桥架上进上出线布置

若采用下进下出线方式，桥架采用贴墙安装，桥架和电缆施工方便。但是相对上进上出线会增加少量的电缆长度，如图 4 所示。

综上所述，照明配电室的动照桥架建议采用下进下出线设计。

图 4　桥架下进下出线布置

（2）有 BAS 接线要求的照明配电箱与 BAS 模块箱尽量集中布置，同时 BAS 模块箱和 FAS 模块箱布置在近走廊一侧的墙上。

由于照明配电室的设备位置均由动照专业设计布置，且一般都是考虑本专业的设备布置方便，很少考虑火灾自动报警系统（FAS）和环境与设备监控系统（BAS）的模块箱位置的合理性。在管线综合 BIM 设计过程中，要结合设备房间的布局和设备的布置情况，将 BAS 接线要求的照明配电箱与 BAS 模块箱尽量集中布置，同时将 FAS 和 BAS 模块箱放在近走廊一侧的墙上。这样既可以减少与动照专业桥架的交叉，同时也可以节约 FAS 和 BAS 桥架的材料。

（3）当降压所在站台层时，站台层照明配电室的动力照明引入线通过底板开孔，从站台板下层直接引入，而不是通过强电井引入。

在动照专业设计中，以往站台层照明配电室的动力照明引入线都是从强电井经走廊或公共区进入照明配电室，如图 5 所示。

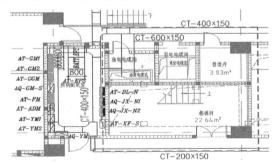

图 5　动力照明线进入照明配电室示意图

从图5可以看出，电缆的路由是从站台板下层，经强电井爬架再经走廊，跨纵梁后进入照明配电室。假如进入照明配电室的动力照明引入线从站台板下直接引入，不仅可以节约电缆和桥架，而且还便于管线施工，同时还可以节约走廊以及照明配电室的空间。

（4）EPS电源柜及BATT电池柜应灵活布置，一般不宜靠墙布置，应尽可能地布置在中间，保证电源柜正面1.2m以上的空间，其他三侧不小于0.8m的空间。这样的布置原因如下：

①由于照明配电室空间相对小，沿墙布置的设备多，为了节约配电箱的布置空间，建议将电源柜和电池柜离墙不少于0.8m布置。

②设备周围均有不少于0.8m的空间，有利于检修维护人员工作。

③便于送风和排风管的风口和风阀的布置。

（5）给公共区照明线槽留出空间。

由于地铁公共区照明设计一般都是由装修设计完成，而业主对装修设计单位的招标比较晚，当开展管线综合设计时，公共区装修照明设计还不能设计提资。为了避免后期因增加管线给管综设计带来的困难，建议管线综合BIM正向设计时，预留公共区照明线槽的安装空间。

（6）小系统送风管和多联机的送风口应避开设备正上方。

由于送风管的风口有可能产生冷凝水现象，为了避免冷凝水对设备的影响，在管线综合BIM设计时，送风管和多联机的送风口应避开设备正上方。有空间条件的，建议送风管也避开设备正上方。

（7）在照明配电室靠近门的一侧墙上留出1m左右的空间，满足墙上各类开关和执行器的布置。

（8）应将照明配电室内的所有设备根据厂家提供的设备尺寸和主要设备参数创建模型，并根据管线综合BIM设计要求反映到模型中去，模型细度应满足国家、地方和企业现行标准的有关规定。

3 应用效果分析

通过对地铁车站照明配电室的管线、设备进行一体化信息模型正向设计，实现设计质量最优化，如图6所示。

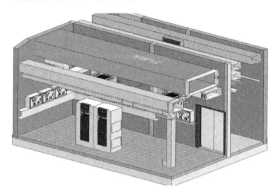

图6 站厅层照明配电室一体化信息模型正向设计图

为达到照明配电室一体化设计的效果，在施工阶段，需要开展的工作有：

（1）开展穿墙预留孔洞的深化设计；

（2）按照设计阶段传递下来的BIM设计成果做到按图施工；

（3）对设备位置的合理优化，做到电缆敷设路径最短的原则；

（4）核实EPS电源柜及BATT电池柜是否避开小系统送风口和多联机正下方布置，若遇到此问题要进行深化设计；

（5）完善墙上设备模型，并对沿墙敷设的爬架进行深化设计；

（6）根据施工结果，绘制BIM竣工图，并完成竣工模型的交付。

通过对无锡地铁1号线[3]、天津地铁4号线以及洛阳地铁1号线照明配电室一体化信息模型正向设计的应用分析，总结出以下经济价值：

（1）可以极大地提高设计质量，为保证施工阶段的施工质量和施工进度创造了条件；

（2）可以极大地提高照明配电室的空间高效利用，使得管线和设备综合布置整齐、美观；

（3）通过BIM竣工图的设计和交付可以协助运维单位做好照明配电室的管线和设备的运营维护。

4 结语

通过对地铁车站照明配电室一体化信息模型正向设计的研究分析，该设计方案能有效地解决我国城市轨道交通工程在照明配电室空间小的情况下管线和设备的综合布置问题，实现了地铁车站照明配电室的三维数字化设计和数字化交付，为实现智慧地铁奠定了基础。

参考文献

[1] 方新涛，于澜，李鹏来.BIM技术在天津地铁5号线的应用探讨[J].天津建设科技，2017（3）：70-73.

[2] 高继传，江文化.三维管线综合设计在南京地铁中的应用探讨[J].铁道标准设计，2015（7）：134-137.

[3] 武雪都，江文化，于澜.无锡地铁施工中三维管线综合设计施工对接和施工管理实践[J].安装，2015（1）：53-56.

成都地铁地下无柱车站结构形式设计及工程应用

周晓军[*]

（西南交通大学土木工程学院，交通隧道工程教育部重点实验室，成都 610031）

摘　要：本文总结了成都地铁在线路中所采用的地下车站结构形式及其施工方法，着重对比分析了无柱车站和设有中间立柱车站在结构设计和施工以及运营管理等方面的优缺点，提出了无柱车站结构形式和应用条件，可供城市中心区狭窄场地和复杂工程环境条件下地铁地下无柱车站的结构设计作参考。

关键词：地铁；无柱车站；框架结构；拱形结构；结构设计

1　引言

就国内外现代城市的发展而言，修建以地铁为代表的城市轨道交通集中体现着城市的现代化进程，同时也会对城市的产业布局和未来的规划与发展产生深远影响。地铁作为大运量的城市公共交通，当其所输送的客运量超过城市公共交通总客流量的 50% 以上时即可认为其发挥着骨干运输作用。为尽可能地缓解日益增长的城市地面道路交通的客流压力，地铁线路需要沿城市的主要客流方向或沿重要的客流集散区域进行设置，并且应达到一定规模的路网密度。根据我国现行的《城市轨道交通线网规划标准》GB/T 50546—2018 中的规定，城市轨道交通路网的规划若以城市人口和就业岗位密度来计算时，其应不小于 $0.25 km/km^2$，且上限可超过 $1.3 km/km^2$。对于沿城市主客流方向或主干道设置的地铁线路而言，线路中站的站位、结构形式及其出入口的设置就需要考虑地面和地下的建设环境。由于我国城市地铁的修建往往滞后于城市规划与建设，因此在进行地铁车站和线路设计时必然要考虑既有的城市道路和地面建（构）筑物及其基础。随着地铁路网密度的不断增大，线路中车站站位和结构形式选择与设计的难度也日益增大。特别是在交通繁忙和地面建筑物密集区的狭窄城市环境中地下车站的设计遇到较大的挑战。本文就成都地铁所采用的地下车站结构形式进行总结，并结合 6 号线金府站无柱结构设计和修建的工程实际，就无柱车站和设置中间立柱的框架车站在结构设计、施工和运营期间的优缺点进行对比，给出在城市狭窄和复杂环境中地铁地下无柱车站的结构形式和应用条件。

2　成都地铁地下车站的结构类型

截至 2021 年 12 月 30 日，成都市已开通运营有 2 种制式的轨道交通，即地铁和有轨电车。地铁已投入运营的线路总共有 12 条，线路总长为 518.96km。线路中投入运营的车站共有 373 座，其中地下车站 350 座，地面车站 2 座，高架车站 21 座，线路中的换乘站有 46 座。除地铁以外，成都轨道交通集团还运营有全长为 39.40km 的蓉 2 号轨电车，该条线路共设有车站 47 座，其中地面站有 45 座，高架站有 2 座。成都地铁客运量占成都市公共交通

---

[*]　周晓军（1969—），男，博士，教授，主要从事隧道与地下结构设计方法、计算理论与施工技术的教学、科研和设计工作。
　　E-mail: 768977446@qq.com

客运量的比重已超过 50%，全网年客运量已突破 12.2 亿人次。就目前成都地铁已投入运营线路中的车站类型而言，根据车站与地面位置的相互关系可有地面站、高架站和地下站三种类型。而依据车站在地铁运营线路中的性质可有中间站、换乘站和枢纽站三种类型。此外，根据线路中地铁地下车站所处的周边环境，车站的站位主要有偏路口站位、跨两个路口之间的站位以及位于城市道路红线以外的站位三种类型。

从成都地铁目前已投入运营的线路长度和车站位置分析，线路中地下线所占的比例高达 92.3%，而且地下车站的数量占车站总数量的比例也高达 93.8%。由此可见成都地铁区间线路和车站以地下线和地下车站为主。就成都地区的地层属性而言，自上而下的地层分别为第 4 系人工填土、粉质黏土、中砂、松散至密实卵石层和泥岩，主要以砂卵石地层为主。为降低车站修建的难度和土建工程的造价，在地面场地开阔且交通量小以及地面建筑物稀疏的地段均采用明挖顺作的方法来修建地下车站；而在交通量繁忙且地表建筑物密集区，为减少车站修建对地面交通产生的干扰，成都地铁还采用了半盖挖顺做法或半盖挖半逆做法来修建地铁地下车站。从成都地铁已投入运营的地下车站结构分析，车站主体结构均设计为适合于明挖顺做法和半盖挖或盖挖法修建的矩形框架结构。依据线路运营初期车站所吸引的客流量，同时考虑远期地铁路网密度增大之后所吸引的增长客流量，将线路中地铁地下车站的主体结构设计为明挖法修建的地下 2 层或 3 层的矩形框架结构。就车站的层数而言，成都地铁线路中的起点站、中间站和终点站通常设计为地下 2 层的框架结构，而路网中的换乘站和枢纽站则设计为地下 3 层或 4 层的框架结构，并且均在公共区设置有立柱。根据成都地铁车站所处的地层条件，地下车站主体结构的底板通常放置在密实的卵石层中。

就成都地区的砂卵石地层而言，当采用明挖法、半盖挖法或盖挖法修建地铁地下车站时，车站的基坑通常采用钻孔灌注桩和内支撑相组合的围护结构。钻孔灌注桩用旋挖钻机施工为主，仅在无法用旋挖钻机施工的地段才采用人工挖孔灌注桩。而车站的主体则设计为带有中间立柱的矩形框架结构，通常标准段为 2 跨 1 柱或 3 跨 2 柱的框架结构。成都地铁设计所采用的地下 2 层框架结构车站标准段的典型横断面图如图 1 所示，而设计所采用的地下 3 层框架结构车站标准段的典型横断面图如图 2 所示。

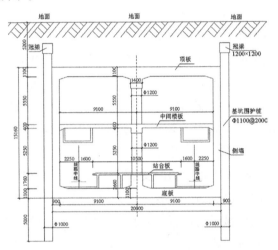

图 1　地下 2 层框架结构车站横断面图

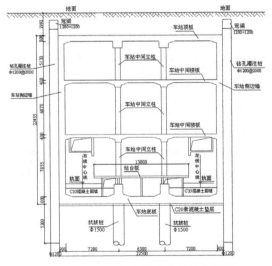

图 2　地下 3 层框架结构车站横断面图

从图 1 和图 2 所示的地下车站框架结构横断面图可见，车站站台均设计为岛式站台，且车站的主体框架结构均采用等截面的墙、顶板、楼板和底板以及中间立柱，而板和墙则按单向板进行设计与计算。与图 1 所示地下 2 层的框架结构相比，图 2 所示的地下 3 层框架结构由于车站主体结构的跨度和高度均较大，运营期受到的地下水浮力也较大，因此为确保运营期间不在水浮力作用下发生上浮现象，需要在车站的底板下设置两排抗拔桩，满足车站抗浮系数不小于 1.05～1.10 的要求。

此外，框架结构由于顶板和中间楼板的跨度较大，通过设置中间立柱的方式来减少顶板和中间楼板的跨度，进而可降低顶板和中间楼板跨中的弯矩。根据成都地区在第 4 系砂卵石地层中明挖基坑的设计经验，明挖基坑用旋挖钻孔灌注桩加以围护，桩间的砂卵石土则采用喷锚加以支护，以围护基坑坑壁在基坑内土体开挖和主体结构修建期间的稳定性。此外，基坑围护桩桩底嵌入密实卵石层的深度一般不小于 5m。在基坑开挖期间，坑内还要随开挖深度分别设置若干道 Φ609mm 壁厚为 6mm 的钢管横撑。

图 1 和图 2 所示为目前成都地铁运营线路中所采用的矩形框架结构的地下车站，此种车站采用明挖法、半盖挖法或盖挖法进行修建。就施工工艺和造价而言，框架结构的车站，无论是地面车站、地下车站还是高架车站，车站结构施工的工艺相对简单、工序成熟，且车站的造价与暗挖法和全盖挖法相比相对较低。因此主要适合于地面交通量小、场地开阔且不受地面建筑及其基础以及既有地下建（构）筑物影响的地段。

3 无柱车站结构及其应用

上述的成都地铁地下车站的横截面均采用了矩形框架结构。而对于受场地条件限制又无法设置开间较大的地铁车站时，若车站主体结构采用带中间立柱的框架结构，则车站站厅和站台公共区的建筑面积就会因立柱的设置减少，致使车站运营设备的安装、乘客候车与安全疏散等空间受到影响，尤其是当地铁线路和地下车站位于城市地面道路交通繁忙且建筑物密集区时，车站结构形式的选择必然要考虑地面交通道路和既有建筑物及其地下基础的状况。由于城市地面道路交通量大且城市用地面积极为紧张，在敷设地铁线路中往往存在紧邻既有建筑和地下结构的状况。在成都地铁线路设计中，时常会遇到地铁线路一侧与城市快速路的下穿隧道并行，而另外一侧则紧邻既有地面建（构）筑物基础的现象。若在此部位设置带有中间立柱的框架结构地下车站时，车站公共区的面积会无法满足站内运营设备安装和乘客候车与安全疏散的要求。因而不设中间立柱即无柱的拱形或矩形框架车站就成为地铁在城市狭窄场地环境条件下的首选方案。现以成都地铁 6 号线的金府站为例，说明无柱拱形地下车站的应用条件和结构形式。

6 号线金府站位于四川省成都市金牛区交大路与金府路交叉路口的东南侧，是成都地铁 6 号线的一个中间站，其远期与 27 号线的金府站采用同站台进行换乘，车站预留换乘条件。金府站的西南侧紧邻既有的交大路下穿金府路隧道，其与既有下穿隧道并行的长度为 272.6m。车站主体结构侧墙与既有下穿道路隧道围护桩之间的水平净距仅为 0.35～0.44m。车站东北侧则紧邻既有的长久机电城临街商铺，车站主体结构与金府机电城临街商铺地下独立基础外缘的最小净距为 0.40m，金府站主体结构与机电城临街商铺并行的长度有 225.8m。因而金府站两侧紧邻既有建（构）筑物，且地下的施工场地狭窄，金府站与周边建筑物的位置关系如图 3 所示。

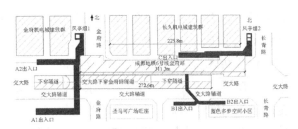

图 3 金府站平面位置图

根据图 3 可知，金府站为跨两个路口的站位，其一侧紧邻下穿隧道，另一侧紧邻既有地面建筑及其基础，地面和地下的施工场地均较为狭窄。为满足车站在公共区域内客流安全疏散和运营设备安装与运营管理的要求，并使站内视野开阔，将金府站公共区设计为无柱的拱形结构，而将设备和运营管理区设计为矩形框架结构，因而金府站主体结构则是由拱形无柱结构和矩形框架结构相组合而成，车站主体结构为地下 2 层岛式站台车站，车站全长 311.3m，总高度为 14.7~16.7m，车站公共区标准段的宽度仅有 20m。金府站是成都地铁已运营线路中第 1 座在站台公共区采用无柱拱形结构的地下车站。金府站在车站站台公共区标准段的无柱拱形结构横断面图如图 4 所示，而车站在设备区的框架结构横截面图如图 5 所示。

从图 4 所示的金府站横断面图可以看出，由于取消了公共区的中间立柱，在跨度较大的

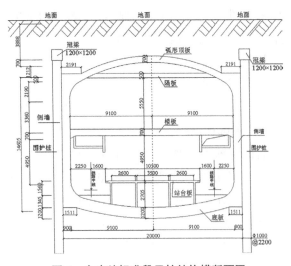

图 4 金府站标准段无柱结构横断面图

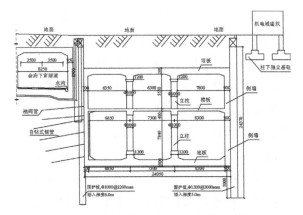

图 5 金府站设备区框架结构横断面图

情况下，框架结构的顶板和楼板跨中的弯矩较大，而改用拱形结构则可减少顶板跨中的弯矩，提高顶板的承载力。此外，为降低弧形顶板内的拉力，在其下部还增设了一道隔板，用于减少顶板所承受的拉力。

而图 5 则示出了金府站运管设备安装区的结构横断面图，从图 5 还可以看出，金府站处于受既有下穿快速路隧道以及机电城建筑物基础影响的狭窄环境中。成都地铁 6 号线金府站投入运营后站台和站厅的内景分别如图 6 和图 7 所示。

图 6 金府站无中间立柱的站厅层内景

从图 6 和图 7 可以看出，金府站无论是地下 1 层的站厅层，还是地下 2 层的站台层，公共区均未设置立柱，因而车站内部的视野开阔，开间较大，不会对车站内部的司乘人员造成较大的心理压抑感。图 7 所示的站台中部设置有供乘客上下的楼梯和自动扶梯，但由于站

图 7　金府站无中间立柱的站台层内景

台其余区域均无中间立柱遮挡视线，因而有利于乘客在站台上判断所要乘坐的列车，降低乘错车的可能，且在发生紧急状况时站台上的乘客能极易辨识疏散楼梯的方向，便于乘客安全疏散与撤离。

4　无柱车站和有柱车站的优缺点对比

就地铁地下车站的结构形式而言，无柱车站与带有中间立柱的车站在结构设计、施工和运营管理和乘客疏散等方面各有优缺点。从结构设计方面而言，与设置中间立柱的框架结构车站相比，无柱车站的弧形顶板可承受较大的竖向荷载，其跨中的弯矩较小，因而可适当减少顶板配置的受力钢筋。对于设有中立柱的框架结构而言，其顶板在中间立柱的支撑下承受较小的弯矩，因此也可适当减少顶板的厚度和内部配置的受力钢筋。但两者相比，前者可在站台和站厅公共区内不增设中间立柱，但后者则需要在站台和站厅公共区设置中间立柱。因此，从施工的便利性而言，框架结构的顶板为平直的单向板，施工工艺简单，但无柱的弧形顶板由于带有曲线拱，因而弧形顶板的施工难度稍高。此外，从客运管理和乘客使用以及安全疏散的角度分析，对于无柱车站，由于站台和站厅公共区内不设置承受竖向荷载的立柱，则车站站台和站厅公共区内的视野开阔，开间不受影响，因此无论是站内的乘客还是维持车站秩序的工作人员，均可清晰地观察站台和站厅内客流流动状况，而且站台层客流集散区内没有中间立柱的阻碍和遮挡，在突发意外事件或紧急状况下乘客应急疏散时无视觉障碍，方向感明确，有利于工作人员引导乘客进行安全疏散与撤离，确保站内司乘人员的安全。

以成都地铁 6 号线金府站公共区标准段为例，将无柱拱形车站和设有中间立柱的框架结构车站的优缺点进行对比，即将图 1 和图 4 所示的相同开挖宽度和高度下两种车站结构就建筑面积、施工难易程度和疏散救援以及造价等特点进行对比，其结果见表 1。

表 1　无柱和有柱车站的优缺点对比

车站结构类型	对比项目及其优缺点						
	公共区宽度/m	公共区使用面积/m²	站内视野	现场管理	安全疏散	施工	造价
无柱车站	18.2	261	开阔	方便	容易	易	低
有柱车站	17.2	245	遮挡	不便	困难	难	高

从表 1 可以看出，当车站的宽度和高度相同时，无柱拱形结构的车站在公共区宽度、建筑使用面积、站内视野、乘客安全疏散、施工工艺和工程造价等方面均要优于有柱的框架结构车站。因此在城市复杂环境且受地面既有建筑及其基础和地下建筑物影响的狭窄地段设计地铁地下车站时，可优先采用无柱的结构形式。考虑到无柱车站采用圆弧形顶板时，在现场架立顶板模板和浇筑混凝土均具有一定的难度，则可采取以下两种方式来修建顶板。

（1）折线形顶板。将圆弧形的顶板设置为折线性的顶板，然后在现场立模浇筑混凝土而成型。

（2）预制弧形顶板。将弧形顶板划分为若干分块，由工厂进行预制，然后运输至现场吊放和拼装成型。

通过上述方式即可降低无柱车站拱形顶板施工的难度。折线形顶板的无柱车站结构横截面如图 8 所示，而用预制块拼装的弧形顶板无柱车站结构横截面图如图 9 所示。

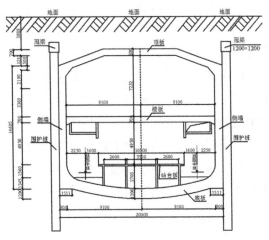

图 8 折线形顶板的无柱车站横断面图

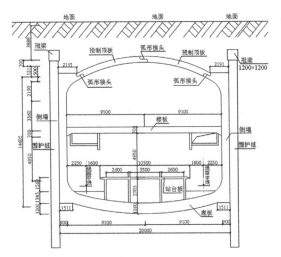

图 9 预制顶板的无柱车站横断面图

从目前国内外城市发展的趋势分析，基于 TOD（Transit Oriented Development）模式的智慧城市建设将为城市及其轨道交通的发展带来机遇。智慧城市的建设则需要与其相适应的工业化和智能化的建造技术。对于智慧城市轨道交通中的地铁而言，采用预制装配式结构可使地下车站结构的智能建造与设计成为可能，这也是地下结构设计与智能修建技术中需要研究的主要内容。因而图 9 所示的预制顶板无柱车站可为成都地铁乃至国内其他城市地铁地下车站的装配式建造提供参考。

鉴于无柱车站所具有的优点和适应城市狭窄的地下修建环境，因此在成都地铁新建线路的类似条件下也得到了应用。除了已投入运营 6 号线金府站外，目前正在建设的成都地铁 13 号线杜甫草堂站也因场地狭窄的复杂环境而采用了如图 8 所示的无柱拱形车站。杜甫草堂车站采用明挖顺做法施工，主体结构及其顶板均采用现场浇筑混凝土的方式进行修建。

以上重点介绍了成都地铁采用的地下无柱车站结构的设计和应用状况。近年来，国内其他城市地铁中也有采用无柱形式的地下车站，例如上海地铁 15 号线的吴中路站处于狭窄的城市环境，车站主体结构则设计为无柱拱形的结构形式，而且车站弧形的拱顶则采用预制块的方式进行拼装。吴中路站是上海地铁已投入运营车站中第 1 座采用预制块拼装成拱顶的无柱地下车站，车站建成后站厅层内的景观如图 10 所示。

图 10 上海地铁 15 号线吴中路站站厅层内景

此外，上海地铁 15 号线的上海南站也同样针对狭窄城市地下环境而采用了无柱的结构形式，车站建成后运营期的内部景观如图 11 所示。

此外，国内长春和广州等城市的地铁线路中也已采用了类似本文介绍的无柱拱形的地下车站，限于篇幅，此处不再赘述。

由此可见，随着城市轨道交通路网密度的不断增大，地铁线路中地下车站在狭窄和复杂城市环境下修建的状况也势必会增多，因此带

图 11　上海地铁 15 号线上海南站站厅层内景

有拱形或折线形顶板的无柱车站可作为狭窄和复杂城市建设环境下地下车站主体结构设计的首选形式，且无柱车站的顶板可采用预制拼装的结构形式，以减少车站修建对地面道路的影响，提高地下无柱车站的修建技术。

5　结语

地铁车站作为地铁线路中乘客进出车站候车、换乘以及设置运营管理设备和维护车站正常运营秩序的场所，其结构形式的设计一方面要考虑车站所处地段的工程地质、水文地质条件和建造方法，使车站结构满足设计耐用年限内对安全、适用性和耐久性的要求，另一方面还要考虑车站满足运营管理、乘客使用以及防灾救援等要求，应着重体现"以人为本"的设计理念，尽可能地吸引地面客流，方便乘客使用，进而提升智慧城市轨道交通向乘客提供公平和优质的服务水平。

就成都地铁地下车站主体结构而言，目前已投入运营的车站主体结构主要有带中间立柱的框架结构和无柱的拱形结构两种类型，且以矩形框架结构为主，车站主体结构类型较为单一。而成都地铁 6 号线的金府站作为成都市第 1 座在狭窄场地条件和砂卵石地层中采用的无柱拱形车站，其成功修建为成都轨道交通线路中地下无柱车站结构形式的选取和设计以及施工积累了经验，可为类似条件下其他线路中无柱车站结构的设计和施工提供借鉴。总而言之，当地铁线路中地下车站位于城市复杂且狭窄的地下建设环境的地段时，为确保车站站厅和站台公共区满足运营管理、乘客进出乘车与候车以及紧急状况下司乘人员安全疏散等的要求，可优先采用不设中间立柱的无柱车站结构，就车站的顶板形式而言，可优先采用拱形顶板或折线形顶板以及由预制块拼装成拱形顶板的地下无柱车站结构。

参考文献

[1] 周晓军，周佳媚. 城市地下铁道与轻轨交通（第 2 版）[M]. 成都：西南交通大学出版社，2016.

[2] 地铁设计规范：GB 50157—2013[S]. 北京：中国建筑工业出版社，2013.

[3] 成都市地铁设计规范：BDJ/T 074—2017[S]. 成都：西南交通大学出版社，2017.

[4] Zhou Xiaojun, Zhu Dongfeng, Jing Wenqi etc. Design and construction of underground station with no-pillar in Jinfu road on Chengdu rail transit line 6[C]//Proceedings of World Transport Convention 2019, 2019.

[5] 周晓军，朱东峰，景文琪，等. 成都地铁 6 号线金府路无柱车站结构设计 [M]// 智慧城市与轨道交通 2019. 北京：中国城市出版社，2019：98-104.

[6] 周晓军，张拳，等. 一种轨道交通无柱车站修建系统 [P]. 中国，ZL201920308335.8，2019-03-12.

[7] 周晓军，蔡鹏麟，张拳，等. 一种轨道交通地下车站结构 [P]. 中国，ZL201721332790.9，2017-10-16.

[8] 周晓军，张拳，等. 一种地下管线密集区域的轨道交通无柱车站修建方法 [P]. 中国，ZL2019210182554.0，2019-03-12.

[9] 赖亚林，周晓军，朱东峰，等. 成都地铁 6 号线金府站无柱拱形结构建造力学分析 [M]// 智慧城市与轨道交通 2020. 北京：中国城市出版社，2020：136-140.

[10] 朱东峰，周晓军. 成都地铁 6 号线金府站明挖基坑钻孔灌注桩施工技术 [M]// 智慧城市与轨道交通 2020. 北京：中国城市出版社，2020：129-135.

[11] 史海欧. 跟地铁相结合的综合管廊和新型无柱车站设计方案 [J]. 城市轨道交通，2017（3）：28-31.

[12] 农兴中. 大跨度无柱地铁车站设计 [J]. 广东土木与建筑，2002（11）：11-13.

[13] 林必毅，苏聪，眭小红. 智慧城市建设现状与发展趋势探讨 [M]// 智慧城市与轨道交通 2020. 北京：中国城市出版社，2020：2-5.

城市轨道交通综合安防系统设计与实现

孙阳松[1]　蔡大伟[2]　余承英[1]

（1. 深圳市赛为智能股份有限公司，深圳 518000；2. 合肥赛为智能有限公司，合肥 230011）

摘　要：轨道交通作为主要的交通设施，具有运量大、速度快、安全、准点、保护环境、节约能源和用地等特点，解决城市的交通问题根本在于优先发展以轨道交通为骨干的城市公共交通系统。近几年，中国轨道交通建设进入高速增长的阶段，而轨道交通环境封闭、线路长、区域涉及面广等特点给公共安全防范带来挑战。轨道交通安防系统的建设也并非易事，一方面，各种安防子系统的规模庞大而复杂，另一方面，市场需求与新技术要求不断变化。

关键词：综合安防；轨道交通；视频监控；乘客求助及告警；门禁；安检

1 引言

1.1 城市轨道交通市场的安防市场

城市轨道交通建设成为近年来越来越多城市解决交通拥堵问题的方法，且轨道交通因其具有的低能耗、高环保、大动能和可持续发展性，在国外已经是城市的主要交通工具。随着我国现代化建设的需求，越来越多的城市开始轨道交通建设。在轨道交通建设中，安全是不可或缺的一部分，以轨道交通为主的安防产品在实际中为轨道交通环境和运营提供了保障。

同时，轨道交通综合安防系统可与综合监控系统深度融合，可无缝共享综合监控系统中公共广播、环境与设备管理、火灾报警、站台门、乘客信息、售检票等系统的数据和信息，使城市轨道交通所有相关专业及设备整合为一个整体，可根据不同运营场景，应用不同的安全策略防范机制，实现高效安全防范决策支持及联动，提高城市轨道交通的运营管理水平，增加轨道交通安全防范管理效率，提升轨道交通服务质量和服务水平，为乘客提供舒适的乘车环境。

1.2 综合安防在轨道交通中的应用

轨道交通综合安防系统由安防网络子系统、安防集成管理子系统、视频监控子系统、门禁子系统、车站乘客求助及告警子系统、周界报警子系统、安检子系统等构成。

赛为智能轨道交通综合安防系统具有对车站、主变电所的设备和管理用房、出入口、票务室、银行等重点区域的出入管理、登记、实时视频监控等功能，实现事件的实时传达、告知、报警，以使事件能够在最短的时间内得到处理和备案，统一接入、管理和分发各种跨系统的业务信息、请求和控制指令，在保证各安防子系统独立运行的同时，实现各子系统协同工作的集中管理，有效保障地铁运营安全（图 1）。

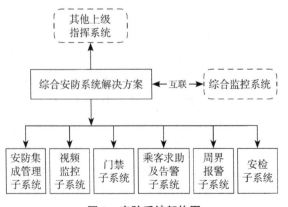

图 1　安防系统架构图

1.3 赛为智能综合安防系统主要功能及用途

赛为智能轨道交通综合安防系统依托"分布式构架、中心集中管理、车站本地自治"的策略,可采用中央级和车站级两级数据库结构。在正常运行环境下,日常管理操作的数据增加、修改、删除等可以通过中央级或车站级系统来完成,并将中央级和车站级系统的数据库数据进行定时和手工冗余,以实现集散管理的目的。当中央级系统或通信网络出现故障时,车站级系统可以依赖于本地数据库进行"车站本地自治",而不至于引起全系统的瘫痪。

另外,综合安防系统在各子系统良好集成的基础上,可以提供更多丰富的预案和流程管理功能,并可根据组态管理工具方便管理人员灵活配置界面,将门禁子系统、报警、消防、视频监控等各种功能高效集成,在出现异常情况如火灾发生时,可以根据灾害区域释放相应区域的门禁电子锁,迅速转变为防灾救援和事故处理的指挥调度平台。

2 综合安防系统架构

2.1 安防集成管理子系统

安防集成管理系统采用"集中管理、业务灾备"策略,由安防集成管理主系统和灾备系统两级数据库结构方式构成。在正常运行环境下日常管理操作的数据增加、修改、删除等通过中央级系统来完成,并对主系统的数据库进行实时备份。当主系统平台或通信网络出现故障时,由车站灾备后备系统平台对安防系统进行管理,而不至于引起全系统的瘫痪。安防集成系统主要由系统管理、用户管理、安全管理认证等模块构成(图2)。

安防集成管理系统作为安防系统的运行管理核心和集成管理平台,能够提供一个完整的安防集成管理系统平台,采用开放式架构和先进的系统集成技术构建。系统能够对各个集成的子系统进行数据采集、联动处理和综合监视

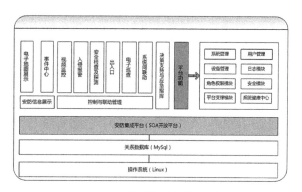

图2 安防系统软件模块图

管理,能够完成安防系统内各子系统的信息交换和联动控制。安防集成管理系统采用通用的标准通信协议,通过网络层进行系统软件的集成,而非简单的硬件联动。系统能够与地铁内其他系统如综合监控系统等互联,实现与综合监控系统的信息交换和联动控制。

安防集成平台具有中心级和车站级两级架构功能,从而实现中心级平台和车站级平台分级管理。

2.2 视频监控子系统

视频监视系统主要由前端网络数字摄像机、监视器、车站本地存储设备与控制中心(OCC)系统管理平台等组成。系统由控制中心、车站两级组成,通过综合监控系统搭建的虚拟骨干网实现系统联网。

地铁高清视频监视系统(CCTV)一般分为运营视频监控系统和公安视频监控系统。主要由各车站、车辆段/停车场视频监视系统、控制中心视频监视系统、派出所视频监控系统、地铁公安分局视频监控系统等部分组成。

地铁运营视频监控系统主要由车站、车辆段/停车场监控和运营控制中心组成。

运营视频监控系统主要为调度员提供有关列车运行、客流情况、轨道交通站内重要场所、防灾环控以及旅客疏导等方面的视觉信息,使他们能及时观察列车进出站、客流动态及相关设备的运行情况,达到有效组织指挥客运工作和指挥抢险、乘客疏散的目的。

运营视频监控系统可为车站值班员提供对车站的站厅、站台等主要区域进行监视；为列车司机提供对相应站台旅客上、下车等情况进行监视；为中心调度员提供对各车站及在线运营列车相关区域进行监视；为票务管理人员提供对票务管理室、票亭的情况进行监视。

停车场/车辆段的值班员需要实时监视该场/段内的变电所、出入口、咽喉岔区、库房及公共区等重要区域，了解设备运行、列车进出等情况，提高指挥效率。

根据轨道交通运营的管理模式，单条地铁线路的视频监控系统采用二级控制方式，控制中心为一级控制，车站/车辆段值班员为二级控制，平时以车站、车辆值班员控制为主，在紧急情况下转为控制中心调度员控制，控制中心可以实现对整个城市轨道交通线路运营的控制。

公安视频监控系统为公安监控值班员提供实时地铁站内外的情况，及时发现潜在或正在发生的违法犯罪行为，维护治安并处理突发犯罪行为，为后期调查取证提供有效证据。

根据轨道交通公安的管理模式，视频监控系统采用三级控制方式，地铁分局为一级控制，派出所为二级控制，车站警务室为三级控制，平时以车站警务室的监控为主，在突发事件发生时，由地铁分局直接管理，地铁分局可以查看管理整个城市轨道交通线路监控视频。通过以上模式，实现警务室值班员对车站的站厅、站台以及重要设备的监视，地铁派出所对其负责的警务室相关视频进行管理，地铁分局对城市的全部轨道交通安全负责。

2.3 门禁子系统

门禁系统是由设置在控制中心的系统管理平台，设置在车站、车辆段/停车场、主变电所的现场设备等组成。分为系统管理平台和现场设备两层架构，在控制中心设置主系统管理平台，在车站、区间风井（跟随所）、主变电所、停车场设置现场设备，其中区间风井（跟随所）和主变电所的门禁设备作为现场设备纳入相邻车站/停车场管理。系统管理平台与车站、停车场主控制器现场设备通过以太网通道连接，现场设备间通过以太网或现场总线方式连接（图3）。

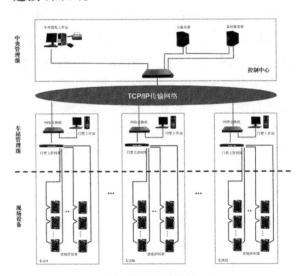

图3 门禁系统架构图

门禁系统分为三级架构：控制中心的中央级服务器、车站级的门禁控制主机、就地级的门禁控制模块。门禁控制主机以网络的形式和中央级服务器连通，就地级门禁控制模块采用双总线的形式连接，系统的架构合理、组网灵活、稳定性高。门禁系统所有设备均属于自主研发，主控制模块的协议是不开放的，不会被外界攻击。读卡器等下层设备都经过严格的加密算法加密，避免了采用监听的方式窃取系统信息。门禁控制主机有超大的存储容量，从中央级服务器获取数据，独立备份存储于控制器中，每个车站的门禁系统在服务器断开的情况下，均可独立运行。

2.4 乘客求助及告警系统

乘客求助及告警系统主要包括设置在车站站台层、站厅层公共区和重要设备管理用房（票务室、客服中心）的紧急告警终端设备。紧急情况下，可实现乘客与工作人员以及车控室值班人员的视频通话功能和报警功能。

乘客求助及告警系统主要由求助电话主机、求助电话、紧急报警按钮、告警指示器和监控管理工作站构成。其中乘客求助电话安装在站厅、站台、残疾人专用厕所的明显位置。紧急报警按钮设在重要设备管理用房、票务室、客服中心的隐蔽位置（图4）。

图5　周界报警系统架构图

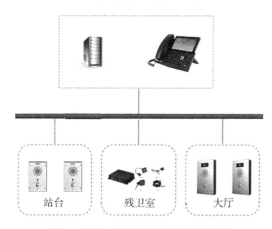

图4　乘客求助及告警系统架构图

乘客求助及告警子系统设备具备联网功能，提供完善的控制、管理功能软件以及电子地图软件，纳入安防系统软件的统一管理，实现中心和车站的两级监控、管理功能；在监控终端上应能够以电子地图方式显示求助电话、紧急报警按钮等终端设备的布局和工作状态；监控管理终端应能够记录、查询相关求助、报警事件；当求助电话被占用时，系统能够实现与视频监控系统联动，车控室监控终端能够自动弹出相应监控画面，并对求助图像和声音同时录像。

2.5　周界报警子系统

在车辆段安装周界报警设备，实现入侵探测、报警功能。

周界报警系统通过报警主机接入安防集成管理平台，通过安防集成管理平台实现报警信息的显示、记录以及与其他相关系统的联动监控等功能（图5）。

2.6　安检子系统

安检系统以安检集成工作站为核心，通过网络集成了安检设备、监控报警设备、考勤设备和广播对讲设备，实现安检点设备在一个系统平台的统一管理。

安检系统中心级设备由以太网交换机（与安防集成平台共用）、1套安检集成平台、数据存储设备、设备网管工作站和视频监视工作站，以及其他附属设备（机柜、线缆及附件等）等组成。车站级设备由X射线安全检查设备、台式液体检测仪等安检设备组成（图6）。

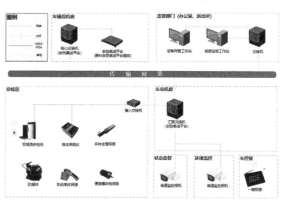

图6　安检系统架构图

3　赛为智能综合安防系统功能

3.1　视频监视系统功能

进行正常模式控制、灾害模式控制；实时显示安防系统的各类状态、报警、检修、运行信息；实时显示电子地图；记录安防主要设备的运行状态，统计设备累计运行时间，根据运营人员的要求，实现维修及检修的预告；对操作、报警信息进行实时记录、历史记录；进行故障查询和分析，也可自动生成日、周、月、年的报表；进行档案资料的记录和存储；借用高级视频分析功能，实现多种安全自动防范策略，如非法入侵自动识别和报警、目标识别和分类、动态目标追踪、违章停放报警、丢弃物检测等功能。

3.2 视频分析功能

以深度学习算法为核心，基于专业级 AI 芯片、高性能硬件平台，对目标区域内的个体及群体进行检测、分类、跟踪，以达到事件判断的目的（图 7）。

图 7　视频分析工作原理图

基于深度学习目标检测、利用卷积神经网络学习视频数据的本质特征，通过对这些特征进行分类和识别，识别出视频中的人体特征。

在目标检测的基础上，通过跟踪算法对目标进行跟踪，获取过程中的目标运动信息。

通过检测和跟踪对个体和群体目标进行行为和状态分析，判断目标的行为类型。

针对地铁场景下的扶梯、值班室、出入口、站台大厅、购票窗口、换乘通道、指挥中心等进行智能化行为，对异常情况进行实时报警，提高地铁场所的安全性（图 8）。

图 8　视频分析架构图

3.3 周界入侵系统功能

周界分为多段进行管理，每段均具有威慑、阻挡和报警等多重功能。整个系统可灵活撤布防；在布防状态下，如果有人意图非法入侵，系统会先以脉冲高压威慑阻挡入侵者。一旦整个系统发生短路或开路，就会以声光报警的方式（还可同时配以远程、拨号等方式）发出相应的报警信息。该系统具有多路输出接口，在中心和现场可与输入输出单元、视频监视单元之间进行联动。

3.4 门禁系统功能

门禁系统是实现员工进出管理的自动化系统。通过门禁系统可实现自动识别员工身份；自动根据系统设定开启门锁；自动采集数据，自动统计、产生报表；并可通过系统设定实现人员权限、区域管理和时间控制等功能。

门禁系统以使用方便、功能全面、安全可靠和管理严格为原则。

门禁系统的具体工作模式为：地铁员工将持有非接触式员工卡，根据所获得的授权，在有效期限内可开启指定的门锁，进入实施门禁控制的工作场所；门禁系统实现对员工身份、职能的识别，并进行出入记录，车站级管理工作站和中央级管理工作站记录所有系统事件、处理记录，配置相关的管理软件按管理要求进行记录查询并自动生成各种报表。

门禁系统在站级通过接口将其所有底层数据转换为标准格式，并提供通信协议，将数据传送至综合监控系统，由综合监控系统对门禁系统数据进行二次编程，实现门禁系统的监视控制及管理功能。

3.5 安检系统功能

通过安检管理信息化，系统可以在安检的每一个环节采集多维度的信息，按照数据采集、分析整理、决策预判的思路，提高安检系统管理效能。信息化系统采集的安检数据可由个体终端到信息化管理平台，将不同站点、不同品牌安检机识别信息汇总至中心，实现联网管控，打破数据孤岛。管理者能实时掌握数百个安检终端违禁品识别信息并进行统计分析，发现宏观趋势，实时预警（图9）。

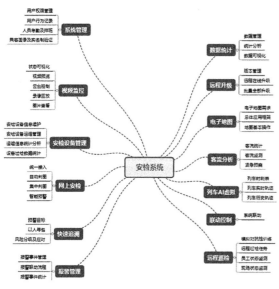

图9 安检系统功能架构图

3.6 乘客求助及告警功能

站内乘客在紧急情况下通过可视对讲终端的求助按键进行一键紧急求助。可视对讲终端安装在站厅和站台的公共区，由乘客操作。IP网络寻呼控制台安装在车控室，由车站值班员操作。

乘客按下可视对讲终端的求助按钮时，车站控制室的IP网络寻呼控制台显示屏会响铃提醒并显示乘客画面，从而为车站值班员与站内乘客之间提供可视对讲服务。

当IP网络寻呼控制台正在进行通话时，又有其他可视对讲终端呼入进行求助，IP网络寻呼控制台可显示该呼入用户的视频分屏画面，车站值班员可以根据情况选择接听任一个求助电话，不在通话状态的求助电话听等待音乐。

车站值班员也可通过IP网络寻呼控制台选叫任一乘客可视对讲求助终端。

3.7 权限管理功能

系统能对网内不同等级不同单位的用户进行权限设定，其权限可以定义到具体每个摄像机的监控。同时，可以对权限不同的操作员同时操作一个设备时定义优先方式。

具有权限的操作员可以锁定和解锁某前端摄像机或监视器，也可以使某前端摄像机或监视器不可用。这样可以防止某前端摄像机被切换走或监视器被切换成别的图像，也可以阻止向某监视器输出图像。

3.8 图像屏蔽功能

系统可以通过指定向外的输出通道或某监视器为不可用，来切断向公安系统以外单位的输出图像（提供黑屏或为非机密图像）。

3.9 远程配置及维护管理功能

系统可以远程进行配置管理。一旦相关节点的配置修改，其他节点及时获得更新的内容，无须现场手动逐一修改。

有智能化的计算机监控、故障自我诊断、故障维护告警等先进的维护管理功能。

3.10 矢量电子地图功能

电子地图客户端界面融合报警信息、事件汇总、视频图像、设备状态、位置分布等信息于一体，直观显示多种信息综合及汇总。

电子地图客户端提供以下主要功能：

矢量电子地图缩放/平移/定位/查找/编辑等；

报警或事件发生时实时图像弹出；

区域地图与总平面图定位显示；

报警/事件信息实时显示、历史查询、处警信息；

针对不同类型报警响应不同级别处警策略和信息。

4 结语

目前，城市轨道交通综合安防领域逐渐由分立的安防系统向综合安防系统方向发展，呈现数字化网络化的态势。针对城市轨道交通领域，综合安防系统厂家和系统集成商不断推出新技术、新设备和新的解决方案，包括安防集成平台、智能视频分析单元设备、磁盘阵列等。随着城市轨道交通的不断发展，自然带动了综合安防系统的发展，给众多的综合安防系统产品供应商和系统集成商带来了无限商机。

参考文献

[1] 林晓伟，王侠. 城市轨道交通智慧安防系统的建设[J]. 工业控制计算机，2021，34（3）：112-114.

[2] 彭博. 智能安防系统在城市轨道交通领域的建设研究[J]. 中国新通信，2020，22（3）：135-136.

[3] 孟艳. 智能安防综合管理平台的设计[J]. 数字技术与应用，2022，40（4）：137-139.

关于地铁建筑施工噪声的防治办法

王少云* 高宏俊

(深圳市科德声学技术有限公司，深圳 518000)

摘　要："十四五"是我国由全面建成小康社会向基本实现社会主义现代化迈进的关键时期，又恰逢"新基建"的建设高潮，"新基建"将成为推动国内大循环的重要力量。为了带动经济复苏，各个地方政府已密集公布了大量重大项目投资计划，一波新基建投资建设将在"十四五"的大潮中大展宏图。与此同时，各地的轨道交通建设也如火如荼地开展起来，但是地铁建设施工噪声扰民投诉现象严重。在国家轨道交通建设的同时，如何能够降低对居民的生活影响，成为当地环保部门头疼的问题。本文根据声学理论结合施工现场的实际情况，探讨一下建筑施工噪声的防治办法。

关键词：建设；施工噪声；投诉

1　前言

目前国际形势不是很乐观，疫情蔓延，经济封锁，技术扼制，我国目前也处在民族复兴关键时期。国家倡导自主创新，拉动内需，拉开了"新基建"的新篇章，同时也是"十四五"的开篇之年，各地建设如火如荼，一片繁荣景象。

基础建设，一般持续时间较长，免不了在户外施工。户外施工有多种类型，如建筑、装饰、土方、市政道路、桥梁、园林绿化、节能环保、铁路、公路等，其中地铁轨道交通的工程持续时间较长，大都超过 2 年。

地铁施工一般为 5 年，地上施工 6～8 个月，主体施工 1 年，围护结构施工 6 个月，基本在地面上施工时间超过 2 年，工地有围挡，约 3m 高，但噪声依然辐射较远范围。建筑工地附近通常有学校、医院、住宅、酒店等，会长期受到建筑施工噪声影响，居民投诉事件层出不穷，给施工单位、建设单位、环保部门带来很多困扰（图 1）。

图 1　施工场地

2　标准要求

根据国家强制标准《声环境质量标准》GB 3096—2008，商业、居住、工业混杂的城市区域，大部分属于 2 类声环境功能区域，国家为了贯彻《中华人民共和国环境保护法》和《中华人民共和国环境噪声污染防治法》，防治建筑施工噪声污染，改善声环境质量，制定强制标准《建筑施工场界环境噪声排放标准》GB 12523—2011，对《建筑施工场界噪声限值》

---

*　王少云（1983—），男，汉族，广东深圳，中级工程师，2006 年起从事噪声及振动治理工程。Email: wsy@kdepsz.com

GB 12523—90 和《建筑施工场界噪声测量方法》GB 12524—90 第一次修订。该标准适用于周围有噪声敏感建筑物的建筑施工噪声排放的管理、评价及控制。市政、通信、交通、水利等其他类型的施工噪声排放可参照本标准执行。本标准不适用于抢修、抢险施工过程中产生噪声的排放监管,已于 2012 年 7 月 1 日起开始实行。

当地环保局主要根据《建筑施工场界环境噪声排放标准》GB 12523—2011 的要求,对建筑工地进行监督和排查,当然还有一些地方法规和要求(表1)。

表 1　建筑施工场界环境噪声排放限值

昼间	夜间
70 dB(A)	55 dB(A)

夜间噪声最大声级超过限值的幅度不得高于 15 dB(A)。当场界距噪声敏感建筑物较近,其室外不满足测量条件时,可在噪声敏感建筑物室内测量,并将表 1 中相应的限值减 10 dB(A)作为评价依据。

3　噪声源

施工阶段的噪声源主要来源于所有机械设备、机械工具、功能车辆和人员活动声音等。

机械设备在提高施工效率的同时,也是噪声的最大制造者,包括吊机、打桩机、破碎锤、挖掘机、振捣棒、搅拌机、升降机和冲击钻机等,其中,打桩机、破碎锤和冲击钻机的噪声最大,可能达到 100dB,噪声频谱涉及低、中、高频段,其中低、中频段传播较远,影响最大;电机声偏高频部分,是厂界红线附近最容易噪声超标的设备(图2)。

机械工具主要有切割设备、电锯设备、电钻设备等,这些设备一般体积偏小,但噪声不低,噪声偏中、高频部分,需要围蔽,可安排在隔声房或者高围挡内进行操作(图3)。

图 2　打桩机施工作业

图 3　材料堆放和加工区域

功能车辆主要有运输车、泥头车、装载车、压路车、汽车吊、搅拌车等,这些车辆的噪声主要是车辆发动机声音和车辆工作噪声,相比大型设备,其噪声源较小,但是数量多,影响噪声叠加现象,噪声情况偏低、中频段,车辆进出位置、卸货场地等区域噪声最大。

人员活动主要是施工现场的大量施工作业人员和管理人员,由于现场声环境嘈杂,人员之间沟通和交流的声音较大,很多使用扩音器设备,这些噪声成为建筑施工噪声的一部分。

4　噪声源分析

不同施工阶段所使用的主要施工设备如表 2 所示。

不同的施工机械,其噪声情况不同,详细如表 3 所示。

表 2 不同施工阶段所使用的主要设备

施工阶段	主要机械设备
土方阶段	挖掘机、装载机、推土机、挖掘机和泥头车等
打桩阶段	打桩机、破碎锤、挖掘机、灌桩机、冲击钻机和运输车辆
结构施工阶段	吊车、升降机、混凝土搅拌机、振捣棒、切割机、发电机和功能车辆及运输车辆
装饰阶段	切割机、打磨机、电锯、吊车、升降机和功能车辆及运输车辆

表 3 不同施工机械的噪声情况

施工设备	噪声情况 dB（A）
打桩机类	90～100
电锯、切割机类	85～110
发电机类	95～110
推土机、挖掘机、装载机等类	85～100
运输车	75～80
吊车、升降机、振捣棒	65～70

体积大、噪声大的设备主要就是打桩机，噪声各个频段都有，扩散远，影响最为严重；小型机械工具噪声高，但是体积小，可移动性大，可以考虑移动式围蔽隔绝，车辆主要在装载和卸货的时候声音大，运输过程中噪声不大。

现场施工机械机动性强，很多设备不是一直使用，也给环保部门的监督工作带来很大的困难。所以针对不同的设备噪声情况和不同的使用时间段加以分析，给出相应的对策，行之有效地解决噪声对周边居民的影响。

5 施工噪声具体防治办法

施工场地属于半自由声场，声音向四面八方传播，这里充分考虑施工噪声的特点，采用以下几种对策方式。

5.1 施工现场噪声防治责任公示

现场醒目位置安放施工现场噪声防治责任公示牌，写明国家相关噪声要求、施工进展状态和不同阶段使用的机械设备情况等，使附近居民有直观认识，毕竟建筑施工也是为了城市建设，方便大家，居民还是理解的，有较大噪声设备运行，必须提前公示告知（图4）。

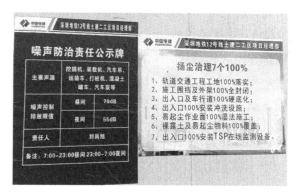

图 4 施工场地噪声防治责任公示牌

5.2 设备噪声治理

施工场地较大，施工设备较多，噪声源较为分散，噪声较高，降噪方式需要从多角度因地制宜去考虑。

目前主要措施有声源降噪、传播途径降噪和敏感区保护。

（1）声源降噪

对于一些噪声较大的设备，通常其动力核心噪声较大，如发动机设备，对于一些裸露动力区的设备，将其动力区域进行封闭隔声，减少裸露发动机的噪声对外辐射的影响（图5）。

图 5 某工地抽芯机动力设施裸露

（2）传播途径降噪

工地面积较大，设备较多，噪声扩散自

由，且设备机动性强，体积大，完全封闭隔声的方式很难实现，利用声音扩散的指向性特点，可以考虑采用半封闭隔声罩、隔声屏障等措施，能有效降低对敏感楼宇的噪声辐射。通常情况下，工地附近都会有一些距离比较近的楼宇和距离相对远的楼宇，也有一些公路和其他对噪声不敏感的建设设施，通过半封闭围挡，就可以通过指向性衰减的方式，降低噪声对敏感区域的扩散（图6、图7）。

图6　工地附近较为空旷的区域

图7　工地附近距离较远的楼宇

大型机械可采用移动式隔声屏障，有效减弱噪声扩散，还能随着机械设备的移动，调整隔声屏障的位置和朝向，机动性能好（图8）。

图8　带轮子的隔声屏障和隔声罩

切割机、电锯等机械加工设备尽量在隔声屏障或半封闭式设备房内使用（图9）。

图9　材料加工区域（切割机、下料机）

泵或者搅拌车卸货位置，可在半封闭隔声屏障内进行（图10）。

图10　小型手工制品在小房间内完成

大楼钢结构焊接时，焊接面朝向住宅或敏感区域的方向，需要用隔声板或木板遮挡，避免噪声直传（图11）。

图11 车辆装卸位置设立半封闭隔声屏障

隔声屏障和半封闭隔声罩，采用的隔声板单位面积重量不得低于15kg/m²，放置尽量离设备近些，高度要考虑周边环境和安全影响，建议由专人看护，并有应急预案。

移动隔声屏障时注意方向，阻挡一侧为噪声敏感区域，噪声隔绝效果有8~10dB，移动式隔声屏障或移动式隔声罩可与专业厂家合作，采用租赁的方式，减少施工企业的资金压力，还能重复利用在其他工地，低碳、环保、经济、实用。

（3）敏感区域保护

酒店、办公或者住宅，距离施工场地太近，采用设备降噪或声源降噪的方式，还是无法有效隔绝噪声的情况下，需要在敏感建筑上进行保护处理，如安装隔声窗。隔声窗建议使用双层中空结构或者双层夹胶结构，隔声量25~30dB，有效隔绝施工噪声，这部分经济投入较大，依据现场实际情况考虑（图12）。

5.3 施工厂界围挡

通常建筑施工规范要求施工厂界的围挡一般高度为2.5~3m，能起到隔声屏障的作用，但有些敏感楼宇距离厂界区域非常近，建议使用固定式隔声屏障，综合考虑安全影响，建议由专人看护，并有应急措施（图13）。

图12 各种类型的隔声窗

图13 施工厂界内设立隔声屏障

5.4 设备错峰使用

不同的施工阶段，设备和功能车辆的使用也不一样，根据噪声的高低，可对设备或功能车辆进行使用时间上的规划，错峰使用。

根据《中华人民共和国环境噪声污染防治法》，昼间是指6:00至22:00之间的时段，夜间是指22:00到次日6:00之间的时段，不同地区也有补充，比如《深圳经济特区环境噪声污染防治条例》中指出"中午"，是指12:00至14:00；"夜间"，是指23:00至次日7:00。一般昼间工作时间，居民普遍不在家中，这时候适合运行高噪声设备，中午和夜间休息时段，尽量避免高噪声设备的使用。

例如打桩机运行时间控制在昼间时段，昼间时段最好是在7:00—12:00和14:00—20:00，具体时段以现场实际情况来看。打桩机噪声过大，噪声处理难度大，夜间禁止使用；车辆水泥运输和搅拌声音不高，集中放在夜间进行，也避免昼间车辆的拥堵；一些切割下料的工作，尽量安排在昼间，切割机噪声太大，结合半封闭隔声罩使用。

5.5 人员活动

夜间作业过程中，对人员指挥和交流要控制声音大小，距离较远的要使用对讲机，减少喊话等高噪声影响周围住宅小区。

5.6 成立降噪应急小队

噪声治理和控制需要多部门配合，包括作业时间、设备源头处理、作业半径、场地布置等。建筑施工属于民生工程，为居民生活提供便利，城市建筑施工希望周边群众理解，支持国家建设，所以成立专门噪声投诉和控制应急小队等，对投诉民众的述求积极反应并在一定程度上进行满足，化解群众矛盾。

5.7 提供噪声控制方案

施工单位要根据具体工地的实际情况，提供一套行之有效的施工噪声控制方案，包括以下内容：

（1）噪声投诉应急小组成立情况和人员组成，对投诉事件快速反应，或对使用大噪声设备进行提前公示并告知，对投诉人员进行疏导工作；

（2）工程进展和高噪声设备阶段性使用情况说明；

（3）场地建设情况和周围建筑情况，突出可能会投诉的建筑；

（4）高噪声设备昼夜错峰使用情况；

（5）设备噪声控制（隔声屏障使用）；

（6）车辆夜间运输噪声控制（隔声屏障和运行路线）；

（7）对敏感区域的降噪措施（隔声窗）。

多部门配合，多方位控制，降低周边居民的不满情绪，化解矛盾。

6 总结

基础建设拉动内需，提供就业岗位，加快城市发展，利国利民。国家发展建设的同时，要尽量规避和减弱对附近居民生活和工作的噪声影响。随着机械设备的不断改进和降噪措施的不断完善及环保部门的监管力度不断加强，施工噪声还是能够得到有效控制，享受城市轨道交通带来便利的同时，不会对居民的生活和工作带来太大影响。

参考文献

[1] 马大猷，等.噪声与振动控制工程手册[M].北京：机械工业出版社，2002.
[2] 吕玉恒，等.噪声与振动控制技术手册[M].北京：化学工业出版社，2019.
[3] 声环境质量标准：GB 3096—2008[S].
[4] 社会生活环境噪声排放标准：GB 22337—2008[S].
[5] 建筑施工场界环境噪声排放标准：GB 12523—2011[S].
[6] 建筑施工场界噪声限值：GB 12523—90[S].
[7] 建筑施工场界噪声测量方法：GB 12524—90[S].
[8] 深圳经济特区环境噪声污染防治条例[Z].
[9] 中华人民共和国环境保护法[Z].
[10] 中华人民共和国环境噪声污染防治法[Z].
[11] 王能.建筑施工噪声污染问题及对策[J].环境工程，2015.

轨道交通全封闭声屏障设计要点与原则

韦 勇[*]

(北京天庆同创环保科技有限公司,北京 102611)

摘 要:全封闭声屏障作为轨道交道两侧多层及以上建筑降噪处理的一种有效方式,正逐渐获得市场的青睐,迅速推广开来。全封闭声屏障设计包含声学设计、基础设计、结构设计、工艺设计、景观设计、消防设计、非标设计等。不同的专业设计需满足各自的设计规范与标准。本文经过大量工程设计实践经验,归纳总结轨道交通全封闭声屏障设计要点,提出设计原则和设计注意事项,为后续类似项目声屏障设计提供参考与借鉴。

关键词:轨道交通;全封闭声屏障;设计要点

1 引言

随着经济的快速发展,人们的交通出行方式越来越多,轨道交通作为连接城乡及市郊的一种便利的交通方式,快速发展起来。列车使人们位移不断变化,加快了生活节奏,带动了生活方式的转变,是社会进步与发展的显著标志。

轨道交通列车运行时产生较大的噪声,有轮轨噪声、空气动力学噪声、鸣笛噪声等,给人们带来很大的噪声干扰。全封闭声屏障作为轨道交道两侧多层及以上建筑降噪处理的一种有效方式,正逐渐获得市场的青睐。全封闭声屏障设计包含声学设计、基础设计、结构设计、工艺设计、景观设计、消防设计、非标设计等。不同的专业设计需满足各自的设计规范与标准。本文经过大量工程设计实践经验,归纳总结轨道交通全封闭声屏障设计要点,提出设计原则和设计注意事项,为后续类似项目声屏障设计提供参考与借鉴。

2 轨道交通全封闭声屏障设计涉及专业

2.1 声学设计

轨道交通全封闭声屏障的声学设计主要包含整体结构的插入损失设计,隔声材料的计权隔声量设计,吸声材料的降噪系数设计。

2.2 基础设计

轨道交通全封闭声屏障的基础设计主要包含桥梁基础、路基基础、U型槽基础等。

2.3 结构设计

轨道交通全封闭声屏障的结构设计主要包含主钢架结构设计、次结构檩条设计、支撑设计等。

2.4 工艺设计

轨道交通全封闭声屏障的工艺设计主要包含立面声屏障屏体设计、顶部声屏障屏体设计、排水及收边设计、防尘、防潮、防腐等。

2.5 景观设计

轨道交通全封闭声屏障的景观设计主要包含结构的线性、外观、屏体的分格布置、色彩

---

[*] 韦勇(1980—),男,学士学位,高级工程师,北京天庆同创环保科技有限公司。主要从事环保降噪产品的设计、研发与实施。
E-mail: weiyong@tianqingtongchuang.com.cn

搭配、城市及人文背景融入等。

2.6 消防设计

轨道交通全封闭声屏障的消防设计主要包含结构的耐火等级、声屏障屏体的燃烧性能、消防排烟等。

2.7 非标设计

轨道交通全封闭声屏障的非标设计主要包含U型槽、伸缩缝、路桥连接、落地段、车站连接、合建段、接触网等异形部分。

2.8 专业接口设计

轨道交通全封闭声屏障的专业接口设计主要包含动照专业、接触网专业、高架桥专业、高架车站、防雷接口、电缆托架与人行步道、通号专业等。

3 轨道交通全封闭声屏障设计要点与原则

3.1 声学设计要点与原则

轨道交通全封闭声屏障的声学设计属于基本功能设计，设计大纲主要是环评及批复文件。噪声治理原则：现状环境噪声达标的，采取措施后，预测超标的敏感点经治理后噪声达标；现状环境噪声已经超标的，预测环境噪声又有增量的敏感点，采取有效的噪声治理措施，降低新增噪声源的贡献量，使环境噪声基本维持现状水平。

全封闭声屏障声学设计的插入损失主要考虑起点与终点的绕射声衰减，半封闭声屏障主要考虑起点、终点及上部屏体截止点的绕射声衰减。插入损失根据环评要求的声环境影响评价执行标准和列车运行噪声标准执行。声学屏体的隔声量与降噪系数与采用软件模拟估算与实验室测试验证的方式进行设计。声学设计尤其要考虑孔洞缝对降噪效果大幅度降低的影响，在工艺设计部分做出明确处理说明。

全封闭声屏障高度确定原则：声屏障的高度根据环评报告要求以及所需要的绕射声衰减值综合考虑确定。

全封闭声屏障长度确定原则：使轨道交通噪声声源通过声屏障两侧端辐射至接受点的声级值应比通过声屏障顶端绕射后到达受声点的声级值低10dB（A）以上，且使受声点满足相应的噪声标准要求。

3.2 基础设计要点与原则

轨道交通全封闭声屏障的基础设计首先要考虑基础形式及地质（桥梁、路基、U型槽等）；其次要考虑限界（设备限界、建筑限界、接触网安全限界、净空限界、消防限界等）；最后考虑基础桩径、桩长、配筋、地基承载力计算等。

3.3 结构设计要点与原则

轨道交通全封闭声屏障的结构设计需要首先明荷载恒载主要是钢构与屏体自重，可变荷载主要是风荷载、雪荷载、不上人屋面荷载、行车产生的动荷载等；其次根据设计使用年限等相关规范进行整体刚架、次结构檩条与支撑的安全设计，并提供柱底反力，然后算出各构件截面形式、布局形式和布置方式，明确节点做法；最后提供加工、安装要求及注意事项。

3.4 工艺设计要点与原则

轨道交通全封闭声屏障的工艺设计，对声学设计确定的隔声材料与吸声材料进行细化，首先明确材料的材质、规格、性能要求、颜色、加工与验收标准等；其次明确收边做法要求、排水要求（集中排水还是自然散排）、防尘、防腐等的具体设计要求。

3.5 景观设计要点与原则

轨道交通全封闭声屏障的景观设计主要包含结构的线性、外观、屏体的分格布置、色彩搭配、城市及人文背景融入等。明确钢架构与屏体的相对位置关系要求、屏体的分格形式和布局要求、具体的色彩搭配要求、整体结构的人文需求与局部立面的城市效果。

3.6 消防设计要点与原则

轨道交通全封闭声屏障的消防设计主要包

含结构的耐火等级、声屏障屏体的燃烧性能、消防排烟等。钢结构根据防火设计规范，明确耐火级别和耐火材料选用；声屏障屏体明确单层材料与整体单元板的燃烧性能，消防排烟明确是机械还是自然排放，排烟口设置等。

3.7 非标设计

轨道交通全封闭声屏障的非标设计主要包含U型槽、伸缩缝、路桥连接、落地段、车站连接、合建段、接触网等异形部分。非标设计同时包含基础、钢结构、工艺、景观、消声等方面的内容，要做到统筹协调。U型槽设计主要考虑坡度与高度渐变引起的钢结构与屏体的异形导致的加工与安装难度和景观问题；伸缩缝设计主要考虑伸缩缝宽度和伸缩量的影响；路桥连接主要考虑横向跨度方向的突变；落地段需要考虑高度、坡度与横向跨度方向的突变；车站连接处主要考虑横向跨度及站台屋面下缘高度影响；合建段主要考虑桥墩位置及桥墩附近桥梁高度对材料加工与施工的影响；基础网主要考虑安全限界、接触网基础及拉线基础对声屏障影响、接触网与全封闭声屏障刚架共架影响。

3.8 专业接口设计

3.8.1 动照接口

动照专业灯具原则上安装于接触网立柱上。当接触网立柱设有坠砣时，灯具及其配电管就近移至声屏障立柱上，需打孔固定。

3.8.2 接触网接口

声屏障的宽度及高度应预留接触网的立柱安装空间，声屏障的钢结构与接触网独立设置或共架。

3.8.3 高架桥接口

声屏障立于高架桥桥梁护栏板上，土建先期预留条件，声屏障施工单位应根据预埋件实际位置放样实测后进行制作、安装。施工单位应与高架桥土建专业配合施工，避免相互影响及施工工序冲突，并保证最终安装的声屏障达到设计要求。

3.8.4 高架车站接口

声屏障与高架车站接驳时，应满足车站公共区通风空调的要求，同时预留高架车站的造型及景观空间。

3.8.5 防雷接口

声屏障专业提供全线声屏障设置形式及里程，由动照专业完成声屏障防雷设计。

3.8.6 电缆托架、人行步道接口

声屏障立柱应根据要求预留高架桥电缆托架、人行步道的安装条件。

3.8.7 通号接口

声屏障立柱根据通信信号专业漏泄同轴电缆、AP天线、沿线设备箱等设备的要求预留安装条件。

综上所述，轨道交通全封闭声屏障涉及的专业设计较多，每个专业的设计要点和原则存在差别。本文通过对各专业的设计特点进行梳理与搜集，整理出轨道交通全封闭声屏障的设计要点和设计原则，希望能为后续类似轨道交通全封闭声屏障的设计与施工提供一定的借鉴。

轨道交通 U 型槽全封闭声屏障的施工方法

周 洁*

（中铁四局集团市政工程有限公司，合肥 238001）

摘 要：随着我国国民经济的飞速发展，人们的出行方式发生了很大的变化，轨道交通作为一种便捷的交通方式，越来越多地受到人们的青睐。轨道交通在实施完毕后列车会产生轮轨噪声与空气动力噪声，对列车经过的两侧人们的生活、工作与学习造成很大的干扰。因此，为了有效降低列车噪声对两侧高层居民的影响，通常会采用全封闭声屏障来解决这一问题，轨道交通全封闭声屏障根据线路的特点有高架段、路基段和 U 型槽（地下与地上部分的连接段）。本文结合 U 型槽的工程特点，通过大量的全封闭声屏障工程实践经验，研究和探索了轨道交通 U 型槽全封闭的施工方法，为同类项目的实施提供了参考和借鉴。

关键词：轨道交通；U 型槽；全封闭声屏障

1 引言

随着我国国民经济的飞速发展，人们的出行方式发生了很大的变化，轨道交通作为一种便捷的交通方式，越来越多地受到人们的青睐。轨道交通在实施完毕后列车会产生轮轨噪声与空气动力噪声，对列车经过的两侧人们的生活、工作与学习造成很大的干扰。因此，为了有效降低列车噪声对两侧高层居民的影响，通常会采用全封闭声屏障来解决这一问题，轨道交通全封闭声屏障根据线路的特点有高架段、路基段和 U 型槽（地下与地上部分的连接段）。本文以结合 U 型槽的工程特点，通过大量的全封闭声屏障工程实践经验，研究和探索了轨道交通 U 型槽全封闭的施工方法，为同类项目的实施提供了参考和借鉴。

2 轨道交通噪声源分析和噪声治理措施

2.1 轨道交通噪声源分析

轮轨噪声：车轮通过钢轨接头轨缝处，道岔有害空间及钢轨出现前后高低处产生冲击声；钢轨与车轮在曲线，挤压外轨产生的摩擦声；由于游间的存在，列车蛇形前进，摩擦钢轨产生的噪声；暗坑道床不密实引起的噪声。

集电系统噪声：受电弓与接触网导线滑动而引发的噪声；接触网阻碍的作用大于天气产生噪声。

空气动力噪声：由于高速行驶的列车受到空气的阻力产生涡流，从而产生噪声；列车在隧道出洞时被压缩的空气在洞口释放压力波的能量，产生的噪声。

2.2 轨道交通噪声治理措施

高架轨道噪声指当列车行驶在高架铁路上，轮轨相互作用产生的振动通过轨道传递给支承结构，支承结构将噪声向周边地区进行传播，形成较高的噪声。抑制高架轨道噪声一方面可从降低钢轨振动的技术着手，另一方面从限制传递给高架结构的振动考虑。沿轨道侧面设置声屏障，可以降低钢轨噪声向周围地区的传播。

牵引动力系统噪声指牵引系统设备运转所

---

* 周洁（1987—），女，学士学位，工程师，西南交通大学土木工程专业。主要从事声屏障工作。E-mail: 287090182@163.com

产生的噪声，包括牵引电机及其冷却电扇、齿轮箱以及空气压缩机的噪声。近年的研究表明，使用车裙与车下吸声处理相结合的措施可降低噪声。

3 轨道交通 U 型槽线路特点

3.1 轨道交通 U 型槽线路深度大

轨道交通 U 型槽位置的深度大，导致对应的全封闭声屏障的离地高度往往超过 10m，对全封闭声屏障的施工带来很大的挑战。

3.2 轨道交通 U 型槽线路坡度大

轨道交通 U 型槽位置的坡度比较大，较大时能达到 10°以上。需要考虑全封闭施工时的垂直基准面，以及立面声屏障板的拼接方式，进而导致异形构件的大幅增加，给加工与施工带来很大困难。

3.3 轨道交通 U 型槽跨度渐变多

轨道交通 U 型槽跨度渐变较多，最大时能超过 1m，全封闭声屏障在此部位要考虑平滑过渡的做法，既要满足结构安全与功能要求，又要考虑防止尖锐突起的产生，达到平滑过渡的美观性能要求。

4 轨道交通 U 型槽全封闭声屏障施工重难点

（1）线路深度大，施工机械要求高，安全风险大。

（2）线路坡度大，声屏障异型构件多，加工与安装难度大。

（3）U 型槽跨度方向渐变多，要兼顾安全、功能与景观的要求。

5 轨道交通 U 型槽全封闭声屏障施工方法

轨道交通 U 型槽全封闭声屏障常见横断面形式如图 1 所示。

施工工序如下：声屏障基础验收—立面钢立柱安装—立面纵向支撑安装—立面声屏障屏体安装—顶面钢梁安装—顶面檩条与支撑安

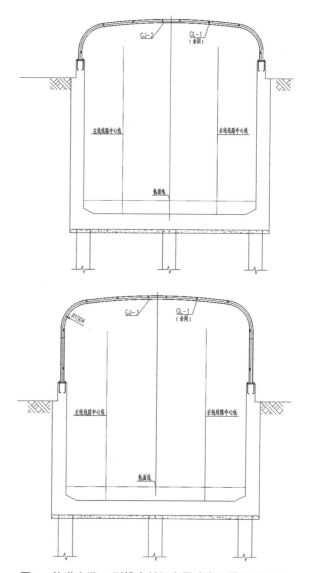

图 1 轨道交通 U 型槽全封闭声屏障常见横断面形式

装—顶面透明屏体安装—检验、清理与验收。

（1）声屏障基础验收：对基础纵横轴线、标高、预埋件水平度等进行检查、复测、验收，将现场所有基础埋件位置进行实测，实测内容包括基础埋件中心线位置、埋件标高以及埋件锚栓位置。

（2）立面钢立柱安装：钢立柱使用汽车吊进行吊装，吊装方式采取捆绑式。H 型钢立柱吊装就位后要及时进行紧固以及校正调整。钢梁吊装就位后，两端与钢立柱拼接部位要同步进行紧固连接。若作业高架段未铺轨，则安排汽车吊于线路上作业；若已铺轨，视作业条件选择桥下吊装或轨道吊作业。路基段施工时采用吊机作业。吊机选择较空旷的地段，吊机大臂能自由展开，且不会危及四周既有物。立柱吊装上桥后分段散开，立柱不得直接放置于线路上，多采取方木进行隔挡保护。吊装作业时桥面设置专人指挥吊装，指挥人员站在可兼顾桥上、桥下的位置，且由经过专业培训，取得信号工证件的专业人员担任，桥下配备专业司索工。

（3）立面纵向支撑安装：在相邻立柱安装固定调整完毕后，安装纵向支撑。纵向支撑安装时长边背板贴在型钢翼板上，用螺栓与钢立柱连接起来。

（4）立面声屏障屏体安装：屏体安装方式采用插入式，先安装最底部屏体，然后从下往上依次进行安装。安装立面声屏障屏体前，将每根立柱的镀锌压紧角钢预先安装，用螺栓对穿连接起来。底部声屏障屏体采用人工安装，屏体中间绑吊带，人工牵引由上部缓慢沿H型钢槽落下，安装屏体时可以在H型钢柱上喷洒润滑剂，便于屏体落下。安装好后观察屏体是否落到位，左右调整保证两边插入一样，调整平直度。安装屏体时，至少需要四人，两人在下面送屏体板，两人站在操作平台上安装。屏体板安装必须垂直装入，若是斜装入，单元板和H型钢立柱翼缘抵触，将会扯起橡胶条。屏体板放入H型钢立柱后，不允许立即放手，要轻放、慢放。

（5）顶面钢梁安装：顶面钢梁在拼接区分段拼接完毕后，采用夹板与高强度螺栓进行连接，钢梁连接板缝隙夹紧后方可安装高强度螺栓，钢梁吊装校正完毕后，采用扭断器扭断高强度螺栓头，达到预紧力要求。

（6）顶面檩条与纵向支撑安装：在相邻钢梁安装固定调整完毕后，安装顶面檩条和纵向支撑。安装时长边背板贴在型钢翼板上，用螺栓与钢立柱连接起来。檩条安装时要注意保持线性和平滑过渡。

（7）顶面透明屏体安装：顶部透明屏体的安装需要作业工人里外配合，考虑高架施工高空作业，外侧工人施工拟采取云梯及钢结构外肋架作为作业平台。吊装顶部透明屏体，因为透明屏体的位置固定，所以在立柱加工时，采用预先在立柱外侧透明屏体起点处横向焊接耳板作为透明屏体的位置确定，同时起到拖住聚透明屏体的作用。沿主框架方向在顶面透明屏体上面铺设镀锌钢板压条，沿檩条方向在顶面透明屏体上面铺设镀锌钢板压条，压条使用镀锌螺栓固定，螺栓需要搭配垫圈和螺母，螺母先不要拧紧，在压条和顶面透明屏体都调整到位后拧紧螺母。

（8）检验、清理与验收：声屏障各构件安装完毕后，进行检验，发现不符合要求的事项进行整改，同时对现场进行清理，清除安全隐患，最后进行工程验收。

6 轨道交通U型槽全封闭声屏障接口要求

（1）与高架桥接口。声屏障立于高架桥桥梁护栏板上，土建先期预留条件，投标人应根据预埋件实际位置放样实测后进行制作、安装。投标人应与高架桥土建专业配合施工，避免相互影响及施工工序冲突，并保证最终安装的声屏障达到设计要求。

（2）与动力照明专业接口。声屏障立柱应根据要求预留区间照明灯具或灯杆的安装条件。

（3）电缆托架、人行步道声屏障立柱应根据要求预留高架桥电缆托架、人行步道的安装条件。

（4）与其他桥梁附属专业接口。声屏障立柱应根据通信信号专业漏泄同轴电缆、AP天线、沿线设备箱等设备的要求，为其预留安装条件。

（5）与高架车站的接口。声屏障与高架车站接驳时，应满足车站公共区通风空调的要求，同时预留高架车站的造型及景观空间。

（6）与接触网的接口。声屏障的宽度及高度应预留接触网的立柱安装空间。

7 轨道交通U型槽全封闭声屏障施工注意事项

（1）声屏障安装时不得随意在钢结构上开孔，确需开孔时，需经设计同意。

（2）声屏障钢立柱加工时需预留通号等专业设备安装孔。

（3）钢构件加工前需对现场尺寸进行实测，调整构件尺寸，确保安装精度。

（4）屏障安装过程中不得出现缝隙现象，以避免影响声屏障的隔声降噪功能。

（5）要充分考虑沿线声屏障的施工条件，如运输不能直接到达施工现场。

（6）其他未尽事宜参考相关国家标准及规范。

参考文献

[1] 地铁设计规范：GB 50157—2013[S].
[2] 声屏障结构技术标准：GB/T 51335—2008[S].
[3] 钢结构工程施工质量验收标准：GB 50205—2020[S].

综合监控系统软件开发及测试管理优化研究

程玉婷

(深圳市赛为智能股份有限公司，深圳 518000)

摘　要：为规范城市轨道交通综合监控系统软件开发及测试全过程管理，保证软件开发及测试的必要性、系统性、安全性、可靠性、易用性及稳健性，合理配置软件资源，提高现代化管理水平。本文针对综合监控系统平台的特性分析，将对综合监控系统软件开发及测试管理提出了优化设计思路和方向。

关键词：综合监控系统；软件开发；测试；管理；优化

1　概述

城市轨道交通综合监控系统是实现各系统信息共享、业务关联和事件联动等功能的"大脑中枢系统"，综合监控系统（Integrated Supervision And Control System，简称 ISCS）就是将彼此孤立的各类设备控制系统通过网络和集成软件有机地连接在一起，建成一个信息共享平台，实现不同工况下各系统的联动、信息高度共享和系统的自主决策。

本文基于对已经开发完成的综合监控系统软件平台特性分析及用户使用情况进行调研，提出了合理化的软件开发及测试计划管理优化方案，使软件系统更能满足城市轨道交通运营生产维护的需要以及业主要求。

2　设计规范及标准

开发的综合监控软件，按相关规范及 ISO 流程等进行研发，并随时接受招标人或招标人指定第三方的抽查。从需求制定、设计、编制或采购、测试、安装、验收、运行和维护阶段中将满足软件管理要求和控制。

软件管理至少满足以下设计规范及标准：

《软件工程》GB/T 16260

《计算机软件工程文档编号规范》DB21/T 2139—2013

《计算机软件测试规范》GB/T 15532—2008

《信息技术软件生存周期过程指南》GB/Z 18493—2001

《信息技术系统及软件完整性级别》GB/T 18492—2001

《信息安全技术数据库管理系统安全技术要求》GB/T 20273—2006

《信息安全技术智能卡嵌入式软件安全技术要求（EAL4 增强级）》GB/T 20276—2006

《计算机软件需求规格说明规范》GB/T 9385—2008

《计算机软件测试文档编制规范》GB/T 9386—2008

《软件工程 GB/T 19001—2000 应用于计算机软件的指南》GB/T 19003—2008

《软件工程产品评价》GB/T 18905—2002

3　软件平台特性

3.1　采用模块化设计，易于扩展

综合监控系统软件采用基于客户/服务器（C/S）架构，其极具创新性的可扩展架构允许系统架构随着需求的增长而变化。

综合监控系统软件平台包括 I/O 通信模块、报警监控模块、报表模块、趋势模块、事件管理模块等任务模块，其中 I/O 服务器是唯

一与设备通信的途径，报警、报表、趋势服务器仅从 I/O 服务器获取数据，同时为 I/O 服务器分担服务器数据处理负荷，而客户端仅仅通过服务器获取数据。

综合监控系统软件的每一个任务都是作为一个独特的客户端和/或服务器模块来运作的，执行其自己的角色，并通过客户端—服务器的关系与其他任务互动。如果需要添加一个控制终端，只需在局域网中添加一台新的计算机，然后将其指定为控制客户端即可。新的控制客户端可共享相同的组态并通过第一台服务器接收 I/O 的信息。

3.2 采用集群技术

综合监控系统软件提供了先进的集群（Clustering）技术，支持多地点的集群，通过将若干服务器组成"集群"系统，来保证运营的可靠性并能快速实施扩展。

集群的使用使综合监控系统能够通过更多的现有资源或者添加新的资源来扩展，通过集群技术综合监控系统能够复制系统任务以满足系统重新部署系统的扩展需要，使得系统的扩展变得简单。例如：某个系统需要获取一个站点上的趋势数据来进行扩展，如果没有集群的概念，必须花费大量的费用购买更多的计算机；有了集群的概念，系统就可以添加一个额外的趋势任务和日益增多的趋势在某台服务器上，而不需要增加硬件的投资。

4 软件开发及测试管理优化

4.1 开发管理

开发管理是一种综合性的工作，其中各类工作之间存在着一定的相互作用和相互影响。由于存在这种内在的相互作用，需要我们对各种项目目标进行权衡，成功的管理要求能有效地控制这些内在的相互作用。

软件开发管理程序注重对开发工作进行描述和组织。与整个系统工程项目相一致，软件开发管理程序大致可以分为以下几块：

（1）起始块：确定一个阶段可以开始了，并要求着手实行；

（2）计划块：进行计划并且保持一份可操作的进度安排，确保实现计划的既定目标；

（3）执行块：协调人力和其他资源，执行计划；

（4）控制块：通过监督和检测过程确保工作达到目标，必要时采取一些修正措施；

（5）结束块：取得阶段的正式验收认可并且有序地结束该阶段。

这些管理程序块通过各阶段的结果进行连接。另外，开发管理程序块不是相互分立的、一次性的事件；在整个项目的每一个阶段它们都会不同程度地相互交迭并相互影响。项目管理程序块的相互作用也会跨越不同阶段；一个阶段的结束作为下一个阶段的起点，比如，结束一个设计阶段要求业主接受并确认设计文件，而设计文件为开发和实施阶段提供了实现基础。

4.2 设计管理

为规范综合监控系统软件的设计活动，保证设计质量，提高设计水平，应对设计进行规范化管理。推荐系统建设方案，分析、评价系统需求，对技术、经济、环境、资源利用等方面进行综合分析、论证，编制系统和软件分析、设计文件，以及相互配合的活动。

（1）设计指导思想

所有设计的指导思想应从使用功能和实际需要出发，不能脱离实际。系统设计必须经过用户需求分析、系统和软件分析设计、深化设计等环节，既做到技术先进，经济合理，维修管理方便，又要留有可扩充的余地。

（2）设计联络

设计联络是在系统及软件设计过程中有效的沟通和协调手段，其目的是收集需求、交换信息、讨论技术问题等。在项目设计过程中需适当安排多次设计联络会，每次设计联络的目标不尽相同，大体上，系统设计通常划分为需求分析/初步设计、详细设计、最终设计等阶段，每个阶段应分别至少安排一次设计联络会。

（3）设计文件

设计文件包括系统设计及功能文件、通用人机/图形用户界面文件、系统接口文件等。设计文件是进行系统开发、系统测试与调试、系统验收等后续工作的基础和依据。

（4）设计监督

设计监督要对软件开发范围进行管理。在软件开发过程中，各方应严格按照签字确认的设计文件中规定的业务范围进行开发。有些需求可能在项目初期很难确定，在开发过程中需要不断地加以修正，项目软件监督要及时与用户和业主充分沟通，建立可以直接联系的渠道，共同进行需求确认，更新设计文件，保证项目范围的可控。

4.3 测试管理

（1）策划测试过程

依据"独立和迭代"的测试理念，在本系统中，对测试过程进行独立的策划，找出测试准备就绪点，在就绪点及时开展测试。综合监控系统主体系统、各子系统都具有相对的独立性，并且在每一阶段完成所提交的阶段产品也具有相对的独立性，这些可以作为系统测试准备的就绪点。每个阶段系统测试都具有不同的侧重点，目的在于更好地配合开发工作尽早发现软件BUG，降低软件成本。软件开发与系统测试过程的关系如图1所示。

实践证明，与开发过程紧密结合而又相对独立的测试过程，有效的于早期发现了许多系统缺陷，降低了开发成本，同时也使基于复杂开发模型的测试管理工作更加清晰明了。

（2）把握需求

在本系统开发过程中，对系统和软件需求

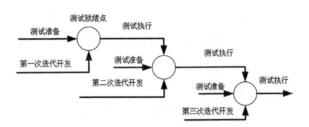

图1 软件开发与系统测试过程关系图

的把握很大程度上决定了软件测试是否能够成功。测试工作不仅仅确认软件是否正确实现功能，同时还要确认软件是否满足用户的需要。依据"尽早测试"和"全面测试"原则，在需求的获取阶段，测试人员参与到了对需求的讨论之中，与业主和用户一起讨论需求的完善性与正确性，同时从可测试性角度为需求文档提出建议。同时，测试组结合前期对项目的把握，很容易制定出完善的测试计划和方案，将各阶段软件产品的测试方法及进度、人员安排进行了策划，使整个项目的进展有条不紊。

实践证明，测试人员早期参与需求分析中，有助于加深测试人员对需求的把握和理解，同时也大大促进了需求文档的质量。在需求人员把握需求的同时，于早期制定项目计划和方案，及早准备测试活动，大大提高了测试效率。

（3）变更控制

变更控制体现的是"全过程测试"理念。在软件开发过程中，变更往往是不可避免的，变更也是造成软件风险的重要因素。依据"全过程测试"理念，测试组密切关注开发过程，跟随进度计划的变更调整测试策略，依据需求或进度的变更及时补充和完善测试用例。如果测试准备工作充分，在测试执行过程中，测试的进度就不会因为变更而受到过多影响。

（4）度量与分析

对测试过程的度量与分析同样体现了"全过程测试"理念。对测试过程的度量有利于及时把握项目情况，对过程数据进行分析，很容易找出需要改进的地方，及时调整测试策略。

通常，在测试过程中对不同阶段的BUG数量进行度量，有助于分析测试执行是否充分。

所有度量都是对测试全过程进行跟踪的结果，是及时调整测试策略的依据。对测试过程的度量与分析能有效地提高测试效率，降低测试风险。同时，度量与分析也是软件测试过程可持续改进的基本。

（5）测试过程可持续改进

基于软件开发的实际发展情况，测试过程也需要不断改进。我们提倡基于度量与分析的可持续过程改进方法。组织可以自定义需要度量的过程数据，将收集来的数据加以分析，以找出需要改进的因素。通过采用基于度量和分析的可持续过程改进方法，测试过程管理将能够不断完善，测试活动将能够始终处于优化状态。

应具有针对软件平台的完整测试程序，提供一个功能强大、性能稳定、安全可靠的智能化服务的综合监控软件。

（6）软件测试

软件测试，即按照规定步骤对软件进行严格的检查，以证明软件已达到规定的要求，能够在现场安装、验收、交付招标人和连接其他接口系统时使用。

软件功能测试主要包括工厂验收测试和现场验收测试。

工厂验收测试及现场验收测试中，主要包括软件在系统内的持久性（endurance test）、加载性（loading test）和故障处理（error handling and recovery）测试。

4.4 配置管理

为了更有效地控制和管理软件开发生命周期内的变更，包括软件和文件，应定义并实施有效的软件配置管理流程。

软件配置管理是一种标识、组织和控制修改的技术，贯穿于整个软件过程中的保护性活动，它被设计用来：

标识变化；

控制变化；

保证变化被正确地发现；

向有关人员报告变化。

软件配置管理的目的是使错误降到最小并最有效地提高生产效率。所以，应为软件配置管理活动设计一个能够融合于现有软件开发流程的管理过程。

4.5 变更管理

为了控制及管理在软件开发生命周期内的变更（包括软件需求变更、工期变更等），应定义有效的变更管理流程。变更管理通常包括以下几方面：

（1）变更的提出

变更的提出人可以为：最终用户方、项目管理方和设计方、软件开发方。

（2）变更的评估

变更评估结果应形成正式文件，由变更参与各方书面签字确认。进行变更评估时，评估的方面至少包括：技术影响、范围影响、费用影响、时间影响、风险影响、资源影响及其他相关影响。

如果变更被批准，软件开发领导小组将负责调整变更所涉及的开发计划，保证计划的完整性；同时负责将变更相关内容通知有关各方和人员。

4.6 时间和进度管理

项目进度管理可以通过以下方式完成：制定项目里程碑管理运行表；定期举行项目状态会议，由软件开发方报告进度和问题，用户方提出意见，比较各项任务的实际开始日期与计划开始日期是否吻合，确定正式的项目里程碑是否在预期完成。

4.7 验收管理

项目的阶段性完工及总体项目的竣工都涉及对具体成果的验收工作，在验收工作中产生的一系列文件及其审批报告同样需要相应的管理和储存。

软件验收应是一个循环渐进的述程，一般包括验收前的系统测试、系统上线和正式验收3个阶段。

（1）系统测试阶段

系统测试是对系统进行全面的测试，应在测试环境中进行，以确保系统的功能和技术设计满足业主和用户需求，并能正常运行。系统测试阶段应包括以下主要流程和工作内容：制订测试计划，编制测试用例，建立测试环境，测试（在测试环境中，测试组可以根据需要对系统依次进行单元测试、集成测试、压力测试和用户接受测试），提交测试报告、用户确认签字。

（2）系统上线阶段

系统上线前应做好准备工作，在上线前，软件开发方将制定系统上线计划，系统上线计划应符合业主要求经过业主的正式批准。所有的上线准备工作做好之后，由监督方确认上线系统版本的正确性，确认系统上线时间。系统上线操作人员将最后版本的系统程序移植到现场环境。

（3）正式验收阶段

正式验收前，软件开发方将按要求向业主和用户提交软件开发过程中各阶段性文档和验收申请等。管理部门接到验收申请后，组织有关各方专家和最终用户对项目进行评审，对软件项目进行正式验收。

在综合监控系统软件开发周期内，软件验证活动至少包括：工厂验收测试（FAT）和现场验收测试（SAT）。

4.8 风险管理

开发风险是一种不确定事件或状况，一旦发生，会对项目目标产生有利或不利后果。风险事出有因，一旦发生会产生后果。已知风险指已经识别与分析的风险，因此有可能对其做出规划。未知风险则无法管理，而开发管理人员将根据过去类似项目的经验，采用一般的应急措施进行处理。

风险管理指对开发风险进行识别、分析，并采取应对措施的系统过程。它包括尽量扩大有利于开发目标事项发生的概率与后果，尽量减小不利于开发目标事项发生的概率与后果。以下是风险管理的主要过程：

（1）风险管理规划——决定如何进行与规划项目的风险管理活动；

（2）风险识别——判断哪些风险会影响项目，将以文字记载其特点；

（3）风险定性分析——对风险及其条件进行定性分析，以便按其对项目目标影响进行排序；

（4）风险定量分析——量度风险的概率与后果，估计其对项目目标造成的影响；

（5）风险应对规划——制订为项目目标增加机会、减轻威胁的程序与技术；

（6）风险监测与控制——在项目整个生命期间监测残余风险、识别新风险，执行减轻风险计划，并对这些计划的有效性进行评估。

4.9 质量管理

综合监控系统软件的质量控制一般分为三个阶段：一是准备阶段，主要监理工作是参与审核软件设计文件。二是实施过程控制，重点是检查和规范软件开发质量控制流体系，及时纠正出现的偏差和问题。三是检查验收阶段，重点是接口质量的控制、系统测试及联调工作。

软件开发质量管理包括保证开发能满足原先规定的各项要求所需要的过程，即"总体功能中决定质量方针、目标与责任的所有活动，并通过诸如质量规划、质量保证、质量控制、质量改进等手段在质量体系内加以实施"。

为保证软件开发过程的质量、计划、管理和改进开发过程，控制及预测软件质量，应在整个软件开发生命周期内各个阶段（包括分析和设计阶段、开发编码阶段、测试调试阶段、质保期阶段等）实施软件质量规划、软件度量、软件检查、质量审核等工作。

5 总结

由于综合监控系统与众多相关应用软件需要进行交互，因此在软件开发及测试过程中需要先对软件平台的特性及需求进行充分的梳理。本文依据城市轨道交通建设需求，将综合监控系统软件开发及测试全过程进行了全生命周期的管理优化研究，对综合监控系统软件开发及测试提出了合理化的软件开发及测试计划管理优化方案，保障系统正式运行时的安全性、可靠性、易用性以及稳健性，明确了软件的功能、性能和数据要求，以及软件及硬件、软件与软件之间的接口要求等，并对软件开发及测试管理过程进行了验证和文档化。

参考文献

[1] 韩立，尹爱军.基于组态技术的测控软件开发及测试[J].中国测试，2010(4)：66-69.

[2] 王明珠.计算机软件开发的数据库测试技术研究[J].无线互联科技，2021，18(20)：102-103.

[3] 任献彬，刘贤忠.测试程序软件开发平台的设计与实现[J].电子测量技术，2009(2)：1-3, 14.

[4] 王建强，张鼎周，杨欣.指挥信息系统软件开发生命周期测试策略[J].指挥信息系统与技术，2014，5(1)：77-82.

悬臂掘进机在岩溶地区地铁隧道施工中的应用

孙文进

（西安市轨道交通集团有限公司，西安 710000）

摘　要：悬臂掘进机是一种适用于煤矿巷道的综合掘进设备，把它引进喀斯特地区地铁区间隧道施工，其施工经验方面欠缺，目前还在不断改进与完善，尤其是施工过程中遇到的各种问题，其解决方法需要在施工过程中慢慢地去探索。本文针对悬臂掘进机在贵阳地铁 1 号线延安路站—中山路站区间暗挖隧道施工过程中的应用做出的一套技术总结，指出悬臂掘进机适用于贵阳复杂地质环境下的施工方法，在安全、质量、适用性等方面是传统钻爆开挖施工无法相比的。针对掘进机在岩溶地质施工中的开挖方式、出渣、施工动态测量、通风除尘等工序进行了总结，以期为日后同类型的城市隧道工程施工提供参考。

关键词：岩溶；悬臂掘进机；地铁隧道

1 引言

现如今地铁施工已在各大城市展开，对于各大城市所处地质条件的差异，地铁区间隧道施工过程中所采用的方法也是各式各样。然而，传统的矿山法区间打眼钻爆施工在繁华地段的城市地铁区间隧道施工已经不能适用，尤其是在周边建筑物众多的地区。为此，地铁区间隧道施工引进各种先进的机械设备进行非爆破开挖，如盾构机、悬臂掘进机等，这些设备目前在城市地铁区间隧道施工过程中备受青睐。

2 工程概况

延安路站—中山路站区间隧道工程线路设计起止里程为：右隧 YDK23+078.242～YDK23+689，左隧 ZDK23+129.310～ZDK23+697.991，开挖断面面积约 38m²，左右双线隧道线路总长 1196.1m，区间隧道埋深约在 14～21m 之间。隧道沿线下穿、侧穿的地面建构筑物多，且 4 次下穿河流（下穿三鑫大厦、2008 小区等建筑物以及黔灵西路、永乐路等交通要道，并先后 4 次下穿贯城河）。该区间隧道场地内为可溶岩分布区，受构造影响，岩溶地貌较发育，可溶岩分布地段岩溶形态主要以溶洞、溶沟（槽）、裂隙为主。该场区内前期勘察多次揭露地层溶洞，根据勘察报告区间隧道范围内的可探明溶洞高达十余处，节理裂隙强发育，隧道施工过程中突水、突泥风险极高。

延中区间地处岩溶发育地区，富水较严重，周边环境也相当复杂；根据前期施工过程中的经验累积，发现隧道遇岩溶的概率特别大，突水、突泥现象也是时常发生。

3 岩溶地区悬臂掘进机施工

3.1 悬臂掘进机开挖方式

隧道掌子面开挖方式的选择应根据隧道的断面大小、地质条件和所选悬臂式掘进机机型等因素综合选择。铁路隧道常用的掌子面开挖方法有全断面法、正台阶法和分部开挖法以及由此派生出来的局部变化的施工方法，每一种方法都有自己的适用条件和范围。全断面法适用Ⅲ级及Ⅲ级以上的围岩地段，且断面面积不应太大；台阶法适用于Ⅳ级及Ⅴ级类围岩中的大断面隧道；分部开挖法适用于软弱围岩、有特殊工程要求地段的隧道施工。国内外相关工程实例表明，针对大断面隧道如果采用全断面开挖,应选用大功率、截割高度高的重型臂式掘进机;而如果大断面隧道采用台阶法施工,可以考虑两台悬臂式掘进机分别用于上下台阶开挖。本工程中悬臂式掘进机一次开挖为单线隧道,隧道开挖断面面积约38m²,故现场采用全断面开挖施工。

悬臂式掘进机在施工中利用前端切割头在掌子面上的上下、左右移动,可切割出初步的断面形状。由于施工过程中靠近断面边界时,切割头的控制十分不易,初次切割的隧道形状需要进行二次修整,以达到断面设计尺寸的要求(图1)。

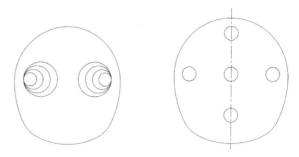

图2 悬臂掘进机开挖及钻孔示意图

钻孔的具体位置可以根据地质预报适当进行调整,以最利于揭露地质情况的位置为主。悬臂掘进机开挖以钻孔为起点,按照螺旋方式进行慢慢向外扩张,达到对前方岩溶的泄压作用(图3)。

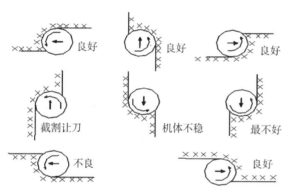

图1 切割头切割路线选择

延中区间隧道处于高岩溶、高富水地区,开挖过程中较一般地段难度较大,需结合超前地质预报(超前地质雷达、超前水平钻孔等)的结果确定合适的截割方式。根据探测结果,在掌子面前方探测结果显示异常的地段开挖过程中时刻谨慎。

具体施工步骤为:第一,提前对掌子面进行超前地质预报,得出地质预报。第二,结合地质预报资料用悬臂掘进机钻头进行初步钻探,靠近拱顶处1个、拱腰处2个、中心1个、中下部1个,共计5个钻探孔。第三,以螺旋的形式进行开挖,减少对周边围岩的扰动,降低势能的排放,将突泥、涌水等事件的发生降到最低(图2)。

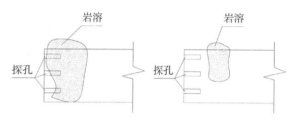

图3 悬臂掘进机钻孔示意图

3.2 悬臂掘进机施工过程控制技术

区间隧道采用掘进机开挖时,隧道开挖过程中对断面超欠挖的控制至关重要。不同于地面建筑物的施工,掘进机开挖过程中全程架设仪器对切削面进行不间断测量是难以实现的,现场必须进行施工控制网的传递。施工现场粉尘浓度较高,对于现场测量作业的要求较高。经过技术对比,本工程采用激光导向仪进行控制网的传递,施工过程中需要根据隧道线型不断调整激光导向仪距掌子面的距离,尤其在隧道轴线转弯处需要加密调整次数,实践表明采用此方法可以很好地将隧道的超欠挖控制在合理范围,减少喷混料数量,节约初支成本(图4)。

单线的区间隧道断面小,而掘进机的体型尺寸较大,占据了隧道内的大量空间。如果掘进机在一个掌子面完成一个工序的开挖后仍

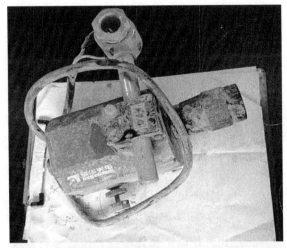

需在悬臂掘进机掘进过程中对粉尘浓度采取有效的措施，在掘进机后方增加一台22kW的除尘风机，从原来的压入式通风转变成压入式+抽出式+喷淋装置相结合的方式。除尘风机在隧道内能通过吸风口吸收大量的污浊空气，并通过自身内部的除尘装置过滤污浊空气中的粉尘，并将新鲜空气排出，实现对隧道内粉尘的捕捉。除尘风机吸风口的强大气流会在周围形成局部负压区。利用公式 $L_e=3\sqrt{S}$ 计算除尘风机摆放位置，式中 L 代表除尘风机距掘进机后方的距离，S 代表隧道断面面积。另外，隧道外风压机的风压为除尘风机的1.5倍。

为防止隧道内粉尘的扩散，同时在洞口加设环向喷淋管和一道密目网减少余散粉尘的外扩，在除尘风机后方30～40m增加3～5圈喷雾装置，对降尘能起到更好的效果（图6）。

图4　激光导向仪

然停在该掌子面前方，会严重影响掌子面附近的立架、喷射混凝土工作。现场施工时为了保证施工进度，确保充分发挥掘进机的工作效率，应对隧道内各道工序之间进行合理的转换（图5）。

图6　隧道内除尘风机

3.3　悬臂掘进机施工岩溶灾害预防及处治

延中区间隧道地处岩溶发育地区，富水较严重，周边环境也是相当复杂；根据前期施工过程中的经验累积，发现隧道遇岩溶的概率特别大，突水、突泥现象也是时常发生。

针对这类复杂地段的施工，区间隧道采用超前水平钻孔、地质雷达、TSP203、红外探水、加深炮孔等方式进行前方地质情况的探测，主要以超前水平钻孔+地质雷达为主。超前水平钻孔为每次20m，每次搭接5m，每次3～4孔；地质雷达为每次20m，每次搭接

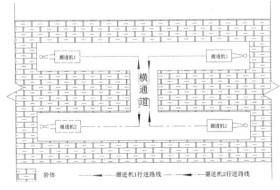

图5　掘进机施工场地转换

5m；根据这两种预报的结果综合评判前方地质条件，从而选择合适的施工方法（图7）。

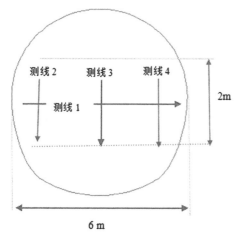

图7　地质雷达探测及现场实施

图8　YDK23+603处溶洞布置示意图

2015年9月25日，延中区间右隧YDK23+603开挖后在掌子面前方拱顶及边墙出现大量淤泥，以及大块孤石涌出，经现场测算，突泥量为：长9m×宽6m×均高5m=270m³，有少量的水伴随着突泥流出。经现场勘察发现，掌子面前方4.5m范围为空腔，且左右侧出现两个呈Y字形的空腔管道（掌子面前方空腔高4m，长4.5m，宽5m；一个向右上角房屋方向延伸，空腔顶可以清晰地看见两根污水管，一根PVC管，空腔高10.5m，长3.5m，宽4m；一个向左上角车行道方向延伸，空腔高6m，长5m，宽4m）（图8）。

3.3.1　洞外措施

（1）对左右地表地质及管线进行地质雷达扫描，根据扫描结果，用地质钻对左右线地表进行钻孔，再次探明地下空洞及其走向；同时结合洞内超前钻孔、地质雷达扫描资料、地勘资料，进一步确定地表处理的方案。

（2）监测单位加强地表、房屋及洞内监测频率，确保稳定及安全，过程中突发情况及时向相关单位汇报。

（3）需立即标记出洞内空腔对应里程在地表的位置，对该位置前后20m进行围闭，同时再进行管线探槽工作，在空腔的顶部进行地质钻孔探明拱顶地质状况，探明地质情况后通过地质孔从地表向空腔内灌注C35早强混凝土（应急抢险混凝土）回填。后期向孔内注浆，对拱顶岩层和回填混凝土的连接起到加强的作用，对回填不密实的部位进行充填。

3.3.2　洞内措施

（1）用沙袋在掌子面前方横向堆起，防止再次出现突泥造成安全隐患。

（2）待坍塌物及掌子面稳定后，在洞口人工清出一个工作平台，在空腔内加Φ22钢筋后向内喷射C25早强混凝土对揭示出的空腔进行回填，并在洞口加设Φ8钢筋网进行喷射C25早强混凝土封闭；同时对空腔内能够预埋Φ42注浆管的位置进行预埋，不能预埋的待掌子面封闭后打设Φ42小导管，对不能回填密实的按照图9处理。

（3）空腔填充完成后，待混凝土强度不小于70%时退出悬臂掘进机，清除涌出的坍塌物。

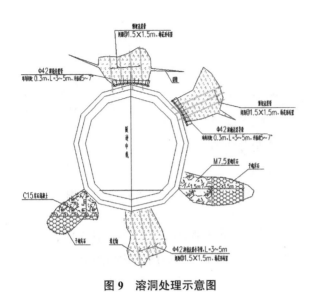

图 9 溶洞处理示意图

4 效果评价

贵阳轨道交通 1 号线延中区间隧道悬臂掘进机施工过程中针对复杂的地质及周边环境，在制定的具有针对性的施工方案指导下，先后安全顺利地下穿永乐路、黔灵西路、城基路、三鑫大厦、2008 小区，4 次下穿贯城河以及穿过不良地质 20 多处，已经取得了良好的应用效果，得到了各参建单位的一致好评，同时，施工进度也得到了保障。

5 结论

在城市地铁区间隧道内推广采用悬臂掘进机施工的技术在日益成熟，针对复杂地质环境下悬臂掘进机的施工方法也在不断改进。利用国内外已有的现今技术，再结合自身的施工经验，不断完善施工方法，总结出一套完全适用于岩溶地区的施工方案，更好地发挥出悬臂掘进机的效率，使悬臂掘进机这项技术在复杂环境下的城市地铁暗挖区间隧道掘进施工领域中得到广泛应用。

参考文献

[1] 关则廉.悬臂掘进机在地铁工程暗挖隧道施工中的应用[J].现代隧道技术，2009（5）：73-75，81.

[2] 雷升祥，尹宜成.悬臂掘进机在铁路隧道施工中的应用探讨[J].铁道工程学报，2001（1）：97-103，116.

[3] 王维建.机掘工作面前抽后压混合式通风数值模拟与实验研究[D].湘潭：湖南科技大学，2012.

[4] 李建英，赖涤泉，朱齐平.臂式掘进机在我国铁路隧道施工中的应用前景[J].铁道建筑技术，2001（2）：50-52.

基于 STM32 的智能家居控制系统设计研究

李勤勤* 刘乐钰*

（马鞍山学院人工智能创新学院，马鞍山 243000）

摘 要：如今，随着人工智能时代的迅速发展，人们在生活上追求家居产品的舒适度与便利度的要求更加严格，而以 STM32 系列单片机的智能家居系统集嵌入式、计算机、通信网络等多种技术于一体，成为主要提高家居生活质量的一项多功能产品。本文结合现实生活，总结了基于 STM32 的智能家居控制系统中涉及的各个模块，并给出了智能家居未来发展方向的建议与方案。

关键词：STM32；智能家居；智慧城市

1 引言

随着计算机、物联网技术的快速发展，人们的生活水平得到了大幅度的提高，因此，追求更高的生活品质成为最大的目标。而智能家居的出现解决了人们生活中的大部分烦恼，给人们的生活带来了极大的便利与舒适。简单地说，智能家居是一个集合体，它将具有智能模块的家电及相关电子设备以网络形式连接，并通过主控制器完成设备的连接、配合的系统，更方便地解决居家生活中的烦琐重复性事务，提高生活的质量。其中以 STM32 系列单片机为首的智能家居产品最受欢迎。该产品可经由主控制器对参数进行处理来自动控制加湿器、空调、电视机、窗帘等电子产品开关，以达到对室内舒适度的智能调节，并采用 OLED 模块显示出当前的温度、湿度以及光照强度等相关参数。该系统的程序可以在 MKD5 软件上开发完成。智能自动化系统[1]不仅包括基础的室内、物联网灯光控制和家中智能电器控制、家庭的环境安全检测，还包括对室外设备远程控制及安全防盗控制等功能[2]，可以让人们在外工作时实时观察家中安全情况，以及对家中老人、小孩的安全及时做出保护，从而实现对家庭室内、室外的全方位控制与安全监测。

2 系统工作原理

最简单的智能家居控制系统主要设计思路以 STM32 模块作为主控芯片，外接集成电路有 Wi-Fi 模块、蓝牙模块、语音识别模块、温湿度传感器模块等。利用手机连接 Wi-Fi 无线通信或蓝牙设备传输数据，以及房间控制器的电器开关，根据所检测到的不同环境参数值的变化，实时接收到物体的动态变化，实现对家用电器进行智能控制。各个模块实现自己的特定功能，共同配合主模块来处理分析，最后把用户信息反馈到主模块，形成一个完整的闭环系统。

在本系统中，用户可以随时随地进行控

基金项目：安徽省教育厅轨道交通自动化重点实验室重点科研项目（KJ2020A0847、KJ2020A0846），马鞍山学院重点科研项目（RZ2100000271），马鞍山学院大学生创新创业训练计划项目资助。

* 李勤勤（2002—），女，本科在读，马鞍山学院人工智能创新学院，轨道交通信号与控制专业。E-mail: 2581403206@qq.com
刘乐钰（1995—），女，硕士，助教，马鞍山学院人工智能创新学院，主要从事嵌入式方面的研究工作。
E-mail: leyulink@163.com

制，比如，用户可以通过语音识别模块来打开家里的空调、灯光、热水器等，还可以对着语音识别模块说"请帮我打开空调，并调节空调温度为 28 ℃"，这时，语音识别模块就会将采集到的语音模拟量经过处理转换为数字信号并传送给 STM32 主控模块，STM32 经过信号处理后，再通过 Wi-Fi 模块传送到空调终端，空调就会打开并设置相应的温度。

3 主模块简介

系统可用 STM32F103ZET6 作为系统硬件电路设计主控制器。该芯片集成定时器 Timer、CAN、ADC、SPI、I2C、USB、UART 等多种外设功能。

除此之外，其多达 80 个快速 I/O 端口，均可容忍 5V 的信号，较传统的单片机具有更优良的数据信息处理能力和更为完善的外观设计，足以满足家居智能设计的各项要求。选用 32 位处理器的 COREX-M3 系列 32STM 单片机，拥有 72MHz 时钟频率，系统运行效率更高，具有性能高、低功耗、成本低等优点，且 STM32 兼容了 ARM 和 32 位闪存处理器，兼容性表现出色，后期设计更为灵活多样。该芯片最小系统工作原理如图 1 所示。

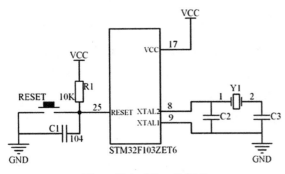

图 1 最小系统工作原理

3.1 Wi-Fi 模块

Wi-Fi 模块，可选用 MXCHIP EMW3162 型号，该模块由一颗 ST 的 120MHz 的 Cortex-M3 内核控制芯片和一颗博通的 Wi-Fi 芯片 BCM43362 组成。该模块基于 ST 的处理器和博通的 Wi-Fi 做了集成，优点是集成的处理器性能不错，可以做复杂的计算和控制。无线网关通过串口 USART 把 Wi-Fi 模块接收到的编码数据传输到 STM32 内部数据寄存器。并通过 DMA 加快数据流的流动，使接收到的编码数据及时处理并通过 RF 模块发送出去。智能家居的反馈状态也可以通过 DMA 快速地传输给串口 USART，并通过 Wi-Fi 模块反馈给手机电脑显示屏。

3.2 蓝牙模块

蓝牙模块，是一种集成蓝牙功能的 PCBA 板，用于短距离无线通信，是指集成蓝牙功能的基本电路集合，用于无线网络通信，大致可以分为数据传输模块、远程控制模块等。作为取代数据电缆的短距离无线通信技术，蓝牙支持点对点以及点对多点的通信，以无线方式将家庭或办公室中的各种数据和语音设备连成一个微微网（Pico-net），几个微微网还可以进一步实现互联，形成一个分布式网络（scatter-net），从而在这些连接设备之间实现快捷而方便的通信。蓝牙接口在嵌入式数字信号处理器 OMAP5910 上的实现，DSP 对模拟信号进行采样，并对 A/D 变换后的数字信号进行处理，通过蓝牙接口传输到接收端；同样，DSP 对蓝牙接收到的数字信号进行 D/A 变换，成为模拟信号。

3.3 语音识别模块

语音识别模块选用 LD3320 语音识别模块 + MP3-TF-16P 模块实现语音交互功能。利用 LD3320 是非特定人语音识别芯片，内部已经集成了语音识别处理器和一些信号调制电路，拥有高性能的 A/D 转换器、D/A 转换器、麦克风音频信号输入接口、音频解码输出接口等，用户只需要用软件编辑好待识别的关键词列表，LD3320 最大可以支持 50 条关键词句，把这些列别以字符的形式传送到芯片中，就可以对识别的语音信号进行近似度分析，识别后输出结果。而加入 MP3-TF-16P 语音播放模块，可以让语音识别富有灵魂的动感。

3.4 温湿度传感器模块

温湿度传感器可选用 DHT11 如图 2 所示实物图，DHT11 数字温湿度传感器是一款含有已校准数字信号输出的温湿度复合传感器。它应用专用的数字模块采集技术和温湿度传感技术，确保产品具有极高的可靠性与卓越的长期稳定性。

图 2　温湿度传感器模块

传感器包括一个电阻式感湿元件和一个 NTC 测温元件，并与一个高性能 8 位单片机相连接。因此该产品具有品质卓越、超快响应、抗干扰能力强、性价比极高等优点。单线制串行接口，使系统集成变得简易快捷。其运行机理是通过检测周边环境的温度、湿度的数值，再通过 Wi-Fi 可发送至手机中，手机可以通过接收到的温度、湿度数值与预先设定的阈值来达到控制温湿度的效果。

3.5 光敏电阻传感器模块

使用光敏电阻串联分压式电路，通过 ADC 采集光敏电阻与普通贴片电阻之间的电压，根据白天或黑夜的环境判断，传输给步进电机做出开或关状态。步进电机可选用 ULN2003 芯片驱动。

3.6 烟雾传感器模块

采用半导体烟雾传感器，半导体烟雾传感器包括用氧化物半导体陶瓷材料作为敏感体制作的，以及用单品半导体器件制作的烟雾传感器。半导体气敏元件也有 N 型和 P 型之分。N 型在检测时阻值随烟雾浓度的增大而减小；P 型阻值随烟雾浓度的增大而增大。

可使用 MQ-2 作为烟雾传感器模块，该模块为二氧化锡半导体气敏材料，属于 N 型半导体气敏元件。这种半导体元件在温度为 200～300 ℃时，气敏材料就会吸附氧颗粒，造成氧离子的含量下降，使得器件的电阻值增大。当检测到烟雾存在时，气敏材料表面电导率发生变化，就可以验证烟雾是真实存在的。

3.7 显示模块

考虑到友好的人机界面，采用 0LCD 12864 液晶显示。显示模块的作用主要是显示当前家居安全情况、提示信息和输入的密码，以方便用户使用。LCD12864 液晶显示模块能显示中文汉字、数字、字符，也能显示数字与字符的个数为 64 个（4 行，每行 16 个数字或字符），其内置了 8192 个中文汉字（16×16 的点阵）、128 个字符（8×16 点阵），以及 64×256 点阵显示 RAM（GDRAM）。

3.8 步进电机模块

单片机控制步进电机系统广泛地应用于数控机床、机器人等领域。智能家居是当前比较前沿的科学概念。智能家居将成为未来人类起居生活的发展趋势之一。使用步进电机对智能家居中的窗帘进行控制具有可行性、低成本以及便捷性等特点。可实现窗帘控制系统与家庭网关相连，从而形成完整、可远程操控的智能家居系统。

4 用户界面

用户界面[3]（User Interface，简称 UI），是用户和控制系统之间的连接面。用户界面可以是一组命令或菜单，用户和控制系统之间通过这些命令或菜单进行通信，便于用户轻松控制家中电器，在网络环境中，用户界面可以是基于计算机的远程连接系统。或者用手机显示界面，采用 APP 实现的功能是通过连接网络，从而达到控制智能设备的目的，可以通过 APP 来控制 LED 灯的亮灭、风扇的开关、门的开关、蜂鸣器的开关等，同时也能够实时获取家中的温湿度、光照等。

5 远程控制系统

远程控制系统，指的是借助远程操控的方式来直接控制相应的系统运行，从而实现精确度较高的实时性系统控制[4]。具体在涉及智能家居时，设计远程控制的侧重点包含选择相应的控制指令。在此前提下，系统主机将会接收特定时间段的无线信号，经由远程化处理以后，家居设备即可受到上述智能指令控制。由此可见，针对远程控制系统有必要配备相应的 GSM 模块，据此实现全方位的短信接收与发送。与此同时，单片机即可接收来源于上述模块的有关信号，以便灵活控制相应的家居智能设备。

例如，近些年以来，可以针对家用电饭锅、热水器等其他家居设施都能实现上述远程操控处理。除此以外，针对落地窗也能实现上述智能操控，通过运用衔接滑轮的方式来灵活完成关窗与开窗的有关操作，借助电机来开展全面的智能化操控等。

6 软件系统介绍

Keil MDK，也称 MDK-ARM、MDK、I-MDK、uVision4 等。Keil MDK 是由三家国内代理商提供技术支持和相关服务。MDK-ARM 软件为基于 Cortex-M、Cortex-R4、ARM7、ARM9 处理器设备提供了一个完整的开发环境。MDK-ARM 专为微控制器应用而设计。

MDK-ARM 有四个可用版本，分别是 MDK-Lite、MDK-Basic、MDK-Standard、MDK-Professional。其具有以下功能特点：

完美支持 Cortex-M、Cortex-R4、ARM7 和 ARM9；包含 ARM C/C++ 编译工具链；具有封装实时操作系统（带源码）；为带图形用户接口的嵌入式系统提供了完善的 GUI 库支持。因此，Keil MDK 的应用十分广泛。

例如，在客厅的天花板上，实现灯光闪烁设计功能，主要代码为：

```
While（1）
{
LED0=0；
LED1=1；
Delay _ms（300）；
LED0=1；
LED1=0；
Delay _ms（300）；
}
}
```

7 结语

本文介绍了基于 STM32 的智能家居系统的设计，该智能化控制系统充分利用了现有的科技网络技术，打破了传统的距离限制约束，达到了家居真正意义上的智能化。

在未来，如果将智能生态圈扩展到外部，引入外来服务，那么将直接提高居家质量。所以，未来更细致更新颖的应用还有待不断的探索。

参考文献

[1] 崔浩斌，刘伟. 基于 STM32 单片机的智能家居控制系统设计研究 [J]. 中船重工纵横科技有限公司，2020，2（1）：

61-64.

[2] 周赛清,宋文璐,杨聪.基于STM32单片机智能家居音控系统硬件设计[J].东北石油大学,2019,4(1):74-75.

[3] 马潇宇.基于单片机的智能家居控制系统设计[J].西安思源学院学报,2020,16(6):239-242.

[4] 陈赫,赵丹梅.基于单片机的智能家居远程控制系统的设计与实现[J].长治学院电子信息与物理系,2018,13(2):2-4.

一种轨道交通全封闭声屏障用的几字形开口销螺栓

韦 勇[*]

（北京天庆同创环保科技有限公司，北京 102611）

摘 要：随着轨道交通行业的快速发展，带给人们极大便利的同时，列车运行中产生的噪声，对人们生活、工作与学习中的声环境质量影响越来越大，为了有效降低轨道交通列车运行噪声，在高架桥、路基、桥涵等两侧有多层以上建筑的位置，设置全封闭声屏障。全封闭声屏障主要有声屏障基础、声屏障刚架和声屏障屏体组成，支撑与钢梁柱之间、支撑与支撑之间、屏体与钢梁柱之间需要采用专用紧固件进行固定。本文介绍一种几字形开口销螺栓，可以作为轨道交通全封闭声屏障专用紧固件。这种几字形开口销螺栓具有辨识度高、强度大、防腐能力强、可重复使用、安装检修方便、综合成本低等特点，可有效解决目前轨道交通全封闭声屏障比较棘手的紧固件运营过程中的巡检与维护问题，带来可观的社会效益和经济效益，得到较大范围的推广。

关键词：全封闭声屏障；几字形；开口销螺栓

1 引言

随着轨道交通行业的飞速发展，给人们的学习、工作与生活带来了极大便利。轨道交通工具不断发展的同时，运行过程中产生的噪声，对人们的声环境影响越来越严重，成为人们亟待解决的环境公害之一。

为了解决轨道交通列车运行过程中的噪声，声屏障已成为噪声治理的首要选项之一，主要用在高架桥、桥涵、路基上，有直立式、半封闭和全封闭等多种形式。

开口销螺栓作为声屏障领域应用比较广泛的一种紧固件，经常用在檩条、支撑挡板等与钢梁柱的连接处，通过螺母、螺杆与待固定件连接，开口销与螺母连接，起到紧固与防脱的作用。

本文介绍一种几字形开口销螺栓，可以作为轨道交通全封闭声屏障专用紧固件。这种几字形开口销螺栓具有辨识度高、强度大、防腐能力强、可重复使用、安装检修方便、综合成本低等特点，可有效解决目前轨道交通全封闭声屏障比较棘手的紧固件运营过程中的巡检与维护问题，带来可观的社会效益和经济效益，得到较大范围的推广。

2 轨道交通全封闭声屏障常用的紧固件

2.1 普通螺栓

这种螺栓的构件主要有螺杆＋单垫片＋单螺母螺杆，螺母材质采用碳钢，垫片采用弹性垫圈或者碳钢平垫圈。

2.2 止退螺栓

这种螺栓的构件主要有螺杆＋单垫片＋止退螺母螺杆，止退螺母材质采用碳钢，垫片采用弹性垫圈或者碳钢平垫圈。

2.3 普通开口销螺栓

这种螺栓的构件主要有螺杆＋单垫片＋双螺母＋普通开口销螺杆，螺母、垫片、开口销采用碳钢或者不锈钢。

---

[*] 韦勇（1980—），男，学士学位，高级工程师，北京天庆同创环保科技有限公司。主要从事环保降噪产品的设计、研发与实施。E-mail: weiyong@tianqingtongchuang.com.cn

3 轨道交通全封闭声屏障紧固件存在的问题

3.1 普通螺栓
普通螺栓,防腐效果差,安全强度低,达不到高强度级别。防松防脱性能差。

3.2 止退螺栓
止退螺栓的防脱功能差、防腐效果差、强度低。

3.3 普通开口销螺栓
普通开口销螺栓的防腐性能差,安全强度低。

4 几字形开口销特点

4.1 强度高
由于采用316L调质热处理不锈钢,强度能达到8.8级,比普通的4.6级和4.8级高,能够满足次结构及屏体固定用开口销螺栓的强度要求。

4.2 防腐能力强
由于采用316L不锈钢,防腐性能比普通碳钢材质的防腐性能大幅提高。

4.3 多种安全防护,防松防脱能力强
双螺母构造,内螺母与外螺母为顺逆螺纹,螺杆为顺逆螺纹,防松防脱效果极佳,专用开口销大大增强了几字形开口销抵御振动的能力。

4.4 增加可辨识段,运维检修方便
几字形开口销螺栓在外侧螺母与开口销之间增加荧光物质,具有较明显的辨识度,可以通过检测荧光带的长短来判别松脱情况。

4.5 适应性强,用途广泛
几字形开口销具有性能优异的综合性能,适应能力强,可应用在不同场合。

5 几字形开口销性能参数

5.1 材质
几字形开口销螺栓材质为316L不锈钢,防腐性能好。

5.2 级别
几字形开口销螺栓的级别可以是4.8级、5.6级、8.8级、10.9级等,螺杆螺纹可以是局部螺纹和全螺纹。

5.3 规格
几字形开口销螺栓的直径范围是M5～M30mm,长度范围是30～120mm。

5.4 防腐方式
几字形开口销螺栓采用316L不锈钢,防腐能力强。

6 几字形开口销实施方案

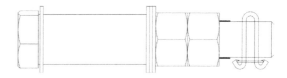

图1 几字形开口销螺栓示意图

第一步,将平垫圈与橡胶垫圈穿进螺杆,将穿好的螺杆套进就位好的待固定件螺栓孔中。

第二步,安装橡胶垫圈、平垫圈、弹性垫圈,采用专用扳手安装螺母,安装时注意保护可辨识段,可辨识段属于面状体,用于检查安装时的紧固程度、安装后运营时的定期巡检,以判断由于疲劳振动引起的松动情况。

第三步,采用安装工具将开口销端部的弯钩处轻轻压住,分别穿进开口销孔中,然后缓慢地往下推进,直至弯钩弹出销孔。

第四步,将防脱套(特殊情况下可取消)缓慢套进开口销,然后再往下滑动,直至刚好嵌进端部弯钩的倒钩(特殊情况下可取消)中,实现牢固固定,不会上下窜动。开口销采用发光带缠绕或者涂覆发光材料的做法,属于线状体,用于检查是否安装开口销,安装之后的松动、脱落及防腐情况。

综上所述,与传统的紧固件相比,几字形不锈钢开口销具有传统螺栓无法比拟的优点,可以用在轨道交通全封闭声屏障领域,有效解决紧固螺栓松动的问题,降低巡检频率和次数,一旦大面积推广,必将带来显著的社会效益和经济利益,发展前景广阔。

合肥地铁车站工业互联网全息态势感知安全防护探析

虞赛君　王婧雯

（合肥市轨道交通集团有限公司，合肥 230001）

摘　要：为了加强地铁系统信息交互，提升运行效率，增强系统安全稳定性，本文针对合肥地铁某典型车站工业互联网的信息层、物理层和系统层进行安全风险分析，提出地铁车站数据采集、数据预处理、数据存储、数据建模和数据呈现的技术框架，从安全对象、管理机制和措施等角度构建了全息安全态势感知的"三位一体"安全防护体系。该体系对实现合肥地铁安全、高效和低成本运营目标提供了重要的技术保障。

关键词：地铁；工业互联网；全息态势感知；安全控制；现场设备防护

工业互联网是在传统工业控制系统（Industrial Control System，简称 ICS）的基础上融合了大数据、人工智能、物联网以及云计算等新一代信息技术所形成的产业和应用新形态。作为工业互联网三大要素之一的安全问题一直是各大安全厂商和学术界的研究热点。工业互联网安全包括网络安全、应用安全、数据安全、设备安全和控制安全五个方面，近年来针对工业互联网安全领域也有大量的研究。例如，杨小梅针对工业互联网中海量大数据的安全防护技术进行了研究。王佰玲等归纳了三类典型的工业控制系统安全仿真平台，着重研究了工控靶场和工控蜜网的关键技术。程超等针对现有工业控制系统安全状态评估模型存在的不足，提出了一种基于置信规则库专家系统的工业控制系统安全状态评估方法。石乐义等提出了一种改进概率神经网络的工业控制系统安全态势评估方法，提高了工业互联网中神经网络对于攻击类型的分类准确度与精密度。

由于城市轨道交通系统的不断发展，针对城市轨道交通系统的工业互联网安全研究也随之增多。例如，熊栋宇等对城市轨道交通生产网存在的各种网络安全隐患和风险进行了分析总结，从安全技术角度深入剖析了城市轨道交通生产网各系统网络安全的主要控制项，应对措施和配套的安全设备。陈智慧基于城市轨道交通信号系统的结构特点和功能特点，提出针对信号系统的工业互联网信息安全设计方案。史宏等提出了轨道交通系统中互联网接入管理中心支持下的安全计算环境子系统、安全区域边界子系统、安全通信网络子系统保护三重防护技术体系结构，对安全方案设计开展了详细研究。付亮对城市轨道交通网络安全现状进行了详细分析，介绍了城市轨道交通互联网安全相关的工业控制系统，并且提出了针对城市轨道交通网络的安全预防措施。

基于以上案例可以发现，现阶段的研究多偏向于单方面的安全防护，缺少全面、系统的综合性防护研究。地铁行业包含综合监控、门禁、视频监控、车辆、信号、电力、环控、售检票等多达 20 多个专业的自动化系统。近年来，随着全自动系统、城轨云、5G 等新技术的发展和应用，地铁轨道交通自动化系统呈现

基金项目：国家自然科学基金青年基金（61903003）；安徽省自然科学基金青年基金（2008085QE227）；安徽省高校自然科学基金重点项目（KJ20190051）；特种重载机器人安徽省重点实验室开放课题（TZJQR001—2021）。

集成性的特征，主要基于统一的软硬件平台进行管控，该理念与工业互联网的内涵相同。因此，未来地铁的ICS势必逐步发展成为地铁工业互联网大系统，成为工业互联网在交通运输行业应用的重点。

地铁工业互联网的出现打破了过去"人—机—物"之间、系统与系统之间、部门与部门之间彼此相对独立的纯物理隔离状态，构建了比过去任何时候都更加开放的互联互通网络。随着地铁工业互联网的发展，接入互联网的地铁系统/设备将越来越多，一个普通车站接入的电力、环控、售检票等专业系统设备数量就多达上万台，这就导致原本封闭的地铁工业网络和工业设备增加了暴露的概率和风险，工业自动化控制系统和网络信息安全问题事故案例不断涌现，地铁工业互联网安全形势复杂、安全风险挑战巨大。为了规避安全风险，本文提出了构建全息态势感知的地铁工业互联网安全防护方案。

1 地铁工业互联网的典型构成及安全风险分析

1.1 地铁工业互联网的典型构成

图1给出了合肥地铁某典型车站工业互联网的设备接入情况。地铁工业互联网的本质是在传统云平台的基础上叠加物联网、大数据、人工智能等新兴技术，构建更精准、实时、高效的数据采集体系，建设包括存储、集成、访问、分析、管理功能的使能平台，实现工业技术、经验、知识模型化、软件化、复用化，以工业（Application，APP）的形式为地铁企业创新各类应用，最终形成资源富集、多方参与、合作共赢、协同演进的地铁生态。

地铁工业互联网平台的通用技术框架，包括现场设备层、边缘计算层、云基础设施层（Infrastructure-as-a-Service，简称IaaS）、平台开发层（Platform-as-a-Service，简称PaaS）和应用服务层（Software-as-a-Service，简称SaaS）等核心层级。

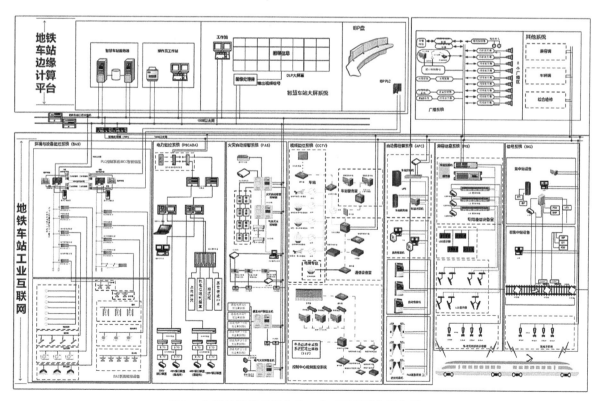

图1 合肥地铁某典型车站工业互联网设备接入情况

1.2 地铁工业互联网安全风险分析

地铁工业互联网的安全风险存在于现场设备层、边缘计算层、IaaS层、PaaS层和SaaS层等所有层级内，安全影响因素繁杂。

（1）现场设备层。现场设备主要以智能设备为主，如环境与设备监控系统（Building Automation System，简称BAS）、可编程逻辑控制器（Programmable Logic Controller，简称PLC）、传感器、各类智能仪表等边缘设备，以往设备和外部互联网完全断开，现存设备几乎都暴露在互联网下，这就带来了其控制器程序遭遇篡改、非法访问等风险。此外，目前国内地铁PLC控制器多采用国外品牌，鲜有自主核心技术，这也带来了境外非法访问和控制的风险。

（2）边缘计算层。边缘层是对现场设备层计算资源不足的补充，主要承担设备接入、协议解析、边缘数据处理等任务，其在工作过程中遭遇数据拦截、丢失、侦听和篡改的风险较高，一旦攻击人员掌握边缘层漏洞信息，就有可能针对地铁工业互联网平台发起大规模的网络攻击。

（3）IaaS层。云基础设施主要包括服务器、存储、网络和虚拟化等资源；其安全风险主要包括主机设备物理安全、虚拟化系统安全、虚拟化网络安全、虚拟化管理安全、工业数据存储安全等，攻击者一旦掌握安全信息，就有可能发起跨虚拟机侧信道攻击、虚拟机逃逸以及镜像篡改等攻击。

（4）PaaS层。该层是基于工业知识显性化、模型化、标准化的赋能使能开发环境，汇集了地铁工业互联网平台所收集的大量客流信息等有价值的数据，如果这些数据被攻击者掌握，极有可能导致敏感信息泄露。通过重点关注应用开发、模型化、大数据分析等过程掌控安全风险。

（5）SaaS层。该层主要为地铁工业互联网平台提供应用服务，设计过程的不规范等问题可能会带来APP漏洞、通信安全、恶意代码植入等问题。

综上所述，地铁工业互联网体系的安全风险可以归纳为设备风险、控制风险、应用风险、网络风险和数据风险五个方面，这也是构建地铁工业互联网安全防护体系的重要基础。

2 地铁工业互联网全息安全态势感知平台建设

态势感知平台主要是在综合评价分析工业安全管理、网络安全风险等诸多因素的基础上，结合内外网络运行状态，评估工业互联网安全状况，预测其未来发展变化趋势，并以全面可视化的方式呈现出来，最终根据评估结果给出相应的解决对策。地铁工业互联网全息安全态势感知平台可以对控制、设备、应用、数据和网络进行安全防护，并以防护目标、风险评估、安全定级和安全策略作为管理视角，针对安全风险采取相应的入侵检测、威胁防御、监测感知和处置恢复等安全措施，将安全防护的对象、措施和管理等安全视角纳入统一管理，从而形成"三位一体"的全面安全防护效应，如图2所示。

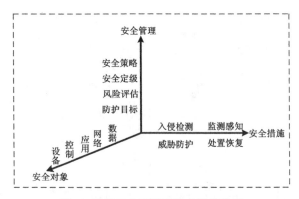

图 2 地铁工业互联网安全防护体系

平台的实现技术框架主要包括数据采集、数据预处理、数据存储、数据建模以及数据呈现五个流程，如图3所示。

（1）数据采集。通过网络通信、协议转换

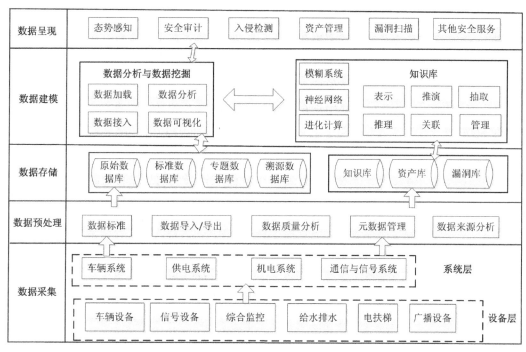

图 3　地铁工业互联网安全防护平台实现技术框架

以及边缘处理等各种手段实现对综合监控系统（Integrated Supervisory Control System，简称 ISCS）、BAS、乘客信息系统（Passenger Information System，简称 PIS）等底层系统设备的工业数据采集，形成地铁工业互联网安全防护平台的数据基础。为了全面识别 Modbus 传输控制协议/网际协议（Transmission Control Protocol/Internet Protocol，简称 TCP/IP）、国际电工委员会（International Electrotechnical Commission，简称 IEC）104、用于过程控制的对象连接与嵌入（Object Linking and Embedding for Process Control，简称 OPC）等多种工业标准或非标准协议的转换，内置强大的协议转换模块，实现对底层安全数据信息的深层次和大范围的解析和采集，同时以各种不同的格式向平台上层输出。

（2）数据预处理。对采集的数据进行统一的格式化预处理，通过重新审核、筛选、冗余消除、压缩等过程后以形成具有较高分析质量的数据。

（3）数据存储。数据存储与索引实现探测数据、监测数据及知识库资源的数据汇聚、存储及索引功能，提供开放接口供数据建模层进行数据获取。知识库作为工业控制网络安全态势感知技术的核心模块，主要包含工业设备指纹库、智能电子设备等。

（4）数据建模。该模块主要将预处理之后的数据与知识库进行关联分析，把具有一定相关性、反映某些安全信息的数据提取出来进行建模，结合机器学习算法深入分析工业互联网标识信息、工控资产信息、攻击事件和攻击源头信息，进行威胁态势展示和数据关联挖掘。在全面获取网络威胁相关状态数据的前提下，设定不同的场景和条件，根据网络安全的历史和当前状态信息，建立符合网络及业务场景的分析模型，并基于网络威胁结合资产脆弱性进行态势预测。

（5）数据呈现。结合网络安全态势感知与可视化技术，将网络中蕴含的态势状况通过可视化图形方式展示给用户，并借助于人在图形图像方面强大的处理能力,实现对标识、攻击源、攻击事件和工控资产的态势进行可视化展示,并通过可视化界面进行数据关联查询。

3 地铁工业互联网全息安全态势感知平台系统部署与技术应用

3.1 现场设备层安全策略

地铁工业互联网现场设备层主要可以分为车辆系统、供电系统、机电系统和通信信号系统四个类别,该部分几乎占到线路投资总额的三分之一,是地铁建设的重要组成部分,对地铁工业互联网现场设备层的安全防护至关重要。安全平台采集的四个系统现场设备层的安全信息,如图4所示。

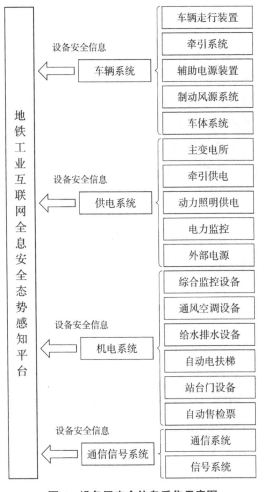

图 4 设备层安全信息采集示意图

（1）车辆系统。车辆系统主要由车辆走行装置、牵引系统、辅助电源系统、制动风源系统和车体系统构成,可能发生的安全故障类型主要有车辆转向架故障、牵引缓冲装置故障、车轮故障、牵引电机故障、受流器故障、传感器故障、低压电源故障、线路故障、车门故障和车钩缓冲装置故障等,安全平台对这些易发故障设备安全信息进行监测,并对车辆系统进行全面风险评估,对潜在的风险因素进行分析和评价,制定有效的预防措施。

（2）供电系统。供电系统主要包括主变电所、牵引供电系统、动力照明供电系统、电力监控系统以及外部电源等。据统计,电力监控系统是可能发生安全故障的主要部分,风险因素占整个供电系统的一半以上,其中因软件升级造成显示器黑屏或者主机死机是最常见故障,但是对运营工作的影响较小。本方案将供电系统中的电力监控系统网络设备、工作站、服务器等全部纳入监视范围,并采集供电系统的进线故障、母线投此故障点、单双边退出、短暂失效等安全故障信息,以形成供电网络安全态势感知的基础。平台对捕获的供电系统日志、事件和告警等信息进行分析、量化,并从漏洞、告警和行为管理等开展多维度风险评估,制定策略。

（3）机电系统。地铁机电系统包含的专业很多,如 ISCS、BAS、自动售检票系统、消防系统等。其中电扶梯和屏蔽门发生安全事故或者故障的概率最高,占到机电系统故障率的60%以上,比如近些年频发的屏蔽门夹人夹物或者电扶梯异常动作等。此外,自动售检票系统的刷卡无反应、无法正常投刷币,通风和空调设备不工作、漏水,给水排水专业漏水保护盒或液压交替盒故障、继电器短路或者元器件老化带来的电器控制故障等机电系统故障频发。这些都是安全平台需重点收集的设备安全信息。

（4）通信信号系统。通信系统主要包括传输系统、公务电话系统、无线集群系统、广播系统、视频监控系统、时钟系统、PIS等，信号系统则主要由列车自动驾驶、列车自动防护、列车自动监督和计算机连锁子系统等四部分组成。安全平台可对通信系统的外界电磁波干扰、接触不良、木马病毒入侵、误操作等进行实时监测分析，对信号系统的信号识别故障、速度传感器故障、电源故障、中央处理板异常等设备安全信息进行检测。通信信号系统出现故障的概率居于首位，对于线路运营能力和效率影响较大，也是安全平台重点关注的方面。

总之，地铁工业互联网由大量的现场设备构成，人工检测漏洞、发现漏洞的工作量巨大而且准确率低。因此，安全防护平台除了具备对现场智能设备漏洞的扫描功能外，还可以通过与各专业系统的接口深度采集设备故障信息等，为应急响应和未来安全行为预测提供数据基础，以便做到快速发现、快速评估和快速跟踪。如果有必要，还可以采用基于设备硬件的可信验证技术，为设备的安全启动以及传输数据的机密性和完整性保护提供更加强大的支持。

3.2 安全态势预警与资产感知关键技术应用

除了在现场设备层加强安全防护管理与安全信息采集以外，地铁工业互联网全息安全态势感知平台还需要具备对网络安全行为，即安全态势进行预警，这也是平台主动防卫的重要基础。平台不仅能够基于非法入侵者当前正在进行的攻击行为进行预测，还可以基于以往的攻击规律提醒管理人员在某个时间段需要采取更有效的针对措施。资产感知管理技术也是平台的基本技术，其能够自动发现、创建、梳理全网被防护的对象信息，包括攻击威胁信息、脆弱性信息等，然后基于资产类型、安全域、业务系统等多角度实现对资产的受危害状况、弱点、受攻击情况和风险态势进行管理。以资产风险态势为例，主要包括各类型、区域、业务风险等级、风险态势矩阵和风险趋势等管理纬度，平台同时具备全网范围的资产识别管理等。

3.3 入侵检测和防御技术应用

除此之外，地铁工业网络具有时间敏感网络（Time Sensitive Network，简称TSN）特性，在现场设备的控制上需要具备非常高的实时性和可用性，一旦有安全漏洞，就极有可能导致别有用心的人员发现、非法访问和控制这些设备。地铁自动化领域往往关注系统功能的实现，很多设备未能及时更新补丁，也导致漏洞重重，安全风险挑战空前复杂。因此，平台需具备入侵检测和防御技术就显得尤为必要。基于此，安全平台在安全防御方面配置了专门的工业网络入侵检测模块，能够针对入侵行为进行实时检测和及时报警。入侵检测模块可以针对不同的入侵行为评估出不同等级的安全态势并做出不同的安全策略，从而尽量降低入侵行为带来的影响。在检测到入侵行为后，系统首先会综合地铁ICS的实际情况，制定出最优化的安全策略，然后对制定的安全策略进行评估，在评估通过后再采取具体的实施方案。

3.4 安全防护管理及技术创新

人工检测预防也是保证地铁工业互联网安全的重要手段，可以从安全检查、加固和防护几个方面入手。安全检查即是进行定期、不定期对现场智能设备的基线核查、渗透测试、源代码检测等工作，安全加固主要针对地铁工业互联网中的工作站、服务器、网络设备等进行应用缺陷的修护工作，而安全防护工作则需要不断改造人员访问控制、入侵防护、数据保护等体系。

此外，除了上文所提出的基于现场设备硬件的可信验证等技术之外，未来必将有新技术应用到地铁工业互联网平台的安全防护之中。如当前热门的区块链技术，其主要采用去中心化的策略，设备安全信息均存储于网络节点之中，以云平台为支撑，是值得未来探讨的技术；人工智能技术、隐私保护技术、密码技术的革新等，也都加快推动地铁工业互联网中各类安全元素与深度分析、高级计算的深度融合，从而为系统的安全增强保障。

4 结语

本文结合合肥地铁的典型车站，分析了地铁工业互联网现场设备层、边缘计算层、IaaS层、PaaS层和SaaS层的安全风险。说明了全息安全态势感知平台对于解决地铁安全和运行起到至关重要的作用，及其系统应用的必要性。

在此基础上，本文基于数据采集、数据预处理、数据存储、数据建模和数据呈现五大流程介绍了全息安全态势感知平台的建设方案，说明其对控制、设备、应用、数据和网络五种对象形成的"三位一体"的全面安全防护效应。

同时，本文阐述了全息安全平台部署在车辆系统、供电系统、机电系统和通信信号系统的现场设备安全策略，指出其应用的安全态势预警技术、资产感知管理技术、入侵检测和防御技术的关键点，最后给出了安全防护管理手段以及未来创新技术的应用。

综合论证，基于全息态势感知的地铁工业互联网安全防护平台，能够准确、实时、全面地掌控和预测网络安全态势状况，从而有效提升地铁工业互联网体系的安全系数。

参考文献

[1] 陈夏阳. 基于博弈论的工业互联网安全防护策略研究 [D]. 长沙：国防科技大学，2019.
[2] 熊栋宇，黄魏. 城市轨道交通生产系统网络安全设计方案研究 [J]. 城市轨道交通研究，2021，24（3）：81-86，91.
[3] 杨小梅. 工业互联网中的数据安全研究 [J]. 福建电脑，2021，37（2）：61-63.
[4] 王佰玲，刘红日，张耀方，等. 工业控制系统安全仿真关键技术研究综述 [J/OL]. 系统仿真学：1-22[2021-04-09].http://kns.cnki.net/kcms/detail/11.3092.V.20210324.1351.002.html.
[5] 程超，陈梅，李治霖. 基于置信规则库的工业控制系统安全状态评估 [J]. 自动化与仪器仪表，2021（2）：38-41，45.
[6] 石乐义，徐兴华，刘祎豪，等. 一种改进概率神经网络的工业控制系统安全态势评估方法 [J]. 信息网络安全，2021，21（3）：15-25.
[7] 赵越峰. 北京网藤科技有限公司工业互联网安全管理研究 [D]. 西安：西北大学，2017.
[8] 陈智慧. 城市轨道交通信号系统信息安全设计方案探析 [J]. 建筑技术开发，2018（6）：85-86.
[9] 史宏，姚洪磊. 互联网环境下铁路信息安全等级保护设计方案研究 [J]. 铁路计算机应用，2015（2）：33-37.
[10] 付亮. 城市轨道交通网络安全研究 [J]. 数码世界，2018（2）：141.
[11] 王云侯. 中国工业软件发展白皮书（2019）[Z]. 赛迪顾问，2019.

第三部分
工程应用篇

节能控制优化技术在深圳地铁 3 号线 BAS 中的应用

张亚杰[1]　赵健[2]　余承英[2]

（1.合肥赛为智能有限公司，合肥 230000；2.深圳市赛为智能股份有限公司，深圳 518000）

摘　要：为了降低运营成本，减少设备能耗，在地铁 BAS 中采用节能控制优化技术。控制对象是车站的通风空调和回排风机，将传统的工频控制改为变频控制。通过采集的温度和设定的温度值进行比较，再经过 PID 计算输出频率值控制变频器，从而控制风机的运行频率，通过调节 PID 的参数使节能效果达到最优。实施节能控制前，所有的设备均是工频运行，假设运行 24 小时的耗电量为 W1；实施节能控制后，所有的设备均是变频运行，在同等条件下假设运行 24 小时的耗电量为 W2；那么节能率 $\eta=(W1-W2)/W2$。本项目节能率至少达到 27%。

关键词：节能控制；PLC；PID 算法；地铁 BAS

1　项目需求

为了降低运营成本，减少设备能耗，提出节能需求。要求在原来 BAS 的基础上实现这一需求，控制对象是车站的通风空调和回排风机，冷水群控的节能控制不在本项目中，节能率至少达到 15%。

2　项目现状

2.1　BAS 架构

在车站两端环控电控室各配置一套西门子 S7-400 系列冗余 PLC 加一套 S7-300 系列 PLC，车控室 IBP 盘配置一套 S7-300 系列 PLC，分布在现场的远程 I/O 是 ET200M。

车站两端 PLC 与 IBP 盘 PLC 通过光纤组成光纤以太网环网，构成车站级网络；车站两端的冗余 PLC 通过冗余 Y-Link 总线和冗余 PROFIBUS 现场总线分别与 S7-300 系列 PLC 和 ET200M 相连，构成现场级控制网络。Y-Link 总线网络负责冗余 PLC 与智能低压系统（MCC）的通信，智能低压系统包括风机、风阀、水泵等设备。

2.2　控制方式

所有的通风空调和回排风机均是工频启动，具体控制层级是综合监控系统平台—冗余 PLC—S7-300—马达保护器—接触器—现场设备。

现场设备：分布在环控电控室的风机控制柜，分布在通风空调机房的风机和手操箱，分布在现场和设备房的温湿度传感器。

3　节能控制原理

将传统的工频控制改为变频控制，变频器的启动信号通过马达保护器下发。

通过采集的温度和设定的温度值进行比较，再通过 PID 计算输出频率值给变频器，控制风机的运行频率，通过调节 PID 的参数使节能效果达到最优，使节能率至少达到 15%。

通过改变设备的运行频率达到节能控制的效果。实施节能控制前，所有的设备均是工频运行，即设备始终以 50Hz 频率运行，这种状态下设备耗电量最大，假设运行 24 小时的设备耗电量为 W1；实施节能控制后，所有的设备均通过变频器控制，均是变频运行，在同等条件下假设运行24小时的设备耗电量为W2；那么节能率η=（W1-W2）/W2。下面具体说明为什么采用变频控制会节能。

采用变频控制时需要在PLC程序里引入PID计算，PID即Proportional（比例）、Integral（积分）、Differential（微分）的缩写。顾名思义，PID控制算法是结合比例、积分和微分三种环节于一体的控制算法。PID控制是根据控制对象输出反馈来进行校正的控制方式，它是在测量出实际值与计划值发生偏差时，将计算结果输出给控制对象进行校正。

上述实际值就是测量的温度值，计划值就是设定的温度值，计算结果就是频率。当实际温度大于设定温度时，说明此时需要的冷负荷比较大，计算结果比较大，所以变频器以高频率运行；当实际温度小于或等于设定温度时，说明此时需要的冷负荷比较小，计算结果比较小，所以变频器以低频率运行；采用变频控制的方式，变频器是在最低频率——50Hz之间运行，所以在相同的时间内W1＜W2，如果节能率达不到15%，通过调节PID的参数，优化后达到预期效果，控制过程如图1所示。

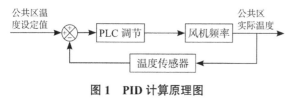

图1　PID计算原理图

4　节能控制（以一台设备为例）

4.1　调试工作概述

调试工作主要包括两部分，一是控制电机的启停和转速，通过变频器实现；二是采集环境温湿度，电机的电流、电压、用电量等。环境温湿度通过设置的传感器采集，通过ET200M中的模拟量输入模块上传给冗余PLC，电机的电流、电压、用电量等通过新设的智能仪表采集，通过ET200M中的通信模块上传给冗余PLC。采集到的温度值与设定值进行比较，并参与PID计算，PID的输出控制电机的运行频率。电机的电流、电压、用电量等由冗余PLC上传给能耗管理平台，由能耗管理软件统计设备的用电信息并计算出节能率。

4.2　控制层级

所有的通风空调和回排风机均是变频控制，具体控制层级是综合监控系统平台—冗余PLC—S7-300—马达保护器—变频器—现场设备。控制现场电机分两种模式：一是手动给定频率控制。在设备界面上选择"手动"—输入频率—开启设备—冗余PLC—S7-300 PLC，S7-300 PLC一路输出控制马达保护器，另一路输出控制变频器。二是自动计算频率控制。在设备界面上选择"自动"—冗余PLC自动计算输出频率—开启设备—冗余PLC—S7-300 PLC，S7-300 PLC一路输出控制马达保护器，另一路输出控制变频器。

4.3　反馈层级

（1）现场电机运行信息的反馈

现场电机—马达保护器（变频器）—S7-300 PLC—冗余PLC—综合监控系统平台。

（2）对现场温湿度的采集

传感器—冗余PLC—综合监控系统平台。

（3）对现场电机电流、电压、耗电量等的采集

智能仪表—冗余PLC—能耗管理平台。

4.4　硬件方面的改造

每台现场设备增加一套环控柜，柜内包含变频器、马达保护器、空气开关、仪表等设备。

4.4.1　动力回路的改造

改造前由环控电控室的抽屉柜输出电源至电机，现在将抽屉柜的输出电源至新加的控制柜，由控制柜输出电源至电机。调试完成前抽屉柜仍然有效，此时输出至控制柜，控制柜上电后立即输出至电机。此时一切控制都和改造前一样，只是中间多了控制柜。调试完成后抽屉柜不再有效，此时抽屉柜只是相当于

空气开关,起到为控制柜送电的作用,不再承担控制电机的任务。由于对抽屉柜硬件进行了改造,所以原来的就地操作箱和抽屉柜上的控制均失效,此时所有的控制均由新加的控制柜实现。

4.4.2 控制电路的改造

先说明一下启动停止信号,电机控制分就地启动停止、BAS启动停止和环控启动停止。三种启动停止又分为工频启动停止和变频启动停止。就地控制和BAS控制信号均来自马达保护器,环控控制信号直接来自控制柜上的启动停止按钮。BAS模式下频率通过程序给定,环控模式下频率通过电位计给定,就地控制模式下频率可以通过程序给定或电位计给定,哪种给定有效取决于是否打到BAS位,BAS位时程序给定频率才有效。

4.4.3 马达保护器的改造

用新增的马达保护器代替旧的马达保护器,包括将新增的马达保护器接入原来的总线中、下载马达保护器程序、硬件组态等。

4.4.4 变频器的改造

将新加的变频器接入总线中,新加的变频器地址顺延(通过拨码实现),对变频器进行调试。

4.5 软件方面的改造

4.5.1 马达保护器

马达保护器具有输入输出点,可以实现编程,可以监测电机状态,控制电机启停,有故障输出、复位功能,内部集成有定时器、计数器等,编程前要先在参数中进行设置,编程界面有函数块等。

(1)硬件组态

①新建并添加设备(图2~图4)

图2 新建工程

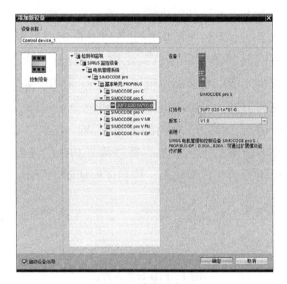

图3 选择设备

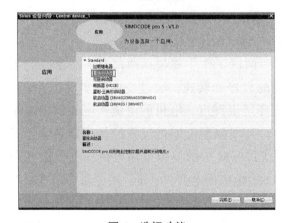

图4 选择功能

②设备组态

a. 电流/电压测量模块

根据实际使用的模块进行组态，即在软件上选择和实际硬件一样的设备（图5）。

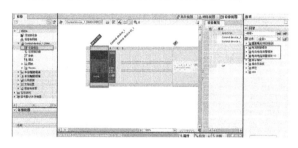

图5　硬件组态1

b. 基本单元profibus组态

根据实际使用的模块进行组态，即在软件上选择和实际硬件一样的设备（图6）。

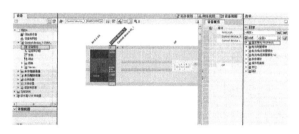

图6　硬件组态2

c. 数字模块/其他/MM（如有）

根据实际使用的模块进行组态，即在软件上选择和实际硬件一样的设备（图7）。

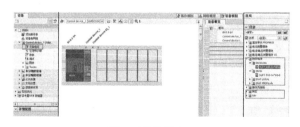

图7　硬件组态3

d. 操作员面板

根据实际使用的模块进行组态，即在软件上选择和实际硬件一样的设备（图8）。

③profibus地址设置（图9）

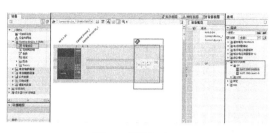

图8　硬件组态4

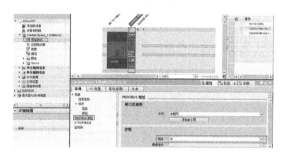

图9　硬件组态5

（2）程序

①输出给S7—300 PLC

马达保护器输出给S7—300 PLC共4个字节，分别为字节0：设备状态；字节1：设备状态；字节2～3：模拟值（包括电流、运行时间等）。字节0和字节1又分为周期性发送和非周期性发送，本项目中使用周期性发送，如下所示：

a. 参数配置（图10）

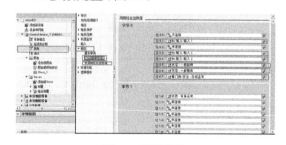

图10　配置参数

b. 程序（图11）

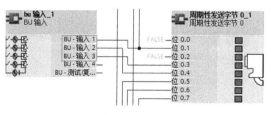

图11　编程

输入 1-3 如图 12 所示。

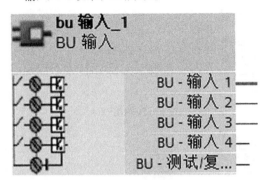

图 12　功能块 1

本项目只用到 1～3 等 3 个端子，分别是输入 1：BAS/环控；输入 2：变频/工频；输入 3：运行/停止，并将信号传给字节 0，所有点位信息如表 1 所示。

表 1　功能块引脚注释

外部接线	第一个字节的位序	名称	备注
BU-输入 1	第 1 位	BAS/环控	0：环控；1：BAS，外部输入
BU-输入 3	第 3 位	运行/停止	0：停止；1：运行，外部输入
BU-输入 2	第 4 位	变频/工频	0：变频；1：工频，外部输入
	第 5 位	故障/正常	
	第 6 位	报警/正常	/
	第 7 位	在线/离线	

故障/正常、在线/离线的程序截图如图 13 所示。

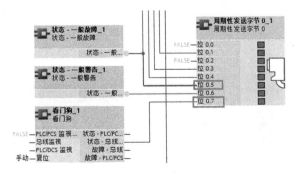

图 13　功能块 2

②马达保护器输出给外部设备

马达保护器输出给外部设备包括启停输出和故障输出，启停输出是指接收 S7—300 PLC 发来的命令并经过处理后通过基本单元输出控制电机的启停，故障输出是由一般故障和一般警告决定，如图 14 所示。

a. 参数配置

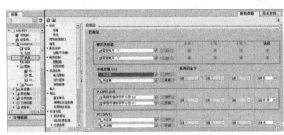

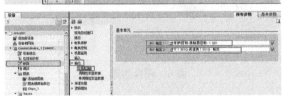

图 14　参数配置

b. 程序启停输出（图 15）

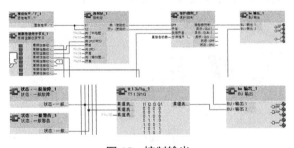

图 15　控制输出

③接收 S7—300 PLC 指令

S7—300 PLC 将控制命令传给马达保护器，共 2 个字节，分别为字节 0：控制信息；字节 1：控制信息。这两个字节又分为周期性接收字节和非周期性接收字节，本项目只用周期性接收字节而且只用到字节 0，如图 16 所示。

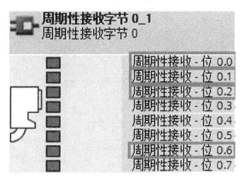

图 16　接收指令

马达保护器接收过来的点位信息如表 2 所示。

表 2　点位信息注释

第一个字节的位序	名称	备注（对于 S7—300 PLC）
第 0 位	手操箱就地信号给马达保护器	保持型
第 1 位	启动	脉冲型信号
第 2 位	停止	脉冲型信号
第 4 位	紧急启动	/
第 6 位	复位（复位）	脉冲型信号

④马达保护器程序

控制设备启动停止（图 17）。

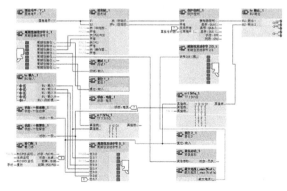

图 17　马达保护器程序

4.5.2　变频器

（1）建立连接

先打开一个新的工程，初次使用时要建立电脑与变频器的连接，为后面的组态做准备（图 18）。

图 18　选择接口参数

连接方式选择 USB.S7USB.1。

（2）上载变频器的硬件信息

因为新打开的工程中变频器的硬件参数可能与要组态的变频器不一样，所以在完成"建立连接"步骤后要进行本步骤操作，目的是上载变频器的硬件参数并覆盖工程中的硬件参数，保证工程中的硬件参数与变频器一致，注意此操作不会覆盖别的设置，当进行如下操作时会提醒硬件信息不一致，选择上载到 PC 即可（图 19）。

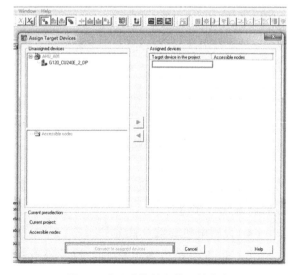

图 19　建立连接并上传硬件信息

（3）下载组态到变频器

完成"上载变频器的硬件信息"步骤后要将工程下载到变频器中，注意选择下载到CPU中（图20）。

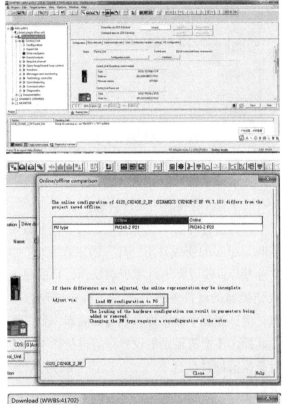

图20　下载硬件组态

此步骤可不考虑电机的参数，电机的参数设置将在下一步进行。

（4）设置电机参数及整定

这一步主要是设置电机的参数并进行整定，设置电机的参数就是按照电机铭牌上的数据进行设置，设置完成后启动，变频器会进行自整定。具体过程如图21所示。

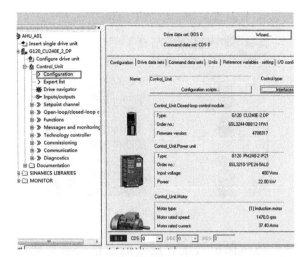

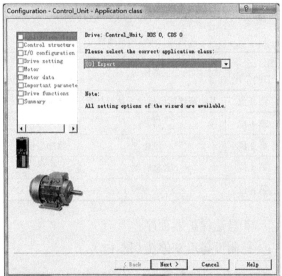

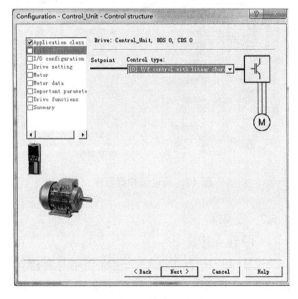

图21　设置电机参数

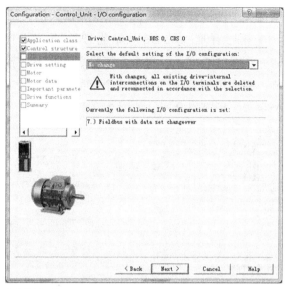
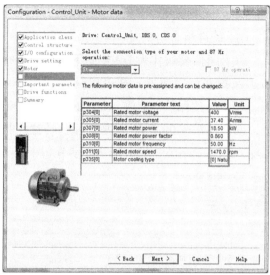
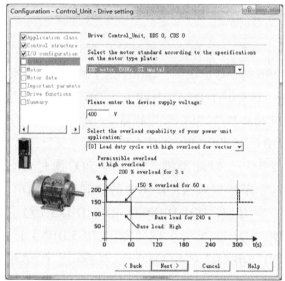
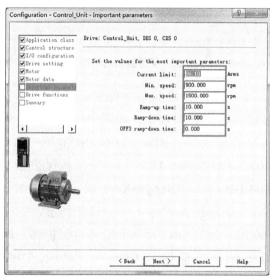
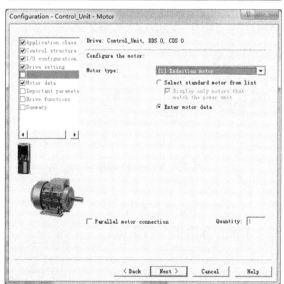

图 21 设置电机参数（续）

4.5.3 S7—300 PLC

（1）硬件组态与映射（马达保护器）

每个通信模块作为 DP 主站下面分别连接马达保护器、变频器，这里以马达保护器为例。每个马达保护器有唯一的 DP 从站物理地址，对于 S7—300 PLC 来说，每个马达保护器输入是 4 个字节，输出是 2 个字节（图 22）。

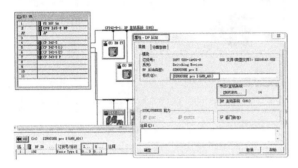

图 22　硬件组态与映射

S7—300 PLC 从马达保护器中读的字节存放在共享数据块中，即图中的 I 映像区与共享数据块一一对应，DB4.DBX0.0—DB4.DBX3.7 对应 I0.0-I3.7（第一个马达保护器）、DB4.DBX4.0—DB4.DBX7.7 对应 I4.0-I7.7（第二个马达保护器）……以此类推，S7—300 PLC 通过 DB3 写字节给马达保护器，即图中的 Q 映像区与 DB3 一一对应，DB3.DBX0.0—DB3.DBX1.7 对应 Q0.0-Q1.7（第一个马达保护器）、DB3.DBX2.0—DB3.DBX3.7 对应 Q2.0-Q3.7（第二个马达保护器）……以此类推，数据长度根据现场马达保护器数量而定。程序块如图 23 所示。

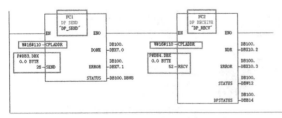

图 23　S7—300 程序块

（2）变频器与 S7—300 PLC 的映射关系

每个通信模块作为 DP 主站下面分别连接马达保护器、变频器，这里以变频器为例。每个变频器有唯一的 DP 从站物理地址，对于 S7—300 PLC 来说，每个变频器输入是 4 个字节，程序里用到第二和第三个字节，输出是 4 个字节，程序里全用，如图 24 所示。

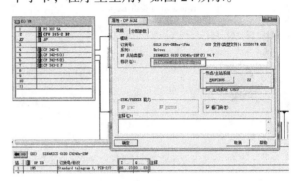

图 24　硬件组态与映射

S7—300 PLC 从变频器中读的字节存放在 DB6 共享数据块中，即图中的 I 映像区与 DB6 一一对应，DB6.DBX0.0—DB6.DBX3.7 对应 I0.0-I3.7（第一个变频器）、DB6.DBX4.0—DB4.DBX7.7 对应 I4.0-I7.7（第二个变频器）……以此类推，S7—300 PLC 通过 DB5 写字节给变频器，即图中的 Q 映像区与 DB5 一一对应，DB5.DBX0.0—DB5.DBX3.7 对应 Q0.0-Q3.7（第一个变频器）、DB5.DBX4.0—DB7.DBX3.7 对应 Q4.0-Q7.7（第二个变频器）……以此类推，数据长度根据现场变频器数量而定。程序块如图 25 所示。

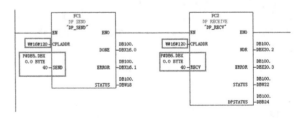

图 25　S7—300 程序块

（3）S7—300PLC 程序

①设备开启指令（图 26）

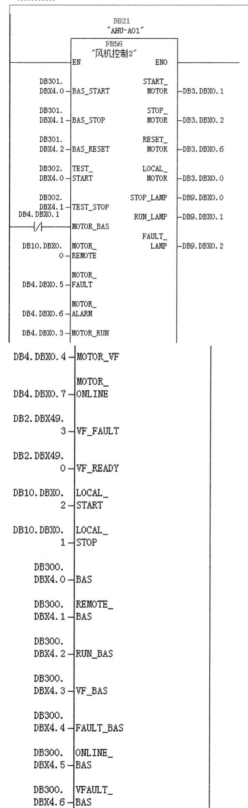

图 26　S7—300 程序块

② 频率给定及反馈（图 27）

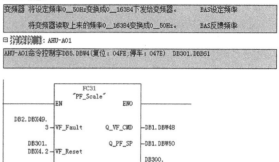

图 27　S7—300 程序块

4.5.4　冗余 PLC

（1）硬件组态

新增通信模块（图 28）。

插..	模块	订货号	I 地址	Q 地址	注释
1					
2	IM 153-2	6ES7 153-2BA02-0XB0	8178*		
3					
4	DI16xDC24V	6ES7 321-1BH02-0AA0	0...1		
5	DO16xDC24V/0.5A	6ES7 322-1BH01-0AA0		0...1	
6	AI8x12Bit	6ES7 331-7KF02-0AB0	512...527		
7	AI8x12Bit	6ES7 331-7KF02-0AB0	528...543		
8	AI8x12Bit	6ES7 331-7KF02-0AB0	544...559		
9	AO4x12Bit	6ES7 332-5HD01-0AB0		512...519	
10	CP 340-RS422/485	6ES7 340-1CH02-0AE0	576...591	576...591	

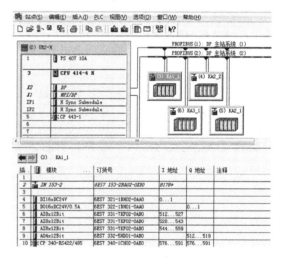

图 28　S7—400 硬件组态

（2）程序

①设备开启指令（图 29）

图 29　S7—400 程序块

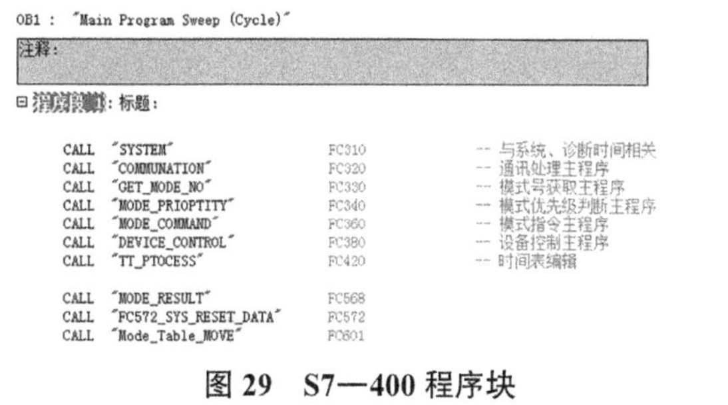

图 29　S7—400 程序块（续）

② 频率给定（图 30）

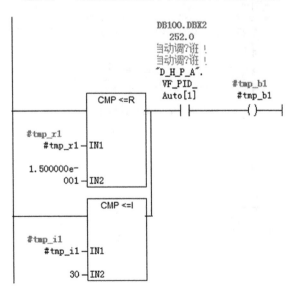

图 30　S7—400 程序块 1

图 30　S7—400 程序块 1（续）

③ 温度采集程序（图 31）

```
CALL  #H_305_A01_RH            #H_305_A01_RH
 ACT_RH := PIW512
 HI_LIM := 2.000000e+001
 LO_LIM := 4.000000e+000
 BIPOLAR:= "Always_OFF"         M1000.0
 RET    := MW200
 FIN_TEM:= "D_H_P_A".H_A01_D_RH DB100.DBD988
```

图 31　S7—400 程序块 2

④ 电机的用电量采集程序（图 32）

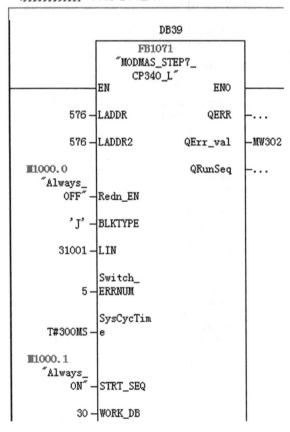

图 32　S7—400 程序块 3

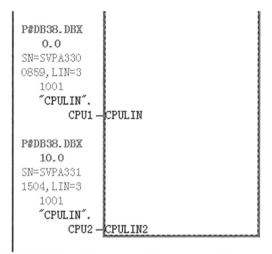

图 32 S7—400 程序块 3（续）

⑤ 电机频率反馈程序（图 33）

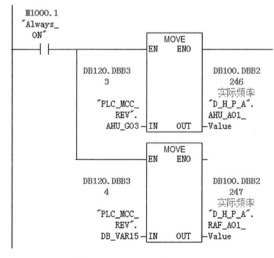

图 33 S7—400 程序块 4

4.5.5 能耗管理软件

能耗管理平台与各个车站的冗余 PLC 建立通信，当需要进行工频和变频切换时可以向冗余 PLC 下发切换命令，统计设备的用电信息并计算出节能率。

（1）工频/变频模式切换界面（图 34）

图 34 工频/变频模式切换界面

（2）设备节能率汇总表（图 35）

站点	工频实际耗能 (Kw.h)	变频实际耗能 (Kw.h)	节电量 (Kw.h)	节能率(%)	备注
塘坑	2453.05	1929.10	523.95	27.16%	
田贝	1590.35	1224.45	365.90	29.88%	
水贝	1932.65	1355.60	577.05	42.57%	
翠竹	2444.60	1604.90	839.70	52.32%	
晒布	2181.40	1393.50	787.90	56.54%	
老街	4670.40	2753.45	1916.95	69.62%	
红岭	2737.97	2024.78	713.19	35.22%	
通新岭	1977.04	1442.71	534.33	37.04%	
华新	3304.35	2192.74	1111.61	50.70%	
莲花村	3197.30	1850.60	1346.70	72.77%	
少年宫	2263.10	1550.10	713.00	46.00%	
福田	13614.35	9344.65	4269.70	45.69%	
购物公园	2542.21	1794.40	747.81	41.67%	
石厦	2360.65	1687.55	673.10	39.89%	
益田	2442.30	1921.65	520.65	27.09%	
合计	49711.72	34070.18	15641.54	45.91%	
汇总人员					
日期					

图 35 节能率统计

测试时发现节能率均大于 27%，达到预期效果。

5 结语

本文详细介绍了节能控制优化技术在深圳地铁三号线 BAS 中的应用，从硬件和软件上对车站既有的 BAS 进行改造，更新了部分设备，保障整个BAS的安全稳定运行，而且达到节能的目的。

本项目的不足之处是节能改造没有涉及冷水群控系统，如果将冷水群控系统纳入节能改造，将实现更好的节能效果。

在未来，节能控制优化技术将更多地运用于地铁BAS中，节能技术也将不断优化，最终使节能效果达到最优。

参考文献

[1] 王平.高铁枢纽车站中央空调系统安全与节能途径的实践[J].上海铁道科技，2015：（4）.

[2] 王刚.地铁车站空调大系统节能控制研究[J].智能建筑，2014（11）.

[3] 蒋晓明，谭春林.地铁中央空调节能控制[J].机电工程技术，2013（7）.

地铁通信无线扩容升级改造实施方案及风险应对研究

耿许光

（南京轨道交通系统工程有限公司，南京 210000）

摘　要：我国经济急速发展和城市规模不断扩大，促进轨道交通延长线建设突飞猛进，不可避免要对既有线路系统、设备进行升级改造。在通信各系统中，无线子系统扩容升级改造重要性高、难度大、风险多，因此对地铁通信无线扩容升级改造进行实施方案及风险应对研究，具有极其重要的社会意义和经济价值。

关键词：通信无线；扩容升级；车载台；手持台；二次开发

1　地铁通信无线扩容升级改造背景

我国经济急速发展和城市规模扩大，城市化进程逐步加快，大量人口涌向城市，促进城市轨道交通行业的发展；截至2020年底，全国（不含港澳台）共有44个城市开通运营城市轨道交通线路233条，运营里程7545.5 km，车站4660座。城市规模扩大和轨道交通发展，较早建设的轨道交通运营量程已经不能满足人们出行需要，导致近几年各大城市轨道交通延长线建设突飞猛进。在轨道交通延长线建设过程中，为降低建造成本，避免重复建设造成不必要浪费，最有效、最直接的方式就是在原有软硬件基础上，对既有线路各子系统进行扩容升级改造。在通信各系统中，无线子系统是最重要的子系统之一，也是扩容升级改造难度最大、风险最高的子系统，稍有不慎，就可能影响第二天正线的运营。因此对地铁通信无线扩容升级改造实施方案及风险应对研究，具有极其重要的社会意义和经济价值。

2　地铁通信无线扩容升级改造实施方案

2.1　通信无线扩容升级改造实施方案阶段划分

轨道交通设备报废年限一般为15年，既有线路无线系统存在运行年数久、设备老化、软件版本低、备件不足等问题；地铁通信无线扩容升级改造稍有不慎，将会严重影响线路正常运营。为最大化降低通信无线扩容升级改造风险和后续延长线路基站、车载手持台接入的需要，建议在新建延长线建设设备采购中，新增控制中心无线集群交换机（以下简称MSO）、二次开发服务器（以下简称CAD服务器）、调度台等核心设备的采购。

无线扩容升级改造实施涉及的设备有：MSO、无线基站、调度台、CAD服务器、手持台、无线网管终端等设备，整个通信无线扩容升级改造实施方案大体可以划分为如图1中的4个阶段。

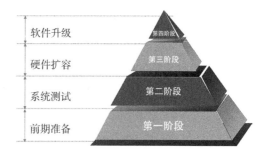

图1　无线扩容升级改造实施方案图

2.2　通信无线扩容升级改造各阶段实施细则

2.2.1　前期准备

前期准备的工作重点是，对控制中心新增

采购的无线核心设备进行调试并搭建测试平台。测试平台设备至少应包括MSO设备、基站、车载台、手持台、调度台、二次开发软件、网管设备等。新搭建的平台至少要满足如下功能需求：

（1）测试新MSO、新二次开发软件、延长线无线软硬件等相关功能。

（2）利用测试平台，模拟既有线路软硬件设备能够平稳连接到控制中心新增的MSO设备。

（3）模拟测试既有线路基站、车载手持台、调度台、二次开发软件相关功能。

（4）测试新MSO设备与ATS相关功能。

（5）验证通信无线扩容升级改造实施方案的可操作性和安全性。

（6）满足运营保障人员操作、培训需求。

结合项目实施经验，建议按图2实施步骤完成前期准备工作。

图2　前期准备流程图

重点说明：

（1）本无线扩容升级改造实施方案考虑到既有调试台、网管设备等已经达到报废年限，新增调度台和网管设备，如果既有设备运行良好，可以利用。

（2）为最大限度降低无线升级改造风险，本方案在控制中心新增一套核心无线设备（如MSO设备、CAD服务器、调度台等）；无线扩容升级改造实施过程中如出现故障，可以回退到既有MSO设备，不影响既有线路无线系统正常运行。

（3）控制中心既有MSO设备运行良好，可通过扩容方式，把延长线路无线系统设备接入进来，达到无线扩容升级改造的目的，但会大大提高无线升级改造风险，一旦控制中心无线设备出现故障不能解决，将会影响既有线路无线系统正常运行。

2.2.2　系统测试

如果前期准备工作一切就绪，则进入系统测试阶段。测试主要工作是把部分车站基站信息切割到控制中心新搭建测试平台上，其测试目的是：

（1）部分既有车站的基站、手持台接入控制中心新建的MSO设备测试平台中，确认基站、车载手持台功能运行正常。

（2）测试既有调度台和车载手持台之间的呼叫、录音等功能。

（3）测试既有二次开发软件功能。

结合项目实施经验，建议按图3中的实施步骤。

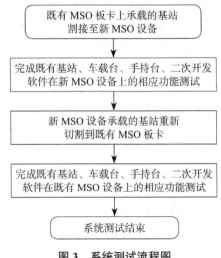

图3　系统测试流程图

重点说明：

（1）通过系统测试，进一步提高既有线路无线设备在控制中心新MSO设备上运行的可靠性、安全性。

（2）系统测试选择既有单个TSC板卡上的基站，在完成测试目的情况下，尽量减少测试影响的车站范围。

（3）系统测试完成后，要进行回退和功能验证，以确保既有线路无线系统正常运行。

2.2.3 硬件扩容升级

硬件扩容升级的主要工作是把既有线路基站和链路接入控制中心新MSO设备。基于前期的准备和系统测试结果，相信已经在可控范围内，把无线扩容升级改造风险降低到最低，在扩容升级的时候，可以同步把基站和调度台接进来。通过此阶段，控制中心搭建的测试平台已经平稳代替既有控制中心设备。

结合项目实施经验，建议按图4中的实施步骤。

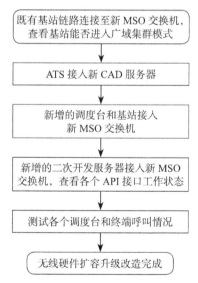

图4 无线硬件扩容升级改造流程图

重点说明：

（1）为不影响无线系统正常运营，工作安排到地铁停运后、第二天压道车出发前。

（2）考虑到升级改造时间有限（大概在3个小时左右），建议在各个站点如下安排人员，提高工作效率，解决突发问题：控制中心安排1~2名工程师，正线车站安排3~4名工程师，车辆段、停车场各安排1名工程师，列车上安排1名工程师。

（3）申请一辆动车，测试列车出入库、转换轨及全线跟车测试调度台与车载手持台相关功能，力争夜间全部完成升级改造。

2.2.4 软件升级

在前期各阶段，已经对控制中心无线核心设备硬件进行升级改造，既有线路基站、车载手持台、调度台、二次开发软件已经接入控制中心新的MSO设备中，但在实际使用中还可能存在以下问题：控制中心改造完成后新的MSO设备软件版本较高，既有车站基站版本较低，存在版本不匹配问题；造成系统运行风险大、稳定性差；需在最后软件升级阶段，对全线既有车站基站固件版本进行升级，以便与中心无线设备版本相匹配。后续延长线路无线设备接入控制中心新的MSO设备即可。

结合项目实施经验，建议具体实施步骤如图5所示。

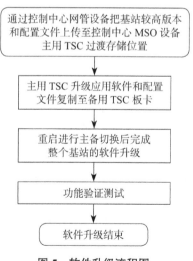

图5 软件升级流程图

重点说明：

（1）为不影响无线系统的正常运营，最大

限度降低无线基站固件版本升级风险，建议既有车站基站软件升级分站分批进行。

（2）在无线软件升级前，要完成对基站的健康检查，以免因基站硬件故障，造成无线基站固件版本升级失败。

（3）无线软件升级后，再次对基站进行健康检查，比对核实两次检查数据的差异性，以免软件升级影响基站信号。

3 地铁通信无线扩容升级改造风险应对

3.1 前期准备阶段风险应对

前期准备阶段风险应对见表1。

表 1 前期准备阶段风险应对

施工步骤	风险评估	风险应对
ATS与新MSO设备接口测试	施工期间既有二次开发调度台无法使用	模拟ATS信号，提前模拟完成测试后，再进行ATS与新的CAD服务器接口测试，减少测试时间

3.2 测试阶段风险应对

测试阶段风险应对见表2。

表 2 测试阶段风险应对

施工步骤	风险评估	风险应对
完成测试既有基站、车载台、手持台、二次开发软件在新MSO设备上的相应功能测试	施工期间既有基站、车载台、手持台、调度台无法使用	地铁停运后进行施工，不影响运营；预留充足的回退时间
完成测试既有基站、车载台、手持台、二次开发软件在既有MSO设备上的相应功能测试	施工期间既有基站、车载台、手持台、调度台无法使用	地铁停运后进行施工，不影响运营；出现故障，回退到新的MSO设备上，确保第二天正常运营

3.3 硬件扩容阶段风险应对

硬件扩容阶段风险应对见表3。

3.4 软件升级阶段风险应对

软件升级阶段风险应对见表4。

表 3 硬件扩容阶段风险应对

施工步骤	风险评估	风险应对
既有基站链路连接至新MSO交换机，查看基站能否进入广域集群模式	施工期间基站将会处于单站集群状态，调度台和终端无法提供跨区呼叫	割接不成功，将传输链路切回原MSO交换机，恢复基站广域集群功能
新增加的调度台接入新MSO交换机	调度台无法使用	既有调度台退回
ATS接入新CAD服务器	CAD服务器无法与ATS正常通信	既有CAD服务器退回
既有基站接入新MSO交换机	施工期间基站将会处于单站集群状态，调度台和终端无法提供跨区呼叫	基站回退到既有MSO交换机
网管接入新二次开发CAD服务器	网管无法使用	既有网管回退

表 4 软件升级阶段风险应对

施工步骤	风险评估	风险应对
升级前基站健康状态检查未通过	基站固件升级失败	提前对基站健康状态进行确认
升级过程中，设备发生故障	基站固件升级失败	①工作开始之前检查升级设备的性能状况，尽量避免升级过程中出现故障；②应急人员尽快赶现场进更换备件；③如果故障无法解决，则对该基站进行回退，并立即暂停升级，待故障解决之后，才能再次重启升级工作
通过控制中心网管把基站较高版本和配置文件上传至控制中心MSO设备主用TSC中过渡存储位置	传输链路连不到系统	①升级期间传输系统厂家安排人员保障；②提前检查确认传输链路状态
功能验证测试	升级后基站状态不正常或测试不通过	①提前确认固件版本和基站配置；②立即回退

4 总结

地铁通信无线系统作为地铁运营不可或缺的运营通信保障及应急处置系统，在轨道交通各子系统中占有举足轻重的地位；突发情况通信、设备异常抢修检修、运营人员日常调度通信等均离不开无线通信系统提供高效安全的通信业务保障；目前地铁通信无线系统运行是否正常，已成为判断列车能否上线的必要条件之一。

本人作为项目负责人，曾全程参与多条轨道交通延长线路通信无线系统扩容升级改造工作，结合实际现场经验，在地铁通信无线扩容升级改造实施步骤及风险应对方面，希望对后续轨道交通线路通信无线扩容升级改造提供借鉴和指导。

参考文献

[1] 阮文. 城市轨道交通通信技术 [M]. 北京：中国铁路出版社，2016：285-292.

[2] 张万军，郑宁，赵宇兰. 基于CMM的软件工程及实训指导 [M]. 北京：清华大学出版社，北京交通大学出版社，2011：92-114.

[3] 2020年城市轨道交通运营数据发布，交通运输部网站.

城市轨道交通全自动运行系统线路综合监控技术研究
——以苏州 5 号线为例

余承英[1] 赵 健[1] 蔡大伟[2]

（1. 深圳市赛为智能股份有限公司，深圳 518000；2. 合肥赛为智能有限公司，合肥 230011）

摘 要：当前，我国城市轨道交通全自动运行系统在不断发展，并且取得了一定的成绩。本文论述的苏州轨道交通 5 号线于 2021 年开通，是江苏省省内首条全自动运行的地铁线路。城市轨道交通全自动运行系统指的是列车的全自动运行系统和车站设备的全自动运行系统。完全的全自动运行系统则包括无人值守的列车无人驾驶和无人值守的车站设备全自动控制，以实现行车自动化、检修智能化、乘客服务自助化。因此，本文结合笔者工作经验，对相关内容进行探讨。

关键词：城市轨道交通；全自动系统；综合监控；苏州 5 号线

1 引言

苏州轨道交通 5 号线是江苏省省内首条全自动运行的地铁线路，基于 GoA4 最高自动化等级建设，线路起于吴中区的太湖香山站，途经吴中区、苏州高新区、姑苏区、苏州工业园区，贯穿吴中胥口、木渎南部、苏州高新区、苏州古城、苏州工业园区综合商务城，止于苏州工业园区的阳澄湖南站，呈西南—东北走向。苏州轨道交通 5 号线线路全长 44.1km，共设置 34 座车站，其中地下站 33 座、地面站 1 座，采用 6 节编组 B 型列车。该线路已经于 2021 年 6 月 29 日 10 时开通初期运营，标志着苏州形成了更加完善的轨道交通网络体系。

综合监控系统是当前城市轨道交通系统建设的标配，其可以通过有效地监控各个地铁站的出入状况，在日间正常运营情况下、紧急突发情况下各相关系统设备之间协调互动等高级功能，从而保证地铁的正常运行。本文主要结合笔者在苏州 5 号线综合监控建设的实践工程经验，对其在全自动运行目标下新增的功能情况做了论述。

2 全自动系统综合监控系统构成及实现目标

2.1 系统构成

目前国内大多数城市综合监控系统包括 ISCS 系统、BAS 系统、ACS 系统，而苏州 5 号线综合监控系统则包含 ISCS 系统、BAS 系统、ACS 系统、CCTV 系统、PA 系统及 PIS 系统，综合监控包含该 6 个子系统后可以做到统一管理统一协调，有利于全自动运行的统一性、安全性、稳定性等，并减少接口协调的工作量。

2.2 实现目标

苏州 5 号线通过综合监控系统可以实现如下目标：

（1）各集成系统全部监控和管理功能。

（2）提供统一的数据库平台，实现各种基础数据的统一管理以及相关系统之间的数据共享，实现各系统联动。

（3）提供辅助决策支持功能，为运营人员提供最大的帮助。

（4）对于各互联系统，主要通过计算机接口交换信息，必要时进行各系统的联动。

（5）接收各系统的设备运行信息，进行统

一的设备维修管理工作。

（6）车站级工作站应能够监视本站及相邻车站相关设备的状态和报警信息。必要情况下，通过权限设置，可以实现跨区域控制和管理。

3 全自动系统综合监控专业各系统构成及功能需求分析

以苏州5号线为例，其综合监控专业主要包括 ISCS、BAS、ACS、CCTV、PA 及 PIS 等系统。

3.1 ISCS 系统

ISCS 系统是综合监控的主体集成部分，其对各系统的集成和互联范围主要包括：集成系统为 BAS、PSCADA；互联系统为 CCTV、PA、PIS、PSD、FG、SIG、CLK、AFC、FAS、ACS、CL、通信集中告警系统、感温光纤、安防系统防淹门系统等。此外，ISCS 系统还包括服务器、工作站、显示器、系统软件、应用软件、数据库、操作系统等一系列软硬件。

传统线路下，ISCS 对接入专业的数据进行监控及数据记录分析，最终实现所有接入专业的数据监控，多系统联动，报警事件查看，历史数据的分析。其通用功能在于对接入的各种专业近60万数据点进行处理分析，通过不同形式展现给运营人员。人机界面工作量大约为200张/站、1000张/中央级，共8000张人机界面图。此外，对于综合监控与子专业的互联，接口专业有着不同的功能要求及接口协议，使得接入工作的软件开发工作量较大，前期与各个接口专业的接口会议需要做好详细的规划。实施工作也需要做好完善的版本管理，对整个测试进行把控。

对于全自动线路综合监控系统来说，ISCS 系统需要与 CL、车载 CCTV，车载 PIS、SIG 进行深度互联。由于列车是全自动运行，所以系统对车辆的设备信息、报警状态需要进行严密的监控，同时对信号系统提供更为全面的影响行车的信息，在控制中心新增车辆调和乘客调（图1、图2）。

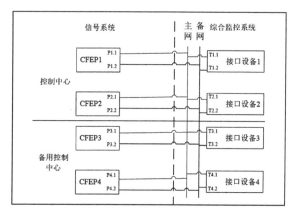

图 1 ISCS 与 SIG 接口示意图

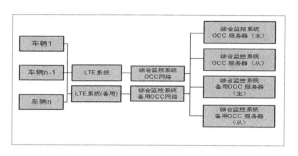

图 2 ISCS 与 CL 接口示意图

以车辆调为例，主要完成了预案配置、CCTV 调用、TCMS 车载信息监控、远程升降弓、远程空调控制、远程制动控制、远程照明控制功能、远程复位牵引系统故障、远程复位辅助系统故障、远程火灾控制、远程复位断路器、远程强制自检通过、列车行车信息监视、FG 报警以及报表统计等功能（图3）。

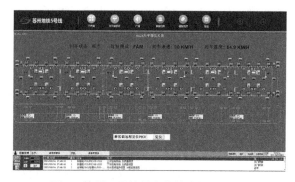

图 3 苏州5号线综合监控车辆调 HMI

3.2 BAS 系统

BAS 系统主要对空调节能控制系统设备、智能低压设备、给水排水设备、自动扶梯、垂直电梯、照明设备、区间疏散指示、区间射流风机、事故风机、传感器、车站应急照明电源等车站设备进行全面、有效地自动化监控及管理，确保设备处于安全、可靠、高效、节能的最佳运行状态。BAS 系统可以分为典型地下车站、地面车站、车辆调/停车场等构成系统。

BAS 系统采用控制中心和车站两级管理，中央、车站、就地三级控制的方式。BAS 系统现场设备主要由 PLC 控制器、远程 I/O（RI/O）模块、通信接口模块、各类传感器等设备以及现场级网络构成。苏州市轨道交通 5 号线工程全线 BAS 作为子系统完全融入综合监控系统，其中央级、车站级功能由综合监控系统实现，BAS 全线级网络由综合监控系统搭建。BAS 现场级主要通过过程控制技术，对地铁通风空调等机电设施按设置功能、系统运行工况和地铁环境标准等要求进行监测、控制和科学管理，并能配合火灾报警等系统为地铁线路创造舒适、安全可靠的乘车环境。

对全自动系统综合监控系统（苏州 5 号线）来说，则新增了自动开关站功能，当 BAS 系统收到 ISCS 系统发出的自动开关站指令且具备相关联动条件后，给扶梯与卷帘门启动信号，从而实现自动开站。不过，全自动运行系统模式下的 BAS 系统，站务必须通过 CCTV 监视画面确认扶梯与卷帘门符合开站状态才可下发启动命令，CCTV 相应监视摄像头与电扶梯与卷帘门做闭锁，ISCS 界面上需人工多次确认后才可执行电扶梯与卷帘门的控制命令（图 4）。

3.3 ACS 系统

门禁系统可实现员工进出管理的自动化。通过门禁系统可实现自动识别员工身份；自动根据系统设定开启门锁；自动采集数据，自动统计、产生报表；并可通过系统设定实现人员

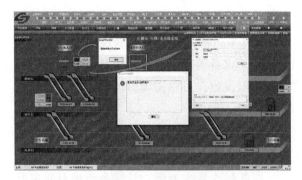

图 4 苏州 5 号线综合监控自动开关站 HMI

权限、区域管理和时间控制等功能。门禁系统以使用方便、功能全面、安全可靠和管理严格为原则。车站级和中央级系统均能记录所属门禁系统设备的所有事件及处理记录，并能通过相关的配置管理软件实现对记录的查询，自动生成各种报表。

传统线路综合监控系统下，一般在控制中心设置中央级 ACS，在车站与车辆段、停车场设置车站级 ACS 和就地级 ACS，在控制中心授权管理室和车辆段授权管理中心设置授权管理终端，在车辆段综合监控复示维修中心设置维修管理终端。门禁系统按照两级管理、三级控制的原则进行设置。车站级和就地级负责就地数据的采集、转换、本地存储及上传。中央级对各个站点进行监控和管理。就地门禁系统设备的设置遵循"在车站对与行车有关、重要的系统设备用房和管理用房及通道门处设置门禁系统"的原则，来确定各站点设置门禁的房间。

苏州 5 号线，门禁系统 SPKS 控制站台端门的状态，SIG 系统通过 ISCS 系统和 ACS 系统对站台端门状态进行监视。当 ACS 接收信号 SPKS 防护开关信息，可根据释放信号实现门禁相关联动功能，并通过 ISCS 系统将门强行闯入状态反馈给信号专业。台站至区间的站台端门门禁需要通过 SIG 系统 SPKS 开关提供允许刷卡开门信号时，才能通过刷卡进行开门。区间至站台的站台端门需通过出门按钮开

门。CCTV系统监视摄像头辅助监视端门开关情况。

3.4 CCTV系统

CCTV由中央设备、车站设备（含车站公安视频系统设备）、车辆段/停车场设备、轨道交通公安派出所及市公安局设备组成，主要有视频服务器、维护管理终端、控制键盘、高清网络摄像机、高清编解码器、PC视频监控终端、存储设备、视频交换机、入侵报警探测器、报警主机、监控工作站等。

本系统是基于TCP/IP网络传输方式的高清数字视频监控系统，由控制中心监视（调度员行车监视、防灾监视）和车站级监视（站长监视，值班员监视，司机上、下车监视和主变电所监视）两大部分构成，组成一个三级（中心、车站、司机）监视、两级控制（中心、车站）的电视监视网络，即由控制中心监视系统、车站级（含车辆段/停车场安防）监视系统组成；此外也能实现市公安局、派出所、车站警务室三级监视和控制。

同时，苏州5号线为方便控制中心工作人员监控地铁运行状态，在全自动运行场景中自动推送相关视频画面给运营调度人员。控制中心接入列车车载监控的视频监控画面存储。

3.5 PA系统

控制中心调度人员、车站值班员及站台值班员向车站旅客进行公众语音广播、通告地铁列车运行及安全、向导等服务信息，向工作人员发布作业通知。车辆段/停车场行车值班员、停车列检库运转值班员向库/场内流动生产人员发布作业命令。当车站或车辆段/停车场库内发生火灾等灾难时，广播系统可以兼作防灾广播。

广播系统主要包括正线广播系统、车辆段/停车场广播系统，其中正线广播系统包括中心广播系统和车站广播系统。

3.6 PIS系统

乘客信息系统（PIS）是依托多媒体网络技术，以计算机系统为核心，以车站和车载显示终端为媒介向乘客提供信息服务的系统。乘客信息系统在正常情况下，通过组播的方式向各车站、车载PIS发送直播视频源，并且能够提供乘车须知、服务时间、列车到发时间、列车时刻表、管理者公告、政府公告、出行参考、股票信息、媒体新闻、赛事直播、广告等实时动态的多媒体信息；车载设备通过接收无线传输的信息经处理后实时在列车车厢LCD显示屏进行音视频播放；在火灾、阻塞及恐怖袭击等非正常情况下，可提供动态紧急疏散提示。

通常情况下，PIS主要包括控制中心乘客信息子系统、车站级乘客信息子系统、车辆段/停车场乘客信息子系统、车地无线子系统及网络子系统。

本线路PIS系统在全自动运行模式下兼有列车车厢乘客乘车情况及列车司机室情况的监视功能，通过车厢摄像机采集的运营中列车车厢内乘客乘车情况及列车司机室情况的视频信息实时通过车地无线子系统及网络子系统上传至控制中心CCTV系统及监控平台调用显示，每列车能同时上传20路视频信息至控制中心。

4 结束语

苏州5号线全自动运行系统的场景共有59个，其中和综合监控密切相关的有39个，而与全自动运行系统相关的专业有：信号系统、车辆系统、站台门（屏蔽门）系统、综合监控系统、通信系统。综合监控在苏州地铁5号线发挥的作用是维持运行环境、实现设备联动、可以实现自动开关站、实现区间易积水区域的轨旁探测等功能，希望通过本文的介绍能够为同类工程实践提供借鉴。

参考文献

[1] 赵健. 城市轨道交通集成项目及管理研究 [M]. 延边：延边大学出版社，2021.

[2] 城市轨道交通综合监控系统工程技术标准：GB/T 50636—2018[S].

[3] 姚振康. 苏州轨交 5 号线全自动运行系统创新实践 [J]. 江苏建筑，2021（3）：83-85.

[4] 陆文学，何小兵，黄磊. 苏州市轨道交通 5 号线全自动运行的运营生产管理模式探讨 [J]. 城市轨道交通研究，2021，24（6）：1-4，9.

北京地铁 7 号线车载控制设备改造与提升

梁 博

（北京市地铁运营有限公司地铁运营一分公司，北京 102200）

摘　要：北京地铁 7 号线列车在正线运营过程中有时会出现全列无制动信号现象。本文针对上述问题对车载控制设备在控制方式上加以改造提升，减少故障影响。

关键词：全列无制动信号；车载控制设备；现场安装调试验证

1　引言

车辆制动主要分为常用制动、保持制动、紧急制动。其中保持制动、紧急制动对减速度通常要求为一固定值，只需要较少硬线进行传输。常用制动减速度一般分为 7 个等级，因此需要多根硬线同时传递指令和级位信息。为了降低故障率，本文以 7 号线为例提出一种以网络控制为主的控制优化方案。

2　制动原理简介

7 号线列车制动控制方式采用硬线控制，该方式下车载控制设备输出的紧急制动指令、常用制动指令、保持制动指令通过车辆硬线，将制动级位信息通过发生器调制成信号波后，再通过硬线传输给各节车的牵引和制动控制器进行处理。

3　制动方式改进与提升

硬线控制传输可靠，且信号发生器抗干扰能力强。但如果发生断路、短路等故障，信号发生器出现故障，司机将无法采取常用制动方法对车辆进行控制，只能通过紧急制动对车辆施加制动控制，车辆安全性能无法得到保证。需要对 7 号线控制方式进行改造和提升。控制方式以网络控制为主，同时保留重要指令硬线。

硬件方面改造：首先车载控制设备与网络系统模拟量、网络系统数字量模块之间用硬线控制，网络系统模拟量、网络系统数字量模块与网络系统主机，网络系统主机与各节车的牵引制动系统，网络系统主机之间、牵引制动系统之间采用总线进行连接，总线采用 A 路和 B 路双冗余设计，当其中一路出现故障另一路信号仍然可以传输，这样保证数据可用。中继器也采用冗余设计，当某个中继器模块故障时，另一个中继器模块仍能对原有的信号进行中继传输，不影响各子系统对信号的接收。网络系统模拟量、网络系统数字量模块可以实现将电气信号转变为网络信号，并且经过总线传递给网络系统主机，还可以将网络信号转换成电气信号，从而控制继电器等设备。一列车设有两台网络系统主机，分别设置在头车和尾车，当一台主机故障，另一台主机 3s 内完成主机功能切换；网络系统主机由电源板、通信板、以太板卡、主控制板组成，上述板卡均采用 A、B 两套板卡双冗余设计，任意一块板卡出现故障，另一块板卡仍然可以工作。A 组电源板给所有 A 组板卡供电，B 组电源板给所有 B 组板卡供电，外部电源输入母线相互独立。通信板卡的控制器受主控制器控制，可以用来接收车载控制设备数据，然后传递给牵引和制动系统。还可以传递牵引、制动设备指令，并将故障信息传递至司机台显示屏，从而辅助司机及时进行故障处理。以太板卡中的控制器可以与主控板和外部交换机进行通信。主控制器对输入输出数据进行各种相关逻辑处理,对处理的数据进行输出,控制通信板完成总线信息的接收和发送工作,并对总线数据进行监视。

软件方面改造:以网络系统控制为主的控制模式下,当车载控制设备发出的各种指令信号通过网络系统模块、网络系统主机传输到各节车牵引制动系统时,上述指令也已经通过车辆硬线传输到全列牵引制动控制系统。

设置制动级位有效逻辑判断,一方面制动指令有效,并且网络系统模块通信正常;另一方面司控器级位或者车载控制设备级位不处于 0 位,并且满足上述两方面同时正确情况下制动级位有效。制动系统优先采用网络指令传输,当单节车或者全列车网络指令存在故障时,故障车或者全列制动系统自动采集硬线指令,同时制动系统将故障传输给司机显示屏。如果单节车网络出现故障,则故障车辆采用硬线控制,其余车辆仍然采用网络控制。网络系统主机接收牵引和制动系统指令,电空配合制动条件下如果牵引制动系统或者传输网线出现故障,网络系统主机延时 3 s 通过总线自动向司机显示屏报故障,制动系统对本单元进行空气制动。车载控制设备输出的各种列车制动指令和级位信息通过网络系统数字输入模块,将指令传输给网络系统主机,网络系统主机计算列车总制动力需求,将总制动力需求分配给各节动车牵引系统,牵引系统将能够施加的电制动力值传递给网络主机,主机将所需总制动力和电制动力进行比较计算,并将差值反馈给各车的制动系统。上述程序流程图如图 1 所示。车辆状态和故障信息可以通过以太网传递到以太交换机,然后发送至地面服务器加以存储,方便地面服务中心实时监测牵引制动等系统状态和故障信息。地面故障诊断系统将故障根据严重程度分为 3 个等级,这样可以让维修人员高效及时处理突发故障,提前做好维修计划。故障诊断系统如图 2 所示。

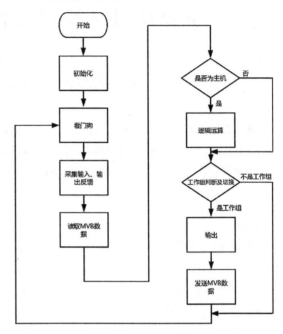

图 1 主程序流程图

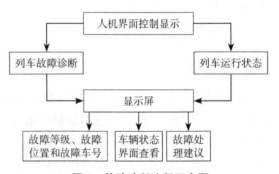

图 2 故障诊断流程示意图

4 现场调试过程

现场通过选取正确的设备安装位置,以及对布线长度、绑扎位置和牢固程度进行合理设计,完成了硬件安装。全列车配置 2 台网络系统主机,并且各配置 2 台网络系统模拟量输入模块和网络系统数字量输入模块,上述设备分别安装在两侧司机室的电器柜里。此外车辆总线通过绝缘保护,并通过车间连接器实现全列连接。列车在各种速度和工况下电空制动分配良好。

对车辆进行静态、动态调试。静态实验表明:各种工况和速度条件下,常用制动时间小于 2.5s，常用制动缓解时间小于 4s。动态实验表明：紧急制动距离、常用制动距离及减速度满足要求。信号波形较为稳定，并且无严重波动现象，符合要求。表 1 为各级速度下最大常用制动的制动距离，表 2 为各级速度下紧急制动的制动距离。

表 1　各级速度下最大常用制动的制动距离

各级速度 /(km/h)	20	40	60	80
制动距离 /m	19.2	64.2	134.9	231.3

表 2　各级速度下紧急制动的制动距离

各级速度 /(km/h)	20	40	60	80
制动距离 /m	17.7	59.2	124.3	213.3

5　结语

本文阐述硬线和网络传输控制方式的不足之处，将两种控制方案结合到一起，并且从硬件和软件方面提出解决方案。此方案不仅可以完成指令和级位信号传输，还可以有效进行电空制动配合。通过现场安装调试，实现 7 号线地铁列车新的控制方案，此方案不仅具有更高的安全性，而且制动效果和制动时长与原有制动控制方式并无很大差别。

参考文献

[1] 徐红星，张晓. 上海 13 号线列车网络控制系统设计与研究 [J]. 铁道机车车辆，2014，32（5）：12-17.

地铁车辆对钢弹簧浮置板减振特性影响研究

闫宇智* 李腾 高岩 丁德云 邵斌

（北京九州一轨环境科技股份有限公司，北京 100071）

摘 要：本文以钢弹簧浮置板道床和普通整体道床为主要研究对象，实测了某地铁列车运行引起的钢轨、道床、隧道壁等区域的竖向加速度响应，从时域和频域的角度系统研究了地铁列车差异对钢弹簧浮置板道床振动传播特性及减振效果的影响。测试结果表明：同一地铁车辆多次通过测试断面时，各振动测试结果均具有较好的一致性；地铁车辆差异会对周边振动产生较大影响，该差异对钢弹簧浮置板减振效果的影响规律大致呈现正态分布，最高可达到 5dB 左右。

关键词：钢弹簧浮置板；普通整体道床；减振特性；地铁车辆差异；现场测试

城市轨道交通作为城市交通运输的重要手段之一，在给城市发展和人们出行带来更多便利的同时，不可避免地会造成环境或建筑物室内振动过大等问题，该问题已经成为城市轨道交通设计和建设中不可忽视且迫切需要解决的问题。

钢弹簧浮置板轨道结构作为城市轨道交通领域的特殊减振产品，具有良好的减振效果，适用于对建筑物减振降噪要求较高的区域。为了评价钢弹簧浮置板的振动特性及减振效果，《浮置板轨道技术规范》CJJ/T 191—2012 对其减振效果的测量方法进行了明确的规定，包括选取线路条件、测点位置、计算方法等，并将各指标多次测量结果的算术平均值作为最终评价指标。但由于车辆、轮轨关系、车速、轨道状态等因素的影响，浮置板道床振动特性及减振效果的各车次测量结果可能会存在较大离散性，这也为后续的评价工作提出了新的难题。

为了评价不同因素对钢弹簧浮置板振动特性及减振效果的影响，国内外的专家学者做了大量的研究工作。葛辉等对不同轨道减振产品在不同时速条件下的时频振动特征进行了现场测试及分析；李明航等对某地铁同一区间的 2 个断面进行了现场测试，从时域、频域角度出发，分析了振动源强的离散性；李宪同等对某地铁不同轨道形式的多趟过车振动源强差异性进行了统计分析。以上研究均是对钢弹簧浮置板减振效果的随机性研究，对钢弹簧浮置板振动传播特性及系统传递规律的研究相对匮乏。

基于上述研究背景，本文以钢弹簧浮置板为研究对象进行了现场测试，在时域、频域角度系统分析研究了地铁列车差异对钢弹簧浮置板道床振动传播特性及减振效果的影响，为后续钢弹簧浮置板的性能评价提供数据参考。

1 测试方案

1.1 测试概况

为了深入了解钢弹簧浮置板振动特性及减振效果，在某地铁隧道正线进行了现场测试，该线路最高设计时速为 80km/h，采用 60kg/m 钢轨，标准轨距，扣件选用弹条Ⅲ型分开式扣件，扣件间距为 595mm，轨枕选用钢筋混

---

* 闫宇智（1990—），男，博士，高级工程师。

凝土短轨枕，钢弹簧浮置板采用"二二布置"，运营车辆为A型车6节编组，运营平均时速为75km/h。测试过程中分别选择了与其他线路条件基本相同的钢弹簧浮置板地段和整体道床地段进行了测量，其现场照片如图1所示。

（a）钢弹簧浮置板

（b）整体道床

图1 现场测试照片

1.2 测点布置

钢弹簧浮置板断面和整体道床断面均布置在上行一侧，且均布置了钢轨竖向加速度、道床竖向加速度、隧道壁竖向加速度3个测点，详细测点布置如图2所示，现场测点布置如图3所示。

测试过程中，为了分析地铁列车差异对周边振动的影响规律，选用不同列车分别在同一天的不同时刻连续通过测试断面的数据进行分析。据现场调研统计，本次测试时间段内，共有12节列车在该线路上依次运行。

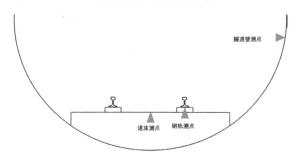

图2 详细测点布置示意图

图3 现场测点布置图

2 测试结果时域分析

某一列车通过钢弹簧浮置板测试断面时，钢轨、道床和隧道壁的竖向加速度响应时程如图4所示。3个测点的竖向加速度响应时程最大值分别为 $100.013\,\text{m/s}^2$、$11.088\,\text{m/s}^2$ 和 $0.108\,\text{m/s}^2$。

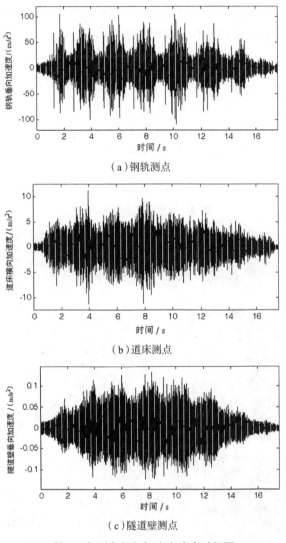

图 4 各测点竖向加速度响应时程图

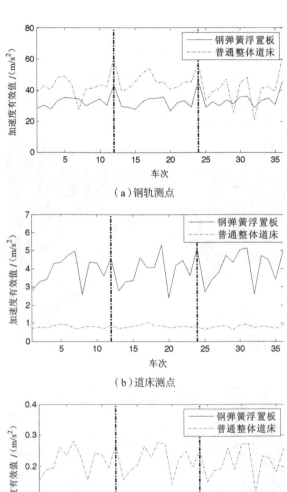

图 5 各测点加速度有效值对比

对列车通过钢弹簧浮置板断面和整体道床断面时各个测点的连续36趟数据有效值进行汇总，汇总结果如图5所示。

从图5可以看出：

（1）同一车次条件下，钢弹簧浮置板的道床振动大于普通整体道床，钢弹簧浮置板的钢轨和隧道壁振动小于普通整体道床，说明钢弹簧浮置板具有较好的减振效果。

（2）每个列车周期（12趟车）条件下，各测点的加速度有效值整体呈现周期性变化，说明同一趟地铁列车以相同工况多次通过同一断面时，引起的周边振动差异较小。

（3）对于同一个周期的不同列车，各测点的振动实测结果有效值差异较为明显，说明地铁列车差异会影响轮轨相互作用关系，进而引起周边振动出现较大差异。

3 测试结果频域分析

通过测试结果的时域分析可得到各车次各测点的峰值和有效值统计结果，但时域分析容易受到周边振动信号的干扰，随机性较大。频域分析结果相对稳定，因此本节从振动加速度级、分频振级均方根差值等频域指标的角度对测试结果进行了分析。

3.1 振动加速度级

对所测振动加速度数据进行傅里叶变换，得到1/3倍频程各中心频率的振动加速度级，同一个周期不同列车条件下，钢弹簧浮置板各测点的振动加速度级1/3倍频程图如图6所示。

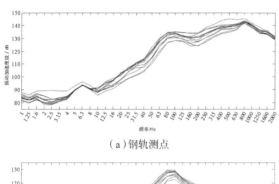

（a）钢轨测点

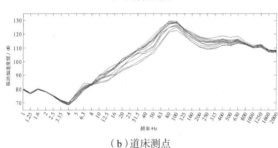

（b）道床测点

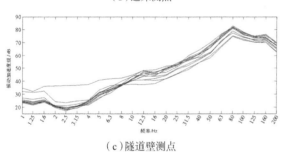

（c）隧道壁测点

图6　各车次振动加速度级对比

从图6可以看出，当不同地铁列车通过钢弹簧浮置板断面时，各频带振动趋势基本相同，振动幅值略有差异，其中钢轨测点振动差异较大频带为10～1000Hz，道床测点振动差异较大频带为10～500Hz，隧道壁测点振动差异较大频带为10～200Hz。

3.2 分频振级均方根差值

由于对传感器设计精度及减振效果频带范围等方面的考虑，本节在进行频率分析时，中心频率的分析范围为4～200Hz。减振效果评价时主要参照隧道壁垂向振动测点，因此本节主要针对该测点进行研究。

同一趟列车在不同周期的1/3倍频程对比结果如图7所示。

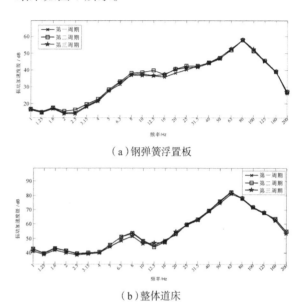

图7　同一车次各道床形式振动加速度级对比

从图7可以看出，无论是对于钢弹簧浮置板或普通整体道床，同一车次多次通过该测试断面时，引起的周边振动几乎完全一致，说明同一车辆的振动一致性较好。

将不同列车在不同周期下分频振级均方根差值汇总于图8。从图8可以看出，各辆列车在各个周期内的振动一致性良好。

将同一车辆作用下钢弹簧浮置板和普通整体道床隧道壁加速度实测结果的1/3倍频程计算结果汇总于图9。

从图9可以看出，钢弹簧浮置板除10Hz左右外（10Hz左右为浮置板自振频率处，几乎没有减振效果），在各频带均具有良好的减振效果。

将不同车次在不同周期的减振效果汇总于图10。从图10可以看出，不同车次不同周期之间，减振效果差异较大，可达到5dB左右。

为了分析一天多周期多趟列车通过测试断

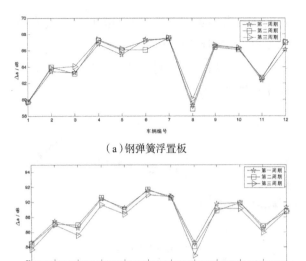

（a）钢弹簧浮置板

（b）整体道床

图 8 分频振级均方根汇总

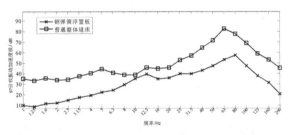

图 9 同一车次各道床形式振动加速度级对比

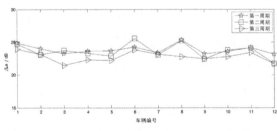

图 10 减振效果汇总

面时钢弹簧浮置板减振效果的分布规律，现将整个测试过程的 170 次有效数据全部进行统计分析，减振效果的分布规律如图 11 所示。

从图 11 可以看出，该测试区段钢弹簧浮置板减振效果的分布规律大致呈现正态分布，该正态分布的均值为 23，标准差为 1.1。

4 结论

本文对某地铁隧道内钢轨、道床、隧道壁

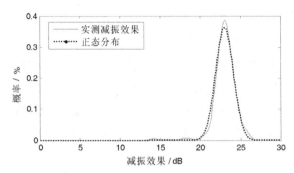

图 11 减振效果分布规律统计

等区域进行了现场测试，从时域和频域的角度系统研究了地铁列车差异对钢弹簧浮置板道床振动传播特性及减振效果的影响，得到以下结论：

（1）钢弹簧浮置板道床具有较好的减振效果，减振效果均值为 23 dB。

（2）同一趟地铁列车以相同工况多次通过同一位置时，引起的周边振动差异较小，地铁列车差异会对周边振动产生较大影响。

（3）地铁列车差异对钢弹簧浮置板减振效果的影响规律大致呈现正态分布规律，最高可达到 5 dB 左右。

参考文献

[1] 张啟乐. 地铁列车运行引起的地面和建筑环境振动规律研究 [D]. 南昌：华东交通大学，2015.

[2] 董国宪. 高架轨道交通浮置板轨道减振降噪性能研究 [D]. 上海：同济大学，2007.

[3] 中华人民共和国住房和城乡建设部. 浮置板轨道技术规范 [S]. 北京：中国建筑工业出版社，2012.

[4] 秦冲. 激励方式对地铁浮置板轨道减振性能评价影响研究 [D]. 北京：北京交通大学，2019.

[5] 葛辉，杨麒陆，梁迎春，等. 不同时速下地铁多种轨道结构现场测试与分析 [J]. 铁路标准设计，2017，61（1）：11-14.

[6] 李林峰，马蒙，刘维宁，等. 不同激励作用下钢弹簧浮置板轨道减振效果研究 [J]. 工程力学，2018（35）：253-258.

地铁车辆段架大修能力提升研究

侯云浇[*]

(天津轨道交通运营集团有限公司，天津 300380)

摘　要：本文介绍了地铁车辆段架大修的概念和维修能力现状，重点介绍了制约架大修能力的因素以及强化架大修工艺的办法，对地铁车辆段架大修优化策略进行思考与分析，不仅能够提升架大修工作的质量和效率，还能为地铁正常运行提供保证。

关键词：地铁车辆段；检修；架大修

我国城市地铁交通飞速发展，各地新线争先开通，与此同时，地铁车辆也陆续进入架大修检修周期，对各车辆段的架大修检修能力提出新的考验。

架大修部门作为地铁车辆段中承载车辆维修主要工作的部门，想要做到在降低维修成本的同时，既不丢失在车辆专业技术上的统领，又不被供应商掣肘，就必须在提升部件维修能力上下功夫，尽快规划落实部件维修的总体布局方案，一是要做大做强既有部件维修能力，二是与部分供应商合作，重建和提升新的维修能力。

1　地铁车辆段架大修概念

按照地铁车辆维修规范的规定，车辆行驶超过 5 年或者里程超过 60 万 km 则需要进行车辆架修工作；车辆行驶超过 10 年或者里程超过 120 万 km 则需要进行车辆大修工作。地铁车辆段架大修是一种与普通检修不同的地铁维修方式，架修、大修时维修人员都会拆卸地铁车辆的转向架及其他重要部件，然后对这些部件进行全面检修。与一般的地铁车辆维修方式相比，架大修的规模是比较大的，架大修可以在很大程度上保证地铁车辆运行的平稳性，因此是目前我国地铁运行系统一种非常重要的车辆维修方式。

对地铁车辆进行架修时，维修人员会架修可以在较短时间内恢复地铁车辆的正常性能，有时还可以对车辆性能进行强化。而大修相比架修更为深入，大修需要对整个地铁车辆进行拆分和检修，因此需要耗费较大的人力和物力资源。

2　地铁车辆段架大修能力介绍

车辆段架大修检修能力的情况主要分为三种：

第一种是目前具备检修能力的项目，例如牵引电机、铁科制动部件、车钩，这些项目虽能够进行检修，但仍然有很大的优化改进空间，包括检修设备设施优化、工艺流程优化、人员自主检修能力提升等，需要在实践中探索、试验和逐渐完善，总结经验逐步形成较强的检修能力。

第二种是目前不具备检修能力的项目，例如受电弓、SIV 风机、制动电阻风机、齿轮箱、车间连接器、司控器以及对 SIV、VVVF、

---

[*] 侯云浇，天津轨道交通运营集团有限公司，天津市西青区边村路南 1 公里处天津地铁 5 号线机修库。
E-mail: 2584850546@qq.com

BCG整机的检修，这些系统专业性较强，检修难度较大，需要在厂家进行现场故障处理及现场服务中逐渐学习、总结，通过人员积极参与检修过程，学习其工艺流程、使用的工具及操作步骤，并在后续的检修过程中自我总结，积累经验，完成突破。

第三种是改造类的项目，例如间壁门增加行程开关、司机室门内部紧急解锁改造、客室加装残疾人固定带等。与厂家签订检修合同后，在厂家检修过程中，通过影像、照片等方式记录检修工艺流程、工具及操作步骤，为后期自主维修奠定基础，力争改造类项目自主完成布线、走线、出图等工序的突破。

3 制约地铁车辆段架大修能力提升的因素

3.1 架大修人员设备

人员以及设备、工具是整个地铁车辆段架大修的核心。人员能力主要指人员数量、专业技术能力等，架修进度从制定规划到具体实施都离不开人的影响。特别是在项目进度的控制上，较高的专业能力，可以把项目影响因素的预见性表现在工期的计划过程中[1]。设备能力是指设备的数量、完好率等因素的综合。俗话说，"好马配好鞍""巧妇难为无米之炊"，再强的专业技能人员，如果没有合适的设备、工具，也是纸上谈兵。

3.2 架大修生产计划

地铁车辆架大修生产是否能够合理制定，取决于维修人员的专业水平以及对设备、工具配备情况是否进行了全面充分的考虑。尽量避免编制不切实际的生产计划，以至于对维修现场形成错误的指导。还需要考虑出现临时故障的情况，并编制相关的应急预案，以避免一些临时发生的故障不能及时解决而影响交车时间。

3.3 架大修工艺流程

工艺流程决定着现场维修工作的秩序和和谐。全面考虑线网的架大修工艺布局，把架大修的工艺设备进行合理的资源共享。将具备检修能力的项目进行工艺优化，不仅能将架大修的优势维修项目发挥到最大，还能捋清其他维修项目的流程。

3.4 架大修委外项目

地铁车辆的重要部件一般均由原厂家维修，与原厂家签订好合同会大大避免一些延误工期的因素，但一些委外厂家维修时间过长，则需提前安排。另外运输过程中的一些不确定因素也可能影响交车。

4 优化建议

4.1 安排维修人员培训，配置工具工装设备

地铁车辆架大修能否顺利进行，维修人员是主要影响因素之一。因为地铁车辆架大修是一个非常专业性的工作，维修人员最起码要经过6个月以上的培训及跟班作业学习后才可以大体掌握维修的基本技能，才可以独立上岗工作[2]。

即使专业人员技能提升，但硬件及维修设备、工具、工装配备不到位，仍然会制约架大修能力的提升。在进行架大修工作之前，应优先将维修设备、工具、工装配备齐全。如果无法做到在检修工作开始前配备齐全，至少在检修工作中应根据现场实际需求不断改进、升级，为检修作业最大限度地提供服务，提高检修人员的作业效率。随着数字化、信息化时代的到来，智能化车间也逐渐成为新风向。智能化维修设备不仅能够提升维修效率，还能合理分配资源和时间。

4.2 提早编制检修规程，不断优化作业工艺

车辆检修规程和工艺文件需在开展架大修的前两年进行准备和编制工作，汇总日常检修中车辆的频发故障，充分了解各系统的运用情况，总结运营状况，以便编制出合理的架大修规程。

在车辆运用数量不紧缺的前提下，最好提前拆解一列车，对各系统的各部件进行深入研究和分析，进而编制出合理的工艺文件。

检修规程和工艺文件在车辆架大修过程中起到指导作用，只有方向正确、工艺合理，才能更经济、更高效地完成车辆的架大修工作。

4.3 现场工艺布局优化，各个场地充分利用

架大修的工艺布局是整个架大修工作的框架，在一个整体框架内，区分主次，划分出着重维修的部分。考虑到个别较大部件不易运输，应尽量在原维修基地进行维修；一些价格较贵、专业性要求较高的部件可以集中运送到专业场地进行维修。这样做的主要目的是充分利用现有场地，以避免造成不必要的运输损失及场地闲置。

4.4 合理规划委外项目，积极约束委外厂家

地铁车辆架大修委外项目的选择基本上划分为两类：一是维修所要求技术水平较低，劳动力需求比较高的部件，比如清洁、刷漆等；二是所需技术水平较高，不容易进行维修的，或者目前不具备维修能力的部件，比如液压减振器、牵引逆变模块、轴承等。对于一些技术水平要求较高的零部件，在初期维修时，若不能进行自主维修就需要采取委外维修的方式，当维修数量增大时，可以采取合作维修的方式。合作维修就是与相关的主机厂、维修公司合作，获取技术方面的帮助，同时在设备、人员、工器具方面逐渐优化，逐步掌握维修能力。

4.5 物资储备提前落实，重要物资准备充分

物资储备是否到位对于架大修工作可不可以顺利进行起着至关重要的作用。按照调研结果，需架修车辆的大部件应该根据1～1.5列车准备，以便进行换件维修，达到节省维修时间的目的，同时，对于发生故障才需要替换的部件，需要根据按一列车零部件的5%～10%准备，价格比较贵的零部件可以按照5%的数量准备，价格比较便宜的零部件可以按照10%的数量准备，零部件准备工作在架修前需要落实到位，只有这样，才能确保架修工作顺利进行，避免因物资缺乏而导致工期停滞[3]。

5 小结

综上所述，地铁车辆架大修是一个庞大且复杂的维修体系，涵盖的内容很多，会影响其维修能力的因素也很多，且因各条线路的实际运行情况不同也会有较大的差异。各架大修车辆段可因地制宜，根据自身实际情况及发展需求确定车辆架大修规划，建立架大修检修体系，提升架大修维修能力。

参考文献

[1] 陈晓明. 地铁车辆架修探讨[J]. 工程技术，2016（7）：57-59.

[2] 中国铁路总公司铁路客车运用维修规程（试行）[M]. 北京：中国铁道出版社，2015.

[3] 中国铁路总公司铁路客车段维修规程（试行）[M]. 北京：中国铁道出版社，2014.

某学校屋面室外机噪声治理分析

吴瑜媛* 王少云

（深圳市科德声学技术有限公司，深圳 518000）

摘 要：随着我国经济的蓬勃发展，国家越来越强大，政府对教育的重视，也随之不断增强，对学校建设、教学环境的重视也日益体现，空调设备等暖通机电设备普遍使用，由此产生的噪声问题也引起了人们的关注。本文以某学校屋面空调室外机等设备的噪声治理为实例，分析噪声超标的原因，并简述治理的方案和最终效果。

关键词：学校；空调室外机；声功能区；噪声

1 前言

改革开放 40 多年以来，随着我国经济的蓬勃发展，国家越来越强大，人民的生活水平也日益提高。同时，政府机构对教育的重视，也随着经济的腾飞而不断增强，这不仅体现在教学水平方面，更体现在学校的建设方面，以及学校的基础配套设施上。莘莘学子学习的环境也紧跟着时代的步伐，发生了日新月异的变化。舒适的教学环境，更有利于培育更优秀的建设社会主义事业的国家栋梁人才。

某学校为社区配套九年一贯制公办学校，位于城市中央。该校作为某一线城市第一所"三星级绿色建筑"学校，已被意大利 the Plan 杂志收入绿色建筑专刊，将成为该市建设"未来学校"的新标杆。

教室、多媒体教室、图书馆、餐厅等全部配备中央空调，空调室外机安装在学校建筑的屋面，学校需要营造安静的教学环境，学校综合楼北面是某高档复式居住小区，屋面设备噪声问题尤为突出，影响北面小区的声环境。高档的住宅小区，环境噪声按照高标准执行，室外机噪声大、频谱宽、数量较多，叠加后的噪声较高，离小区较近，较难处理。本文通过具体案例，介绍室外机的噪声问题和提供最佳的解决措施。

2 某学校屋面室外机降噪处理介绍

2.1 设备噪声情况分析

某学校校园主建筑采用现代建筑设计风格，分为小学部、中学部、综合楼、教师宿舍四栋。综合楼 5 层、6 层屋面，小学部北侧、南侧屋面均有机电设备，以空调室外机占多数。屋面设备噪声数量较多，距离住宅小区和教师宿舍楼非常近，设备运行时，噪声传播到住宅楼对居民的起居生活产生一定影响，需要进行相应的噪声治理（图 1）。各区域具体的设

图 1 设备区域噪声源平面分布图

---

* 吴瑜媛（1987—），女，汉族，广东深圳，学士，助理工程师，中国声学学会会员，2012 年起从事噪声及振动控制技术设计工作。Email: wyy@kdepsz.com

备噪声情况如下：

2.1.1 综合楼 6 层设备区域

共有空调/新风多联室外机设备 17 组，三排分布，距离敏感小区约 38m。根据厂家提供的噪声数据，单台多联机噪声值为 57～63dB（A），叠加后的噪声值为 75dB（A）左右。

2.1.2 综合楼 5 层设备区域

距离敏感小区约 25m；共有设备 29 台，分别为：

（1）模块式风冷机组热泵 4 台；
（2）空调及新风多联室外机 18 台；
（3）空调冷热水泵 4 台；
（4）热泵 2 台；
（5）排油烟风管 1 台。

根据所提供的设备参数表，单台多联室外机的噪声值为 57～63dB（A），单台热泵噪声值为 62dB（A）。根据经验估算单台模块式风冷热泵 1m 处的噪声值约为 80dB（A）。5 层屋面设备较为集中，叠加后的噪声值为 85dB（A）左右。

2.1.3 3 栋小学部屋面东南角设备区

共有空调/新风多联室外机 3 台，距离敏感小区约 64m。根据所提供的设备参数表，单台多联机噪声值为 57～63dB（A），叠加后的噪声值为 67dB（A）左右。

2.1.4 3 栋小学部屋面东北角设备区

共有空调/新风多联室外机 11 台，两排分布；距离敏感小区约 65m，距离教师宿舍约 20m。根据所提供的设备参数表，单台多联机噪声值为 57～63dB（A），叠加后的噪声值为 73dB（A）左右（图 2）。

2.2 治理标准

根据《社会生活环境噪声排放标准》GB 22337—2008，项目所处环境为 1 类声环境功能区：指以住宅、医疗卫生、文化教育、科研设计、行政办公为主要功能，需要保持安静的

图 2 空调室外机（治理前）

区域。

本工程项目以下列敏感区噪声值作为设计目标：

（1）学校北面受影响小区居民楼外（阳台）处连续 A 声压级：昼间 ≤ 55dB（A），夜间 ≤ 45dB（A）作为设计目标。

（2）教室宿舍（窗口）处连续 A 声压级：昼间 ≤ 55dB（A）（主要考虑昼间）。

2.3 治理措施

从噪声源和传播途径着手，通过隔振、消声和吸声的措施进行降噪处理，隔振产品由第三方负责提供。本方案主要介绍空气隔声的处理措施。根据设备与敏感区的距离，以及需要执行的标准，经过声学计算和产品选型，降噪方案如下：

2.3.1 综合楼 6 层设备区

综合楼 6 层屋面设备相对 5 层较少，且叠加噪声值也相对低一些。6 层设备采用开放式隔声罩+排气消声器的方式进行治理，具体措施如下：

（1）根据设备位置，6 层设备主要影响红树别院一侧的居民楼，因此，考虑在设备顶部安装排气消声器，防止排气噪声对居民楼影响。

（2）在居民楼一侧安装开放式隔声罩（半罩），开放式隔声罩高 2800mm，隔声罩主要由隔声板组成。

2.3.2 综合楼5层设备区

采用隔声罩方式进行降噪，隔声罩由隔声板、隔声门、进风消声器、进风消声百叶、排风消声器等组成，具体措施如下：

（1）在设备区居民楼一侧，已有高约3m的结构墙体，在墙体表面安装吸声板，以降低混响声。

（2）在设备区其余三面设置进风消声器和隔声板，其中操场一侧和南侧设置进风消声百叶，消声百叶和消声器在满足降噪的同时，满足设备的进风需求。

（3）在设备顶部安装排风消声器，以降低往外传播的噪声。不同设备根据其噪声值大小，安装不同长度和型号的排风消声器。

（4）排风消声器与设备排风口之间用接驳风管连接，以保证全部设备的热风全部排出。

（5）在隔声罩顶部（排风消声器位置除外）安装隔声板，以防止设备噪声外泄。

（6）在隔声罩靠近入口位置一侧设置隔声门，隔声门尺寸为800mm×1800mm。

2.3.3 小学部东北角设备区

小学部东北角考虑空气传声对北面教师宿舍影响的噪声治理。采用开放式隔声罩+排气消声器的方式进行治理，具体措施如下：

（1）根据设备位置，该处设备主要影响北面教师宿舍，因此，考虑在设备顶部安装排气消声器，防止排气噪声对教师宿舍影响。

（2）在教师宿舍一侧安装开放式隔声罩，开放式隔声罩高2800mm，隔声罩主要由隔声板组成。

2.3.4 小学部东南角设备区

3组室外机设备正常运行时，叠加噪声值为67dB（A）左右，水平距离64m，距离住宅和宿舍楼较远，声音向四周扩散较充分，噪声大概衰减30dB，到达居民楼处昼间噪声值<55dB（A），满足设计要求。对楼下教室影响有空气传声和结构传声。空气传声影响，经现场勘查及声学核算，对楼下教室影响较小，空气传声贡献值能满足楼下声环境要求，此处不考虑空气传声噪声处理。

2.4 完工照片

综合楼6层、5层，小学部3层北侧完工照片如图3～图5所示。

图3 综合楼6层完工照片

图4 综合楼5层完工照片

图5 小学部3层北侧完工照片

3 总结

根据客户提供的设备参数，经过声学理论计算设计降噪方案，综合楼 6 层、综合楼 5 层和小学部屋面东北角，屋面设备经过上述降噪治理后，不考虑其他噪声源的影响，噪声排放满足国家《社会生活环境噪声排放标准》GB 22337—2008 1 类功能区要求，即：

（1）在敏感居民楼阳台处，昼间连续 A 声级 $\leqslant 55$ dB（A），夜间 $\leqslant 45$ dB（A）。

（2）教师宿舍窗口，昼间连续 A 声级 $\leqslant 55$ dB（A）。

项目完工后，验收合格。在进行声环境要求高的楼宇设备降噪的同时，需结合设备的使用情况，合理设计布置设备的位置，尽量避免高噪声设备放置在有高静音要求的区域附近，减少不必要的降噪设施。

在设备的噪声治理中，不要仅局限于后期的噪声改造，对周边敏感区域的声环境要从设计阶段尽早介入，科学合理地设计设备、管路、声功能区的位置，从根本上避免和解决问题，提高效率，节约成本，而不是发现问题后才采取措施，以避免后期改造因空间等方面的限制而不能达到理想的效果，施工难、成本高等问题。更重要的是引起业界各业主、甲方对噪声的重视，特别是一些高档的酒店、写字楼等楼宇。

参考文献

[1] 马大猷，等. 噪声与振动控制工程手册 [M]. 北京：机械工业出版社，2002.

[2] D.A. 比斯，C.H. 汉森. 工程噪声控制 [M]. 北京：科学出版社，2013.

[3] 吕玉恒，等. 噪声控制与建筑声学设备和材料选用手册 [M]. 北京：化学工业出版社，2011.

[4] Conrad J. Hemond, Jr. engineering acoustics and noise control [M].

[5] 声环境质量标准：GB 3096—2008[S].

[6] 社会生活环境噪声排放标准：GB 22337—2008 [S].

[7] 民用建筑设计通则：GB 50352—2005 [S].

[8] 民用建筑隔声设计规范：GB 50118—2010 [S].

[9] 邵斌，等，现代建筑中噪声振动影响及其控制对策 [J]，城市管理与科技，2003（3）.

[10] 深圳经济特区环境噪声污染防治条例 [S].

[11] [美]Clarence W.de Silva. 振动阻尼、控制和设计 [M]. 北京：机械工业出版社，2013.

全自动运行系统线路综合监控乘客调、车辆调应用研究

余承英[*] 赵 健[*] 蒋春华

（深圳市赛为智能股份有限公司，深圳 518000）

摘 要：城市轨道交通全自动运行线路下的综合监控系统乘客调、车辆调，通过乘客双向对讲、突发事件应急联动响应、全线车载 PIS 设备状态信息监控、全线车载乘客服务设备状态监控，实时分析车载设备状态、故障告警等功能，保证了乘客的人身安全，提升整体运营效率、救灾应急水平。本文介绍全自动运行线路下的综合监控系统乘客调、车辆调的功能设计和应用场景，已在苏州 5 号线成功运营，满足全自动运行的应用场景和需求。

关键词：城市轨道交通；全自动运行系统；综合监控系统；乘客调；车辆调

城市轨道交通全自动运行系统具备自动化程度高、安全防护完善及中央远程调度功能丰富等优点，具有较强的适应性和灵活性，已成为现代城市轨道交通发展的趋势。全自动运行系统由于缺少列车司机的现场操作，故对其系统的可靠性提出了更严苛的要求，并对其系统功能设计、运营管理调度带来了巨大挑战。本文就综合监控系统乘客调、车辆调在全自动运行系统线路下的轨道交通中的应用及功能设计，来解决全自动运行下的乘客、车辆运营管理的一系列问题。

1 乘客调、车辆调在轨道交通中的应用

乘客调主要负责处理在线列车上与乘客相关的事件，当在线列车发生突发事件时，通过乘客对讲安抚和疏导乘客，保证乘客的人身安全，满足运营对场景的需求。

车辆调主要负责对车辆上各个子系统发送的主要设备报警信息、故障信息的采集和显示，组织指挥对车辆上设备的维修工作，针对各种可能发生的突发事件，制定事故抢修、灾害救援方案，由突发事件触发调出相应处理预案，快速处理故障，减轻事故及灾害影响范围。

2 主要工作内容

2.1 乘客调主要工作内容

（1）监视车载 PIS 设备状态信息、车门设备状态信息、车载 CCTV 设备状态信息、列车火灾信息、车站 CCTV 设备状态信息；

（2）可以通过车载视频监视车内情况，调取在线运行任意车辆内每个监控视频的图像进行显示；

（3）远程复位 PECU；

（4）预留对车载 PIS 显示屏下发信息播报功能，给乘客提供资讯服务；

（5）查阅并打印报表；

（6）对乘客调工作站屏幕拷贝；

（7）负责全线的车载乘客服务设备状态的监控；

（8）可查看自动开站场景的全线情况汇总

---

[*] 余承英（1987—），女，高级工程师，深圳市赛为智能股份有限公司。主要从事智慧城市和轨道交通相关领域的设计与实施工作。
赵健（1984—），男，高级工程师，深圳市赛为智能股份有限公司。主要从事城市轨道交通相关领域的设计与实施工作。

界面；

（9）实现乘客紧急触发车载紧急对讲、紧急手柄以及列车火灾情况下联动显示功能。

2.2 车辆调主要工作内容

监视全线范围内在线运行和库内停靠的车辆工作状态，判断车辆是否处于正常运行状态，监视全线范围内车辆发出的故障报警和灾害报警信息。

3 乘客调功能设计

3.1 CCTV调用

乘客调操作界面上有闭路电视系统按钮，点击后能够对闭路电视系统进行操作，可以调用车辆CCTV视频。

CCTV显示功能包含：大屏显示，本机四分屏显示，本机单屏显示，视频序列显示，视频序列编辑功能，球机控制功能。

乘客调的CCTV调用功能偏向于乘客乘车安全的相关视频监视，如车载视频画面、屏蔽门视频画面、电扶梯视频画面等。

乘客调能够进行全线摄像头、车站摄像头以及车载摄像头的视频图像调用，如图1～图3所示。

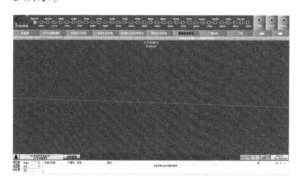

图1 全线摄像头调用

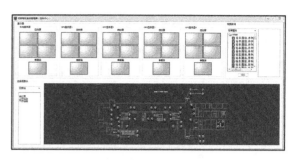

图2 车站摄像头调用

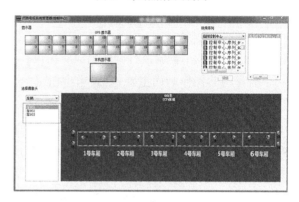

图3 车载摄像头调用

置图，并联动CCTV画面。乘客调在车站发生火灾时，可以第一时间与电环调等协调工作，疏导乘客，降低火灾人员伤害。

FAS功能设计一般包含车站温感、车站烟感、车站手报、火灾模式、消防卷帘、车载车厢火灾报警状态等信息。乘客调对全线FAS报警情况进行监视，包括车站及车辆火灾报警（图4、图5）。

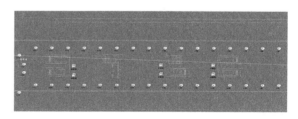

图4 车站火灾报警

3.2 FAS报警功能

乘客调操作界面上可对全线（含车辆）FAS报警情况进行监视。

当乘客调接收到FAS发生火灾报警信息并联动时，乘客调界面会自动推送防火分区位

3.3 TCMS车载信息监控功能

乘客调在需要时，可远程复位PECU。

当车辆发生设备故障或火灾时，乘客调收到车辆专业发送的报警信息后，通过综合监控自动弹出的相关CCTV画面，及时监视车内乘

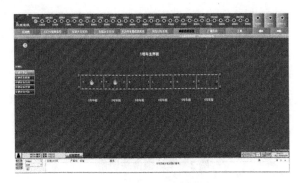

图 5 车辆火灾报警信息

客状况，并协调车辆调，行调作出应对决策。

乘客调的操作画面主要包括：车辆平面示意图、车辆仪表数据显示图、车辆设备系统示意图、车辆报警信息列表、车辆设备控制画面、车辆设备列表画面等。可供操作员监控全线设备。

车辆设备监控信息（图6）包含所有设备的详细状态：

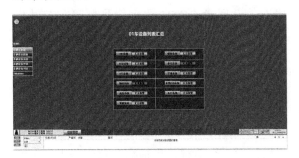

图 6 车辆设备监控

（1）TMS：vcu 故障。

（2）火灾：烟温复合探头；手报按钮；故障消音；火灾总线。

（3）ATC：ATC 断路器状态；atcis 激活状态。

（4）制动：空压机状态；主风过压状态；转向架状态；转向架速度传感器状态；转向架制动阀状态；车载承重；转向架空簧压力；制动系统状态。

（5）高压：受电弓熔断器；列车熔断器；辅变熔断器；受电弓状态；ADD 旁路开关状态。

（6）驾驶：驾驶模式；主控制器断路器状态；限速状态；车速；制动模式；停放制动旁路开关状态；门联锁旁路开关状态。

（7）辅助：逆变器故障状态；充电机故障状态；蓄电池温度报警状态；供电熔断器故障状态。

（8）牵引：牵引逆变器状态；牵引制动力无效报警状态；空转报警状态；滑行报警状态；电制动故障状态；牵引超速报警状态；牵引变压器超范围报警。

（9）空调：空调机组状态；机组新风门状态；空调控制模式；空调紧急逆变器故障状态。

（10）PIS：PIS 故障状态；影音模块状态；乘客紧急呼叫。

（11）车门：车门状态；紧急解锁开关状态；司机室门状态；车门维护按钮状态；车门故障状态。

3.4 PIS 控制功能

乘客调能对全线 PIS（包含车辆）进行控制，可以进行文本信息发送，或者取消文本信息显示等操作。

在相关场景中，乘客调可以发送文本信息对乘客进行紧急疏导或心理安抚。

如图7所示，在界面中可以发送预定义或自行编辑的信息给车站 PIS 屏，滚动或全屏显示。

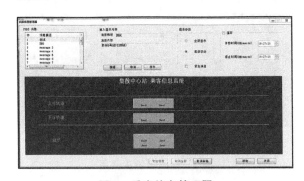

图 7 乘客信息管理器

3.5 PA 控制功能

乘客调可以监视车载 PA 设备状态信息（图8），乘客调使用广播管理器可以实现以下功能：

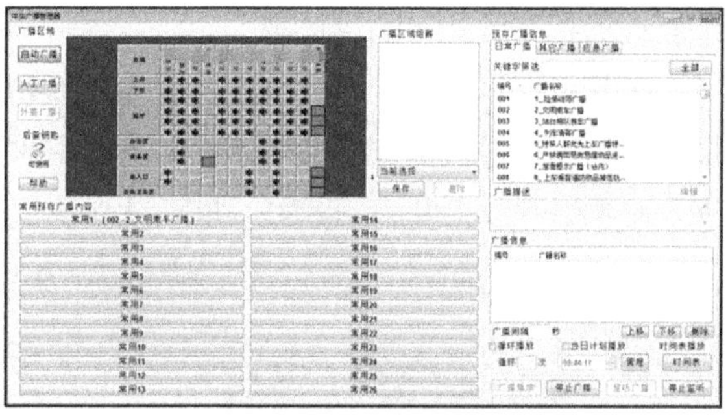

图 8 PA 控制

（1）向全线车站单个或多个区域发送预定义广播；

（2）向全线车站单个或多个区域发送人工广播；

（3）对车站某一区域进行广播监听；

（4）停止全线车站单个或多个区域的当前广播。

3.6 信号信息监视

乘客调对列车行车信号信息进行监视（图9）。监视的信号系统信息包含：

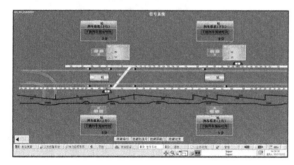

图 9 信号信息控制

（1）列车行车信息；

（2）站台信息。

在突发情况下，乘客调第一时间会被提示信号报警信息，以配合行调、车辆调进行运营场景处理。

3.7 远程排障功能

远程复位 PECU，实现车载紧急对讲的复位功能。

新增乘客调度台或乘客紧急通话设备与外部接口联动，实现乘客与中心调度人员的远程对讲功能和对任意列车、任意车厢的广播功能，提升运营的整体效率和救灾应急水平。目前，乘客紧急对讲主要有两种实现方式：①基于 TETRA 数字集群系统的乘客紧急对讲；②基于长期演进（LTE）车地无线通信系统的乘客紧急对讲。

3.8 应急联动响应功能

全自动运行模式下的综合监控乘客调度通过视频图像采集终端和智能视频分析技术实现信息共享、应急联动响应。

3.9 报表

统计报表内容包括：

（1）车载广播设备运行状态统计报表；

（2）车载 PIS 设备运行状态统计报表；

（3）车载视频监控设备运行状态统计报表。

4 车辆调功能设计

4.1 预案配置功能

针对突发事件，车辆调可以编制预案。该功能允许操作人员手动设置一个事故预案，该预案支持自动触发，也支持手动执行。

操作人员可以对预案自由编辑，在操作界面上选择预案步骤：点击各个子系统画面遥控按钮，弹出 CCTV 画面，发送 PIS、PA 信息，弹出文本方案内容等。

通过预案配置功能，车辆调能够自定义预案来应对不同的事件，操作人员可以自行配置预案步骤，来制定自定义预案（图10、图11）。

图 10 预案管理器

4.2 CCTV 调用

车辆调操作界面上有闭路电视系统按钮，

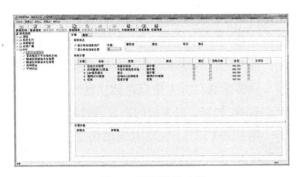

图 11　预案编辑功能

点击后，车辆调能够对闭路电视系统进行操作，可以调用车站、车载 CCTV 视频画面。

CCTV 显示功能，包含大屏显示、本机四分屏显示、本机单屏显示、视频序列显示、视频序列编辑功能、球机控制功能。

在主菜单点击 CCTV 视频监控可以进行全线摄像头调用（图 12、图 13）。

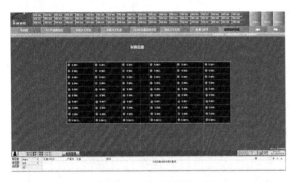

图 12　车辆选择

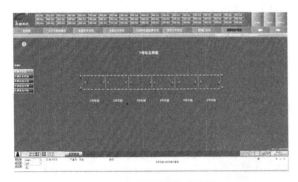

图 13　车厢内摄像头监控

4.3　FAS 报警功能

FAS 报警功能分为两个部分：车站火灾报警和车载火灾报警。主要包含车站温感、车站烟感、车站手报、火灾模式、消防卷帘、车载车厢火灾报警状态等信息监控。

车载火灾报警后，车辆调对所有车载 FAS 报警情况进行监视，总图中如果车辆发生火灾，车辆会显示"火苗"报警，如图 14 所示。

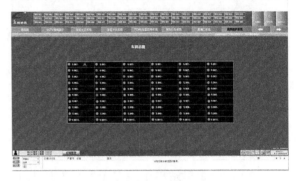

图 14　车辆发生火灾

选中具体列车后以图元形式显示各个车厢火灾报警信息，如图 15 所示。

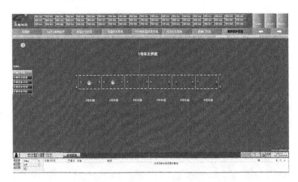

图 15　车厢发生火灾

4.4　TCMS 车载信息监控功能

车辆调的操作画面提供下列图像供操作员监控全线设备，画面包括：车辆平面示意图、车辆仪表数据显示图、车辆设备系统示意图、车辆报警信息列表、车辆设备控制画面、车辆设备列表画面。

车辆调的 TCMS 功能偏重于列车故障的监视以及列车运行状态的监视。车辆调能够实时准确地监视所有在线列车的状态。当突发故障时，车辆调能够第一时间监视故障车辆、故障位置及详细信息。车辆调能够根据已知信息，作出最有效的决策，与行调、乘客调配合来应对突发事件。

4.5 远程排障功能

在 TCMS 车载信息系统中提供的控制功能，出于安全考虑所有控制都需要首先激活控制，激活控制后，再次确认才可以进行车辆控制。控制界面如图 16 所示。

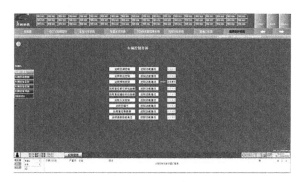

图 16　车辆控制界面

控制功能如下：

（1）远程空调控制

在全自动运行模式下，实现对列车内部温度调节及空调开关功能。有人驾驶模式下，由司机操作控制。主要控制功能包括远程调温、远程开启和关闭。

（2）远程制动控制

在全自动运行模式下，远程制动控制。有人驾驶模式下，由司机操作控制。主要控制功能包括远程停放制动的施加和缓解、远程主风缸压力欠压旁路、远程停放制动缓解监控旁路、远程所有制动缓解监控旁路。

（3）远程照明控制功能

在全自动运行模式下，实现对所选列车的客室照明系统的开关功能。有人驾驶模式下，由司机操作控制远程开/关照明。

（4）远程复位牵引系统故障

在全自动运行模式下，车辆停稳后，实现对车辆牵引设备进行低等级报警复位功能。有人驾驶模式下，由司机操作控制远程牵引系统故障复位。

（5）远程复位辅助系统故障

在全自动运行模式下，车辆停稳后，实现对车辆辅助设备进行低等级报警复位功能。有人驾驶模式下，由司机操作控制远程辅助系统故障复位。

（6）远程火灾控制

在全自动运行模式下，实现对车辆火灾报警信息进行复位功能。有人驾驶模式下，由司机操作控制远程火灾报警复位、远程火灾系统消声。

（7）远程升降弓

在全自动运行模式下，当弓网故障、接触网失电、接触网异物等情况下，车辆停稳后，由车辆调远程升降弓操作。有人驾驶模式下，由司机操作控制远程升降弓。

（8）远程复位断路器

在全自动运行模式下，车辆停稳后，实现对车辆影响行车关键回路的断路器复位功能。有人驾驶模式下，由司机操作控制远程断路器复位。可远程复位的断路器清单由车辆专业提供。

（9）远程强制自检通过

车辆自检时，车辆调可以让车辆强制自检通过。控制功能为远程强制自检通过。

4.6 列车行车信息监视

车辆调对列车行车信息进行监视（图 17）。

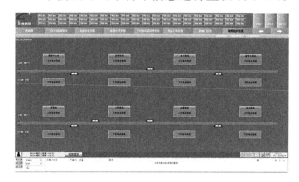

图 17　行车信息监视

列车行车信息系统监视包含列车运行状态信息、站台信息。

车辆调可以通过点击列车行车信息按钮打开监控界面，查看各类信息的详细状况。车辆调在列车行车信息中可以监视车辆的行车状况，对于列车位置丢失状态、车辆故障阻塞信息等能及时采集监视。并与行调、乘客调配合作出相应决策应对突发事件。

4.7 FG 报警功能

车辆调能够对防淹门进行监视，当防淹门发送故障报警信息或者状态丢失信息时，车辆调收到报警信息，协助行调进行安全控车（图18）。

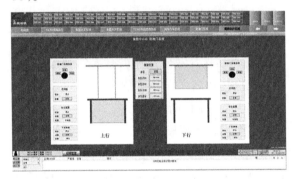

图 18　防淹门显示画面

防淹门包含系统选择开关状态、通信故障状态、就地开关门按钮状态、车站开关门按钮状态、允许关门状态、水位状态、启闭机状态、锁定装置状态、闭锁装置状态、电源故障状态等信息。

4.8 周界安防系统监控

车辆调能够对场段及正线的周界安防进行监视，可查看安防系统各防区状态（图19）。

4.9 报表

车辆调度可以打开报表，进行报表浏览，统计报表内容包括：

（1）车辆运行状态统计报表；

（2）车辆故障信息统计报表；

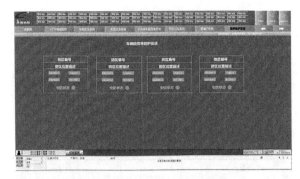

图 19　安防系统各防区状态监控

（3）车辆报警信息统计报表；

（4）车辆设备控制操作记录统计报表。

5 总结

本文介绍城市轨道交通全自动运行线路下的综合监控系统乘客调、车辆调的主要功能设计，实现实时了解车厢乘客乘车情况及车辆情况的监视功能，为全自动运行模式下的行车安全、运行管理、人员调度等提供了重要保障。

参考文献

[1] 侯卓璞. 面向调度控制一体化的列车运行自动调整方法研究 [D]. 北京：北京交通大学，2021.

[2] 刘栋. 城市轨道交通全自动运行模式下的乘客服务系统关键技术 [J]. 铁路计算机应用，2020，29（11）：27-29.

[3] 胡信超，李惠，孔令帅. 综合监控系统与专用无线系统在乘客调度工作站上集成方案研究 [J]. 电工技术，2020（8）：135-136，139.

[4] 赵保锋. 无人驾驶地铁调度指挥模式初探 [J]. 中国高新科技，2018（12）：55-57.

[5] 刘鹏翱. 城市轨道交通全自动驾驶运营安全分析与列车运行模拟仿真 [D]. 北京：北京交通大学，2017.

[6] 孙同庆，王富章. 城市轨道交通乘客信息系统消息调度的实现 [J]. 铁路计算机应用，2012，21（12）：48-51.

钢弹簧隔振器布置对车轨动力性能影响研究

陈 真* 任 奇 丁德云 李 超

（北京九州一轨环境科技股份有限公司，北京 100071）

摘 要：隔振器作为钢弹簧浮置板轨道系统最为重要的部件，除本身结构参数外，布置方式的差异对车轨系统具有一定的影响。针对工程中常用的 25m 长钢弹簧浮置板共计 36 个隔振器二三布置方式，提出了 34 个隔振器二三布置和 30 个隔振器三三布置的两种新方式。针对隔振器不同布置方式，利用有限元软件 ANSYS 和多体动力学软件 UM，建立了三维动力时程模型，获得了钢弹簧浮置板和车体的动力性能数据。结果表明：在钢弹簧浮置板总刚度相同的条件下，隔振器间距越大，浮置板的频率越低，钢轨变形越大，隔振器受力也越大；34 个隔振器二三布置的钢轨变形比 36 个隔振器二三布置大，但钢轨平顺性有一定的提高，30 个隔振器三三布置的钢轨变形最大，钢轨的平顺性最差；34 个隔振器二三布置的车体垂向振动与 36 个隔振器二三布置差异很小，30 个隔振器三三布置会使车体振动幅度增加较大。

关键词：钢弹簧浮置板；隔振器；布置；动力性能

1 引言

近年来，国内外学者对钢弹簧浮置板轨道结构相关参数对减振效果的影响及设计和施工等方面做了大量的研究工作。丁德云等基于有限元法对钢弹簧浮置板的道床板长度、道床板厚度、弹簧刚度、支承间距和扣件刚度等参数对其动力学性能的影响进行了三维正交试验研究[1]。刘维宁等利用北京交通大学轨道减振与振动控制试验室对钢弹簧浮置板的低频特征进行了测试，研究了钢弹簧浮置板的轨道弹簧刚度、支承间距的变化对低频振动的影响，并分析了钢弹簧浮置板轨道和普通轨道的低频减振效果[2]。他们的工作为钢弹簧浮置板的改进设计提供了有利的依据。

工程中应用较多的现浇 25m 钢弹簧浮置板其隔振器布置方式多为 2-3 分布，即除浮置板端部的隔振器外，其余隔振器按 1.2m、1.8m 间距布置（图 1），总隔振器数量为 36 个。如果一块浮置板中减少一对隔振器（2 个）将可使加工制作隔振器的成本减少 5.56%，若浮置板轨道铺设较长，成本的减少将非常可观。

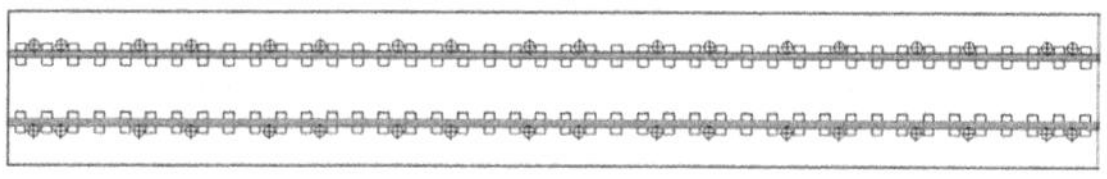

图 1 钢弹簧浮置板隔振器 2-3-36 布置

针对现有的 36 个隔振器 2-3 布置的浮置板，本文提出了 34 个和 30 个隔振器的布置方式，其隔振器分布如图 2、图 3 所示。分析单个隔振器刚度不变，减少隔振器数量（总刚度变低）、改变隔振器布置方式和改变单个隔振器刚度，保持总刚度不变对车轨动力性能的影响。

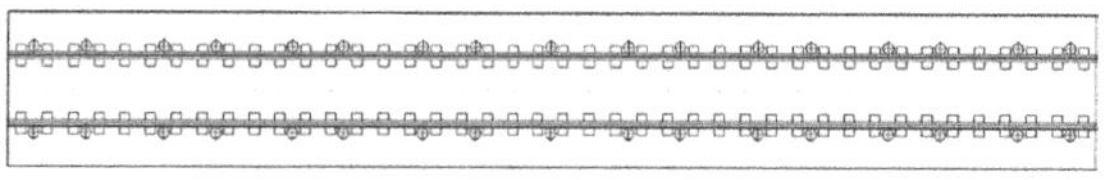

图 2 钢弹簧浮置板隔振器 2-3-34 布置

---

* 陈真（1989—），男，硕士研究生。主要从事轨道系统减振的研究。E-mail: chenzhen@bjjzyg.com

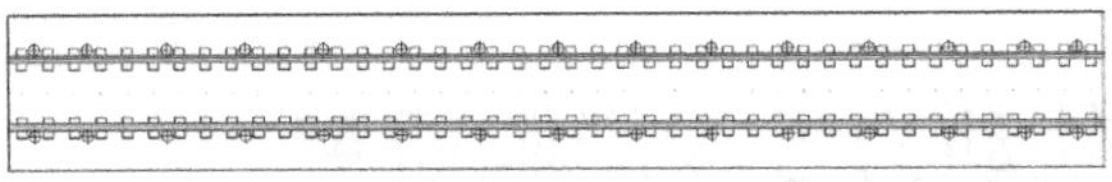

图3 钢弹簧浮置板隔振器3-3-30布置

为了探究这两种隔振器布置方式对列车运行的安全性是否有不利的影响及影响程度，分别采用 ANSYS 和 Universal Mechanical（简称UM）分析钢轨变形、隔振器受力和列车加速度等结果。

2 轴重荷载的准静态分析

为分析弹簧浮置板在隔振器连续特定布置方式下动力响应，分别对比计算单个隔振器刚度相同、总体刚度不同和单个隔振器刚度不同、总体刚度相同下的浮置板、隔振器受力和钢轨变形情况，对比计算的方案如表1所示。

表1 单个隔振器刚度相同，总刚度不同计算工况

方案	布置形式	隔振器数量/个	单个刚度/(kN/mm)	总刚度/(kN/mm)
1	2-2	42	6900	289800
2	2-3	36	6900	248400
3	2-3	34	6900	234600
4	2-3	34	7306	248400
5	3-3	30	8280	248400

2.1 钢弹簧浮置板轨道模型及参数

本部分采用 ANSYS 软件建立钢弹簧浮置板有限元模型，模型中浮置板采用 SOLID185 实体单元进行离散，扣件和隔振器采用 COMBIN14 弹簧阻尼单元模拟，钢轨用 BEAM188 梁单元模拟。在端部钢轨和剪力铰截断处设置弹簧单元，弹簧单元自由端约束其所有自由度。图4为建立的钢弹簧浮置板有限元。

建立时钢弹簧浮置板轨道有限元模型用到的参数如表2所示。

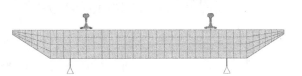

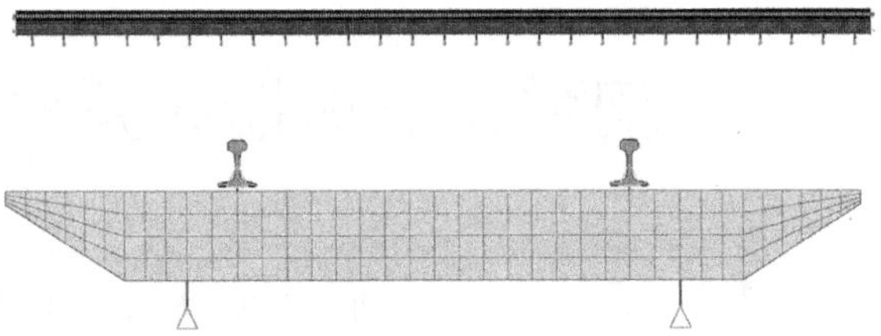

图4 钢弹簧浮置板有限元模型

表2 浮置板轨道结构参数

名称	数值
钢轨弹性模量/pa	2.05×10^{11}
钢轨泊松比	0.30
钢轨密度/(kg/m³)	7.85×10^{3}
混凝土弹性模量/pa	3.2×10^{10}
混凝土泊松比	0.24
混凝土密度/(kg/m³)	2.3×10^{3}
扣件刚度/(N/m)	2.5×10^{7}
轴向刚度/(N/m)	5.4×10^{9}
横向刚度/(N/m)	9.5×10^{9}
垂向刚度/(N/m)	9.6×10^{9}
剪力铰刚度/(N/m)	1.4×10^{10}

加载按等效移动静荷载。计算载荷选取地铁A型车，车速80km/h，相邻两节车厢的前后两个转向架轴重（16t）。

2.2 隔振器总刚度不同

2.2.1 浮置板模态结果

分别建立三种工况对应的钢弹簧浮置板模型，在 ANSYS 中计算并提取模型结果。表3为对应模态的频率结果。

表3 三种工况下钢弹簧浮置板自然频率/Hz

阶数	工况1	工况2	工况3
1	10.8	9.7	8.8
2	10.9	9.9	9.2
3	11.1	10.0	9.2
4	12.0	11.0	10.3

从表3的振型频率结果可知：隔振器不同的布置，会使钢弹簧浮置板结构有不同的振型和自然频率；同时结构的总刚度越大，其对应

的一阶模态频率越高。

2.2.2 钢轨变形结果

考虑到在浮置板端部边界条件会对计算钢轨变形结果产生影响，为减少这个因素的影响范围，仅对板中12.5m范围内钢轨变形的结果进行提取（图5），以最左端为原点，将提取的结果绘制成图6。

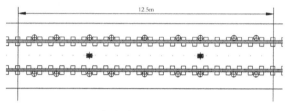

图5　钢轨变形结果提取范围

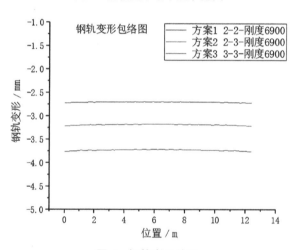

图6　钢轨变形结果

从图6中的结果可知：钢弹簧浮置板的总刚度值越小，钢轨的变形量将越大。钢轨变形量与浮置板总刚度成反比。

2.2.3 隔振器受力分布

为分析隔振器布置方式不同时的受力情况，提取转向架在板中时刻浮置板下隔振器的受力值。加载位置和提取隔振器编号，如图7所示。由于隔振器布置相对于板中截面成对比关系，故仅提取右边一半数量的隔振器受力值。将提取的隔振器受力按隔振器位置绘制成图8，并将中间四个隔振器受力值汇总到表4。

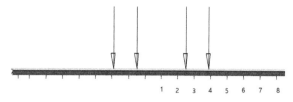

图7　载荷位置及隔振器编号

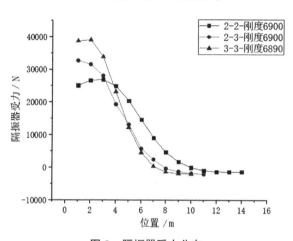

图8　隔振器受力分布

表4　隔振器受力（一）/N

工况	隔振器1	隔振器2	隔振器3	隔振器4
1	27084	27092	27102	27125
2	32849	32922	32996	33185
3	39490	39549	39709	39846

从图8中曲线结果可知：工况3中3-3布置方式下的隔振器，单个隔振器受到的载荷要大于其他两种布置方式；工况2、工况3布置方式下的隔振器，受力较大的主要集中在载荷施加位置1～3个隔振器范围内；工况1布置方式下载荷施加位置1～4个隔振器受力相差不大。其原因是工况1布置方式下的隔振器，两者之间的距离较小，浮置板在载荷作用下产生变形时，有较多的隔振器参与到抵抗变形的队伍中。

表4中的分析结果显示：相同荷载条件下工况2的隔振器受力比工况1增加22.34%，工况3的隔振器受力比工况1增加量可达46.9%。

2.3 隔振器总刚度相同

2.3.1 浮置板模态结果

由于工况 1 和工况 3 形式下的隔振器布置方式已在 2.2.1 节中有计算结果，本部分仅计算工况 2 和工况 4 这两种情况，分别建立对应的钢弹簧浮置板模型，在 ANSYS 中计算并提取结果。表 5 为对应模态的频率结果。

表 5 三种工况下钢弹簧浮置板自然频率 /Hz

阶数	工况 1	工况 2	工况 3	工况 4
1	10.8	10.2	9.7	9.1
2	10.9	10.4	9.9	9.4
3	11.1	10.5	10.0	9.5
4	12.0	11.4	11.0	10.6

从以上结果可知：四种工况的第一阶振型相同，从第二阶开始振型开始有差异，其中前三种工况的二、三、四阶的振型相同。

分析表 5 的自然频率结果：浮置板系统在总体刚度相同时，隔振器的布置形式不同，对应的各阶频率也会有差异。隔振器之间的间距越大浮置板的固有频率越低，同时总刚度越大，其对应的各阶模态频率越高。

2.3.2 钢轨变形结果

根据表 2 工况参数调整有限元模型中的隔振器刚度，钢轨变形结果提取位置与 2.2.2 节工况相同。

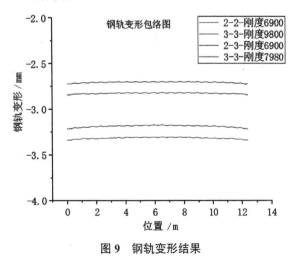

图 9 钢轨变形结果

表 6 四种工况下钢轨变形

工况	钢轨变形 /mm	增加值 /mm	百分比 /%
1	4.87	—	—
2	5.08	0.21	4.31
3	5.74	—	—
4	5.97	0.23	4.01

分析图 9 和表 6 的结果可知：在总刚度相同的情况下，由于布置方式的不同导致钢轨的最大变形不同，但差值很小；工况 2 相对于工况 1 钢轨变形增加量为 0.21mm，增加幅度为 4.31%；工况 4 相对于工况 3 钢轨变形增加量为 0.23mm，增加幅度为 4.01%。

2.3.3 隔振器受力结果

隔振器受力结果提取位置与 2.2.3 节相同，将提取的隔振器受力值按隔振器位置绘制成图 10，并将中间四个隔振器受力值统计到表 7。

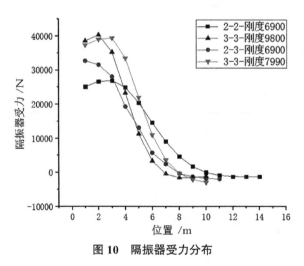

图 10 隔振器受力分布

表 7 隔振器受力（二）/N

工况	隔振器 1	隔振器 2	隔振器 3	隔振器 4
1	27084	27092	27102	27125
2	40437	40455	40553	40627
3	32849	32922	32996	33185
4	39848	39885	40022	40127

从图 10 中的曲线结果可知：布置方式相同时（工况 2 和工况 3），隔振器受力的最大值

相差很小，受力分布趋势基本一致。隔振器间距越大，隔振器受力越集中。

分析表7中的数据可知：在总刚度相同时，工况2下的隔振器受力比工况1增加49.8%，工况4下的隔振器受力比工况3增加20.9%。

3 车辆—轨道耦合动力学分析

本部分主要计算钢弹簧浮置板在列车移动荷载下整块板长范围内钢轨的最大变形量，分析隔振器分布对钢轨平顺性和列车垂向加速度的影响。

3.1 车辆—轨道耦合动力学模型及参数

利用多体动力学软件UM，根据图11所示的车辆—钢弹簧浮置板轨道耦合动力学模型，按照地铁A型车辆参数建立多体动力学模型。模型中扣件刚度参数与第1节模型相同，隔振器刚度参数按照表8进行设置，选择美国五级谱作为轨道不平顺激励。

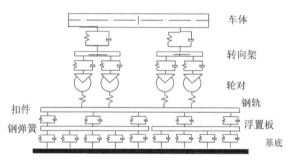

图11 车辆—钢弹簧浮置板轨道耦合动力学模型示意图

表8 隔振器布置计算工况

工况	布置形式	数量/个	单个刚度/(kN/mm)	总刚度/(kN/mm)
1	2-3	36	6900	248400
2	2-3	34	6900	234600
3	3-3	30	8280	248400

3.2 钢轨垂向变形及车体振动加速度分析

钢轨垂向变形结果提取位置为单块浮置板对应的25m长度，车体垂向振动加速度提取位置依据《机车车辆动力学性能评定及试验鉴定规范》GB/T 5599—2019 第8.2节[3]中规定的测点位置。

从图12中的曲线结果可知工况2和工况3的钢轨变形都要大于工况1，工况2的变形结果大于工况1是因为单块浮置板的总体刚度小于工况1。虽然工况3的总体刚度和工况1相同，但由于工况3的钢弹簧布置方式为3-3型，相邻钢弹簧的距离大于工况1，这个结果和上述得到的结果趋势相同。工况3钢轨变形的平顺性要好于前两种，主要体现在板段与板中变形差值。

图13中车体垂向振动加速度表明工况3的隔振器布置方式会使车体的振动加速度增加，工况2的布置方式对车体的振动加速度影响很小。

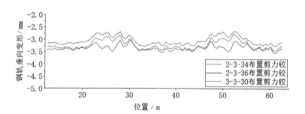

图12 三种工况下的钢轨垂向变形包络图

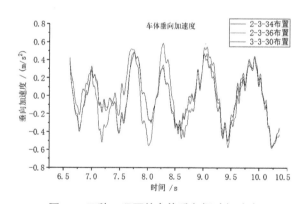

图13 三种工况下的车体垂向振动加速度

4 结论

针对现有的36个隔振器2-3布置的浮置板，本文提出了34个和30个隔振器的布置方式。分析单个隔振器刚度不变、减少隔振器数量（总刚度变低）、改变隔振器布置方式和改变单个隔振器刚度，保持总刚度不变对钢轨变形、车体振动加速度的影响。

特殊板长下的不同隔振器布置计算结果表明：①单个隔振器刚度相同时，系统的总刚度越大，固有频率越高，钢轨的变形量越小；隔振器间距越大，单个隔振器受到的载荷也越大。②总刚度相同时，隔振器的布置形式不同，对应的各阶阵型和频率也有差异，即隔振器间距越大，浮置板的频率越低，钢轨变形增大，同时隔振器受力也增大。

现浇 25m 板计算结果表明：①方案 2（2-3 布置 34 个隔振器）的钢轨变形比方案 1（2-3 布置 36 个隔振器）的大，在板端最大变形差值约 1.0mm，钢轨平顺性有一定的提高；方案 3 比方案 1 的钢轨变形整体增加约 0.2mm。②车体垂向振动加速度表明工况 3 的隔振器布置方式会使车体的振动加速度增加，工况 2 的布置方式对车体的振动加速度影响很小。

参考文献

[1] 丁德云，刘维宁，李克飞，等.钢弹簧浮置板轨道参数研究 [J].中国铁道科学，2011，1（1）：30-35.

[2] 刘维宁，丁德云，李克飞，等.钢弹簧浮置板轨道低频特征试验研究 [J].土木工程学报，2011，8（8）：118-125.

[3] 机车车辆动力学性能评定及试验鉴定规范：GB/T 5599—2019[S].

轨道交通消防联动程序编制要求浅析

张献良[1] 张 瑞[2]

（1.合肥赛为智能有限公司，合肥 230000；2.深圳市赛为智能股份有限公司，深圳 518000）

摘 要：由于地铁具有缓解城市交通拥堵、节省地面空间、运行速度快、运输能力强、减少噪声和干扰等优点，越来越多的城市开始加大对地铁项目的投资建设。但地铁车站客流量大、紧急情况下人员疏散困难，因此要保证乘客快速安全地进行撤离，必须使紧急情况下参与消防联动的设备立刻进行响应，给乘客以声光报警警示及进入防排烟消防联动模式以保障地铁人员及设备安全。本文着重论述地铁车站、停车场、车辆段发生火灾时，各专业之间如何进行消防联动程序控制。

关键词：火灾报警系统；消防联动；BAS 系统；换乘站

1 消防联动系统组成

1.1 火灾报警系统

火灾报警系统（Fire Alarm System，简称 FAS）与综合监控系统集成，对车站、停车场、电缆通道等建筑设施的火警安全进行可靠监视管理，具有火灾探测和报警功能，并能在火灾时发出模式指令，使相关环境设备监控运行转入火灾模式，实现消防联动。

火灾自动报警系统实现中心级、车站级两级管理，实行中心级、车站级、就地级三级控制方式，中心级由中心环境调度员负责全线火灾自动报警系统集中监控与管理、运营模式、设备运行统计等工作。车站级由车站值班调度员作为本站火灾自动报警系统集中监控与管理，负责车站级的 FAS 的管理与联动控制。FAS 一般由以下几项组成：

（1）火灾探测器：智能型光电感烟探测器、智能型感温探测器、线性感温电缆、红外光束感烟探测器等，主要负责发现火灾，及时报警。

（2）电话插孔、消防电话分机以及火灾手动报警按钮：主要用于现场工作人员或群众实现人工报警和通信。

（3）控制和监视模块：主要用于监视设备的运行状态，控制专用排烟风机、消防泵等消防设备。

（4）消防广播：主要用于散布火灾的消息，疏散现场群众，组织现场救灾。

（5）声光报警器和警铃：主要用于火灾发生时报警。

1.2 综合监控系统

综合监控系统（Integrated Supervisory Control System，简称 ISCS）主要目的是用系统化方法将各分散的自动化系统联结为一个有机的整体，实现轨道交通各专业系统之间的信息互通、资源共享，提高各系统的协调配合能力，高效实现系统间的联动，提高轨道交通全线的整体自动化水平。综合监控系统互联的专业包括站台门系统（PSD）、闭路电视监控系统（CCTV）、广播系统（PA）、乘客信息系统（PIS）、自动售检票（AFC）、信号系统、时钟系统（CLK），集成的专业包括电力监控系统（PSCADA）、环境与设备监控系统（BAS）、门禁系统（ACS）、火灾报警系统（FAS）。

1.3 环境与设备监控系统

环境与设备监控系统（Building Automation System，简称 BAS）对地铁环控和机电设施

（包括通风、空调、给水排水、照明、电扶梯等）进行集中管理和优化控制，以达到舒适、安全、方便、节能的目的。

BAS与ISCS集成。负责全线正常、维修、故障、阻塞、火灾工况下的机电设备如通风空调系统、给水排水系统、照明系统、扶梯系统（自动扶梯、电梯）等设备的运行状态监视和控制管理。

1.4 应急照明系统

地铁站应急照明系统包含站内应急照明和区间应急照明，其中站内应急照明按功能区划分为设备区应急照明和公区应急照明。EPS柜（应急电源柜）是全站应急照明的电源来源，包含电池柜和馈线柜，电池柜内电池块按顺序连接后形成电池组，与馈线柜进线端由充电线连接，平时市电给电池组充电，应急时电池组逆变给应急照明提供备用电，馈线柜进线端为双回路引自400V开关柜室，出线回路为应急照明疏散灯具，一般地铁站有4台EPS柜，分别位于站厅站台层4个照明配电室内，分别控制就近的设备区、公区、出入口和区间应急照明疏散灯具。

平时状态下，由双路市电中的一路给应急照明疏散灯具供电，当其中一路断电时，自动切换至另一路；消防火警状态下，强制启动电池组逆变，给应急照明疏散灯具提供备用电；特殊情况下，两路市政点均断电，电池组启动逆变，给应急照明疏散灯具提供电源，能够维持90分钟。

1.5 消防水系统

消防水系统由消火栓灭火系统、自动水喷淋灭火系统、消防泵系统组成。当发生火灾时，在自动启泵方式下，消防泵接收到FAS主机输出模块的控制信号后立即启动，并反馈启泵信号。若消防泵无法立即启泵，应由车站值班人员通过车控室内的紧急后备盘进行手动强启。

1.6 综合后备盘

综合后备盘（Integrated Backup Panel，简称IBP）作为紧急情况下，各专业控制器无法正常工作时的一种应急后备盘，通过人工干预的方式，对车站需联动的紧要设备进行直接控制。IBP盘一般包括信号、屏蔽门（PSD）、防淹门、自动售检票（AFC）、门禁（ACS）、乘客信息系统（PIS）、消防泵、防排烟风机、隧道火灾模式、车站火灾模式、电扶梯专业等。

2 消防联动的流程

消防联动流程如图1所示。

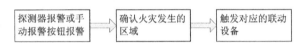

图1 消防联动流程图

2.1 消防联动监控的设备

消防联动监控的设备见表1。

表1 消防联动监控的设备及说明

设备名称	说明
环境与设备监控系统（BAS）	接收FAS发出的联动模式命令，通过BAS实现排烟模式转换。触发IBP及综合监控的手动控制模式并反馈给BAS，FAS根据BAS反馈的模式启动对应的消防专用风机和电动防火阀
门禁系统（ACS）	通过模块提供联动命令，并接收反馈信号
公共广播（PA）	通过模块提供联动命令，切换至消防广播
自动售检票闸机（AFC）	通过模块提供联动命令，并接收反馈信号
垂直电梯（DT）	通过模块提供联动命令，并接收反馈信号
垂直电梯的电源切除	通过模块向0.4kV开关柜发出联动命令，并接收反馈信号
照明非消防负荷电源切除	通过模块向0.4kV开关柜发出联动命令，并接收反馈信号
其他非消防电源切除	通过模块向0.4kV开关柜发出联动命令，并接收反馈信号
防火卷帘门	通过模块提供联动命令，并接收反馈信号
常开防火门	通过模块提供联动命令，并接收反馈信号
消火栓泵	通过模块提供联动命令，并接收反馈信号

续表

设备名称	说明
喷淋泵	通过模块接收反馈信号
气体灭火系统	通过回路线向气体灭火控制器发出联动命令并接收反馈信号
防烟防火阀（SFD）（电动防火阀）	与气体灭火保护区联动的电动防火阀，由FAS直接通过模块控制
消防专用风机（包含排烟风机、加压送风机、补风机）	各车站、车辆段、停车场均有消防专用风机，直接由FAS通过模块控制
电动排烟口、排烟窗、排烟阀	通过模块提供联动命令，并接收反馈信号
应急照明（EPS）	通过模块提供联动命令，并接受反馈信号
声光报警器	通过模块控制警铃开启

2.2 FAS系统手动模式

火灾报警控制器设有2个手自动转换开关，转换开关1针对非气灭保护区，转换开关2针对气灭保护区。

正常运行情况下两个转换开关都应该处于自动状态（表2）。

表2 转换开关及其联动方式

转换开关1	转换开关2	联动方式
自动	自动	任意区域火灾报警，满足触发条件，FAS及气灭执行相关联动
手动	手动	报警主机只接收报警信息，不执行联动
自动	手动	报警主机接收报警信息，FAS执行相关联动，气灭不执行联动
手动	自动	报警主机接收报警信息，FAS不执行联动，气灭执行相关联动

2.3 FAS系统自动模式

火灾报警控制器手动/自动转换开关位于自动状态。

以探测区域作为确认火灾位置的单元，并执行对应的消防联动。

根据通风空调图纸运行模式表确定探测区域，一个模式对应一个探测区域，探测区域不跨越防火分区，以探测区域为单位确认火警并进行联动。

车站站台板下、变电所电缆夹层为独立探测区域。

每个气灭保护区为独立探测区域。

确认发生火灾的探测区域的方式如下：

（1）一个探测区域内2个及以上探测器报警确认。

（2）一个探测区域内1个手动报警按钮与1个探测器同时报警。

（3）设置单个探测器的房间，该探测器报警与该防火分区内任意一个手动报警按钮同时报警。

（4）一个探测区域内的2台极早期探测器同时报火警或一台极早期探测器报火警与1个手动报警按钮同时报警。

（5）停车场及车辆段的一个探测区域内1个电动排烟口/排烟窗/排烟阀与1个探测器或手动报警按钮同时报警。

车站、车辆段、停车场的感温电缆报警信号不作为触发联动的信号。

3 消防联动控制要求

3.1 火灾报警各系统联动要求

联动方案只考虑同一时间下只有一处火灾的情况，车站发生火灾时，应在6分钟内将乘客完全疏散出事故现场。在火灾报警系统自动方式下，火灾报警控制器必须根据确认火灾的位置触发对应的联动命令，对各种联动系统或设备要求如下：

（1）综合监控系统：综合监控系统收到FAS两点报警后，自动弹出火灾区域CCTV画面、自动弹出防火分区、报警栏推送报警信息、通过BAS的火灾模式号进入火灾模式工况、联动PIS使站厅站台公共区显示屏显示火灾信息提醒乘客疏散、联动PA播放应急广播。

（2）环境与设备监控系统：接受FAS传递

的火灾模式号，车站内不同房间或区域（房间和区域的划分根据通风空调图纸运行模式表）确认火灾后，触发联动对应的模式，并将火灾联动模式执行结果上传至综合监控进行显示；若区间发生火灾时，BAS将区间疏散指示打开，以提示乘客进行疏散。

（3）排烟风机/补风机/加压送风机：车站及区间内的防排烟系统和送排风系统设备，正常由BAS监控；火灾时，FAS探测火灾，由BAS进行消防联动，并保证FAS命令具有优先权。火灾时BAS根据暖通空调提供的防烟、排烟程序完成对设备的正确联动。专用排烟系统由FAS直接控制并执行联动。FAS系统设有专用排烟风机/加压送风机/补风机的手动控制线，可在车站控制室FAS主机联动盘处手动直接启停专用排烟风机/加压送风机/补风机，并显示专用排烟风机/加压送风机/补风机的工作状态。专用排烟风机/加压送风机/补风机有远方/就地及FAS/环控两个状态点，在就地时，为现场手动控制，FAS/环控均无效，只有在远方状态下，FAS才可远程启动。对于单个车站，FAS只针对第一处火灾确认位置触发对应的消防专用风机。当接收到BAS发送的模式号（IBP上BAS模式按钮按下或ISCS工作站软件下发通风模式后，如果涉及消防专用风机动作BAS将给FAS发送模式号）后启动对应模式的排烟风机/补风机/加压送风机。

（4）广播与电视监控系统：火灾应急广播设备、消防视频监控设备与行车共用，在车站控制室共用一个通信控制台，火灾时正常广播切换为火灾应急广播，FAS通过控制模块将火灾信号发送给广播系统，并能通过编程实现声光警报器及消防广播的交替循环播放；同时FAS将火灾信号发送给ISCS，ISCS将CCTV控制权切换为火灾联动，以便更好地组织人员快速疏散；各自动扶梯、出入口、公共区的摄像机纳入CCTV系统，由通信专业设计；除自动触发模式外，火灾应急广播和CCTV的切换还可由车站控制室值班员人工切换。

（5）警铃、声光报警器（非气体灭火保护区）：任何区域确认火灾后触发联动，火警后启动整个车站的警铃和声光报警器（先触发广播，广播与警铃声光交替）。

（6）门禁系统（ACS）：接受FAS火灾信息，建筑物内任何区域确认火灾后触发联动，释放所有设备房及通道门门禁。若门禁系统在自动方式下未进行联动，则由车站值班人员通过IBP盘手动将门禁系统释放。

（7）自动售检票闸机（AFC）：接受FAS火灾信息，建筑物内任何区域确认火灾后AFC紧急按钮接线盒（车站AFC设备室内）触发联动，AFC自动打开自动检票闸机。若AFC在自动方式下未进行联动，则由车站值班人员通过IBP盘手动将AFC释放。

（8）AFC终端设备电源的切除：车站内任何区域确认火灾后延时2分钟切除，延时期间若接收到消防水系统动作信号（消防泵或喷淋泵动作信号）立刻切除。

（9）垂直电梯（DT）：火灾时FAS将火灾报警信号传给垂直电梯，垂直电梯完成归首动作后，将消防动作完成信号反馈给FAS，FAS接到消防动作完成信息后切除非消防用垂直电梯电源。

（10）自动扶梯（FT）：建筑物内任何区域确认火灾后触发联动，使下行运行的扶梯停止，上行运行的扶梯保持上行状态，提高乘客疏散效率。

（11）照明非消防电源切除：车站内任何区域确认火灾后延时6分钟切除，延时期间若接收到消防水系统动作信号（消防泵或喷淋泵动作信号）立刻切除，车辆段、停车场、主变电所内不延时立刻切除，车辆段、停车场内根据单体分别切除。

（12）环控二级非消防负荷切除：车站内任何区域确认火灾后延时2分钟切除。

（13）其他动力负荷的非消防电源切除：建筑物内任何区域确认火灾后触发联动，立即切除，车辆段、停车场内根据单体分别切除。

（14）车站内乘客服务用房（小商铺）的防火卷帘门：车站任意区域内确认火灾后触发联动，一步降关闭乘客服务用房的防火卷帘门。

（15）车站与物业连接的防火卷帘门：各车站与物业连接的通道均不作为疏散通道，车站任意区域确认火警后对整个车站进行疏散，一步降关闭车站与物业通道之间的防火卷帘门。

（16）换乘站不同线路站台之间换乘通道的防火卷帘门：换乘站不同线路站台之间换乘通道不作为疏散通道，换乘站任意区域确认火警后对整个车站进行疏散，一步降关闭站台之间通道上的防火卷帘。

（17）连接2个独立车站的换乘通道上的防火卷帘门：连接2个独立车站的换乘通道不作为疏散通道，任一个车站确认火警后一步降关闭换乘通道上的防火卷帘。

（18）常开防火门：车站任意区域内确认火灾后联动关闭常开防火门。

（19）消火栓泵：建筑物内一个探测器和一个消火栓按钮按下或者一个手报和一个消火栓按钮按下后，区间一个消火栓按钮与一个手动报警按钮同时按下或一个消火栓按钮与感温光纤报警信号，FAS控制器（不论处于自动或手动）向消防泵发送启泵命令。

（20）喷淋泵：不通过火灾报警控制器内部程序触发联动。

（21）气体灭火系统：联动灭火控制器并启动声光报警。

（22）防烟防火阀（SFD）（电动防火阀）：设备用房火灾工况下关闭防烟防火阀（SFD），通过灭火控制器指令释放惰性气体进行灭火，火灾扑灭后进行通风，打开防烟防火阀（SFD）。

（23）应急照明（EPS）：任何区域确认火灾后触发联动，立即启动。

区间发生车头火灾、车尾火灾或者列车区间阻塞时，由司机将火灾信息报告给控制中心，经确认后由控制中心下发区间火灾模式，BAS开启隧道风机进行排烟。若发生非列车相关的区间火灾时，由FAS感温光纤探测出火灾位置后，将报警信息传递给综合监控，车站值班人员报告给控制中心，经确认后由控制中心下发区间火灾模式，BAS开启隧道风机进行排烟。

3.2 气体灭火系统联动

当火灾报警控制器的转换开关2位于手动状态，只报警，不触发联动气灭保护区的气体喷放，也不触发车站其他机电设施的联动。

在自动模式下，气体灭火保护区内1个探测器报警，此时启动保护区内的声光报警器及警铃。

在自动模式下，保护区内有2种探测器报警（至少1个感烟和1个感温探测器报警）。此时根据气体灭火保护区（划分根据通风空调运行模式表），关闭对应的防烟防火阀，启动保护区外的声光报警器，联动对应保护区的气体灭火控制器并命令其按照预先设定的程序执行灭火程序。

4 换乘站FAS、BAS联动控制要求

4.1 换乘站消防联动原则

新线与既有线换乘站之间接口设置如图2所示，FAS、BAS双接口方式保障在一个系统出现故障时，仍然能进行防排烟风机联动，避免烟雾蔓延、火情扩大，保障乘客及财产安全。

在FAS自动方式下，如果既有线发生火灾，新线进行声光报警联动、火灾模式联动、消火栓泵、防火卷帘门、非消防电源等专业

联动。其中，火灾模式联动原理如下：既有线 FAS 主机将火灾信息传递给新线 FAS 主机，新线 FAS 主机将其他线路火灾模式号发送给新线 BAS，BAS 按通风工艺图模式动作序列控制风机风阀；当既有线 FAS 出现故障时，可以启用 BAS 间接口，由既有线值班人员按下 IBP 盘按钮或者通过 ISCS 操作界面下发相应火灾模式，既有线 BAS 将火灾模式号传送给新线 BAS，新线 BAS 所有通风设备执行正常工况全停模式。反之，新线发生火灾时，仍按上述原理进行联动。

根据换乘车站土建结构特点，可分为通道换乘车站、合用站厅换乘站（T 形换乘）、合用站厅换乘站（十字形换乘）。

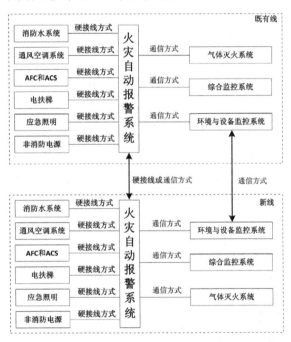

图 2　换乘车站消防联动接口示意图

4.1.1 通道换乘车站

通道换乘站被视作 2 个独立的车站，两个车站设置火警信息互发接口，收到对方的火警信息后将换乘通道内各自控制的防火卷帘降下，本站并不执行其他消防联动动作。

通道换乘站任意区域发生火灾，FAS 各自考虑本站管理区域内除暖通模式外的相关联动。除既有线因开通需要将部分区域纳入新线控制外，BAS 系统之间可不做接口。

4.1.2 合用站厅换乘站（T 形换乘）

合用站厅的换乘站，站厅公共区、2 条线路的站台均为一个防火分区，换乘节点处通过挡烟垂壁分割成不同防烟分区，按照防烟分区排烟，消防联动按照节点换乘车站考虑，一条线发生火灾时，另一条线执行全停模式。按照两个车站执行联动。

车站确认火警时（且在切非延时期间）立刻切除照明非消防电源。

消防泵启泵的信号，具体判断条件如下：

（1）车站内一个探测器和一个消火栓按钮按下；

（2）车站内一个手报和一个消火栓按钮按下；

（3）区间 1 个消火栓按钮按下和手报报警；

（4）一条线路站厅公共区一个手报按下和另一条线路一个消火栓按钮按下；

（5）一条线路站厅公共区一个探测器按下和另一条线路一个消火栓按钮按下。

4.1.3 合用站厅换乘站（十字形换乘）

合用站厅的换乘站，站厅公共区、2 条线路的站台均为一个防火分区。消防联动按照节点换乘车站考虑，任意一条线路消防联动后，整个车站进行疏散，因此整个车站的消防切非、闸机联动等均按照单个车站考虑。非消防电源及消火栓泵联动参照 T 形换乘站要求。

5 结论

综上所述，FAS 探测出火灾信息后，与其他系统进行联动，在发生火灾的初始阶段，启动消防设备，关闭非消防设备，能有效避免火灾扩大及财产损失，为乘客争取更多的疏散时间。

参考文献

[1] 地铁设计规范: GB 50157—2013[M]. 北京: 中国建筑工业出版社, 2013.

[2] 火灾自动报警系统设计规范: GB 50116—2013[M]. 北京: 中国计划出版社, 2013.

[3] 王坐中. 地铁消防联动控制决策研究[D]. 上海: 同济大学, 2007.

基于车车通信虚拟编组的 CBTC 系统方案的研究

贺禧龙* 杨 曦 宋 莉*

（马鞍山学院人工智能创新学院，马鞍山 243199）

摘 要：本文介绍了国内外列车运行控制系统的发展概况和基于车车通信的 CBTC（基于通信的列车控制）系统的研究现状。对传统的 CBTC 系统和基于车车通信的 CBTC 系统的系统基本框架、控制实现方式、实现功能等进行对比分析。结合未来 5G 技术、人工智能、云计算、大数据等信息技术的不断发展完善，提出了一种基于车车通信的虚拟编组的 CBTC 系统，并具体分析了虚拟编组的实现过程。该基于车车通信的虚拟编组的 CBTC 系统能够极大地精简地面设备，大大地缩短列车运行间隔时间，提高列车运营的灵活性，为未来城市轨道交通列车运行控制的研究提供了参考。

关键词：城市轨道交通；车车通信；虚拟编组；CBTC 系统

1 引言

随着国民经济的提升，城市区域一体化的发展，无论人民的物质生活还是精神生活都得到了提升。同时，人们对于出行的要求也逐渐提高，铁路作为人们的代步工具也逐渐成为常态，特别是我国高速铁路和城市轨道交通的出现，极大地方便了人们的日常出行。随着人口密度的不断增长、城市规模的增大、通勤距离的增长，大都市群的发展使得客流预测与管理变得更为困难，营运计划的调整将更为频繁，而超常规经营也有可能成为常态，对铁路运输的运营效率的要求也不断提高，特别是在城市轨道交通中，对列车的追踪间隔需要越来越小，但是列车的自动安全防护系统成为主要的制约因素。目前随着我国城市轨道交通的快速发展，各大城市开始兴建城市轨道交通线路，而且大部分轨道线路采用的都是 CBTC 系统。随着社会经济水平的提升，以及科学技术的不断发展，人们对 CBTC 系统也进行了发展研究，以更好地满足人们的生活需求。

2 国内外的研究现状

从图 1 可以看出我国列车运行控制系统的发展逐渐与国外同步，列控系统由一开始的固定闭塞发展到准移动闭塞，然后 CBTC 系统的出现大大地提高了列车的运营能力，随后在此基础上又进一步研发出全自动运行的 CBTC 系统，但传统的 CBTC 系统都是"车—地—车"的信息传输通信模式，其地面设备庞大复杂，且设备易受到干扰，维护烦琐。因此，轨道交通列车运行控制系统需要综合考虑乘客需求、运营维护需求及信号系统技术，所以提出了基于车车通信的新型 CBTC 信号系统，能够满足未来交通运输技术发展及应用需求，车车通信的 CBTC 系统将是未来列控系统的发展趋势。

基金项目：安徽省教育厅轨道交通自动化重点实验室重点科研项目（KJ2020A0847、KJ2020A0846），马鞍山学院重点科研项目（RZ2100000271），马鞍山学院大学生创新创业训练计划项目资助。

* 贺禧龙（2000—），男，大学本科，马鞍山学院，从事轨道交通信号与控制方面研究。E-mail: 2761067862@qq.com
宋莉（1994—），女，硕士，马鞍山学院，主要从事列车速度控制及预测研究。E-mail: 18352261556@163.com

目前应用比较广泛的列控系统基本是以 ETCS/CBTC 或 CBTC 标准制式下的架构方式，即地面设备负责采集、处理线路和列车的全部资料，按照运行需要和安全约束，对线路资源进行统一管理，通过信标、环线、无线等向列车的设备传输授权，并向操作员提供信号显示、授权距离等有关指示信息。区域控制器和联锁控制单元实现了对地面的控制，其核心思想就是在某一特定的地面上，通过一个统一的指挥中心来实现对整个系统的整体监控，而列车则会根据地面设备发送来的移动授权进行自动驾驶。

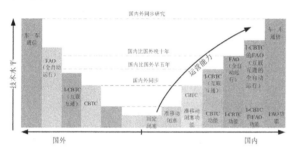

图 1　国内外列控系统的发展

欧洲的 NGTC 项目于 2013 年被提出，其主要研究任务是：①分析 ETCS 和 CTCS 系统的共同点和不同点，将两者的共同点提取并结合形成新一代的列控系统的需求；②以缩小列车追踪间隔、增强列车运营能力为目的，研究通用的移动闭塞原则在不同铁路中的应用；③基于 IP 的无线通信技术在 NGTC 系统中运用的可行性；④基于卫星定位技术在 NGTC 系统中的运用，GPS 已经在其他方面得到了广泛的应用，NGTC 项目正在努力将卫星定位技术引入列控系统，同时对新一代列控系统进行了研究[1]。

3　基于车车通信的 CBTC 系统的研究进展

目前我国尚未有真正的基于车车通信的 CBTC 系统的应用案例。在国外，法国里尔地铁的改造项目应用了该技术。法国里尔地铁 1 号线项目，于 2010 年开始研发基于车车通信的 CBTC 技术，2013 年开始进行信号系统改造。使用了以列车和目标器为中心的列控系统。传统的区域控制器、联锁设备的功能被目标控制器和车载设备所代替，目标控制器不仅可以对监控轨旁设备进行监控，而且可以保证列车对轨道资源的占有，从而保障行车的安全性。对加入了车车通信的列车，其行车运行组织更为灵活[2]。

3.1　基于车地通信的 CBTC 系统

基于车地通信的 CBTC 系统，如图 2 所示，传统的 CBTC 系统主要由 ATS（列车自动监控）、CI（联锁）、ZC（区域控制器）、DCS（数据通信系统）、VOBC（车载控制器）等子系统组成。其中，ATS 负责制订运行方案、监督运行，ZC 根据 CI 的运行情况，对线路上的所有列车进行管理，并计算和生成许可证（MA）。VOBC（包含 ATP）和 ATO（列车自动驾驶系统）在接到 ZC 的行车许可（MA）后，负责保护列车的速度和自动驾驶。DCS 则连接各子系统，保证了两个子系统能够相互通信。在传统的 CBTC 系统中，列车间隔控制、速度防护等功能都是建立在"车—地—车"的基础上，任何一个环节的失效都会导致运行效率下降，严重的可能导致安全事故。

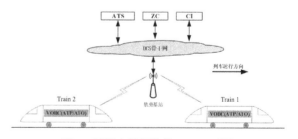

图 2　基于车地通信的 CBTC 系统

3.2　基于车车通信—虚拟编组的 CBTC 系统

车车通信是列控系统日益智能化、自主化的产物，它不是脱离了正常计划的运行，也不是没有地面设备的约束运行，而是指根据行车计划和实时运行情况，实现对资源的自我管理，并通过车地联动、车车通信协作，实现列车的自主安全防护。本文提出了一种基于车车通信—虚拟编组的 CBTC 系统的研究。虚拟编组技术是在欧洲地平线"Shift²Rail（构建未来铁路系统联合行动计划）"项目中所提出，现在随着通信技术、自动控制技术等科学技术的发展到成熟使得该技术有望在未来的列控系统中得到应用。虚拟编组技术是指在没有实体的条件下，利用协调控制，将多辆列车组成一个虚拟的、耦合的逻辑整体，从而达到大编组运行的目的。采用虚拟编组技术，更好地实现了列车间的追踪间隔距离的缩小，并打破了运力与空间的等值关系，提高了总运力[3]。

如图 3 所示，为基于车车通信—虚拟编组的 CBTC 系统示意图。该系统由 ATS、DCS 骨干网、VOBC 等子系统组成，且车与车之间通过虚拟编组连接。其中：ATS 下发列车的运行计划；DCS 进行网络数据通信；VOBC 采用车车通信技术缩短了信息传输的延时，同时具备接受位置请求和发送移动授权。

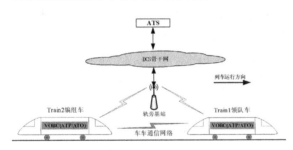

图 3　基于车车通信—虚拟编组的 CBTC 系统

在虚拟编组中，列车与列车间的无线通信代替了传统的实体联结车间的有线通信。同时在虚拟编组中，所有列车均能获得邻近列车的定位信息，并能自动进行行车授权。多组列车在同一编组中进行车辆与车辆的通信，由领队列车车（头车）负责对车组进行管理，并向车队中的其他列车发出控制命令。其他编组车接到领头列车的控车指令，按照控车指令控制车辆。

车车通信中最关键的是通信技术，本文所采用的是端到端（Device-to-Device，简称 D2D）通信技术[4]。D2D 技术是 LTE 甚至是 5G 技术中的一个重要技术之一。D2D 通信指的是蜂窝网络中用户设备在近距离范围内依靠建立终端直连链路实现数据交换的通信方式，数据不需要经过基站进行转发，它可以为移动终端提供直接的通信功能。在第三代伙伴计划（3GPP）组织所制订的 Release12 版中，D2D 被定义为 LTE 终端直通近距离服务。在 LET 技术和 5G 通信技术飞速发展的今天，基于 LTE 的 D2D 通信技术和 5G 的 D2D 通信技术将会进一步提升虚拟编组 CBTC 列车控制系统中的车车通信技术[5, 6]。

4　车车通信—虚拟编组的 CBTC 系统与传统 CBTC 系统的比较

如表 1 所示，对本文的 CBTC 系统和传统的 CBTC 系统进行了比较分析，虚拟编组的 CBTC 系统使用 D2D 的车车通信技术：减少了地面设备，提高了系统的集成，降低了信号系统的维护成本；减少追踪间隔的时间，提升了列车运营的效率；可以灵活多样化地为列车运营提供方案，不受轨旁设备的约束。

表 1　基于车车通信—虚拟编组的 CBTC 系统与传统的 CBTC 系统的比较

	基于车车通信—虚拟编组的 CBTC 系统	传统的 CBTC 系统
系统组成	ATS	ATS
	—	ZC
	—	CI
	DCS	DCS
	VOBC	VOBC
车载功能	列车速度和位置计算	列车速度和位置计算
	超速防护确定	超速防护确定
	轨旁联锁功能	—
	移动授权功能	—

续表

	基于车车通信—虚拟编组的 CBTC 系统	传统的 CBTC 系统
间隔防护	基于速度的间隔防护	基于位置的间隔防护
车车通信	支持车车通信，列车行驶过程中同编组的列车进行信息通信，自动实现列车运行防护	不支持车车通信，列车需要地面设备 ZC、CI 等设备的协助进行控车运行

5 结论

基于车车通信—虚拟编组的 CBTC 系统无论是在系统组成还是在运营能力上都得到了提升，特别是在使用虚拟编组技术的基础上 D2D 通信技术的应用，进一步缩短了信息传输的延时。现今，5G 技术正在逐渐成熟，以及云计算、人工智能、大数据等技术的发展，这些技术手段可以合理地应用到车车通信的 CBTC 系统中，实现列车的网络化自主运行，灵活编组提高运营效率，提升城市的交通运营效率，满足乘客的出行。

参考文献

[1] 许镇. 基于车车通信的列控系统车载子系统建模与实现 [D]. 北京：北京交通大学，2018.

[2] 杜建新. 城市轨道交通车车通信信号系统的控制思想 [J]. 城市轨道交通研究，2016，19（S2）：21-23.

[3] 刘佳. CBTC 系统中虚拟编组列控方案研究 [J]. 铁路通信信号工程技术，2022，19（1）：73-77.

[4] LIN Y D, HSU Y C. Multihop cellular: A new architecture for wireless communications[C]//Proceedings of Nineteenth An-nual Joint Conference of the IEEE Computer and Communica-tions Societies. Tel Aviv, Israel: IEEE, 2000: 1273.

[5] 滕昌敏. 端到端通信在列控系统中应用的研究 [D]. 北京：北京交通大学，2017.

[6] 林鹏，徐中伟，梅萌. 基于 LTE D2D 通信技术的列车通信 [J]. 城市轨道交通研究，2018，21（12）：83-88.

城市轨道交通综合监控系统安全等级保护设计与实现

张 瑞[1*]　张献良[2]

（1.深圳市赛为智能股份有限公司，深圳 518000；2.合肥赛为智能有限公司，合肥 230011）

摘 要：为全面贯彻党中央、国务院关于网络安全的统筹部署，落实《网络安全法》，以及贯彻公安部、国家保密局等国家相关部门有关信息安全等级保护工作的要求，综合监控系统应满足现行国家标准《信息安全技术 信息系统安全等级保护基本要求》GB/T 22239 规定的信息系统安全保护等级第三级要求。对于城市轨道交通综合监控系统系统而言，从系统规划、设计、实施、上线、生产、运维到废弃的整个漫长的生命周期中，各个阶段都面临着不同的网络安全问题。如何在综合监控系统建设的同时，同步做好系统的信息安全建设工作，是建设中的重要工作之一。

关键词：综合监控系统；轨道交通；安全等级保护；等级保护测评

1 引言

1.1 等级保护思路

轨道交通信息化建设必须符合国家的相关规定和要求。需要遵循国家等级保护的相关要求，对信息安全保障体系进行全面的规划和设计，符合相关安全标准，确保综合监控系统安全保障体系的广度和深度。

我国信息安全等级保护制度于 2004 年国务院 147 号令《中华人民共和国计算机信息系统安全保护条例》，首次提出"计算机信息系统实行安全等级保护"。2007 年颁布或制定的公通字〔2007〕43 号文、公信安〔2007〕861 号文等文件规定了等级保护的各个层面工作。近年来等级保护制度得到了长足的发展，国家推出了等级保护 2.0，时间轴如图 1 所示。

等级保护共包括五个阶段的工作：定级、备案、整改、测评、检查，这五项工作紧紧围绕信息系统建设而设计的安全体系（图 2）。

图 2　等级保护工作阶段图

图 1　等级保护时间轴

---

* 张瑞（1995—），女，助理工程师，深圳市赛为智能股份有限公司，主要从事综合监控系统相关领域的设计与实施工作。

信息系统基本安全要求如图3所示。

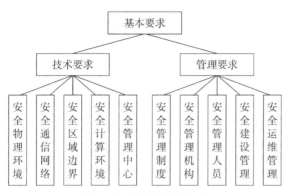

图3 等级保护基本要求

在颁布的《信息安全技术 信息系统等级保护安全设计技术要求》中，针对等级保护技术要求，建议信息系统等级保护安全设计技术方案总体框图如图4所示。

等级保护相关设计思想，是建设业务系统信息安全体系框架的重要指导思想和指导工具，综合监控系统集成商应该在深刻理解并贯彻应用等级保护相关文件和标准的基础上，为轨道交通提供信息安全服务。

1.2 等级保护遵循标准

《地下铁道工程施工及验收规范》GB 50299—1999；

《信息安全技术 信息系统安全等级保护定级指南》GB/T 22240—2008；

《城市轨道交通技术规范》GB 50490—2009；

《信息安全技术 信息系统安全等级保护实施指南》GB/T 25058—2010；

《信息安全技术 信息系统安全等级保护测评过程指南》GB/T 28449—2012；

《地铁设计规范》GB 50157—2013；

《信息安全技术 工业控制系统安全控制应用指南》GB/T 32919—2016等。

1.3 安全需求分析

针对综合监控系统的实际情况，根据等级化安全保障体系的设计思路，按照综合监控系统不同要求进行等级保护的设计与实施，具体通过以下步骤进行：

（1）系统识别与定级：通过分析系统所属类型、所属信息类别、服务范围以及业务对系统的依赖程度确定系统的等级。通过此步骤充分了解系统状况，包括系统业务流程和功能模块，确定系统的等级，为下一步安全域设计、安全保障体系框架设计、安全要求选择以及安全措施选择提供依据。

（2）安全域设计：根据第一步的结果，通过分析系统业务流程、功能模块，根据安全域

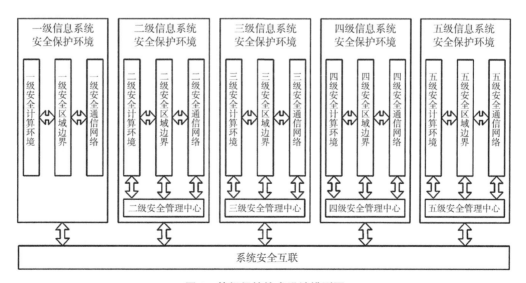

图4 等级保护技术设计模型图

划分原则设计系统安全域架构。通过安全域设计将系统分解为多个层次，为下一步安全保障体系框架设计提供基础框架。

（3）安全保障体系框架设计：根据安全域框架，设计系统各个层次的安全保障体系框架（包括策略、组织、技术和运作），各层次的安全保障体系框架形成系统整体的安全保障体系框架。

（4）确定安全域安全要求：参照国家相关等级保护安全要求，设计等级安全指标库。通过安全域适用安全等级选择方法确定系统各区域等级，明确各安全域所需采用的安全指标。

（5）评估现状：根据各等级的安全要求确定各等级的评估内容，根据国家相关风险评估方法，对系统各层次安全域进行有针对性的等级风险评估。通过等级风险评估，可以明确各层次安全域相应等级的安全差距，为下一步安全技术解决方案设计和安全管理建设提供依据。

（6）安全技术方案设计：针对安全要求，建立安全技术措施库。通过等级风险评估结果，设计系统安全技术解决方案。

（7）安全管理建设：针对安全要求，建立安全管理措施库。通过等级风险评估结果，进行安全管理建设。

通过如上步骤，可以形成整体的等级化的安全保障体系，同时根据安全技术建设和安全管理建设，保障系统整体的安全。

综合监控系统是一套工业系统，内部的通信协议很多都是专有的工业协议，所以在安全设备的选型上要使用工业级安全设备，为轨道交通综合监控系统建立体系化专业化安全防护，以通过工业控制系统三级等级保护标准规范为基础，形成对综合监控系统的一体化安全综合防护，避免出现安全短板，实现包括边界、终端和人的全面一体化纵深防御，达到提供整体安全防护效能的目的。

2 综合监控系统等级保护方案设计

2.1 防火墙设备

防火墙工控协议深度包解析技术不仅对二层、三层网络协议进行解析，更进一步解析到工控网络包的应用层，对 OPC、Modbus、DNP3、IEC104、S7、Profinet 等进行深度分析，防止应用层协议被篡改或破坏。

利用防火墙可以建立可信任的数采通信及工控网络区域间通信的模型，采用白名单的安全策略，过滤一切非法访问，保证只有可信任的设备可以接入工控网络，只有可信任的流量可以在网络上传输。为控制网与管理信息网的连接、控制网内部各区域的连接提供安全保障。在电力、石油、石化及工业制造等多行业得到广泛应用。

防火墙提供工控协议深度解析、工控指令访问控制、日志审计等综合安全功能。工控安全网关采用了高性能、高稳定性的多核硬件架构，为用户提供高效、稳定的安全服务。

2.2 入侵检测系统

入侵检测通过对系统中的应用层协议进行深度解析，并与规则策略对比，实现对应用系统的入侵检测和业务操作异常分析。入侵检测设备主要作用是协助用户了解网络的内部安全状况，如病毒、蠕虫爆发监控。为用户的网络安全建设提供决策依据，及时发现网络内部出现的异常情况并告知用户及时处理（图5）。

强大的分析检测能力：采用了先进的入侵检测技术体系，基于状态的应用层协议分析技术，使系统能够准确快速地检测各种攻击行为，并显著地提高了系统的性能，能够适应日益复杂的网络环境。

全面的检测范围：入侵检测系统可对常见端口扫描攻击、木马后门、拒绝服务攻击、蠕虫、木马、缓冲溢出、Ping 攻击、远程服务攻击、邮件服务器攻击、远程登录攻击、SQL 注入攻击、CGI 访问攻击、IIS 服务器攻击、

P2P、IM、网络游戏以及其他违规行为等进行实时检测告警。

超低的误报率和漏报率：采用 TCP/IP 数据重组技术、应用程序识别技术、完整的应用层状态追踪、应用层协议分析技术及多项反 IDS 逃避技术，提供业界超低的误报率和漏报率。

丰富的统计显示：能够给用户提供丰富的动态图形统计信息，如入侵类型、应用风险、接口流量等众多实时统计图表。

丰富的事件响应方式：针对不同类型数据包流量传递的过程，入侵检测系统可在发现攻击的当下通过已定义好的检测行为动作加以检测，系统提供以下几种动作：①事件记录；②通过邮件警告；③ syslog 报警；④ SNMP trap 告警等。

更直观的策略管理结构：采用了全新的策略管理结构，结合新的策略分类、策略派发、策略响应管理等功能，用户可以方便快捷地建立适用不同环境的攻击检测策略。

灵活的签名分类：基于网络应用、风险级别和攻击类型等分类原则，用户可以更准确快捷地查找到所关注的签名类别。

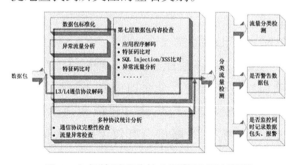

图 5　入侵检测系统核心引擎运行流程图

2.3　运维审计系统

登录用户的所有操作会被系统记录下来，任何敏感操作将被系统拦截。内置的大数据分析平台从不同维度分析人员的活动情况、资源的使用情况等。系统的南向接口支持多种协议，可以适配主流的服务器和网络设备等企业资源。其系统架构如图 6 所示。

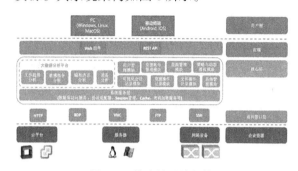

图 6　运维审计系统架构

2.4　工业安全监测系统

工业安全监测控制平台 ISDC（Industrial Security Detection Console），是一个针对工业企业开放互联的平台，该平台可汇总多站点工业安全监测系统（ISD）上报的数据以及工业主机防护管理平台上报资产数据，以数据可视化为核心，为资产及其脆弱性、告警事件、处置情况、网络访问情况提供集中视图，为安全运营提供跨地域的即时可见性。

在此基础上，增加工业设备与工业安全设备日志收集与分析、ISD 策略管控、数据上报等数据及产品管控功能，依托大数据分析，最终实现场景化运营。该平台有效提升工控网络在线安全监测能力，全面提高工业企业的风险预警能力，整体提升工业企业的安全运营能力和安全防护水平。

2.5　主机安全防护软件

目前很多用户缺乏必要的企业级安全软件，导致终端木马、病毒泛滥，而且由于终端处于用户局域网内，造成交叉感染现象严重，很难彻底清除某些感染性较强的病毒。这类病毒、木马会导致终端运行效率降低，对文件进行破坏，或者会把一些敏感信息泄露出去。

依据国家标准《信息系统等级保护安全设计技术要求》《信息系统安全等级保护基本要求》中"主机安全"的要求，在本次方案中设计部署一套主机安全防护软件。

部署网络防病毒系统，能满足等级保护三

级要求中的如下指标：

（1）安装防恶意代码软件，并及时更新防恶意代码软件版本和恶意代码库。

（2）主机防恶意代码产品具有与网络防恶意代码产品不同的恶意代码库。

（3）支持恶意代码防范的统一管理。

终端安全管理系统包括安全控制中心和客户端两部分。

（1）控制中心

安全控制中心是终端安全管理系统的核心，部署在服务器端，主要包括安全管控和安全事件收集告警两大功能。

安全控制中心采用B/S架构，管理员可以随时随地通过浏览器打开访问，对终端进行管理和控制。主要有分组管理、策略制定下发、全网健康状况监测、统一杀毒、统一漏洞修复、网络流量监控、终端软硬件资产管理等。此外，安全控制中心还提供了系统运维的基础服务，如云查杀服务、终端升级服务、数据服务、通信服务等。

安全事件收集告警。通过管控中心，管理员可以了解全网终端的告警信息，通过报表分析，掌握全网威胁状况。

（2）客户端

客户端部署在需要被保护的终端或服务器上，执行最终的木马病毒查杀、漏洞修复、安全防护等安全操作，并与安全控制中心通信，提供控制中心管理所需的相关安全告警信息。

2.6 工业安全态势感知与管理平台

工业安全态势感知与管理平台（Industrial Security Managed & Analytical System，简称IMAS），定位于用户的工业安全统一运营平台，围绕以工业资产为核心、工业安全事件告警与分析为主线，持续监测全局工业安全风险，实现工业安全设备集中管理与监控、日志集中采集与管理、威胁统一分析与运营、事件应急响应与处置等核心功能，有效帮助工业企业保障生产的连续性，在满足工业安全合规需求的同时，为工业安全体系化建设提供决策支撑。

IMAS产品技术架构主要分为四层，分别为接口层、数据层、服务层、应用层。其中接口层主要用于IMAS产品的数据采集、设备管理、数据外发；数据层主要对采集的原始数据进行预处理，包括过滤、转换、富化等，并进一步处理成上层所需的各种业务数据和配置数据等；服务层主要基于产品应用功能与数据之间抽象的通用处理关系，提炼出关联分析引擎、学习训练引擎、安全基线引擎、策略管理引擎、安全风险引擎、工作流引擎、报表管理、权限管理、级联管理等；应用层主要围绕产品的五大核心主功能模块，包括工业集中统一管理、工业日志集中审计、工业安全运营分析、组态化的工业态势感知大屏，以及十几个子功能模块，包括资产管理、风险管理、漏洞管理、威胁管理、异常行为分析、设备管理、设备监控、拓扑管理、日志检索、报表管理等。同时默认提供七块从整体到局部的工业安全态势大屏，包括工业安全态势、工业资产态势、资产漏洞态势、ICS实时威胁态势、工业威胁态势、异常行为态势、网络监控态势（图7）。

2.7 漏洞扫描系统

漏洞扫描系统能够快速发现网络资产，准确识别资产属性，全面扫描安全漏洞，清晰定性安全风险，给出修复建议和预防措施，并对风险控制策略进行有效审核，从而帮助客户在弱点全面评估的基础上实现安全自主掌控。

依据国家标准《信息系统等级保护安全设计技术要求》《信息系统安全等级保护基本要求》中的"主机安全""系统运维管理"要求，在本次方案中设计部署漏洞扫描系统。

部署漏洞扫描系统，能有效地满足如下等级保护三级要求：

图 7　IMAS 产品架构图

（1）安全管理员负责定期进行安全检查，检查内容包括系统日常运行、系统漏洞和数据备份等情况。

（2）组织相关人员定期对监测和报警记录进行分析、评审，发现可疑行为，形成分析报告，并采取必要的应对措施。

（3）定期对网络系统进行漏洞扫描，对发现的网络系统安全漏洞进行及时修补。

漏洞扫描系统是集系统漏洞、Web 漏洞、弱口令、安全配置核查于一体的综合漏洞扫描产品，主要包括 4 个方面：

（1）系统扫描，针对操作系统、数据库、网络设备、防火墙等。

（2）Web 扫描，针对 SQL 注入、跨站脚本、信息泄露等。

（3）弱口令检测，内置的字典，有简单密码、账户密码相同的字典库进行逐一探测。

（4）配置检查，主要针对操作系统、数据库的安全配置进行配置检查。

2.8　日志审计系统

漏洞扫描系统能够快速发现网络资产，准确识别资产属性，全面扫描安全漏洞，清晰定性安全风险，给出修复建议和预防措施，并对风险控制策略进行有效审核，从而帮助客户在弱点全面评估的基础上实现安全自主掌控。

依据国家标准《信息安全技术网络安全等级保护基本要求》中第二级安全要求中"安全区域边界""安全计算环境"，本方案设计在安防集成平台部署日志审计系统，确保异常操作行为可追溯。

部署日志审计系统，能够满足等级保护三级要求的如下指标：

（1）在网络边界、重要网络节点进行安全审计，审计覆盖每个用户，对重要的用户行为和重要安全事件进行审计。

（2）审计记录包括事件的日期和时间、用户、事件类型、事件是否成功及其他与审计相关的信息。

（3）对审计记录进行保护，定期备份，避免受到未预期的删除、修改或覆盖等。

日志收集与分析系统集日志采集与存储、日志归一化、交互式分析、关联分析、仪表板、报表统计、告警管理等功能于一身，实现网络设备、安全设备、主机操作系统、中间件、数据库、应用系统、虚拟化和云等在内的设备及系统的全面日志审计，全面满足各个行业及组织对日志的安全合规管理要求和分析需求（图 8）。

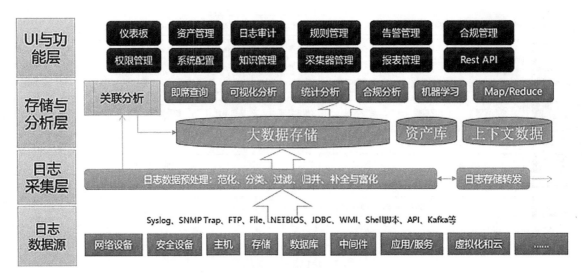

图 8 日志审计架构图

3 等级保护测评

3.1 信息系统安全现状评估过程

风险评估又称为安全评估,结合多年的安全服务经验,把风险评估中所涉及的资产、威胁、脆弱性等调研信息与等级保护调研信息相结合,可以大大节省客户的资源成本。

信息是一种资产,资产所有者应对信息资产进行保护,通过分析信息资产的脆弱性来确定威胁可能利用哪些弱点来破坏其安全性。风险评估就是识别资产、威胁、脆弱性等相关要素的关系,在评估过程中充分考虑业务战略、资产价值、安全需求、安全事件、残余风险等与这些基本要素相关的各类属性,从而判断资产面临的风险大小,为用户信息安全决策提供依据。其要素关系如图9所示。

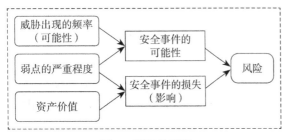

图 9 要素关系图

3.2 风险评估流程

风险评估流程如图10所示。

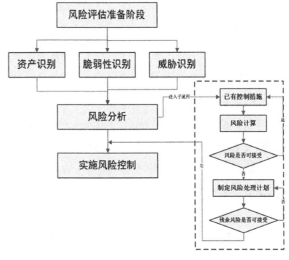

图 10 风险评估流程图

综合监控系统在对风险等级进行划分后,应考虑业务发展要求、风险评估的结果确定安全水平,对不可接受的风险选择适当的处理方式及控制措施,并形成风险处理计划。

选择处置措施的原则是权衡利弊:权衡每种选择的成本与其得到的利益。例如,如果以相对较低的花费可以大大减小风险的程度,则应选择实施这样的处置方法。建议风险处置措施一般有以下几点:

(1)避免风险:在某些情况下,可以决定不继续进行可能产生风险的活动来回避风险。

在某些情况可能是较为稳妥的处理办法，但是在某些情况下可能会因此而丧失机会。

（2）降低风险可能性：在某些情况下，可以决定通过合同、要求、规范、法律、监察、管理、测试、技术开发、技术控制等措施来减小风险的可能性，达到减小风险的目的。

（3）减小风险的后果或影响：在某些情况下，可以决定通过制定实施应变计划、合同、灾难恢复计划、资产重新布置等手段来减小资产价值本身或风险的后果／影响。这和"降低风险可能性"一起，可以达到减小风险的目的，也成为"风险控制"。

（4）转移风险：涉及承担或分担部分风险的另一方。手段包括合同、保险安排、合伙、资产转移等。

（5）接受风险：不管如何处置，一般资产面临的风险总是在一定程度上存在。决策者可以在继续处置需要的成本和风险之间进行抉择。在适当的情况下，决策者可以选择接受／承受风险。

本阶段对信息系统信息安全风险评估工作需要涵盖系统建设的全过程，至少应包括项目建设中对系统网络架构和业务风险的评估分析，以及信息系统正式运行前对系统进行的全面风险评估分析。从资产、脆弱性、威胁和已有安全措施等多个维度，结合风险承受能力，综合分析评价信息系统中各系统面临的风险，具体应包括：

对信息系统所覆盖的全部资产进行识别，并合理分类；在资产识别过程中，需要详细识别核心资产的安全属性，重点识别出资产在遭受泄密、中断、损害等破坏时所遭受的影响，为资产影响分析及综合风险分析提供参考数据。

通过对信息系统网络架构和业务系统及流程进行威胁调查、取样等手段，识别信息系统的资产将面临的威胁源，及其威胁可能采用的威胁方法、对资产所产生的影响，并为后续威胁分析及综合风险分析提供参考数据。

3.3 测评过程

按照《关于开展全国重要信息系统安全等级保护定级工作的通知》（公信安〔2007〕861号）、《信息安全技术 信息系统安全等级保护定级指南》GB/T 22240—2008等国家等级保护工作相关文件、规范和标准，根据信息系统的基本情况，提出定级意见，协助完成定级备案工作，工作流程包括确定定级对象、确定安全保护等级、定级结果评审、系统备案活动，如图11所示。

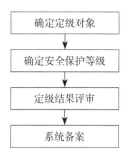

图11 系统备案工作流程图

（1）确定定级对象

项目组成员与相关人员进行沟通，对基本情况进行摸底调查，全面掌握业务信息安全情况和系统服务安全情况。按照《信息安全技术 信息系统安全等级保护定级指南》GB/T 22240—2008标准，确定定级对象。

（2）确定安全保护等级

项目组成员按照《信息安全技术 信息系统安全等级保护定级指南》GB/T 22240—2008标准，详细了解业务主管部门、安全责任部门、系统网络结构、系统边界情况、业务信息种类及受到破坏的影响、系统服务范围及受到破坏的影响等内容，进而确定业务信息安全等级和系统服务安全等级，最终初步确定系统安全保护等级，草拟《信息系统安全等级保护定级报告》。并针对初步确定的安全保护等级和草拟的《信息系统安全等级保护定级报告》进行研讨，从而确定安全保护等级和《信息系统安全等级保护定级报告》。

（3）定级结果评审

项目组成员协助组织专家对信息系统定级结果进行评审，形成定级结果评审意见。

（4）系统备案

项目组成员按照《信息安全等级保护管理办法》（公通字〔2007〕43号）、《网络安全等级保护条例（征求意见稿）》等要求，协助填写《信息系统安全等级保护备案表》，准备信息系统定级备案材料，完成在当地公安机关的备案工作。

《信息安全技术 信息系统安全等级保护测评过程指南》规定了测评工作的基本过程，将信息系统安全等级保护测评流程分为四个阶段：

（1）测评准备阶段

本阶段是开展现场测评工作的前提和基础，是整个等级测评过程有效性的保证。本阶段的主要任务是掌握被测系统的详细情况，为实施测评做好文档及测试工具等方面的准备。

（2）方案编制阶段

本阶段是开展测评实施的关键阶段，为测评实施提供最基本的文档和指导方案。本阶段的主要任务是开发与被测信息系统相适应的测评内容及实施方法等。

（3）测评实施阶段

本阶段是开展等级测评工作的核心阶段。本阶段的主要任务是按照测评方案的总体要求，分步实施所有测评项目，包括单项测评和系统整体测评两个方面，以了解系统的真实保护情况，获取足够证据，发现系统存在的安全问题。

（4）分析与报告编制阶段

本阶段是等级测评工作的最后阶段，是总结被测系统整体安全保护能力的综合评价阶段。本阶段的主要任务是根据现场测评结果和相关要求，通过单项测评结果判定和系统整体测评分析等方法，分析整个系统的安全保护现状与相应等级的保护要求之间的差距，综合评价被测信息系统保护状况，并形成测评报告。

4 结语

依据《信息安全技术 信息系统安全等级保护基本要求》GB/T 22239—2008和《计算机信息系统安全保护等级划分准则》GB 17859—1999，从网络和通信、设备和计算、应用和数据几个方面进行优化建设，满足等级保护合规框架要求。从网络和通信安全、设备和计算安全到应用和数据安全几个方面形成全面系统的安全防御体系，在满足等级保护合规性建设要求前提下，能更有效地帮助用户解决实际网络和系统安全问题，提高整体安全防御能力，实现协同联动的一体化纵深防御。

参考文献

[1] 徐启禄，高月鑫.符合等级保护三级要求的城市轨道交通综合监控系统信息安全设计[J].城市轨道交通研究，2021，24（9）：73-76，82.DOI：10.16037/j.1007-869x.2021.09.017.

[2] 何印.地铁综合监控系统信息安全方案的研究[J].数字技术与应用，2020，38（12）：196-198.DOI：10.19695/j.cnki.cn12-1369.2020.12.62.

[3] 基于等保2.0的轨道交通综合监控系统信息安全防护的研究[C]//第三十三届中国（天津）2019' IT、网络、信息技术、电子、仪器仪表创新学术会议论文集，2019：82-86.

[4] 刘志宏.城市轨道交通综合监控系统的信息安全防护研究[J].现代信息科技，2018，2（8）：149-151，155.

[5] 黎春武，巫建文.基于等级保护的信息系统综合监控及评估系统设计[J].信息网络安全，2012（5）：92-95.

第四部分

技术创新篇

坐席协作 KVM 技术在城市轨道交通中的应用

王 超

(合肥市轨道交通集团有限公司,合肥 230001)

摘 要:为提高城市轨道交通运营的稳定性、安全性和可靠性,以及提高调度人员的工作效率,车站控制室采用坐席协作 KVM 技术。坐席协作 KVM 系统为设备创造一个足够安静和温湿度适宜的运行环境,满足其工作环境要求,保持运行环境的清洁性;系统采用先进的多主机显示、控制切换 KVM 技术,实现调度人员与工作站的人机分离,为调度人员提供舒适的工作环境,并解决工作站对调度人员带来的辐射、噪声等影响,使调度人员的操作更加灵活、方便,提高数据的安全性和系统运行的可靠性。

关键词:坐席协作 KVM 技术;车站控制室;人机分离

1 引言

坐席协作,是近年新兴发展起来的一个新概念名词,而且日趋火热。KVM 坐席协作,从字面意思来看,其涵盖三方面的含义,即 KVM、坐席、协作。就是指键盘、视频、鼠标。我们通常所说的 KVM,其实是 KVM 切换,即通过一套键盘鼠标操作后端多台 PC 或者服务器工作站,其初衷是为了方便管理机房内大量的计算机而开发的技术。

2 坐席协作 KVM 系统的简介

随着地铁行业车控室内的海量数据信息,业务系统多样,协同调度管控频繁,就需要一种集音视频和控制信号的采集、传输、处理、分发和呈现的一体化协作管理系统,才能满足现代车控室应用的发展需要。现代一体化的 KVM 坐席管理系统正是在这种应用需求下发展起来的,现代一体化 KVM 坐席管理系统是分布式去中心化架构,系统安全性大为提高。切换不黑屏,信号延时小,鼠标键盘可跨多屏,布线整洁,满足地铁行业从数据采集、处理、分发和呈现的一体化管理需要。

新的坐席应用需求是要求用一套鼠标键盘控制多个显示屏,并且在一个显示屏上显示和管控多个业务主机信号,如图 1 所示。

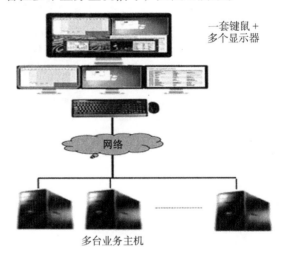

图 1 坐席示意图

2.1 坐席协作 KVM 系统的特点

坐席协作 KVM 系统将车站控制室的各系统工作站和服务器的主机设置在车站长条屏显示端,将工作站和服务器的视频信号、USB 键盘鼠标信号和音频信号接入协作接入端,通过双绞线或光纤输入坐席协作 KVM 主机进行综合管理。系统由坐席协作主机、坐席协作接入机、坐席协作控制机、商用显示终端、管理软件等构成。商用显示终端放置于车控室内,其余设备均放入综合监控设备室KVM机柜内。协作管控端将各系统工作站视频信号于车站控制室坐席显示监看，支持一套或两套键盘鼠标无缝漫游跨屏管控长条屏工作站，支持坐席音频警告功能。键盘鼠标可按业务划分操作需要进行配置。考虑系统安全性，采用协作接入端和协作管控端半冗余架构，当主用链路断开或者主机故障时，自动在瞬间切换到协作接入端与协作管控端的点对点备份连接链路，确保关键业务的不间断运行。为维护方便，车站设备室配置本地显示，方便机房本地显示、操作、切换与维护。

2.2 坐席协作KVM系统构成

2.2.1 坐席协作KVM系统主机

本系统采用坐席协作KVM系统设备构建，配置坐席协作KVM主机，整套系统构建不同业务系统的信号实时共享平台，并能通过车站控制室中长条屏对接入KVM系统的业务工作站进行分屏显控、无缝切换和实时操作的功能，达到一屏多显控、人机分离、一人多机的目标。

主机支持输入输出端口接口自适应技术，实现光纤/双绞线光缆插至另外一个空余端口，系统实现自动寻址识别，信号快速恢复；支持多屏控制功能，即通过内部软件设置，无须外置任何按键的情况下，支持1套鼠标键盘控制多达8个屏幕，跨网段、跨系统操作，简化操作界面；对系统状态实时反馈，系统具备自检、故障诊断功能；自适应功能，确保信号源和显示终端良好匹配。

2.2.2 KVM协作接入端

FAS工作站放置于感温光纤控制柜，综合监控系统工作站的主机，安装设置于车站综合监控设备室；CCTV工作站、PIS工作站、AFC工作站、信号工作站等主机安置于各专业设备用房，机房内由专业的空调、安防系统做支撑，使各业务系统工作站在一个相对稳定及安全的环境下运行，既节约了宝贵的空间，又方便管理，形成机房数据资源池。每个工作站提供音频、视频、控制信号与坐席协作KVM系统连接，可以通过坐席协作KVM系统在车站控制室内通过鼠标、键盘操作机房工作站，实现远程操作和视频共享。

电脑输入如图2所示。

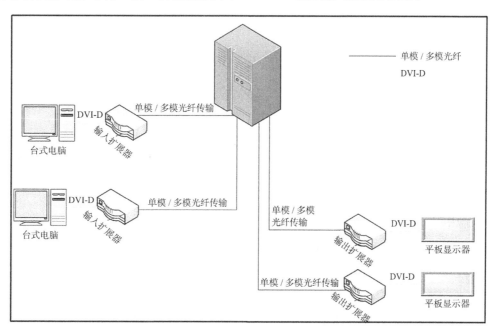

图2　电脑输入示意图

KVM协作接入端是无损分布式坐席发送端，对HDMI接口信号（含音频）进行编码后传送至坐席管控端显示。支持1路HDMI信号输入、分辨率：640×480@60Hz～3840×2160@30Hz、支持无损编码、YUV 4:4:4，1:1像素处理，支持H.264/H.265编码、支持KVM键鼠控制，支持USB虚拟媒体。

2.2.3 KVM协作管控端

车站控制室内的长条屏采用KVM协作管控端接入，从坐席协作KVM主机获取资源池数据，用于一人多机显示、控制。系统分别输出至长条屏显控，通过网线传输到各个席位，然后接入键盘鼠标和长条屏显示器，为工作人员营造一个舒适的环境，支持操作人员远程管控对应权限的电脑，支持远程拷贝数据。无损分布式坐席管控端，接收数据并解码输出，每个管控端支持多画面同时显示，支持无损解码、YUV4:4:4、1:1像素处理，支持流媒体（H.264/H.265无缝接入），支持键鼠无缝切换跨屏，支持OSD界面切换信号、信号预览、预案编辑、调用。

3 坐席协作KVM系统功能

KVM坐席管理系统集信息获取、综合处理、存储传输、调度分发、可视呈现等功能于一体，可实现控制、交互、协同管理一体化的端对端解决方案，满足"一职多能、一图呈现、一键调度"的高效指挥调度需要。系统支持可视化操作方案，满足地铁行业的日常值班、应急指挥、视频会议等常态应用场景需求。

3.1 从单点技术管理过渡到全面集中管理

计算机应用规模的扩大，对计算机管理提出了更高的要求。面对众多计算机系统，仍采用一对一的方式逐个控制和管理制约了计算机管理水平的进一步提高，无论是从现实情况，还是从发展的眼光看，都需要对计算机主机系统实现集中控制管理。

3.2 从普通系统管理过渡到安全系统管理

建立健全操作授权管理机制。在目前的管理模式中，参与管理的技术人员的授权管理机制不健全，大多数系统管理是建立在对管理人员基本的信任基础上，但客观上是不科学的。应按照不同管理人员职责设定不同的管理权限，遵循"权限最小"原则，进行访问控制，提高系统安全性。信息内容可实时监控、观看，系统设备出现问题，需要技术人员及时进行解决，避免临时操作设备时，才发现设备状态异常。业务数据隔离，防范数据传输风险，内部系统重视安全性和稳定性，需要实现操作平台与业务数据的物理隔离而非网络隔离，避免使用在业务电脑上安装软件的软管理方式。在某些管理多个网络信息的场合，各个网络之间的隔离尤为重要，由于网络连接而造成的安全隐患不容忽视。

3.3 多业务实时切换、一体化操作

业务人员或者业务班长需要同时监管多个业务，需要使用鼠标灵活操作、可视操作，避免使用快捷键逐一切换，防止业务人员由于记错业务电脑名称导致人为操作失误。操作人员支持对业务中的音频、视频和中控等信号实现一体化可视化操控，满足实际应用中多信号的一体化管控。

3.4 业务管理系统间的数据联动和共享

大数据可用于决策，让各个处于孤岛的数据综合呈现给管理人员，实现综合评估的实际效果，就需要实现业务内容在安全的环境下，能够完成业务信息与管理系统的内容共享与操作。

3.5 安全性

坐席操作端的网络与业务电脑各自的网络分别为物理隔离方式，即各个业务电脑所在的网络数据不会通过坐席管理系统相互连接，导致安全泄密和病毒传播。业务电脑与坐席系统之间连接支持HDMI、DVI或VGA方式传输

屏幕图像信息，通过 USB 传输鼠标键盘信息。

3.6 操作便利

一人多机、跨屏拖拽，轻松操作多个业务系统，采用可视化设计理念，所有信号、业务系统实时操控。一个坐席共用一套鼠标键盘，实现多个业务系统间无缝漫游，提高操作员寻找鼠标效率，鼠标在各个业务区之间移动时，每到跨区时无需其他操作，鼠标可自由进入其他显示屏内。

3.7 系统兼容性

坐席发送终端兼容 Windows、Linux、Unix、Android 等各种操作系统。

3.8 可扩展性

主机集中部署在机房，操作台上仅几台显示器及一套键盘鼠标；系统扩展非常简单，支持设备级联扩容，板卡热插拔扩容；机房与操作台之间只需一根光纤（网线），现场环境整洁；客户业务服务器、坐席数量以及各坐席管理的屏幕扩充简便，只需增加对应设备，无需增加、更改原有交换、管理设备。

3.9 冗余性

坐席系统使用双网卡链路传输，为地铁系统起到冗余备份作用。如果一路链路出现故障，系统会自动切换到另一条网络链路，不会影响坐席系统的使用。

4 结论

坐席协作 KVM 系统正在对行业产生巨大影响，已经进入电力、石油、智慧建筑、智慧园区、智慧城市、轨道交通等重要机构的指挥中心、监控中心，为用户系统可视化、对接和互联互通带来广泛的应用。协作系统打通了联合作战数据的共享通道，加速推进以数据流为纽带的联合指挥，促进数据共享和综合集成，有效消除指挥的认知局限，使指挥变得精准高效，智慧系统建设真正实现指挥决策的智能化、实时化、精准化。

参考文献

[1] 张颂. 分布式 KVM 坐席协作管理系统在智慧建设中的应用研究 [J]. 智能建筑电气技术，2020（2）：9-11.

[2] 王慧卿. 光纤坐席管理系统 4K 信号自动推送技术研究 [J]. 国网山西省电力公司信息通信，2019（2）：154-158.

[3] 薛泓林. 基于 ActiveX 的坐席协作管理系统设计 [J]. 管理系统，2019（3）：68-72.

[4] 周泽强. 坐席管理与大屏幕处理一体化融合系统 [J]. 器件与应用，2021（2）：83-86.

天津地铁 9 号线 122 事故车修复

高 丽

（天津轨道交通运营集团有限公司，天津 300451）

摘 要：津滨轻轨 9 号线 122 电客车在 8·12 事故中受损，电客车各系统设备均有不同程度损坏，车体局部变形，为恢复电客车安全可靠性，对电客车进行修复，以确保车辆安全可靠运营。

关键词：事故受损；修复；可靠运营

1 概述

津滨轻轨 9 号线 122 车在 8·12 事故中受损，电客车各系统设备均有不同程度损坏，车体局部变形。为恢复电客车安全可靠性，对电客车进行修复，以确保车辆安全可靠运营。该项目要求列车运行安全可靠，使用维护方便；节省能源和轻量化设计；零部件互换性高，低维修成本。

2 修复系统

2.1 总体要求

津滨轻轨 9 号线 122 事故车各子系统修复，主要内容包括转向架检修，牵引、制动系统替代换新，电缆换新，损坏电气部件换新，贯通道系统、塞拉门系统换新，空调检修，内饰翻新，车体调修等工作。车体调修后对关键焊缝进行无损检测，车体形位公差检测评估；对损伤最严重的车厢做车体静强度试验；进行车辆限界试验，保证车辆满足动态包络线要求。

通过专业手段保证车体寿命周期的要求。整车组装后开展整车绝缘耐压试验、车辆各功能调试、电磁兼容型式试验，以及车辆往返运输等工作。

2.2 牵引系统

（1）牵引系统由电子元器件组成，自设备装车至今已经 14 年，在此次爆炸事故中受到一定的影响，本次牵引系统 VVVF 更新改造，受电弓整套换新，其余清洁检修。

（2）牵引逆变器作为整个牵引系统的重要组成部分，它的基本功能是把从直流电源获得的直流电压变换成频率和电压都可调的三相交流电，驱动异步牵引电机。其主电路采用两电平电压型直—交逆变电路，当车辆处于牵引工况时，直流供电电压经过高速断路器、线路接触器、电抗器等高压电器进入逆变器，经逆变器的逆变，输出三相变频变压（VVVF）的交流电，为异步牵引电动机供电；当车辆处于再生制动工况时，功率模块工作在整流模式、制动斩波回路及三相逆变器的开关管均为 IGBT 元件（图 1）。

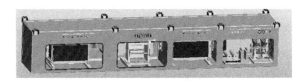

图 1 牵引逆变器箱箱体结构图

2.3 辅助供电系统

（1）天津 9 号线地铁车辆列车辅助电源箱每列车两台，辅助电源箱作为辅助系统的重要组成部分，由辅助 PU 及辅助控制器 ACU、充电机 PU 及充电机控制器 LCU、漏感变压器、直流电抗器、主接触器、预充电接触器、电流传感器、电压传感器等组成。

（2）辅助单元部分主要把直流网线电压转换为三相AC380V/AC220V/50Hz电压为车上相关负载供电，DC1500V电压经受电弓、辅助隔离开关箱，进入辅助电源箱，输入高压经过直流LC滤波电路，预充电电路，送至IGBT逆变模块进行逆变后输出交流PWM电压。输出的交流PWM电压经过工频隔离变压器降压后，经过三相交流滤波电路得到谐波含量较少的AC380V/AC220V/50Hz电压。

（3）充电机单元采用三相全波整流＋全桥移相DC/DC电路，将辅助单元输出的三相AC380V/50Hz交流电经过整流桥后，将得到谐波含量较小的直流电压送至逆变模块，得到频率较高的PWM交流电压，经高频变压器降压后通过整流二极管再整流，输出额定DC110V，为车上110V负载供电和蓄电池充电（图2）。

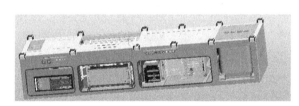

图2 辅助电源箱结构图

2.4 制动系统

（1）制动系统自设备装车至今已经14年，在此次爆炸事故中受到一定的影响，本次制动系统更新改造。

（2）本制动系统设备主要包括空气制动系统及相关气动控制部分等内容，主要包括：

- 风源系统
- 制动控制装置
- 空气电子防滑控制装置
- 基础制动
- 空气悬挂装置

（3）空气制动系统采用微机控制模拟式直通电空制动系统，具有常用制动、快速制动、紧急制动、空气防滑控制、停放制动等功能。

2.5 塞拉门

塞拉门损坏严重，需全部拆除、更换，其中包含24套电动塞拉门及4套手动塞拉门。塞拉门与车体的接口，与原结构一致。TCMS监控车门状态。

2.6 空调系统

（1）天津9号线地铁车辆每列车包含8台空调机组，经过检查测试，8台中有1台受损严重，不具修复的价值，因此直接更换此台空调机组，其余7台空调机组可通过返厂维修方式进行修复。

（2）空调电气控制柜通过可编程控制器PLC实现轻轨空调列车的通风、制冷和制暖的微机控制，保证压缩机、风机、电热器在正常电压下可靠地工作。具体检修范围为：

（1）对空调机组内压缩机、冷凝风机及通风机进行分体检修。

（2）空调机组内部接线全部换新。

（3）密封条、减震器、空调接地线换新。

（4）检查送风装置、回风格栅、司机室可调风口、自然排风装置、排水管、电热器、回风温度传感器及控制柜外观无破损，功能正常。

2.7 列车广播及视频监控设备

（1）系统功能。列车广播主要是播放列车到站动态音频信息，使旅客及时了解列车的运行情况、到站信息等，方便旅客换乘其他线路，减少旅客下错站的可能性。在发生灾害或其他紧急情况下，进行紧急广播，以指挥旅客疏散，调度工作人员抢险救灾，减少意外造成的损失。

视频监视信息存储于硬盘录像机中，并能实时发送到司机室监控显示触摸屏。司机通过监控显示触摸屏选择查看各车厢的监控情况（包括另外一个司机室）。

（2）本次事故导致该系统受损严重，无法实现基本功能，因此对列车广播及视频监视系统更新改造。

（3）列车广播设备主要包括：
- 司机室主机
- 广播控制盒
- 动态地图屏
- LED 屏
- 紧急报警盒
- 扬声器

视频监控设备主要包括：
- 视频录像机
- 司机监控屏
- 交换机

2.8 控制及监视系统

（1）列车监控系统用于对车载各主要设备的运行状态、故障信息进行收集、记录，并通过设置在司机室内的监控显示器进行显示。

（2）列车监控系统由监控中心监控终端、监控终端以及列车监控显示器组成。天津地铁 9 号线的列车控制及监控系统按照 IEC 61375 标准规定的列车通信网络组建，列车总线与车辆总线均采用 MVB 总线。总线采用冗余传输，保证数据传输的可靠性。MVB 总线的传输速率为 1.5Mbit/s。MVB 总线可以传输过程数据、消息数据和监视数据。多功能车辆总线（MVB）的电气接口为 EMD 介质。

（3）列车控制及监控系统为所有子系统设备留有标准的通信接口，并具有成熟可靠的接口通信规范，所有具有 MVB 通信接口的子系统都能可靠接入。

2.9 电缆

电缆更换范围为车内司机室、司机台（含内部电缆）、各电器柜（含内部电缆）、车门（含内部电缆）、照明、广播、视频监控、空调（车内部分）、电热器布线、车内线槽及其他布线，车下所有线槽、线管、接线箱内的电缆、各接地线、车端各跨接线等。所有电线、电缆均采用难燃性或阻燃性材料，并符合相关国际、国内标准。

2.10 走行系统

（1）走行系统包含转向架架构、一系悬挂装置、二系悬挂装置、牵引装置、轮对、齿轮箱、齿轮联轴节。

（2）对构架、轴箱、车轴、牵引装置等关键部件进行探伤；对已达到使用寿命的部件进行更换；更换紧固件；对构架尺寸进行画线测量；对转向架进行清洁。

2.11 车钩

对车钩钩尾销与拉环处进行润滑及车钩牵引杆与弹簧筒防止相对转动的改造。车钩整体探伤及裂纹修复车钩组装后测试，车钩满足操作性能要求和连接性能要求，风管路自如接通，无漏风。

2.12 内装系统

对内装系统各部件检查，内装系统维修喷漆范围包括电客车内部顶板、侧顶板、回风网、侧墙、侧立板、挡风板座、端墙及间壁、电气柜、贯通道侧护板及顶板、灯罩板、司机室内饰及司机台、端门等（图 3）。

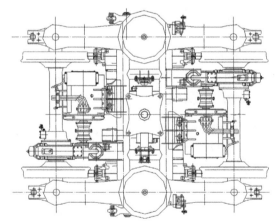

图 3 内装系统图

修复内容包含：地板及地板布检修，侧顶板，间壁与端墙，侧墙及立罩板，隔声材料换新，司机室内装，司机室电热玻璃检修，雨刷组成检修，车窗检修，座椅检修，遮阳帘检修，扶手及安装支架检修，安全设备检修，风道及贯通道。

2.13 塞拉门系统更新

每列车包含 24 套电动塞拉门及 4 套手动塞拉门，由于塞拉门损坏严重，需全部拆除、更换，其中塞拉门与车体的接口与原结构一致。TMS 监控车门状态。

3 总结

天津地铁 122 车经过修复后车号变更为 922 车，各系统不断调试、测试，最终通过验收，具备上线运营的条件，并于 2020 年 7 月正式投入运营，继续为广大市民服务。

轨道交通综合监控系统中刷卡登录验证方案研究

汪 波 贾 平 蒋春华

（深圳市赛为智能股份有限公司，深圳 518000）

摘 要：轨道交通综合监控系统是轨道交通建设中不可缺少的系统，目前综合监控系统使用过程中，登录系统主要通过手动输入用户名和用户密码的方式，较为不便。本文设计了一种刷卡登录的综合监控系统登录方式，方便用户使用，提高了运营效率。

关键词：轨道交通；综合监控；刷卡登录

1 引言

现阶段，国内轨道交通建设呈现井喷式的发展，各大城市都在大力发展轨道交通建设，而综合监控系统已经成为当今轨道交通建设中不可缺少的内容。随着 ISCS（Integrated Supervisory Control System，城市轨道交通综合监控系统）在轨道交通建设中的地位不断提高，在功能上更能适应运营和管理的需求，在操作上更能方便运行管理，提高运营和管理的效率和水平。

目前轨道交通综合监控系统均通过手动输入用户名和用户密码实现登录。首先在控制中心由管理员用户新建用户并分配对应的权限，此后，操作员即可使用新建的用户登录综合监控系统，每次登录都要输入用户名和用户密码，需要花费一定的时间且登录不便，尤其在维护过程中，需要经常性登录、退出软件；此外，若操作员忘记用户密码则无法登录系统，不方便用户使用，降低了运营管理的效率。

2 轨道交通综合监控系统

轨道交通综合监控系统是基于大型的监控软件平台，通过专用的接口设备与若干子系统接口，采集各子系统的数据，实现在同一监控工作站上监控多个专业、调度、协调和联动多系统的一个系统。综合监控系统是对城市轨道交通线路中所有电力和机电设备进行监控的分层分布式计算机集成系统，包含了内部的集成子系统，并与其他专业自动化系统互联，实现信息共享，促进城市轨道交通高效率运营。

ISCS 已成为轨道交通领域不可缺少的综合自动化系统，越来越受到重视。

3 综合监控系统刷卡登录

现有 ISCS 登录过程中存在费时、登录不便、效率低、不便用户使用、忘记密码无法登录等问题，因此，有必要针对现有技术中存在的问题进行改进。但是如何通过简单、高效、安全的方式来实现是需要考虑的问题。

3.1 刷卡登录方案

在轨道交通机电系统中有门禁系统，和综合监控系统相关的运营人员都配有门禁卡，通过读卡器可获取到卡片的唯一信息，无须知道具体信息是什么，只要确保是唯一的即可。

刷卡登录综合监控系统软件的核心在于，通过获取到的卡片信息能够找到使用该卡片人员的综合监控用户信息，包括用户名和密码；所以需要对卡片信息和综合监控系统用户信息进行映射并存储，存储过程中牵涉安全问题，需要对卡片信息、用户信息进行加密存储，防止明文泄露。

增加一种刷门禁卡登录 ISCS 的方式，且不影响原先的登录方式，包括门禁刷卡器、控制中心 ISCS 工作站、控制中心 ISCS 服务器、车站级 ISCS 工作站、车站级 ISCS 服务器，如图 1 所示。

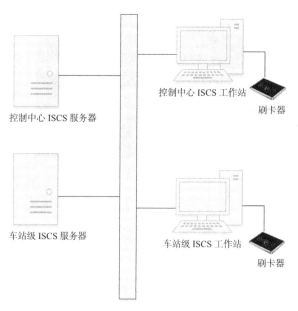

图 1　综合监控刷卡登录结构图

每台工作站接入门禁刷卡器，门禁刷卡器和工作站之间通过 USB 连接，控制中心 ISCS 工作站、控制中心 ISCS 服务器、车站级 ISCS 工作站和车站级 ISCS 服务器之间通过以太网连接。

门禁刷卡器的功能是用于将门禁卡的信息传入工作站；控制中心 ISCS 工作站的功能是用于权限管理、用户管理、配置门禁卡；控制中心 ISCS 服务器的功能是用于用户存储和管理权限数据、用户数据、门禁卡配置数据，并将数据同步到对应的车站级 ISCS 服务器上；车站级 ISCS 工作站的功能是用于登录验证；车站级 ISCS 服务器的功能是用于存储该车站对应的权限数据、用户数据、门禁卡配置数据。

3.2　卡片配置

在能够进行刷卡登录软件前需要对卡片进行配置，将卡片和用户信息绑定，如图 2 所示。

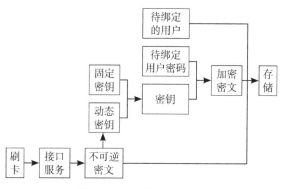

图 2　卡片配置原理框图

此部分功能只在控制中心实现。管理员用户新建用户分配权限之后，若使用户拥有刷卡登录的功能，需要将用户名与门禁卡绑定。充分考虑数据安全性的问题，采用双层加密的方式，全过程不可见卡片信息和密码明文信息。在 HMI 上进入绑定门禁卡界面之后，刷门禁卡，工作站上的接口服务程序将刷卡器传入工作站的门禁卡信息进行 SHA256 加密并将加密后不可逆的密文存入本地文件，此为第一层加密；ISCS 客户端从本地文件读取不可逆密文按固定格式提取一部分作为动态密钥，和事先设定的固定密钥组成新的密钥，用此密钥对输入的待绑定用户密码进行加密，此为第二层加密；接口服务程序将门禁卡号转化成的不可逆密文作为键值与待绑定的用户以及待绑定用户密码加密后的密文组成映射，存储到 ISCS 内部数据点。

3.3　登录验证

如图 3 所示，刷卡自动登录并不影响原先的手动登录。工作站上的接口服务程序，将刷卡器传入工作站的门禁卡卡号进行 SHA256 加密并将加密后不可逆的密文存入本地文件；ISCS 客户端读取本地文件获取不可逆的密文，提取动态密钥，并通过不可逆的密文查询存储在服务器上的数据点映射，获取对应的用户名和用户密码密文；提取的动态密钥和预先设定

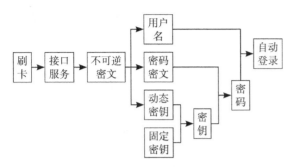

图 3 登录验证原理框图

的动态密钥组成新的密钥，以此密钥解密用户密码密文，获取用户密码；自动填入用户名和用户密码，完成自动登录。

如图 4 所示，经现场使用验证，可方便、快速登录综合监控系统，打开综合监控登录界面，刷卡之后登录时间小于 1 秒，且系统运行稳定。实际使用过程中，同一个用户可能被多人同时使用，故一个用户可以同时绑定多个门禁卡。

4 结论

综上所述，本文设计的轨道交通综合监控系统的登录验证方法，通过刷门禁卡登录系统，操作方便，降低登录系统的时间，提高了效率，便于用户使用，提高了用户体验，系统运行稳定且保证了系统的安全性。

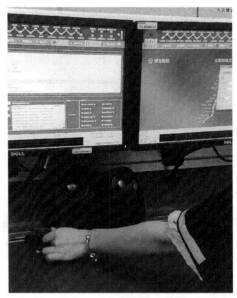

图 4 刷卡登录现场图

参考文献

[1] 汪波, 周勇, 蒋春华, 等. 一种轨道交通综合监控系统的登录验证方法及系统 [P].

轨道交通智能运维建设研究

何鹏飞

（西安市轨道交通集团有限公司，西安 710018）

摘 要：轨道交通设备品种多、规模大，因此检修模式多样。随着西安轨道交通进入网络化运营阶段，对设备维保提出更高要求与挑战，需要提升维护手段、转换维修模式。本文结合信息技术及智慧城轨发展，研究智能运维体系化建设方案及策略，为西安轨道交通逐步形成设备安全可靠、人员精简高效、成本效益可控、应急保障迅速的运维管理新模式提供技术支撑。

关键词：设备维保；智能运维

1 引言

西安轨道交通目前已开通运营8条线路，运营里程259km，最大单日线网客流超过400万乘次，网络客运强度稳居全国前列。随着线网规模飞速发展和客流量迅速增加对设备的维保工作提出更高的要求，因此，西安轨道交通一直以来积极探索发展智能运维建设，提升运营管理能力、降低运营成本，保障线网高质量安全运行。

2 西安轨道交通运维现状

随着2020年底5号线一、二期，6号线一期和9号线一期开通运营，按照前期规划基本形成"棋盘+放射型"结构，组成2纵2横2L型骨架和2放射的线路网络，网络化运营初步形成。

西安轨道交通运维管理组织分为分公司、运营中心、专业部门、线路分部、维修班组五级架构，生产人员大多采用白夜四班两运转模式日夜坚守，大量的生产、技术辅助人员为线路的运营保驾护航（图1）。各生产专业大都采用计划性维修与预防性维修相结合的维修制式，各系统设备基于企业管理意愿、人员技能、外部市场资源等各方面综合衡量划分为自

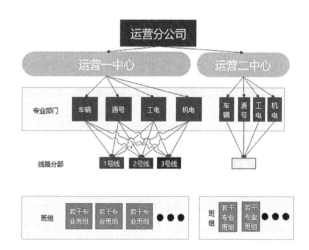

图1 西安轨道交通运维组织架构

主维保和委外维保。

自主维保：①影响运营行车安全的重要关键设备（车辆、信号、供电、屏蔽门）；②提供重要保障或涉及资金安全的设备（通信、AFC）。

委外维保：①运营单位不具备取证条件的设备（电扶梯、FAS）；②维修简单、市场资源丰富的设备（轨道、房建、结构、机电）。

轨道交通设备品种多、规模大，由此检修模式多样，随着线网规模飞速发展及客流量增加，对运营设备维保工作提出更高的要求与挑战，目前主要面临以下突出问题[1]：

（1）维保人员需求量大

设备品类数量繁多，设备巡检及维修主要以人工作业为主，不管是自主维保还是委外维保，执行相关修程均需要配备大量的专业人员。

（2）设备维护手段落后

目前设备基本采用计划修+故障修模式，未能实现及时采集、监视设备状态，为防止漏修过多的安排维护，易产生部分设备的过度修，增加成本的同时设备也没有得到很好的维护效果。

（3）各类信息孤岛严重

各个业务系统相互独立，数据散乱，且日常作业多为纸质台账，形成了信息孤岛，不能有效利用。

（4）数据缺乏实时分析

智能分析技术应用不够全面深入，多种感知方式缺乏融合协同，缺乏实时分析、预警和实时响应，缺乏对信息的全面融合和深度应用，并依据数据信息做出决策。

（5）生产过程管控不足

各类设备设施的维护工作量大，各业务支撑和处理过程无法跟踪，过程价值无法深入分享、挖掘、借鉴，人员能力、状态影响工作质量。

3 智慧城轨发展要求

2020年3月，中国城市轨道交通协会发布《中国城市轨道交通智慧城轨发展纲要》[2]，是引领我国城轨行业智慧城轨建设，助推交通强国建设的指导性文件，对智能运维安全建设目标提出以下要求：

（1）统一健全的智能运维体系

建设包含车辆、能源、通信、信号、供配电、AFC、车站机电、云平台、轨道、桥隧、建筑等城市轨道所有设备设施综合智能运维体系，提升城轨装备维护智能化程度、提升运维效率，减少维护人工的作业强度，形成城轨装备智能化运维生产组织模式。

（2）协调联动的综合管理平台

建设与智能调度体系协调联动的运营保障系统，实现对线路、场站、车辆、供电、通信、信号、人员、备品备件、维修工具等运输资源的动态监测、优化配置、精准调度和协同运转，提高城轨交通的运营效率和安全管控水平。

（3）全生命周期的设备故障诊断与健康管理系统

建设数据资源互联互通的智能运维分析决策系统，结合设备故障预测与健康管理，实现设备全生命周期管理，提前发现设备故障和预测设备寿命，提升安全运营能力。

（4）安全可靠的设备大数据监测评估系统

以设备设施监测大数据分析为基础，构建城轨运营设备大数据监测安全评估系统，推进安全生产监管的智能化建设，提升基础设施的隐患治理、风险管控能力。

（5）简单易行的智能化自动巡检系统

通过完善智能化巡检系统，补齐单体设备+巡逻安检系统存在的短板，利用人工智能技术，逐步降低人工巡检劳动强度。

（6）综合协调的应急指挥系统

优化线网级的综合协调与应急指挥系统，打造设备日常监测、预测预警和应急处置为一体的城轨交通运维安全综合保障体系。

（7）可视化的设备资产监管系统

建立基于BIM的综合运维监管系统，可直观、快速、全面地获取设备运行状态数据，实现设施设备状态实时远程监控，指导运维作业。

（8）基于状态修的运营维修模式

进行设备的健康管理和寿命预测，结合设备定期维护计划和流程，使设备得到适当的维修保养，逐步实现设施设备由计划修+故障修向状态修+预测修转变。

4 智能运维体系方案

为满足西安轨道交通网络化运营需求，结合《中国城市轨道交通智慧城轨发展纲要》要求及西安轨道交通发展实际，2021年8月西安轨道交通集团发布《西安智慧城轨发展纲要（2021—2035年）》[3]，明确通过云平台及大数据平台建设为智能运维提供体系支撑，构建"一个体系，三个模块，五个专业"的智慧城轨智能运维综合管理体系，形成一个包含三大功能模块的线网级智能运维综合生产平台（设备状态监测诊断模块、智能运维生产管理模块、智能应急指挥模块），五个涵盖所有设施设备的专业级平台（车辆、供电、机电、通号、基础设施），共同支撑西安轨道交通智能运维生产管理体系（图2）。

各专业级运维管理平台：通过数字化、信息化手段实现设备基础运行数据和日常检修数据标准化治理，对设备运行运维参数进行全面监测管理，利用物联网技术实现设备故障分级诊断处理，对专业内设备数据进行挖掘分析，结合设备检修规程对专业日常检修流程信息化管理，实现专业内人员、物资协调调配。

智能运维综合生产平台：通过设备状态监测诊断模块、智能运维生产管理模块、智能应急指挥模块三大功能模块实现线网数据深度挖掘、资源整体调配、生产信息管控，各模块主要功能如下：

（1）设备状态监测诊断模块：以大数据平台为承载组建智能运维大脑，对线网设备基础数据、运行数据、运维数据、环境数据、关联数据进行深度挖掘，对设备状态和寿命周期进行评价管理，对运营风险提供安全预警，为设备制定维修及优化策略，支撑设备运维模式向状态修转变，将相关信息推送至各需求平台和系统。

（2）智能运维生产管理模块：实现设备设施资产信息化管理，将有效数据以报警、图形、图像、表格、统计趋势直观体现，将各个专业智能运维纳入线网级综合管理，实现全线网线路、场站、设备、人员、备品备件、维修工具等运输资源的动态监测、优化配置、精准调度和协同运转。

（3）智能应急指挥模块：通过与NCC之间数据联通，将设备健康及应急物资、救援人员、救援设备的相关信息及时推送至应急指挥平台，同时通过自动推送应急预案、智能及辅助决策，实现资源及人员灵活调度，及时预防及处理应急事件，降低事件影响。

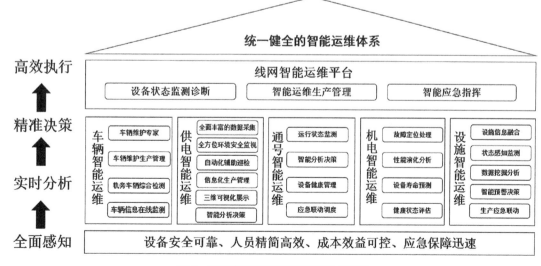

图2 西安轨道交通智能运维体系架构

5 智能运维体系建设策略

结合企业发展实际采用"总体规划,分步实施,专业建设"的建设策略,充分利用新一代信息技术发展,通过数字化→智能化→智慧化的建设路径逐步完善西安轨道交通智能运维体系,最终形成设备安全可靠、人员精简高效、成本效益可控、应急保障迅速的运维管理新模式(图3)。

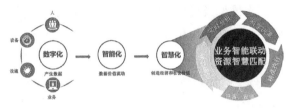

图3 智能运维建设路径

数字化阶段实现以下目标:

(1)运维信息数据化:通过手机APP、手持终端等,利用数字化、信息化手段将现有日常手工台账及作业记录统一转变为数据化信息。

(2)生产作业信息化:通过信息化管理手段将日常生产管理、资源调配、人员管理等工作流程实现信息化转变。

(3)设施设备标签化:通过二维码、物联网等电子标签技术,实现设施设备资产管理标签化,与运维终端设备实现信息互联互通。

(4)设备装备智能化:以运营需求为基础,结合物联网及人工智能技术发展,建立西安轨道交通设备运维子系统级设备自身监测指标及标准,同时制定数据标准化规则,将其纳入设备采购需求,指导轨道交通建设数字化转型。

智能化阶段主要实现以下目标:

(1)设备巡检自动化:通过人工智能、视频分析技术等技术,利用车载监测设备、远程机器人、视频监控、无人机等实现设备状态自动化巡检。

(2)资产状态可视化:利用BIM、GIS、3D等三维可视化技术,实现设备资产状态远程监控、可视化展示。

智慧化阶段主要实现以下目标:

(1)设备寿命精确化:基于大数据分析技术,以最小维修单元为基准实现设施设备寿命精细化管理。

(2)设备维修状态化:利用云平台、大数据平台支撑,对设备状态实时监测,以设备状态为基准指导设备维修工作开展,实现状态修模式转变。

6 结论

(1)西安轨道交通网络化运营初步成型,对设备维保提出更高要求与挑战,需要加速形成有效的信息化、智能化体系,推进智能运维安全体系建设和相关技术应用,进一步提高运维管理水平。

(2)结合设备运维的实际需求和智能运维技术发展趋势,通过构建"一个体系,三个模块,五个专业"的智能运维综合管理体系,逐步形成设备安全可靠、人员精简高效、成本效益可控、应急保障迅速的运维管理新模式。

(3)智能运维建设需制定与其相匹配的数据标准,同时完善轨道交通设施设备分级分类管理办法,以维修子系统为单元明确设备系统数据采集类别和数据采集周期,规范设备采购及运维数据治理。

(4)轨道交通运营管理企业应加快推进生产作业信息化建设,实现设施设备检修作业数字化转变,形成有效数据储备,同时以设备维护管理需求为出发点制定适应于智能运维可视化的设备设施BIM、GIS、3D交付标准,为运维可视化提供支撑。

参考文献

[1] 曹双胜.西安轨道交通智能运维技术研究[J].2020.
[2] 中国城市轨道交通协会.中国城市轨道交通智慧城轨发展纲要[Z].2020.
[3] 西安市轨道交通集团有限公司.西安智慧城轨发展纲要(2021—2035)[Z].2021.

5G 通信技术在城市轨道交通的应用

张戴傲* 周宇航 宋 莉*

（马鞍山学院人工智能创新学院，马鞍山 243199）

摘 要：随着 5G 通信的推出，越来越多的行业开始使用这一新型移动通信系统，基于其高速率、低延迟、容量大等特性，城市轨道交通也开始采用 5G 通信作为其行动力，大大提高了城市轨道交通的工作效率、安全性、舒适性等各方面。基于以上，本文将和大家浅谈 5G 通信技术及其在城市轨道交通中的应用。

关键词：5G 通信技术；城市轨道交通；应用

1 引言

近些年，我国很多大中城市在大力发展轨道交通建设，以其节能、快速、绿色的特点逐渐成为城市的重要交通形式。但是由于轨道交通的特殊性质，原有的移动通信技术无法适应轨道交通的快速发展，在 5G 技术应用之后，以其高速率、高带宽、高稳定性、低延时的极大优势，使轨道交通发展中的通信技术难题迎刃而解。

2 5G 通信技术的简介

5G 通信技术就是第五代移动通信技术。也是目前最新一代的蜂窝网络通信技术，是继 2G、3G、4G 系统之后的延伸，它弥补了 4G 通信技术在时延、吞吐率等方面的不足，提高了系统的整体性能。它采取了全 IP 的数字技术且支持分组交换功能，达到高数据速率、延迟少、低成本、节省能源、提高系统的容量和实现大规模设备的连接是发展 5G 技术的主要目的（表 1）。它融合了 4G、3G 的基础设施资源并达到了 4G、3G、2G 的共存，是一个融合性网络[1]。

表 1 5 代移动通信网络对比

	1G	2G	3G	4G	5G
推出时间	1973 年	2001 年	2007 年	2011 年	2019 年
传输速率	约 2.4kb/s	约 64kb/s	一般在几百 kbps 以上：125kb/s～2MB/S	2Mbps～1Gbps	1.25GB/s
宽带	0	200K	1.6M	20M	100M
典型应用	语言	短信	图片	视频	自动驾驶、AR/VR、4K/8K 视频

2.1 5G 通信技术的特点

5G 通信技术的主要特点是传输速度快，上网速度可以达到上行 10Gpbs，下行 20Gpbs，当然，这个速率是峰值速率。随着技术的不断发展，这个速率还可以不断提升。5G 通信技术有效地提高了热点流量和传输速率。在人口密集区能够为用户提供 1Gbps 用

基金项目：安徽省教育厅轨道交通自动化重点实验室重点科研项目（KJ2020A0847、KJ2020A0846），马鞍山学院重点科研项目（RZ2100000271），马鞍山学院大学生创新创业训练计划项目资助。

* 张戴傲（2001—），男，大学本科，马鞍山学院，从事轨道交通信号与控制方面研究。E-mail: 985733026@qq.com
宋莉（1994—），女，硕士，马鞍山学院，主要从事列车速度控制及预测研究。E-mail: 18352261556@163.com

户体验速率和 10Gbps 峰值速率；在流量热点区域，可实现每平方公里数十 T bps 的流量密度。5G 通信技术还具备低功耗大连接的特点，在保证终端的超低功耗和超低成本的前提下，面向智慧城市、环境监测、智能农业、森林防火等以传感和数据采集为目标的应用场景，提供超过超千亿网络连接的支持能力[2]。这个特点不仅满足了城市轨道交通对网络传输速率的要求，还满足了其对生态环保方面的要求。5G 是新经济时代的关键使能技术和基础设施，将为各个行业的变革和转型提供关键重要支撑。5G 将不断加速"移动互联网 +"的发展，"移动互联网 +"也将为 5G 网络带来海量数据连接以及更丰富的应用场景。5G 技术在减少时延方面要远优于 4G，在当下车速行驶速度较快的情况下，信息及时传递尤为重要。5G 的发展为自动驾驶、辅助驾驶以及智能制造业的兴起注入了一股不可或缺的能量。同时，5G 技术有着超高的频率，通信频率越高，波速就会越大，5G 通信应用的十毫米波，频率范围可以达到 24.55～52.6GHz，具有更小延迟、更高宽带、更高速率的特点，其最大宽带高达 400MHz，远远优于 4G 蜂窝系统，因此，比起 3G、4G，5G 的通信质量有了突破性提升[3]。

2.2 5G 通信技术的网络架构

管控主要体现为对 AMF 感知功能等进行管理控制；计算主要表现为对上报的感知信息进行智能化计算；开放主要体现为感知信息和数据对网络内部或网络外部开放。管控主要体现为对 AMF 感知功能等进行管理控制；计算主要表现为对上报的感知信息进行智能化计算；开放主要体现为感知信息和数据对网络内部或网络外部开放。Nx 接口用于外部应用或网络内部 NF 通过 NEF 调用感知功能、感知结果上报；通过 Ny 接口，实现通信融合感知功能网元对 AMF 感知功能的控制；通过 N2 接口，实现 AMF 对 gNB 感知功能的控制，AMF 将通信融合感知网元功能的控制指令转发给 gNB。在用户面，复用 N3、N6 接口。基于 N3 接口将 gNB 感知数据上报，基于 N6 接口将 gNB 获取的感知数据转发给融合感知功能网元[4]（图 1）。

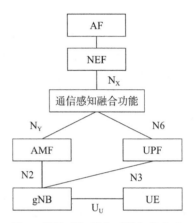

图 1　通信感知融合系统架构方案

3　城市轨道交通中 5G 通信的具体应用

在城市轨道交通中 5G 技术的应用并不仅仅局限于列车与地面之间的信息传递，在智慧交通背景下利用云计算技术、人工智能技术等，实现了轨道交通管理的智慧运营、智慧服务、智能维保，在 5G 技术的支持下，城市轨道交通的管理水平、服务水平发生了质的飞跃。

3.1 在设备维护中的应用

在城市轨道交通的营运系统中，有大量不同的设备需要进行维护，而且其维护周期非常长，往往分布于主要城市的主体区域，如果仅仅依靠人工进行维护巡查，可能会出现错检和遗漏的问题，而且成本较高，效率较低，因此需要构建一个智能化集成度高的运营和维护体系，可以对系统进行实时监控。例如我们可以通过 PLC 构建一个监控体系，通过 5G 网络的高速信号传输将以往的被动处理，转变为现在的主动制止，这样不仅提高了维护的质量，还节省了人力。

3.2 在安全保障中的应用

进入城市轨道交通的第一步是要购票，以往在使用4G网络时，我们会感觉到出现卡顿，但是在5G网络低时延特性的加持下，购票系统会非常流畅。在入站之前我们还需要经过第一道闸机，在第一道闸机可以使用购买的票验票通过，也可以使用手机扫码进入。手机扫码在5G网络的帮助下可以更快更精确地完成，也进一步提升了同行效率，并且可以通过大数据分析来尽可能满足乘客的需求，提供智能化交互体验，做到真正精准的一对一服务，大幅提升了人们的出行舒适度[5]。

3.3 在车地通信中的应用

在列车快速运行过程中对信息的传输要求是非常高的，在运用了5G技术之后在列车与地面之间构建了高速通信通道，从而实现了列车图像的高速传输。利用5G网络技术在车与地面之间构建的无线网络能够将列车上收集到的图像、视频快速传输到地面，完成数据的转存处理，还可以进行统一管理，提高对列车运行的管控效率。利用5G网络技术可以对列车运行状况进行实时监控，当前车厢内发生突发事件时能够快速响应，从而提高轨道交通安全运行的能力，保证广大乘客的公共安全。在控制中心可以随时高速下载列车上的监控视频与图像数据信息，以供控制中心进行分析。在智慧运营管理系统中建立基于5G网络的信息通道，打造包括基础设施层、能力平台层与智慧应用层的一体化运营管理平台，使整个系统具有智能感知、智能联动、智能分析的能力，为上层运营、服务、运维等智慧应用场景提供技术支持。

3.4 在客流量检测中的应用

在一些大中城市，交通压力日益增长，轨道交通的运行压力也越来越大，有些地方的轨道交通已经处于超负荷运转的状态，实际载客量已经超过了设定的载客量，特别是每天的早高峰和晚高峰时段，客流量激增，不仅加重了轨道交通的载客负担，也存在较大的安全隐患。有些城市采取了增加列车数量、增加站台长度的措施，以解决这些问题。但是人们的乘车习惯往往很难改变，大多数乘客都会选择就近上车，因此会造成各车厢拥挤程度不均匀，有些车厢很宽松，而有些车厢则会拥挤[6]。

基于5G技术的客流量密度检测分析功能在此时就会发挥非常重要的作用，通过各个车厢内安装的高清监控设备，对每个车厢的客流量信息进行采集、分析，利用车厢拥挤度分析模型进行计算，将结果再利用5G网络上传到车载PIS数据服务器，及时发布各车厢内的拥挤数据，在站台上也随时显示每个车厢内乘客的拥挤状态，对拥挤状态可采用红、黄、绿三种颜色进行区分，引导乘客分流乘坐轻轨列车。利用轻轨列车上的高清摄像机，在车头、车尾增加旁路视频分析服务器，对于信息的显示、播报等完全可以使用其他既有设备。将车厢乘客密度检测系统与车载CCTV相结合，仅仅需要在车头、车尾位置增加视频分析服务器，有效降低了投资，简单实用。

3.5 在防灾预警中的作用

地铁线路大多是地下封闭环境，区间发生火灾或者水灾会直接影响列车运行和乘客安全，尤其是无人驾驶列车[7]。对中心调度人员和联动系统来说，区间和机房环境监测信息的收集和处理，对于及时处理应急场景是非常必要的。

在区间和机房内不同位置布置分布式水浸监测、火灾探测、视频监控等设备。当区间或机房内发生火灾或者水患时，利用5G通信技术，以区间火灾探测、区间视频监视数据以及水浸监测信号为基础，实时将监测信息反馈到中央汇聚核心网，中心核心设备计算后根据预设场景处理条件，联动消防、PIS等子系统同步处理。同时，中心调度员根据场景计算从处理建议和实时传回的机房或区间的视频监控信息中，判断当前列车运行环境，及时做出调度决策[8]。通过大量区间监测数据的汇聚和积累，以算法为中心，通过数据的整合，建立线网级的智能场景应急处置平台，增强无人驾驶列车运行的安全和运营调度能力。

4 结论

随着 5G 通信技术的发展，城市轨道交通也在进步。5G 的低时延、高效传输、安全可靠等优点为城市轨道交通的进步提供了不可或缺的力量。目前大部分的轨道交通 5G 建设和改造已经完成，我们需要在一步的改变中发现其中的不足之处，指出并且及时更正，更要充分发挥 5G 通信技术的作用和价值，努力在进步中解决轨道交通运行方面的问题。

参考文献

[1] 谢星. 城市轨道交通中 5G 通信技术的应用 [J]. 中车时代通信，2021（6）：24-25.

[2] 胡正阳 .5G 通信技术在城市轨道交通中的应用 [J]. 上海设计院集团，2020（2）：48-49.

[3] 崔融 .5G 通信技术在城市轨道交通中的应用 [J]. 创新应用，2022（3）：248-249.

[4] 谢志峰，武宁 .5G 通信技术在城市轨道交通中的应用 [J]. 互联网＋通信，2022（6）：11-12.

[5] 黄霁 .5G 无线通信技术在城市轨道交通中的应用探讨 [J]. 都市快轨交通，2019，32（5）：33-37.

[6] 张泽驰. 城市轨道交通中 5G 通信技术的运用探讨 [J]. 通讯世界，2019（6）：22-23.

[7] 林昊 .5G 通信技术在城市轨道交通中的应用 [J]. 集成电路应用，2020，37（8）：128-129.

[8] 鲍捷. 城市轨道交通中 5G 通信技术的应用探讨 [J]. 通讯世界，2019，26（8）：22-23.

基于人工智能技术的轨道交通智慧车站研究

郝 勇[1] 赵 健[2]

（1.中铁二院工程集团有限责任公司，成都 610031；2.深圳市赛为智能股份有限公司，深圳 518000）

摘 要：智慧车站以现有的综合监控平台为基础，在车站管理、运营维护、安全保障和调度指挥等应用领域持续研发和系统迭代，通过新一代信息技术（人工智能）驱动轨道交通技术、经验、知识的模型化、标准化、软件化、复用化，不断优化资源配置效率，实现业务和组织的弹性伸缩，形成可快速迭代、资源富集、多方参与、合作共赢、协同演进的工业互联网信息新生态。

关键词：智慧车站；轨道交通；人工智能

1 引言

1.1 智慧车站建设背景

智慧车站是人、环境与设备的智慧互联，是以实现"运行状态全方位精准感知、运行趋势智能化分析预判、信息指令一体化主动推送、运行规则拟人化自动进化"为目标的城市轨道交通智慧服务站点。智慧车站可提供统一的数据大屏显示，更加高效、全景展示车站整体运营情况。

车站控制室设置专用智慧车站管理工作站，为车站日常管理提供方便快捷的操作体验，借助各类先进的智能技术摆脱以往定时、定点、定岗的管理运作痛点，构建基于设备全息感知、系统集成联控、终端移动操控的高度自运转的全时全景车站管理模式。采用人、机、环境、事件、外部触发高度协作的方式，实现车站运行状态全方位精准感知、信息指令一体化主动推送、自动巡检及一键开关站等功能，可对地铁的运营管理效率、对运营安全将会有显著的提高，并可极大地提升管理的信息化水平，提升地铁人员管理效率（图1）。

1.2 行业现状

近年来，国内城市轨道交通发展迅速，截至 2021 年底，中国内地累计通车里程达到

图1 智慧车站 HMI 示意图

7545.5km。然而在这骄人的成绩背后，还存在着诸多问题，已经成了制约轨道交通发展的瓶颈。

（1）管理效率低。目前轨道交通运营线路存在的问题包括：各专业现场作业多、劳动强度大、作业执行手段传统、执行效果差、系统集成不高、作业程度不高，导致整体运营管理效率低。

（2）运营成本高。存在问题包括：人工操作的程序复杂、人工检查的设备多、人工填写的工作报表量大、应急情况下人工的联动响应慢、依托人工进行乘客服务的工作量大。根据对国内轨道交通的运营情况调研发现，绝大部分城市轨道交通运营人员超过 40 人/km，部分城市甚至超过 50 人/km，远远大于国外发

达城市的指标，运营成本较高。

（3）乘客服务水平低。随着轨道交通通车里程的增加，每天的客流量也在快速增长，巨量的客流带来巨大的乘客服务压力，传统的售票、安检、问询、公共区管理等乘客服务均采用人工模式，已经暴露出服务工作量大、服务不能精细化、服务水平低、乘客投诉多等问题。同时，乘客需要的车站定位导航信息、列车到站信息、车站拥挤度信息、车站和列车的乘车环境信息、车站周边生活服务信息等不能及时有效获取，乘客需要的舒适乘车环境，快捷高效的进出站过程，不能得到有效满足。

车站是轨道交通的基本组成单元，是与外部衔接的主要窗口，同时车站本身系统最为复杂，运营和管理最为困难，应用人工智能信息技术，开展智慧车站研究，在智慧交通、智慧城市建设中具有典型性、示范性和推广性。

1.3 业务现状

智慧车站是基于各类智能化信息技术的综合应用，集架构、系统、应用、管理及优化组合于一体，具有感知、传输、记忆、推理、判断和决策等综合智慧能力，是人、建筑和环境互为协调的整合体，实现了设计、建造、运营、服务、维护等从"生产范式"向"服务范式"的转变。智慧车站的目标是实现车站管理与服务的数字化、网络化、智能化、绿色化、个性化、人性化、自助化和协作化，达到可测、可控、可阅读的目的。

2 设计原则

结合轨道交通实际应用和发展要求，在进行系统方案设计时，总体设计遵循以下原则：

（1）经济实用性原则：在满足系统各项要求和现行需求前提下，充分发挥设备性能，在节省投资的同时，充分考虑未来业务发展的需要来确定系统规模。

（2）安全性原则：建设方案提供网络层、数据层、虚拟化层、管理维护层等安全手段，防止系统外部成员的非法侵入以及操作人员的越级操作，保护网络建设者的合法利益。

（3）成熟和先进性原则：智慧车站可视化平台的网络、安全、计算、存储系统结构的系统配置、系统管理方式等方面采用国际上先进的，同时又是成熟、实用的技术。

（4）高可用性原则：建设方案在保证较高的可靠性和可用性前提下，保证业务系统的正常运行。网络、安全、计算、存储等设备及方案具备在线故障恢复能力，关键设备、线路能做到实时备份和故障切换。

（5）规范性原则：系统建设方案采用的技术和设备应符合国际标准、国家标准和业界标准，为系统的扩展升级、与其他系统的互联提供良好的基础。

（6）开放性和标准化原则：建设方案保证开放性好、标准化程度高，设备的各种接口满足开放和标准化原则。

（7）可扩充和扩展化原则：本方案的设备不但满足当前需要，并在扩充模块后满足可预见将来需求，如带宽和设备的扩展、应用的地铁车站的扩展等。保证建设完成后的系统在向新的技术升级时，能保护现有的投资。

（8）可运营管理性原则：考虑到地铁将来的运行维护，整个可视化平台易于管理，易于维护，操作简单，易学，易用，便于进行系统配置，在设备、安全性、数据流量、性能等方面得到很好的监视和控制，并可以进行远程管理和故障诊断。

3 智慧车站系统架构

智慧车站系统架构如图2所示。

（1）基础设施

三维可视化平台，获取车站多种环控、机电设备运行转态信息数据，同时也可以对接各类应用系统，如 PIS、CCTV，获取应用数据。

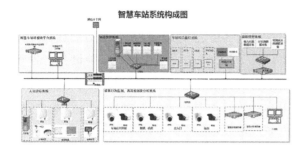

图 2　系统架构

（2）数据汇集

汇聚基础设施层对接采集的相关数据，为车站设备及应用系统的集成监视提供数据存储分析及可视化支撑。

（3）实时监测

在三维地图上，可按照业务分类、数据类型，配置不同的展示图层及信息展示区域，可实时动态地展示对接的设备及应用系统的数据。

3.1　智慧车站可视化平台

针对车站内部结构进行3D可视化建模，融合物联网的实时运行数据，将各种零碎、分散、割裂的信息数据，包括地铁车站的基本信息、消防、强弱电、暖通、能源、设施设备、资产、隐蔽工程等（实际设备以最终可接入的设备为准），引入车站的运维、管理中。同时也提供了设施、设备的三维空间位置，快速定位故障，缩短维修周期；直观而全面的信息数据记录，可对车站运维的全过程管理，为统计、分析和数据挖掘等功能创造了条件。

车站的三维视图基于车站建筑设计图纸建模，设施设备的符号、图例可根据要求进行替换，地图、符号、图例具备自定义数据展示的矢量图形格式，可任意缩放，图层分类清晰，图形、符号等必要对象可操作。系统可以通过与三维建筑模型的接口，支持基于三维建筑模型的设施设备运维管理，平台可通过嵌入调用、界面集成等多种方式集成智慧地铁所涉及的各子专业应用软件（图3）。

图 3　三维车站全景图

3.2　智能开关站

智能开关站并非一套固定模式，而是采取个性化方式，结合每个车站的特点和各地的运营模式，配置出最适宜的方案（图4）。智能开关站模式如下：

图 4　智能开关站示意图

智慧车站平台根据定时配置，定时提醒站务人员进行开、关站操作。

系统自检。各专业或设备根据开、关站时间或接收综合监控系统发出的自检命令进行一次或数次自检，并反馈自检状态，保存设备自检结果（包含但不限于AFC闸机、售票机、站台门、车站照明、电扶梯、广播、PIS、CCTV、卷帘门、环控设备等）。

运行状态检测。检测相关专业的系统运行状态和相关的设备状态，保存检测结果，包括系统的通信状态和设备的运行状态（包括但不限于PLC、AFC、PA、PIS、PSD、FAS、CCTV、冷水机组、电扶梯、垂梯、VRV、PSCADA、智能视频分析等）。

开启CCTV轮循，实时监控站内各区域

和各设备的状态。

CCTV巡查进行站内检查、站台确认、出入口确认、站厅确认、站台门确认、电梯确认、卫生确认等。

PA系统广播运行信息。

启动、关闭车站公共区正常运行照明模式。

启动、关闭车站环控系统早间运行模式。

屏蔽门检测。上行使能、下行使能、上行开门、下行开门、上行关门、下行关门。

开启、关闭车站自动扶梯、电梯升降至出入口层（需确认）。

电扶梯现场数据通过既有与BAS的通信接口上传至智慧车站平台，接收智慧车站的开梯命令并反馈运行状态。

闸机关闭、开启，售票机开启、关闭。

开启、关闭PIS显示屏，显示乘客导向信息。

开启、关闭出入口卷帘门。

保存开、关站步骤及执行结果。

3.3 环境监测系统

在3D车站区域数据图层中，展示各区域的环境监测数据及环境指标异常报警信息（图5）。

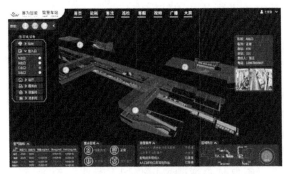

图5 区域数据图层

设备管理：查看设备离/在线状态；设置设备名称、位置；根据监测项配置报警阈值；新增、删除管理设备。

设备数据：查看所有设备当前实时数据；查看指定设备小时均值、日均值、月均值；查看指定设备小时均值曲线、日均值曲线、月均值曲线，并可通过多选设备比对历史趋势。

告警管理：查看当前所有告警设备、告警时间、告警监测项、监测值等；根据所选时间节点，统计所有告警的监测设备、告警条数、安装地址等。

分析报表：查看所有设备日报、月报、年报；提供指定时间段内的最高、最小值、平均值、评价等级及详细数据等，并可直接导出报告；计算指定分组设备中的AQI（Air Quality Index，空气质量指数）明细，并标注主要污染物；算指定单个设备的AQI明细，并标注主要污染物。

3.4 人员定位及管理

对车站内执勤人员的动态分布情况、数量以及其所在位置被系统记录，包括选择跟踪、实时跟踪、位置查询等功能（图6）。

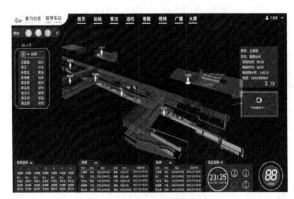

图6 人员数据图层

（1）人员进出时间记录功能：自动记录所有进出车站执勤当班人员的出入时间。

（2）危险区域（工作面区域）登录功能：通过预设"危险区域"，系统记录进入特定工作面区域人员的时间，一旦有人进入就发出提示信息。

（3）工作面超员提醒功能：当携带标识卡的人员在工作面而多于N人时，系统发出提示。

（4）超时报警功能：某执勤人员进入特定区域超过12小时将视为超时。

（5）网络查询功能：系统数据可在外网显示，并让有权限的管理人员查看。

（6）紧急报警功能：发生紧急情况时，系统显示人员数量等信息，同时手持标识终端也会发出声光报警。

（7）提供数据接口：系统覆盖区域可实现标准网络协议 Wi-Fi 覆盖，可设置指定端口开放用于手机端通信软件（如微信、钉钉等第三方软件）通信联络使用。

3.5 能耗管理系统

城市轨道交通智慧能源管理产品整合了能耗数据、电能质量、运营信息、设备运行及相关基础数据。基于轨道交通行业的信息通信协议，提供相应的专用接口，可以支持通用工业数据通信协议，采用了实时数据采集模式，离线数据采集以及其他常见的数据接入方式，可对接多种智能仪表，实现水、电等能耗数据的采集、存储、查询及分析（图7）。

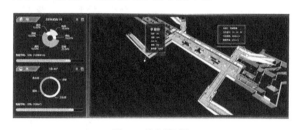

图7 能耗数据

获取关键能耗数据，展示车站水、电能耗关键信息。

3.6 乘客行为监测系统

根据视频分析服务器，获取异常行为报警信息，实时查看异常行为区域视频（图8）。

图8 视频分析可视化

（1）入侵检测

检测人员在设定区域内的进入/离开/出现/消失等事件并报警，告警类型包括在禁区内告警、边界进入告警、边界离开告警。支持设置行人进入报警；可设置多个防区，每个防区可分别设置检测规则，支持最多32个防区的设置，支持多边形防区设置，多边形防区可设置至少32个边（图9）。

图9 入侵检测

（2）徘徊检测

检测在设定区域内徘徊、滞留（逗留）的人员或车辆是否超过用户设定时间，并触发报警。检测目标支持分别设置检测行人、检测车辆。可设置多个防区，每个防区可分别设置检测规则，支持最多32个防区的设置，支持多边形防区设置，多边形防区可设置至少32个边（图10）。

图10 徘徊检测

（3）人员逆行检测

在电扶梯、进出站通道、换乘通道等单方向人员流动区域，乘客需按照指定方向行走。系统支持对运行方向进行标定，当发生人员的运动方向与标定方向不符时,则发出预警,提醒工作人员及时介入处理(图11)。

图11　人员逆行检测

(4)扶梯状态检测

实现对电扶梯的运行状态检测,可进行正常运行、逆行、停止状态的检测,在电梯停止或逆行后报警(图12)。

图12　扶梯状态检测

(5)物品遗留检测

检测是否有物品遗留或放置在检测区域超过设定时间并报警,以便及时排除存在的安全隐患,尤其是预防爆炸事故发生。可设置多个防区,支持最多8个防区的设置,支持多边形防区设置,多边形防区可设置至少32个边。可设置物品遗留多少时间后触发报警。

(6)脱岗检测

通过人脸、人头或人体等多种特点精准检测值班人员、安检人员等是否脱岗。可设置多个防区,每个防区可分别设置检测规则,支持最多32个防区的设置,支持多边形防区设置,多边形防区可设置至少32个边(图13)。

图13　脱岗检测

(7)奔跑检测

可对奔跑追逐事件进行准确检测,达到设定的条件后,可立即报警(图14)。

图14　奔跑检测

(8)打架检测

打架检测是安防领域的一个重要功能,打架检测能够在相对开阔的背景下准确检测打架斗殴违法行为。通过分析检测人物目标的运动速度和方向、运动轨迹、活动范围以及部分肢体变化规律,自动判断场景中是否存在打架斗殴行为。当发生打架斗殴疑似现象时,系统将弹出相关的警告信息(图15)。

图15　打架检测

3.7 客流检测与分析系统

获取动态客流数据，展示车站各出口客流数据及当天总的客流数据（图16）。

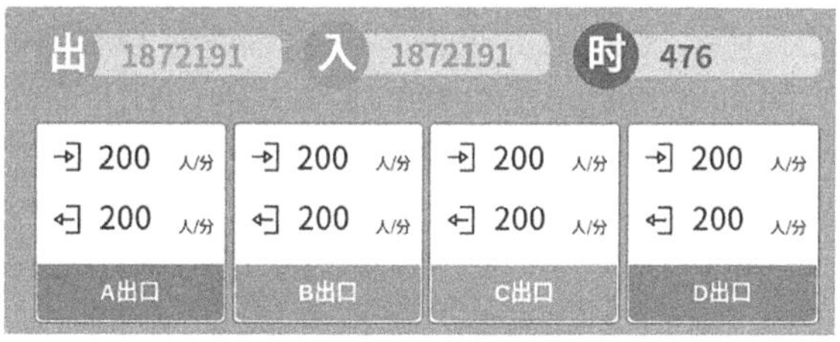

图16 客流数据可视化

（1）人流统计分析

根据应用管理需要，在车站进出口、换乘口、闸机口等位置设定虚拟跨线或区域，以统计跨线或者跨区域的人员数量。通过统计的数量，可得到进入车站或进入闸机的乘客数量，为站内客流疏导工作提供数据支撑（图17）。

图17 人流统计分析

（2）人流密度分析

根据应用管理需要，在通道内、站台区、车厢内等区域内进行人流密度的实时统计分析，当区域内人流密度超过设定阈值时，即通过车站管理系统等进行相应的信息提醒，以便进行人工疏导或选择人流量较少的车厢（图18）。

图18 人流密度分析

（3）人流热点移动分析

根据应用管理需要，在较为容易产生拥挤的通道、闸机口、换乘口和手扶梯等位置，在产生拥挤后，进行人流移动的实时数据，当移动速度产生异常时，进行相应的信息提示，以便地铁工作人员进行相应的人工干预和引导（图19）。

图19 人流热点移动分析

（4）大数据应用分析

依托于日常应用数据的积累与处理，可形成以日、周、月等为周期的车站整体数据分析报表，也可形成以时间、地点等为关键点基础的数据变化报表，并进行相关客流趋势的预测，为地铁运营管理的优化、提升提供数据支撑。同时可提供包括客流数据、视频数据等进行协议对接。

4 结语

智慧车站建设的核心目标是提升管理效率和服务水平。随着我国地铁建设的快速推进和网络化运营程度的不断深入，地铁网络结构的复杂程度越来越高，大型换乘站越来越多，客流增长速度快且时空特征复杂多变，加上日常运营过程中经常面临复杂的运营环境（如大客流、突发事件、恶劣天气、故障等），导致车站管理难度越来越大。随着地铁新的智能装备（如基于通信的列车控制系统、无人驾驶技术等）、新的监测手段（视频、Wi-Fi嗅探、手机信令、蓝牙、红外等）、新的设计与建造技术（建筑信息化模型、节能减排技术等）、新的支付手段（刷卡、网络支付、移动支付、刷脸支付等）和新的信息技术（人工智能）的蓬勃发展，地铁车站迫切需要向智慧车站转变。提升车站的智慧化水平可以达到节能、减员增效和提高管理与服务水平的目的，更重要的是可以为乘客提供更为舒适、安全、可靠、一体化和人性化的服务，提升乘客出行体验。

参考文献

[1] 赵俊华，孟宇坤，周超. 城市轨道交通智慧车站运行与综合管理平台的设计与实现[J]. 铁路计算机应用，2022，31（6）：79-82.

[2] 余进宇，杜珊，甄涛. 智能视频分析技术在智慧车站中的应用[J]. 冶金自动化，2022，46（S1）：194-197.

[3] 杜呈欣，王清永. 面向一体化集成及可视化运营轨道交通智慧车站的探索研究[J]. 城市轨道交通，2022（5）：12-15.

[4] 景亮，赵程，燕玲，等. 城市轨道交通智慧车站的设计及探索[J]. 上海建设科技，2022（1）：27-30.

天津地铁9号线电客车车载电视更新改造

高 丽

（天津轨道交通运营集团有限公司，天津 300451）

摘 要：《津滨轻轨移动电视运营合作协议》于2016年8月23日到期，且设备故障率高，功能单一，为实现车载媒体设备的正常使用，提高客运质量，天津地铁9号线开展车载电视改造工作。改造后电视除可播放媒体设备，还增加显示报站信息、紧急通告信息、时间等内容。

关键词：车载电视；改造；客运质量

1 概述

1.1 项目背景

天津地铁9号线38列车原车载电视系统设备于2009年安装使用。《津滨轻轨移动电视运营合作协议》于2016年8月23日到期，且9号线电客车车载电视设备老化严重，已不再具备承担客运服务的功能。

车载电视系统作为旅客信息显示组成部分，可以向乘客发布更直观、更形象的各种有用信息，可以提供列车到发时间、转播电视现场直播节目、城市宣传、紧急疏散等功能，同时由于其媒体播放的多样性，也作为地铁招商的重要平台，是提高客运质量必不可少的系统。

1.2 原车载电视系统存在的问题

原车载电视系统设备安装已经近十年，存在部件老化、停产等问题，且系统显示功能单一，主要问题如下：

（1）设备存在故障频发、电视屏幕抖动偏色等问题。

（2）原有车载电视分辨率较低仅为模拟普清且设备功能单一，仅能播放储存卡预存储内容，无法分屏显示列车列广信息及其他乘客信息，设备整体性能参数远低于天津地铁1、2、3号线等同行业车载电视系统。

（3）原车载电视设备为定制安装，原厂家拆除设备后罩板内饰会产生孔洞，影响内饰美观性。

2 可行性论证

车载电视系统作为乘客信息显示系统的重要组成部分，应该及时准确地为乘客提供站点、路线、媒体广告等信息服务，是为乘客提供列车运行资讯的重要系统。

目前车载电视系统普遍安装于国内各条地铁线路，技术成熟稳定。此次改造方案参考了同行业地铁成熟车载电视改造经验，以二期车现有车载电视安装布局为标准，与新建地铁线路基本一致，与现有列广系统配合，满足正线客运服务，提供可靠的旅客信息显示，同时预留网络化接口，为以后列广系统、视频监控系统升级、架设整体PIS系统做准备。为保证车体内饰美观并恢复车载电视系统功能，采用了目前主流参数、功能的新系统设备进行更新改造。

3 项目实施

天津地铁9号线列车采用4辆编组的方式，根据购车时间分为一期车和二期车，媒体播放设备沿用原车载电视安装位置，安装于客室机柜内，对于客室 LCD 显示屏的安装以二期车现有车载电视安装布局方式为标准，对一期车客室原车载电视罩板进行切改，满足 LCD 屏的安装使用要求。

3.1 结构及设备功能

采用级联方案，在每个客室输出两路以太网媒体信号（图1）。

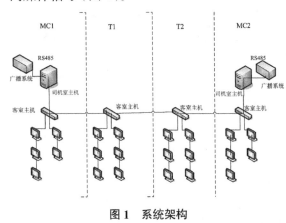

图 1 系统架构

其中媒体设备包括：司机室主机、客室主机和客室 LCD 显示屏。

各设备的功能为：

司机室主机：存储媒体视频，预留设置双网口，连接车地无线系统设备。设置与报站系统的通信接口。设置媒体输出网络接口。

客室主机：对媒体流的转发，输出流媒体至各车厢的客室 LCD 显示屏。

客室 LCD 显示屏：对客室交换机转发的流媒体进行解码，在设备内部解码输出至 LCD 显示屏进行显示。

3.2 系统功能

3.2.1 多窗口显示功能

通过与 TCMS 系统的接口获取车辆运营信息，在客室 LCD 显示屏上可以设置分屏界面，显示媒体文件的同时可以显示时间、预报站、到站、终点站站名等运营信息（图2）。显示信息可与数字化报站保持同步。若接收不到报站信息则不显示相应的站名。

图 2 窗口显示

3.2.2 超时保护功能

若 LCD 媒体显示屏没有接收到任何信息时，显示屏显示"津滨轻轨欢迎您"，在 10 分钟没有收到信号后进入休眠模式。

3.2.3 媒体文件更新方案

远期规划，在具有车地无线环境下，可实时显示控制中心的直播视频。目前本系统设计预留车地无线接入多媒体视频的网络接口。

可以通过计算机网络和更换本地存储设备的方式更新媒体文件。预留车地无线接口，可以后期通过地面服务器通过无线自动更新。

通过网络更新的方式更新客室 LCD 显示模板、滚动文字等信息。

3.2.4 上电自启动功能

设备上电后无须进行配置和其他辅助信息，则可进入正常工作程序。

3.2.5 视频控制冗余功能

近期规划，可以播放视频服务器内预存的视频，为了提高系统可靠性，对媒体源进行冗余设计，默认播放 MC1 端的司机室媒体主机中存储的视频。当本端出现问题后热备到另外一端 MC2 端司机室媒体主机工作。

3.2.6 紧急广播信息合成

在广播控制盒上播放紧急广播条目，可在客室 LCD 显示屏上显示相应的紧急广播提示画面。在车辆进行紧急广播时，可在客室 LCD 屏上显示紧急广播内容画面（图3）。

图 3　紧急信息显示

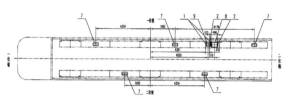

1—主机安装板　2—主机安装板　7—客室 LCD 屏
8—客室主机　　9—司机室主机

图 4　整体布局图

3.2.7　预留扩容能力

本项目采用 IPTV 的形式，为适应天津轻轨远期 6 辆编组的需求，本系统预留扩容能力，且容易实现，在后期扩容后，只需新增加编组的媒体解码主机和客室 LCD 显示屏硬件设备及布线，以及配备相应的 IP 即可。无需对原编组设备进行修改。

3.2.8　预定义开关机功能

可支持定时开关显示器的功能，根据预设的显示器开关时间段，系统自动完成设备的开关，降低列车整体功耗。

3.2.9　媒体音频可从 LCD 扬声器输出

此方案 LCD 扬声器可单独设置安装（LCD 屏嵌入安装可满足 IP54 级别）。

3.2.10　接口

预留接收控制中心实时传输多媒体信息网络接口（车地无线多媒体视频的网络接口）。可实现 LCD 媒体播放系统自动通过无线网络从地面控制中心实时接收多媒体信息，并显示在对应的 LCD 显示终端上。

3.3　安装

3.3.1　整体布局图

整体布局图如图 4 所示。

3.3.2　司机室主机安装

司机室主机安装在两 MCP 车 1 位侧 5 门旁的侧顶板上，先使用 M6×25 螺钉将主机固定在安装架上，然后使用 M8×30T 型螺栓将主机安装架通过滑槽固定在侧顶板上，详细如图 5 所示。

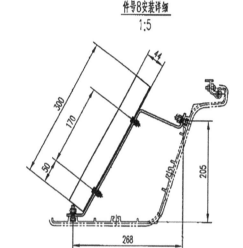

图 5　司机室主机安装示意图

3.3.3　客室主机安装

客室主机安装方式与司机室主机相同，MCP 车客室主机与司机室主机安装在同一块侧顶板上，T 车客室主机安装位置与 MCP 车相同，MCP 车客室主机与司机室主机相邻，两安装架之间间距 103mm，详细如图 6 所示。

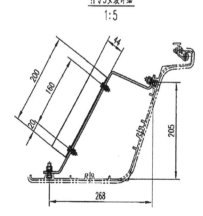

图 6　客室主机安装示意图

3.3.4 LCD 显示屏安装

LCD 屏安装时先在侧顶板预埋安装螺栓，柱上先预紧一螺母，在 LCD 屏安装面与侧顶板之间粘接添加隔声垫。将 LCD 屏安装固定在经改造后的侧顶板安装座上，安装时使用调整垫保证安装后与侧顶板之间的配合，MCP 车共计 5 块、T 车共计 6 块（图 7、图 8）。

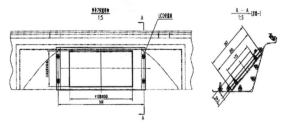

图 7　显示屏安装示意图

图 8　显示屏安装效果

4　总结

天津地铁 9 号线车载电视改造车辆运营期间工作平稳，满足基本要求，不仅向乘客提供站点、时间等信息，同时媒体视频为乘客短暂的旅途增添色彩，有效地提高了客运质量。

以 AIOps 为目标的城市轨道交通通信运维研究

张永亮

（深圳市中兴系统集成技术有限公司，深圳 518055）

摘　要：城市轨道交通现有的运维模式以"故障修"+"计划修"为主，以人员专业素质为支撑开展人工巡检、人工监看、人工抢修和维护，故障定位慢，人员素质要求高，处理时间长，对运营干扰不确定性大，本文主要研究城市轨道交通通信系统领域开展智能运维的探索及初步实践。

关键词：城市轨道交通；通信；智能运维

1 前言

城市轨道交通通信系统主要职责是为轨道交通内外部联络、命令下达、防灾救灾等提供通信通道，为乘客服务、列车运行、日常办公、公共安全提供网络通道。

城市轨道交通通信系统的运维不仅关系到城市轨道交通运营安全，更关系到城市轨道交通服务质量。长期以来，城市轨道交通通信系统采用烟囱式建设模式，子系统较多，早期通信系统的运维工作主要依赖于运维人员手工完成，这种以手工为主的运维方式随着线路建设网络化、设备老化、人力成本不断走高，可持续性发展受限。AIOps（Artificial Intelligence for IT Operations）又称智能运维，是把人工智能应用于 IT 运维领域，在运维数据（含系统日志、监控告警、应用信息等）基础上，采用机器学习，解决轨道交通运维的智能化，为城市轨道交通运维探索了一条新路径。

2 城市轨道交通通信运维的现状

城市轨道交通通信系统在发展过程中产生了为不同客户群体服务的不同通信子系统，为城市轨道交通运营服务的专用通信系统，为乘客通信服务的商用通信系统（也称"民用通信系统"），为城市轨道交通公共安全服务的警用通信系统（也称"公安通信系统"），以及为政务通信服务的政务通信系统（图 1）。

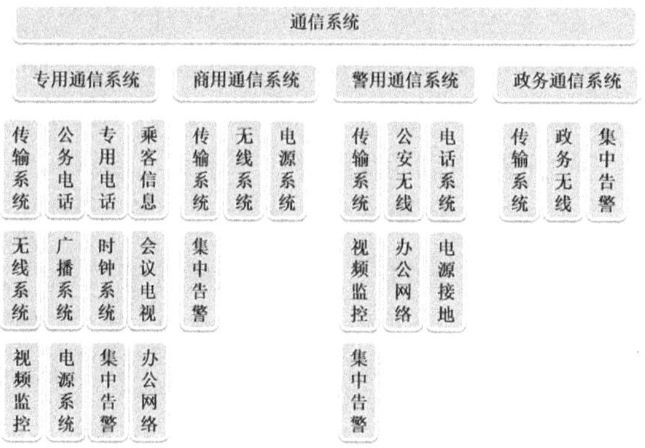

图 1　城市轨道交通通信系统构成示意图

城市轨道交通通信专业涉及数十个专业的维护，每条线路通常设置多个通信工班进行通信系统的维修维护工作，通信工班检、修不分离，负责日常巡检、故障维修、计划维修及专项维修等工作。目前，绝大多数通车线路尚未建设完善的通信运维平台，主要依靠各子系统网管及设置在线路控制中心的集中告警系统对各子系统网管告警的集中采集来辅助日常的维护工作。

其中，通信集中告警子系统仅仅定位于通信故障告警的集中展示，不能将维修维护的流程贯穿于系统，也就无法实现故障告警—维修处置的闭环管理，且系统告警的准确度依赖于集中告警故障点表的准确性，在实际使用过程中偶尔出现子系统升级后点表未同步造成告警不准，影响一线维护人员使用的情况。

3 城市轨道交通通信智能运维初步研究

城市轨道交通通信系统智能运维历经20余年发展，从人工运维逐步到基于规则、可自动触发、预定义脚本的自动化运维方向发展，伴随人工智能的技术进步，基于机器学习指挥通信系统的监测子系统采集数据、分析、决策并执行自动化脚本去实现更高阶的运维模式。

AIOps的建设建议先从无到单点试点，再进化完善，形成解决某个局部问题的运维AI"模块"，再由多个具有AI能力的单点运维能力模块构建成智能化的运维流程，如智能化的监控预测及告警，免干预的自动化性能调优，免干预的自动化修复。

为致力于构建城市轨道交通通信系统终极AIOps，实现多目标下的最优或者按需最优，有必要分阶段逐步实现从单点的AI能力到单场景运维，并逐步实现多场景AI运维，最终达到免干预的AI运维能力，以此为目标开展的城市轨道交通通信系统智能运维研究主要在以下几个方面：

（1）在线监测

通信系统智能运维可实现对不同通信设备告警、性能参数进行实时采集，其中告警信息采用实时获取并存储、展示在智能运维平台，并联动告警装置及触发相应的应急处置流程。

①采集的告警包括：

网元告警，通过各通信子系统的网管实时采集网元设备的告警信息，接口协议采用SNMP、HTTP或MODBUS等通用协议。

性能越限告警，通过各通信子系统的网管实时采集性能超限告警，实时监控系统性能，越过预定阈值则智能运维系统发出告警。

网络连通告警，通信系统智能运维可以查看、测试各子系统与运维设备的通信状态、工作状态，通过类似心跳检测的方式来确保系统间连接可信可靠。

②机房可视化

以站点平面图为基础，显示站点机房、终端设备位置和状态，显示站点相关信息，包括管线图、设备信息、告警信息等内容；以三维机房方式展示机房拓扑结构，机柜内设备的内部板卡、端口相关信息，板卡指示灯、端口状态与实际状态保持一致。

（2）智能分析

智能运维系统实时采集通信各子系统的性能参数，分析跟踪这些参数数值变化的趋势，通过预先设置的预警、告警阈值，在设备参数接近阈值时进行预警，通知维护人员提前介入，预警功能采集、统计和展示的性能参数包括但不限于以下：

①各系统服务器、各系统网管终端等设备CPU利用率、CPU温度、内存使用情况、应用进程及占用CPU和内存资源、网口实时网速、硬盘使用情况等。

②各系统交换机（包含广播子系统交换机、视频监控子系统交换机、乘客信息子系统交换机等）CPU利用率、CPU温度、端口速率、内存使用情况、光口收发光功率、设备温度等。

③电源系统两路输入电源的电压、电流、频率，交（直）流输出电源的电压、电流、频率、分路状态等，开关电源设备的负载电流电压、各路输入电流电压频率，免维护电池内阻、电池电压、电池充电量等参数。不间断电源的输出电流、电压、频率、风扇通断状态，以及UPS蓄电池组及单节蓄电池的电压、内阻、温度等工作参数。

④通过智能PDU采集的各系统设备（包括各系统服务器、各系统交换机、视频存储设

备等关键设备）的实时电流、电压和功耗。

⑤图像异常诊断，对视频遮挡、增益失衡、镜头非正常抖动、信号干扰、图像丢失等进行视频分析诊断。

通过历史数据、指标波动、统计概率、特征工程等方法检测指标的异常波动。根据时间模式、事件历史关联、事件拓扑关系进行故障的根因分析。

（3）健康及知识管理

设备健康评价：结合设备型号、安装日期、设备厂家等静态参数，通信设备使用年限、设备运行环境跟踪、设备故障情况、动作使用情况、检修情况、更换情况等动态数据，通过模糊评价、层次评价等方法，实现对系统、设备的健康度评价。

知识管理功能：包括知识库、案例库、运维经验库等，对常规问题提供必要的帮助，以及对故障问题定位提供参考。一旦故障发生，根据故障处理的知识库推荐给用户相似的故障处理意见，提高故障处理的速度和准确度。

（4）运维态势呈现

智能运维平台，集合首页展示、电子地图、查询统计、设备管理、告警管理等功能模块，可准确提供故障来源，保障系统安全可靠运行，更直观、更快速管理运维人员的工作状况和事件预警，提高工作效率及服务质量。

主动评估通信运维产生的数据，从用户视角去监测、分析内外部环节对运维的影响，提高通信运维分析预测能力、管理能力，保证通信网络可靠工作。

通过对采集的大数据进行处理、分析，把分析结果及时呈现在可视化态势仪表盘上，各级运营、维护和管理人员能够准确了解业务现状及历史经验，能实现一定程度的预测，做出相对准确的决策，实现资源效益最大化。

4 小结

目前，通信智能运维目标在于通过大量的数据监测逐步取代大量的现场人力巡检，通过大数据分析代替传统的人工维修经验以人为主的维修模式。以可视化的技术手段改进提升运维效率。未来，在基于数据、统计、分析的基础上，不断总结提升，优化运维流程并指导新线建设。

参考文献

[1] 施聪. 城市轨道交通通信信号专业的智能运维系统 [J]. 城市轨道交通研究，2020（8）.
[2] 陶小婧. 城市轨道交通通号专业设备故障智能化管理研究 [J]. 城市轨道交通研究，2021（S1）.

智慧城市中 5G 移动通信技术的应用

林月勤* 宋 莉*

（马鞍山学院人工智能创新学院，马鞍山 243199）

摘 要：21 世纪，随着现代科学技术的迅速发展，5G 移动通信技术应运而生。因此，我们应该提前意识到 5G 技术在智慧城市发展中的隐藏优势。本文阐述了 5G 技术与智慧城市的概况，以及 5G 技术在哪些领域使智慧城市朝着更加便捷化、智慧化方向发展，最后简述了基于 5G 背景下智慧城市发展的前景。

关键词：智慧城市；5G 移动通信技术；便捷化；智慧化

1 引言

智慧城市旨在运用各类信息技术和创新概念，整合城市的系统和服务，优化资源调度，提高市民生活质量，经过 10 余年的发展，我国智慧城市建设完成了从 1.0 到 2.0 再到"新型智慧城市"的内涵升级，发展理念也从最初的传统信息化，逐步演变为现在以人为本的新型智慧城市[1]。

随着现代信息技术的不断发展，城市信息化应用水平不断提升，5G+ 智慧城市建设应运而生。建设智慧城市在实现城市可持续发展、引领信息技术应用、提升城市综合竞争力等方面具有重要意义。据统计，目前我国智慧城市试点数量累计已超过 500 个。由此可见，智慧城市行业属于国家新型战略产业中的"新一代信息技术产业"，属于国家重点支持的新型战略产业，未来发展态势向好。

2 智慧城市和 5G 移动通信技术概述

智慧城市是综合城市发展规划、城市运营管理、城市经济社会发展、新一代信息技术应用等为一体的城市发展新策略和新模式，同时也是信息社会条件下现代城市发展的高端形态，是促进城市科学发展、加快发展、跨越发展、率先发展、和谐发展的必然选择，是提升现代城市总体实力、综合竞争力和国际影响力的战略制高点[2]。

5G 是第五代移动通信系统的简称，是 4G 的升级，是新的无线接入技术和现有无线接入技术的高度融合。其峰值理论传输速度可达每秒数十 Gb，比 4G 网络传输速率快数百倍。5G 性能的目标是高数据速率，减少延迟，节省能源，降低成本，提高系统容量和大规模设备连接。

3 5G 赋能智慧城市

3.1 5G+ 智慧医疗

由于医疗体系没有建立健全的医疗信息系统和医疗监督机制，导致大医院常常人满为患，社区医院却无人问津，所以我们需要建立一套智慧的医疗信息网络平台体系[3]。利用 5G 技术的高速度、泛在性、低时耗的特点，

基金项目：安徽省教育厅轨道交通自动化重点实验室重点科研项目（KJ2020A0847、KJ2020A0846），马鞍山学院重点科研项目（RZ2100000271），马鞍山学院大学生创新创业训练计划项目资助。

* 林月勤（1999—），女，大学本科，马鞍山学院，主要从事轨道交通信号与控制方面研究。E-mail: 2050809004@qq.com
  宋莉（1994—），女，硕士，马鞍山学院，主要从事列车速度控制及预测研究。E-mail: 18352261556@163.com

来完善医院信息系统、实验室信息管理系统、医学影像信息的存储系统和传输系统，可以快速地实现病人诊疗信息和行政管理信息的收集、存储、处理、提取及数据交换，达到解决这一问题的目的。

3.2 5G+智慧教育

在后新冠疫情时代，教育行业已迅速迈入数字化，这就对无线通信技术提出了较高的要求。5G网络融入教育服务行业为其提供了诸多的优势，如彻底解决网络连接问题、简化课堂教学流程、改善学习体验以及提升教学质量。以大学校园为例，在校园内引入5G技术，可以使用VR和AR技术来提高视频会议质量，增加触觉响应功能，增强沉浸式学习体验，促进个性化教育服务的提供。

3.3 5G+智慧交通

在5G网络技术的使用中相关人员必须积极进行信息收集系统的完善，积极进行智慧行车信息平台软件的更新和优化，借助相关软件对车辆、采集信息等进行处理，包括车流量、平均速度、堵塞状况等[4]，并将相关信息传递给使用方人员。这样操作方可保证用户结合相关需求合理使用5G网络超高数据传输技术并对监控图像进行查看、监控，从而让用户坐在车内便可进行关键信息的查阅。

3.4 5G+智慧环保

5G网络具有低时延、高速率、大容量的特性，借助5G网络特有的优势，将此应用到远程操控和超高清视频检测领域，从而进一步促进智慧环保领域相关应用的发展和进步。举例来说，餐饮行业的油烟问题也是环境治理当中一个重要板块，5G餐饮油烟检测是5G助力智慧环保的智能化应用。通过一系列油烟数据采集，可实现本地操作，对餐饮单位进行实时油烟在线检测。当发现油烟排放量超标时，会将数据反馈给商家、设备以及相关环保部门，能够及时监督相关餐饮部门进行整改，提高餐饮行业油烟整改工作的效率，促进环境治理工作的高效运行。

3.5 5G+智慧物流

5G在新一代物流行业也有一些特殊的场景，以5G加速的物流数据计算平台场景为例，在物流运输过程中，GPS导航系统可以通过5G获取远程云物流平台提供的信息数据进行路径规划和故障避免；在冷链供应的物流体系中，节点可以通过5G连接远程云物流架构实现温度调控和物品跟踪[5]；在物流供应链中，很多物流服务人员都需要使用终端设备，5G可以通过大数据中心和云计算服务实现即时分析，为客户提供更加全面的物流服务；物流中有很多嵌入式设备，基于5G和数据计算平台都可以对现实场景及时反馈，例如无人机配送。

4 5G助力复工复产复学

5G在智慧城市建设中扮演着日益重要的角色，尤其是在疫情防控期间功不可没[6]。5G红外测温检测设备，实现体温快速精准筛查，有效地提高事前预警、事中处理、事后追溯的效率，有效地做到阻断病毒传播；5G机器人在医疗、物流等领域大显身手，减少医护交叉感染的风险，满足更多无人化工作需求，特别是在复工复产期间，各地政府和企业利用5G视频网络，创新"云签约""云办公""云面试"等新型业态；在停课不停学阶段，5G技术助力在线教育平台蓬勃发展，让"上网课"成为教育领域对抗疫情冲击的重要一招[7]。

5 基于5G技术的智慧城市的发展前景

5G技术是我国未来城市发展的主要方向，在规划过程中需要对基站进行合理设计，在建设中深度挖掘物联网的价值与功能，将各种社交网络、综合集成法、维基法广泛应用于城市服务管理工作中，以此构建出完善的技术应用体系，与当前我国的发展形势接轨，优化城市中的各项服务工作，确保智慧城市稳定可靠地运行，以此推动城市现代化发展进程。

6 结语

综上所述，5G时代开启的智慧城市新时代高潮已然来临，它是集互联网、智能化和通信于一身的关键性技术，现已成为时代发展进步和实现共同富裕的有力"推动者"，为社会经济和各行业发展提供了新的方向和机遇。自新冠疫情暴发以来，经过实践证明，运用5G技术构建下的智慧城市确实能够为人们的生产生活提供极大的便利，也能够让智慧城市朝着高质量方向发展。但是要想智慧城市获得长久高质量的发展，智慧城市应该规划好短期和长期目标，并且每个城市都必须了解其在不断发展的5G生态系统中的作用，是充分利用其特定资产和影响力的最有效方法。

参考文献

[1] 贾世凤,张广余.5G如何赋能新型智慧城市构建[J].中国外资,2021,2(3):74-76.

[2] 倪国祥.智慧城市中5G移动通用技术应用研究[J].新型工业化,2021,11(7):26-26.

[3] 阎作铃.基于广电网络5G技术的智慧城市建设分析[J].电视技术,2022,46(2):173-176.

[4] 李立,同坤,李文宇.5G+智慧城市专利态势研究[J].信息通信技术与政策,2021,47(11):31-35.

[5] 杜文浩.基于智慧城市下的传送网络建设要点探讨[J].中国新通信,2019,21(12):57-60.

[6] 齐阳.探究物联网技术对智慧城市建设影响[J].信息产业,2020,12(4):218-219.

[7] 彭霞.基于我国物联网技术应用与发展中的智慧城市建设分析与探讨[J].信息与电脑,2012(12):39-40.

基于 iNoise 平台的厂界噪声评价与治理新方法

万宇鹏[1*] 周远波[2]

（1.中国测试技术研究院声学研究所，成都 610021；
2.四川海岩声学科技有限公司，成都 610000）

摘 要：声学仿真软件 iNoise 是荷兰 DGMR 公司于近年针对工业噪声发布的模拟平台，目前国内尚未见针对此仿真平台的适用性验证和其指导具体工程质量的相关研究。中国测试技术研究院声学研究所以某天然气净化厂噪声治理工程为例，利用新平台对该厂的边界噪声进行了三维建模和仿真分析，根据辅助优化设计结果针对性地提出了噪声治理方案，并基于仿真结果指导了一项具体降噪工程的实际进行。工程完工后，经现场测试厂界噪声符合噪声治理设计方案的要求，满足我国相关标准的规定限值。该声学仿真新软件的适用性从本应用案例的验收测试结果中得到了初步验证，在本项目中该平台能够实现传统噪声模拟软件的基本功能，正常开展降噪设计与噪声预测工作并取得较为理想的结果。

关键词：厂界噪声；iNoise；净化厂；噪声预测；噪声治理

1 引言

依托计算机辅助的声学仿真预测技术应用于实际的声环境设计与噪声治理工程领域迄今有大约 20 年时间，其理论基础与实践效果日趋成熟。其中德国 Datakustik 公司的 Cadna/A，德国 Braunstein+BerndtGMBH 公司的 Soundplan，丹麦 B&K 公司代理的 Lima 等仿真平台也越来越普遍地应用于现场勘测、环境评价、绿建设计、城市规划、工艺控制、噪声地图等声学专业领域。荷兰 DGMR 公司于 2017 年发布的 iNoise 噪声模拟软件为工业噪声环境预测提供了一个新的计算机仿真模拟平台，最新版本号为 V2021。调研显示，目前国内尚未见针对这个仿真平台的适用性验证和其指导具体工程质量的相关研究，因此本文拟以某天然气净化厂噪声治理工程为例，利用 iNoise 平台对该厂的边界噪声进行三维建模和仿真分析，根据辅助优化设计结果针对性地提出噪声治理方案，并基于仿真结果指导降噪工程的实际进行，以此来验证该声学仿真新软件的基本功能和适用性。

2 工程项目背景及概况

2.1 项目背景

石油化工是我国重要的基础支柱产业，但随着近年来生态环保受到国家重视，石油石化行业面临较为复杂的环境治理问题，其中就包括声环境治理。天然气净化厂是石化企业对天然气进行脱硫、脱水，并对酸气进行处理的生产型工厂[1]，它直接决定着所采天然气质量是否合格，其声环境特点为噪声声源点多、分布范围广，而且绝大多数设备都需要 24 小时连续运行，因此其生产噪声会导致厂界噪声呈现不同程度和不同范围的超标，对厂区和附近居民的生活造成较大影响。

本项目研究的净化厂是我国第一座具有自

基金项目：中国测试技术研究院科技支撑计划项目（KJZC2019：声场测试）。
* 万宇鹏，男，四川成都，国家一级注册计量师，主要从事声学测试、建筑声学等领域的相关工作。

主知识产权的高含硫天然气净化厂[2]。厂内天然气净化装置主要包括脱硫单元、脱水单元、硫磺回收单元、尾气处理单元和酸性水汽提单元，总硫回收率在99.8%以上[3]。净化厂现已投产了四套联合装置，截至2020年底，已累计产天然气超过190亿 m³，外输商品气超过158亿 m³。净化厂区域现场平面图如图1所示。

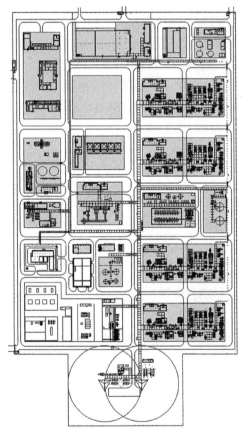

图 1　净化厂区域现场平面图

2.2　项目声环境概况

项目厂区内四套联合装置位于厂区东侧，其生产过程涉及众多噪声来源：

（1）由于气体压力突变产生的气流噪声，如压缩空气、高压蒸汽放空、加热炉等[4]。

（2）由于机械的摩擦、振动、撞击或高速旋转产生的机械性噪声。

（3）由于磁场交变、脉动引起电器件振动而产生的电磁噪声，如变压器等。

厂内主要噪声源设备距离东侧厂界围栏最近处不足 40m，为准确分析噪声情况，对联合装置各突出噪声源以及厂界敏感点做了详细的噪声勘测，测试点位及噪声数据见图2联合机组重点部位现场测试点位图、图3东侧厂界噪声测试点位图及表1联合机组重点部位现场测试数据表、表2厂界噪声测试数据表。

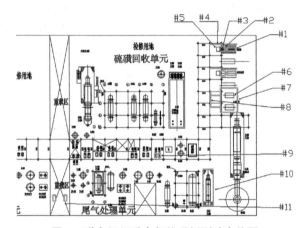

图 2　联合机组重点部位现场测试点位图

表 1　联合机组重点部位现场测试数据表

测点序号	设备名称	噪声值/dB（A）	备注
1	克劳斯风机进风口	79.2	距离 1m
2	克劳斯风机轴部	95.3	距离 1m
3	克劳斯风机罩壳内	103.3	距离 1m
4	克劳斯风机风管	87.0	距离 1m
5	克劳斯风机尾部（露天）	87.5	距离 1m
6	焚烧炉风机旁	95.9	距离 1m
7	焚烧炉风机房外	85.2	距离 1m
8	焚烧炉风机管道	87.4	距离 1m
9	急冷水泵	78.8	距离 1m
10	燃烧炉旁	77.3	距离 1m
11	尾气吸收塔底泵	88.6	距离 1m

由表1测点数据可见，该净化厂的气流噪声、机械噪声、电磁噪声的主要噪声量级基本都集中在 90～105dB 区间范围内，均属于应重点关注和治理的高噪声污染源。

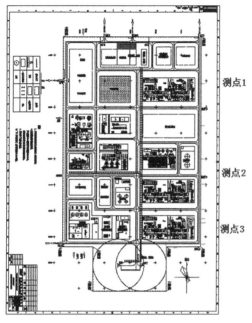

图 3 东侧厂界噪声测试点位图

表 2 厂界噪声测试数据表（治理前）

序号	测试区域	噪声值/dB（A）	备注
1	测点 1	62.8	昼间、厂界外 1m
2	测点 2	63.4	昼间、厂界外 1m
3	测点 3	56.5	昼间、厂界外 1m

2.3 声环境执行标准及治理对策

根据《声环境质量标准》GB 3096—2008 和《工业企业厂界环境噪声排放标准》GB 12348—2008 规定，净化厂厂界噪声执行标准见表3。

表 3 工业企业厂界环境噪声排放限值

厂界外声环境功能区类别	时段	
	昼间	夜间
3 类	65dB（A）	55dB（A）

可见，在没有进行噪声治理的情况下，厂界噪声集中在 60dB 左右，第二、三、四号联合机组东侧厂界外有部分厂界区域在昼间超过了或刚好达到国家标准限值的要求；而在夜间时段，整个厂界东侧有大面积区域超过了国家标准限值范围的要求。

因现场大部分直接噪声源设备不具备隔声处理工艺条件，经与业主方沟通与现场测算分析，结合工程整改期望效果与投资预算，在满足声环境质量标准的条件下，最终业主方采纳的最为经济高效的治理方案是在该净化厂东侧厂界沿线建设特定高度的隔声屏障。

3 噪声敏感点预测与分析

3.1 预测目标的确认

根据国家标准限值和业主方实际需求，该净化厂厂界噪声治理目标为：第一联合装置东侧厂界噪声夜间小于 48dB（A）；第二、三、四联合装置东侧厂界噪声夜间小于 50dB（A）；整个东侧厂界外围 50m 内范围内没有明显可听闻的工厂噪声。

3.2 iNoise 平台

iNoise 是基于声音在户外传播的理论科学基础，可进行直观、高效、高质量建模和计算的声学仿真和噪声预测软件，主要应用于工业环境下的噪声预测。iNoise 的计算理论基础是基于现行有效的国际标准 ISO 9613-1：1993《声学—声音在室外传播时的衰减 第 1 部分：大气吸声的计算》[5] 和 ISO 9613-2：1996《声学—声音在室外传播时的衰减 第 2 部分：一般计算方法》[6] 进行的，它满足 ISO 17534-3：2015《声学—用于室外声音计算的软件 第 3 部分：ISO 9613-2 在软件中按照 ISO 17534-1 质量保证实施的建议》[7] 中推荐的规范要求。iNoise 的一般工作流程可以归纳为：平面建模—三维建模—定义声源和考察域—计算设置—结果分析，可以快速评估不同或特定降噪措施对项目声环境的影响，并可以比较计算值、测量值和允许值之间的差异。

iNoise 平台主要特点如下：

（1）软件基础计算理论符合 ISO 9631 和 ISO 17534 标准。计算原理符合户外声传播衰减的计算方法，预测综合考虑相应的绕射、透射、反射等衰减条件[8]。

（2）软件配有3种不同的配置授权，包括非常友好的免费版本，各个版本在模型大小、计算速度和具体功能上有所差异。其中免费版本已经基本可以协助客户完成常用的噪声预测工作。

（3）软件兼容多种数据格式，如DXF、DWG、SHP、MIF、TXT、CSF、GMF、QSI等。

（4）iNoise具有传统噪声软件的计算模拟功能，可预测点声源、线声源、移动声源、面声源、垂直向声源等复合声源的综合效应。

（5）允许用户导入多种格式的底图，在底图的基础上绘制声源、建筑物及地形等要素，进行噪声预测评估。

（6）源项目、计算项目、对象项目参数自定义程度较高，可以使预测模型更加符合工程现实情况。

（7）结果展示界面的自定义程度较高，使预测结果可以根据需要的情况自由选择。

3.3 iNoise计算理论

iNoise可以根据已知的或现场实测的声源强度数据和各声源到预测点的声波传播条件设置，计算出噪声从各声源传播到预测点的声衰减量，由此计算出各声源单独作用在预测点时产生的声压级[9]，以此来评估户外环境下各敏感点的声环境数据，并形成图表或分布图像。计算理论公式如下：

$$L_{lt,per}=L_{dw}-C_{m,per}-C_{t,per} \quad (1)$$

$$L_{dw}=L_W+D_c-A \quad (2)$$

其中，

$L_{lt,per}$——评估周期内的长期平均声压级（dB）；

L_{dw}——顺风等效连续声压级（dB）；

$C_{m,per}$——评估周期内的气象校正（dB）；

$C_{t,per}$——评估周期内声源有效时间的修正值（dB）；

L_W——声功率级（dB），re 1 pW；

D_c——方向性校正（dB）；

A——衰减（dB）。

因为声波在传播过程中势必会经过一系列反射、散射等过程，声能量会发生衰减，户外声传播衰减包括几何发散、大气吸收、地面效应[10]、屏障屏蔽、绿化区域、工业区域、住宅区域等多方面效应。上式衰减A的计算公式如下：

$$A=A_{div}+A_{atm}+A_{gr}+A_{bar}+A_{fol}+A_{site}+A_{hous} \quad (3)$$

其中，

A_{div}——几何发散引起的衰减（dB）；

A_{atm}——大气吸收引起的衰减（dB）；

A_{gr}——地形影响造成的衰减（dB）；

A_{bar}——屏障引起的衰减（dB）；

A_{fol}——因绿化引起的衰减（dB）；

A_{site}——工业现场安装引起的衰减（dB）；

A_{hous}——已建成住宅区域引起的衰减（dB）。

3.4 iNoise中仿真模型的建立

iNoise模型建立方式与同类别噪声预测软件较为类似，图形界面简洁便于操作。首先绘制或导入待模拟区域的平面图（底图），并需要对底图比例及坐标点校准。根据底图轮廓对影响声环境的主要声学区域进行建模，包括建筑物、绿化带、声屏障、地面区域、住宅区、工业区等不同类别，并根据现实情况对声学区域性质进行设置。声源可选择点声源、线声源、移动声源、面声源、垂直向声源等，同样需要根据声源实际特性进行设置。最后设置环境参数、敏感点参数和仿真区域后即可进行声学计算。本项目iNoise建模如图4、图5所示，主要包括现实地形尺寸、厂区主要建筑、东侧联合装置、东侧厂界声屏障等重点区域。

3.5 iNoise仿真结果

声学仿真过程选取了治理前的厂界噪声现状和治理后的厂界噪声预测情况。治理前净化厂周边区域噪声等高线分布情况如图6～图8

所示。

由现场实测数据和上述仿真图可见,在厂界没有设置声屏障(现状)的情况下,东侧厂界噪声大范围集中在 55～65dB,第二、三、四联合机组东侧厂界外围有大面积区域超过了国家标准限值和业主方对声环境的要求。根据 iNoise 平台的计算结果,结合现场实测的厂界噪声数据对比分析,模拟计算结果基本符合现场实地测试数据,能够较精确反映整片厂区的噪声分布现状。

在软件中为东侧厂界设计 4m 高声屏障之后进行降噪改造后的声环境预测,净化厂周边区域噪声等高线分布情况如图9～图11所示。

图 4　iNoise 噪声模拟建模平面图

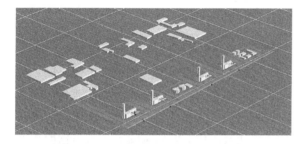

图 5　iNoise 噪声模拟建模三维视图

图 6　厂界噪声等高线分布平面图(治理前)

图 7　厂界噪声等高线分布平面图——局部（治理前）

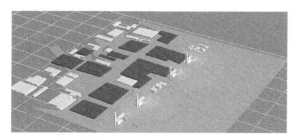

图 8　厂界噪声等高线分布三维视图(治理前)

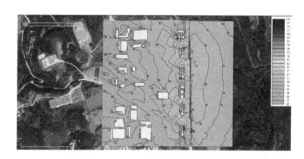

图 9　厂界噪声等高线分布预测平面图(治理后)

图 10　厂界噪声等高线分布预测平面图——局部（治理后）

图 11　厂界噪声等高线分布预测三维视图(治理后)

由预测结果可见，在设置 4m 高声屏障且没有其他环境噪声干扰的情况下，在第一联合装置对应厂界外围 0～10m 范围内，噪声级可以控制在 44dB；10～50m 内噪声级可控制在 45dB 左右；第二、三、四联合装置车间外围 0～50m 大范围空间内噪声级在 48dB 以内，极个别小区域噪声级模拟的最大值为 51dB，如图中等声压级线区域所示。预测结果表明，按照此方案进行厂界噪声治理，项目声环境能够得到明显改善，厂界昼间、夜间声环境全部达标，满足设计预期要求。

4 工程实施与完工测试

根据 iNoise 仿真结果显示，沿东侧厂界设置声屏障可满足本项目噪声治理预期，决定按照此方案开展实际的噪声治理工作，包括拆除厂界原镂空栅栏、浇筑声屏障地基、安装声屏障模块等施工环节。项目施工期间现场情况如图 12 所示。

图 12　厂界噪声现场施工情况

施工完工后，在原测点 1 至测点 3 相同区域范围进行了声环境测试，并依委托增加了距离厂界 30m 处测点 4 至测点 6 位置区域的声环境测试。测试数据如表 4 所示。

测试结果表明，治理后的厂界周边噪声昼间、夜间均满足国家标准规定的限值要求，其中厂界噪声敏感点 iNoise 模拟值与实测值具有相近的趋势，近场实测值比预测值普遍偏大

表 4　厂界噪声测试数据表（治理后）

序号	测试点位	噪声值（昼间）dB（A）	噪声值（夜间）dB（A）	备注
1	测点 1	47.5	47.1	厂界外 1m
2	测点 2	48.2	48.5	厂界外 1m
3	测点 3	46.6	46.5	厂界外 1m
4	测点 4	54.3	54.1	厂界外 25m
5	测点 5	54.7	54.5	厂界外 25m
6	测点 6	53.2	54.9	厂界外 25m

2～3dB，中远场实测值比预测值偏大 5dB 左右。造成中远场声压级实测值偏大较多的主要原因是普通立式声屏障降噪效果主要集中在声影区范围内，而对于超出声影区范围的区域降噪效果非常有限；另外还因为进行模拟时声源参数的归纳化设置与现场多标高、多噪声源的实际情况不符所致。

5 结论

利用声学仿真新软件 iNoise 对某天然气净化厂的声环境进行治理前和治理后的仿真模拟分析，得到了按照噪声治理设计方案施工后的厂界噪声敏感点的预测值、平面声压级分布图等信息；施工完成后采用现场实测的方式对厂界噪声敏感点进行了对比测试验证，结果表明 iNoise 平台预测值相较于实测值稍偏小。计算机仿真更多的只考虑了输入相应参数后计算的理想情况，实际施工与设计余量之间的偏差尚在可控范围内，该噪声治理工程结果也满足我国相关标准的规定限值，因此该软件的适用性从本应用案例的验收测试结果中得到了初步验证。在本项目中 iNoise 平台能够实现传统噪声模拟软件的基本功能，可以正常开展降噪设计与噪声预测工作并取得较为理想的结果，这为设计单位和建设单位落实降噪方案提供了新的声学辅助工具和操作平台。后续还将对该平台与现有成熟的模拟仿真平台预测结果进行比对验证。

参考文献

[1] 巴玺立, 杨莉娜, 何军, 等. 天然气净化厂技术发展趋势分析[J]. 石油规划设计, 2009(3): 1-3.

[2] 孙伟. 元坝超深高含硫气田工程建设研究[J]. 大科技, 2018(15): 341.

[3] 杨永. 天然气脱硫装置降低 SO_2 排放浓度方案分析[J]. 炼油与化工, 2018(2): 15-18.

[4] 葛晓军. 化工企业噪声污染及防治[J]. 劳动保护, 2002(2): 47.

[5] ISO 9613-1: Acoustics-Attenuation of sound during propagation outdoors-Part 1: Calculation of the absorption of sound by the atmosphere. 1993(LAST REVIEWED AND CONFIRMED IN 2021). Geneva, International Organization for Standardization.

[6] ISO 9613-2: Acoustics-Attenuation of sound during propagation outdoors-Part 2: General method of calculation[S]. 1996. Geneva, International Organization for Standardization.

[7] ISO 17534-3: Acoustics-Software for the calculation of sound outdoors-Part 3: Recommendations for quality assured implementation of ISO 9613-2 in software according to ISO 17534-1[S]. 2015. Geneva, International Organization for Standardization.

[8] 郑磊, 吴琼. 户外广播系统扬声器的布点优化[J]. 2015(7): 21-23.

[9] 蔡艳荣, 丛俏, 曲蛟. 环境影响评价[M]. 北京: 中国环境科学出版社, 2004.

[10] 石泉. 基于噪声地图的校园声环境研究[D]. 南宁: 广西大学, 2014.

轨道交通综合监控系统用户权限管理的设计与实现

贾 平[1] 蒋春华[2] 余承英[1]

（1. 深圳市赛为智能股份有限公司，深圳 518000；2. 合肥赛为智能有限公司，合肥 230000）

摘 要：轨道交通综合监控系统（ISCS）是一种高度集成的综合自动化系统，可实现对轨道交通的各个系统、各个设备进行集中监控和集中管理，最终达到各个系统（专业）之间信息资源共享和协同互动的功能。ISCS 已成为轨道交通领域不可缺少的综合自动化系统，越来越受到重视。ISCS 涉及的内容复杂：第一，管理的车站多，一条地铁线一般有 20 多个车站；第二，管理的系统（专业）多，涉及环控、消防、信号、电力、视频监控等多个系统；第三，涉及的权限复杂，包含系统管理员级、维护级、操作员级三个级别，而操作员级又包含总调、电调、环调、行调、车站值班员等。其用户权限管理涉及诸多因素，复杂度高。

关键词：综合监控系统（ISCS）；轨道交通；用户权限；四维数据

1 引言

1.1 背景技术

随着国民经济的发展，国内各大城市都在争相发展城市轨道交通，目前，已进入轨道交通大发展时期，在这种大发展背景下，推动了各种新技术在轨道交通领域的应用。

目前，国内的 ISCS 通常采用工业监控软件平台，如国外的 SCADA（Supervisory Control And Data Acquisition，监视控制和数据采集系统）平台，WinCC OA、Citect、Wonderware 等，在此基础上进行应用软件功能开发。这些 SCADA 平台都是诞生于工业控制领域，专业单一、控制级别不多，其用户权限管理模式往往不能适应轨道交通领域多站点、多系统（专业）、多控制级别的权限需求。此外，一个城市的多条轨道交通综合监控系统通常使用的 SCADA 平台往往不止一个品牌，例如某城市地铁 1 号线 ISCS 使用 Citect，而 2 号线使用 WinCCOA，这样需针对不同的 SCADA 设计开发不同的用户权限管理功能模块，每条线的 ISCS 相互独立，都有各自的用户权限管理，用户权限管理功能不统一，耗时大、成本高。

1.2 用户权限管理意义

轨道交通综合监控用户权限管理系统所有的用户权限均以四维数据的格式存储，从而实现了所有线路的轨道交通综合监控系统的用户权限的统一管理，使得一个地域内的地铁线路都可使用统一的用户权限管理进行权限验证，无须再针对平台、针对线路重新开发，解决了现有技术中用户权限管理功能不统一、耗时大、成本高的问题。

轨道交通综合监控用户权限管理系统使得用户权限的设置和验证与用户执行行为的平台相分离，实现了轨道交通 ISCS 进行权限验证时的统一，解决了不同轨道交通 ISCS 由于兼容的 SCADA 系统不同从而造成的不同线路上由于访问协议不同必须独立设置权限验证的问题。

2 用户权限具体实施方案

2.1 用户权限管理方法（图 1）

构造四维数据格式{role.line.station.

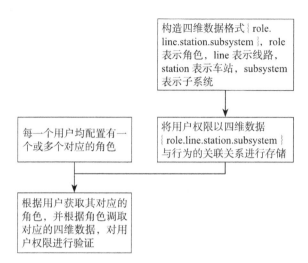

图 1 用户权限管理方法

表 1 行为对照表

序号	代码	含义
1	M	监视、查看
2	C	控制设备，单控
3	G	控制设备，组控
4	D	显示报警
5	A	确认报警
6	S	系统管理，系统参数设置，用户权限管理

subsystem}，role 表示角色，line 表示线路，station 表示车站，subsystem 表示子系统。

将用户权限以四维数据{role.line.station.subsystem}与行为的关联关系进行存储。

每一个用户均配置有一个或多个对应的角色。

根据用户获取其对应的角色，并根据角色调取对应的四维数据对用户权限进行验证。

本实施方式中，角色可为用户类型的一种抽象化模型，角色是用户与权限之间的桥梁；范围即区域，一个城市的轨道交通可细分为三级区域，线路、车站、子系统，一条线路中包含多个车站，一个车站中包含多个子系统；子系统不仅包含轨道交通中的专业，如 BAS、FAS，也包含功能，如报警、日志、联动、参数设置等。

本实施方式中提供了多个行为示例，其中，M 为监控、查看，即查看某个子系统界面的权限；C 为单控，即控制单个设备的权限；G 为组控，即可同时对多个设备发送控制指令的权限，如顺控、模控等；D 为显示报警；A 为确认报警；S 为系统管理、用户管理和权限管理等，即系统某些参数的设置权限、用户的编辑权限和每一条四维数据及其对应行为的配置权限等。具体可参考表 1。

本实施方式中采用的四维数据格式，角色嵌套线路，线路嵌套车站，车站嵌套子系统，每一个四维数据生成点位的值即为具体的用户行为控制权限。本实施方式中，通过四维数据结构生成全部的点位数量为：控制权限的划分说明如表 1 所示，用户行为控制权限可以是表 1 中一个或者多个代码的组合。由于用户权限对应的四维数据为电位数据，具有体量小的特点，可选择关系型数据库例如 MySQL 将用户权限以四维数据{role.line.station.subsystem}与行为的关联关系的形式存储到关系型数据库中。例如，{电调.线路1.车站1.子系统1}=MCG，表示电调角色在线路1上车站1的子系统1中具有监视、查看、单控和组控权限，即当某个用户配置有电调角色时，其在线路1上车站1的子系统1中执行监视、查看、单控和组控中的一个或者多个行为时，都被允许。

本实施方式中，所有的用户权限均以四维数据的格式存储，从而实现了所有线路的轨道交通 ISCS 的用户权限的统一管理，使得一个地域内的地铁线路都可使用统一的用户权限管理，无须再针对平台、针对线路重新开发，解决了现有技术中用户权限管理功能不统一、耗时大、成本高的问题。

具体的，本实施方式中，将用户权限以四维数据{role.line.station.subsystem}与行为的关联关系进行存储的具体方式为：以 role×line 为单位建立 station×subsystem

的二维表格，所述二维表格中对应每一个 station×subsystem 表格均标记有一个或多个许可行为。如此，在验证某个用户的行为时，只需要获取用户对应的角色已经用户行为对应的线路便可调取用户对应角色在该线路上的 station×subsystem 的二维表格，然后根据用户行为对应的车站和子系统获取用户的行为权限，并进一步判断用户当前行为是否属于用户对应角色的许可行为，以实现对用户行为的验证。

2.2 用户权限管理系统

用户权限管理系统包括控制中心管理平台、用户权限管理服务器和车站管理平台（图2）。

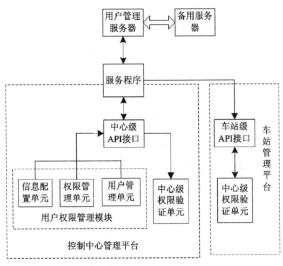

图 2　用户权限管理系统

用户权限管理服务器用于存储上述四维数据{role.line.station.subsystem}，且每一条四维数据{role.line.station.subsystem}分别关联一个或多个许可行为，即用户权限管理服务器用于存储由所述的四维数据和对应的许可行为构成的用户权限。通过用户权限管理服务器实现了对于用户权限的统一管理，并为用户权限的统一调用奠定了基础。

控制中心管理平台用于配置所述四维数据以及所述四维数据对应的许可行为并存入用户权限管理服务器，即控制中心管理平台用于配置用户权限。

控制中心管理平台还用于建立每一个用户与角色的对应关系并进行本地存储。

控制中心管理平台内设有用于供外部服务进行调用的中心级API接口，还用于在外服服务调用中心级API接口时，获取与用户对应的角色，并根据角色调用用户权限管理服务器中对应的用户权限判断外部服务的当前行为是否合法，并将判断结果通过中心级API接口发送给外部服务。具体的，控制中心管理平台用于在外部服务调用中心级API接口时，通过中心级API接口获取外部服务的操作用户以及其当前行为，并获取操作用户对应的角色；控制中心管理平台用于从用户权限管理服务器中获取操作用户对应的角色的权限，从而判断操作用户的当前行为是否合法并通知外部服务，以便外部服务根据判断结果继续执行操作或者终止操作。

车站管理平台内设有用于供外部服务进行调用的车站级API接口，车站管理平台用于在外部服务调用车站级API接口时，从控制中心管理平台获取用户对应的角色，并根据角色调用用户权限管理服务器中对应的用户权限判断外部服务的当前行为是否合法，并将判断结果通过中心级API接口发送给外部服务。

控制中心管理平台还设有本地数据库用于存储用户与角色的对应关系，和车站管理平台在发现外部服务时，均从本地数据中获取外部服务登录用户对应的角色。

车站管理平台包括车站级权限验证单元，当用户通过调用车站级API接口的外部服务执行行为时，车站级权限验证单元通过车站级API接口获取用户信息，车站级权限验证单元与用户权限管理服务器通信对用户当前行为进行验证，并将验证信息通过车站级API接口发送给外部服务，外部服务根据验证信息继续执行行为或者终止行为。车站级权限验证单元通过车站级 API 接口获取的用户信息包括用户名以及用户当前行为对应的线路、车站和子系统。具体的，车站级权限验证单元用于根据用户名获取用户对应的角色，并用于结合所述角色以及用户当前行为对应的线路、车站和子系统生成对应的四维数据，然后根据四维数据通过服务程序从用户权限管理服务器中调用对应的用户权限与用户当前行为进行对比，判断用户当前行为是否合法。如果车站级权限验证单元生成的对应用户当前行为的四维数据不存在于用户权限管理服务器，或者用户当前行为不属于该四维数据在用户权限管理服务器中对应的用户行为，则判断用户当前行为不合法。

用户权限管理模块与用户权限管理服务器连接，用于新增、删除和修改用户权限管理服务器中的四维数据及所述四维数据对应的许可行为（图 3）。用户权限管理模块包括信息配置单元和权限管理单元，信息配置单元用于配置每一条所述四维数据中的线路、车站和子系统，权限管理单元用于配置每一条所述四维数据中的角色以及所述四维数据对应的许可行为。通过信息配置单元和权限管理单元还可新增用户权限或者删除用户权限，也可对现有的用户权限进行修改，例如修改任意一条四维数据中的角色、线路、车站和 / 或子系统，或者修改任意一条四维数据对应的许可行为等。具体实施时，控制中心管理平台可通过用户权限管理模块配置的人机交互界面进行用户权限的新增、删除和修改。人机界面以控件形式存在，可以嵌入 SCADA 软件平台的组态界面中。例如 .net 控件和 ActiveX 控件形式，可兼容现有轨道交通 ISCS 使用的所有 SCADA 平台，为用户权限管理模块提供人机交互界面。

配置信息单元用于相关信息，如线路信息、车站信息、子系统信息等，每条线路的 ISCS 都需配置相关信息。信息配置完之后即可在权限管理界面进行权限管理与配置，可新建、修改、删除角色，如总调、电调、环调、行调、车站值班员等，可对某个具体的角色配置在某个区域相应的许可行为，可根据需求对某个角色在某条线路上某个车站某个子系统配置相应的许可行为，可配置单个许可行为也可配置许可行为的组合。如表 2 所示，为特定角色在特定线路上的用户行为配置示例表。本示例中，假设 5 个车站、5 个子系统，该角色在车站 2 子系统 1 具有查看、单控、组控权限，在车站 5 子系统 3 具有查看权限。

表 2 用户行为配置示例表

	车站 1	车站 2	车站 3	车站 4	车站 5
子系统 1	MCGDAS	MCG	MCG	MCG	MCG
子系统 2	MCGDAS	MDA	MDA	MDA	MDA
子系统 3	MCGDAS	M	M	M	M
子系统 4	MCGDAS	MC	MC	MC	MC
子系统 5	MCGDAS	MC	MC	MC	MC

3 用户管理功能配置

ISCS 用户数量庞大，系统功能丰富并不断扩展，系统的权限控制模型分为用户（User）、角色（Role）和权限（Permission）三部分，其中权限（Permission）由操作（Operation）和对象（Object）组成，实现层次化管理。系统中包

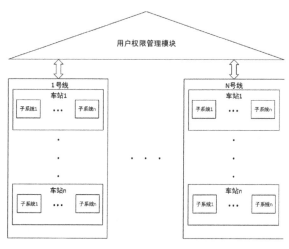

图 3 用户权限管理模块

含的有效用户名在1000个以上，权限决定操作员的监视及控制的范围，系统内的用户在任意工作站均可登录（图4）。

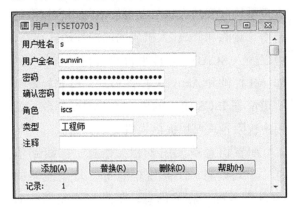

图4 用户设置图

3.1 ISCS 控制级别

利用 ISCS 软件平台可以分配给每个级别用户一定的权限，这些权限包括操作模式、控制权力、控制范围等。所有的控制功能需要有操作确认环节；用户权限可以按系统、按功能、按区域、按报警分类等多条件组合进行调配，根据登录用户的权限系统开放不同的监控内容，包括可见的区域、可操作的功能、可监视的报警等。

因此，在认真研究了国内多条地铁的运营方式后，根据 ISCS 软件平台的特性以及综合监控系统项目的实际需求，提出面向运营的 ISCS 操作岗位划分：

（1）中央级（控制中心）；
（2）车站级（含车辆段、停车场等）；
（3）就地级。

中心监控操作员有：电调、行调、环调、维调、总调。

如果 ISCS 在中央全部不能监控（如服务器、操作员工作站或骨干网通信故障等原因），ISCS 将在车站综合后备盘（IBP）提供硬线或独立完整的控制通道，操作员可直接向关键的子系统发出重要的监控命令，以保证地铁的正常、安全运营。

3.2 ISCS 用户等级

ISCS 通过集中权限管理实现全线的权限管理一致性。在任何位置的工作站登录 ISCS 系统，操作过程相同，需要一致的用户类型、用户名、密码信息。ISCS 对用户密码进行加密处理。在服务器上的用户管理文件中，用户密码保存为不可识别的文本字符串。当用户登录、注销、解除画面锁定、高级别用户接替工作时，系统均需要对用户类型、用户名、密码进行选择、输入和校验。登录对话框共有下列三个输入区域（只可输入英文和数字）：用户名、权限、密码。ISCS 将根据用户运营的最终需求定义用户权限表。

（1）对每类用户，权限表定义了该权限对应的 ISCS 主要设备类、子系统的权限类型，详见表1。

（2）基于以上权限组合，根据项目情况以及各操作员所在站点、对应专业，基于各用户级别的权限，将登录用户的身份分为4级（最多分为8级）：

监视员：只能查看用户画面。

运行操作员级：键入口令后，只能调用监视画面和操作画面，进行正常的开关操作和事件监视，以及提供给操作员使用的设备（如打印机）进行操作。

维护员级：键入口令后，除了具有操作员的权限以外，可对运行参数及各种用户画面和数据库进行修改、编辑和定义。

系统管理员级（工程师级）：在具有管理员级权限基础之上，还可以为操作员和管理员建立和删除口令字。工程师权限在本系统中是最高权限。键入口令后，可对系统程序进行编程和修改。

3.3 中心级权限分配

中央级 ISCS 位于控制中心，主要服务对象是控制中心的各种专业调度人员。中央级综合监控系统 HMI 启动后默认为监视员级状态。

默认监视员级可以对各个专业状态和报警进行浏览，不能进行任何的设定、控制操作。操作员点击"登录"按钮登录后，依据ISCS系统权限配置文件定义的操作员权限控制系统。

（1）控制中心操作人员包括调度人员和系统维护人员（系统维护人员不参与日常运营），调度人员按照不同的专业可以分为：

中心总调；

中心电调；

中心行调；

中心环调；

中心维调。

（2）表3为建议的中心级综合监控权限分配表。

表3 中心级权限分配表

系统	操作员及职责范围				
	中心总调	中心电调	中心行调	中心环调	中心维调
PSCADA-10kV开关设备	MDAC	MDAC		M	MD
PSCADA-750V开关设备	MDAC	MDAC		M	MD
PSCADA-400V馈出开关	MDAC	MDAC		M	MD
PSCADA-其他全部	MDAC	MDAC		M	MD
BAS	MDAC	M		MDAC	MD
FAS	MDA	M		MDAC	MD
PSD	MDAC	MDA	M	MDAC	MD
AFC	MDAC	MDA	M	MDAC	MD
SIG	MDA	M	M	M	MD
PA	MDAC	MDAC	M	MDAC	MD
CCTV	MDAC	MDAC	M	MDAC	MD
PIS	MDAC	MDAC	M	M	MD
ACS	MDAC	M	M	MDAC	MD
ISCS	MD	M	M	MD	MDAC

3.4 车站级权限分配

车站级ISCS位于变电所/车站/车辆段/停车场，主要服务对象是变电所/车站值班员。车站级ISCS人机界面（HMI）启动后默认为监视员级状态。默认监视员级可以对各个专业状态和报警进行浏览，不能进行任何的设定、控制操作。操作员点击"登录"按钮登录后，依据ISCS权限配置文件定义的操作员权限控制系统。车站级权限分配如表4所示。

表4 车站级权限分配表

系统	车站值班员
PSCADA-其他全部	M
BAS	MDAC
FAS	MDA
PSD	MDA
AFC	MDA
SIG	/
PA	MDAC
CCTV	MDAC
PIS	/
ACS	M
ISCS	MDA

3.5 权限级别管理

操作人员登录系统后，系统根据操作员级对应专业的权限，开放对应的界面和操作。

安全控制必须经过授权。只有具备相应权限的人才能执行相应的控制。

系统重新启动以后，以默认监视员级别登录。

ISCS向操作人员提供一个图标。如果操作人员暂时离开监控室，还可以点击图标，锁定当前显示界面，HMI将保持最后使用的界面。当再次输入密码时，会重新返回系统。

一旦操作人员需要退出HMI软件，HMI将会显示密码输入对话框。只有正确输入当前登录用户的密码后才能注销。

系统管理员能够在线给其他用户分配操作权限。

操作员如果有控制现场设备的权限，那么就可以对此设备在线执行以下功能：

禁止遥控，允许监视；

禁止遥控和监视；

允许遥控和监视。

ISCS允许赋予各专业（行调、电调、总调、客调）特别的权限类型，允许他们在线修改模拟量的上下限。但是，只有当新的数据库下装以前，在线修改的内容仍会有效。如果需要永久性的修改，在离线情况下修改组态数据。

高运营操作级用户允许解除低级别用户设置的屏蔽、强制等操作，并自动被记入日志。

ISCS的用户切换为用户的注销、再登录的过程。当HMI被某个用户锁定后，其他的用户可以通过先注销、再登录的方式对HMI进行解锁。

所有用户的登录、注销将自动被记入事件列表。

4 结语

用户权限管理在ISCS中扮演极其重要的角色，是设备控制和信息记录查询的重要依据。本文依托合肥市轨道交通ISCS项目，为ISCS的权限管理提供了包括多现场多责任区的访问控制策略、用户–角色–权限为核心的权限管理模型和基于实时库互斥锁的权限移交机制在内的一整套解决方案。该方案已在合肥市轨道交通项目中得到实际应用，功能稳定可靠、效果良好，完全满足系统要求，对今后相关ISCS项目的实施具有一定的参考和借鉴意义。

参考文献

[1] 邓敏，刘涛.轨道交通综合监控系统用户与权限管理功能的设计与实现[J].机电工程技术，2020，49（5）：165-167，213.

[2] 胡阳.基于用户权限的综合监控系统报警管理研究[J].机电工程技术，2015，44（5）：79-81，134.

[3] 程朋胜，李剑波.地铁综合监控系统之用户和权限管理[J].机电工程技术，2011，40（12）：34-37.

面向新型智慧城市的智慧交通架构探讨

蔡大伟 [1*]　余承英 [2*]

（1.合肥赛为智能有限公司，合肥 230011；2.深圳市赛为智能股份有限公司，深圳 518000）

摘　要：本文简要讨论了智慧城市、新型智慧城市，以及智慧交通目前存在的问题，结合这些问题以及新型智慧城市评价体系，分别从路况信息采集、交通秩序整治与维护、智能泊位和充电桩引导、智能公交、信息发布与交通诱导等五个方面入手，提出一个"五模块、两中心、一平台"的城市智慧交通体系架构。

关键词：新型智慧城市；智慧交通；路况信息采集；智能泊位；交通诱导

1 引言

1.1 新型智慧城市

2012 年 12 月，住房和城乡建设部发布关于开展国家智慧城市试点工作的通知，我国正式从国家层面开始部署智慧城市的建设工作。截至目前，我国 100% 的副省级以上城市，90% 以上的地级城市以及 50% 以上的县市级城市共计 700 多座城市已经开始了智慧城市规划和建设[1]。市场规模从 2017 年的 6 万亿元，提高到了 2021 年的 18.7 万亿元[2]。

随着大数据、云计算等新技术的不断突破，智慧城市理论在不断丰富和完善。2015年，"新型智慧城市"概念首次出现在政府工作报告中。新型智慧城市的"新"体现在何处？2015 年 12 月，国家发展改革委会同 25 个部门成立了新型智慧城市建设部际协调工作组，提出新型智慧城市建设应包括无处不在的惠民服务、透明高效的在线政府、精细精准的城市治理、融合创新的信息经济、自主可控的安全体系等五大要素[3]。2016 年 11 月国家发布了《新型智慧城市评价指标（2016）》，从惠民服务、精准治理等八个维度对智慧城市水平进行综合性评估，其中包括"交通服务"的要求。

1.2 智慧交通目前存在的不足

智慧交通是从智能交通（Smart Transportation System，简称 ITS）发展演变而来的。1995 年，我国交通部安排所属的研究机构参加了当年 11 月在日本横滨召开的第二届 ITS 世界大会，这是我国首次参与类似会议[4]。

2014 年，交通运输部立足于服务"两个百年"目标，提出了"四个交通"的概念，即综合交通、智慧交通、绿色交通、平安交通，智慧交通的概念由此逐步被推广和接受[5]。

经过多年的建设，智慧交通基础设施逐步完善，部分大城市则更进一步，例如杭州通过将交通信息融合进"城市大脑"，利用大数据等技术赋能城市智慧交通，取得了较好的反响。但是多数城市还存在着一些问题，从市民的角度看，存在的问题有：①路面依然经常拥堵；②交通秩序方面，违停、加塞等违法乱象

---

* 蔡大伟（1982—），男，高级工程师，深圳市赛为智能股份有限公司安徽分公司。主要从事智慧城市相关领域的设计与实施工作。

余承英（1986—），女，高级工程师，深圳市赛为智能股份有限公司。主要从事智慧城市和城市轨道交通相关领域的设计与实施工作。

时有发生，查处手段不够；③交通信息服务方面，路况、停车位、充电桩、公交车次等信息实时性不够，且各有各的软件，使用麻烦。从交通管理部门的角度看，存在的问题有：①交通数据的感知手段单一，对城市支路和基础设施年限较久的老城区覆盖不够，大数据缺少全面性；②数据分析和利用力度不够，大量的视频数据被用作普通视频监控和治安监控；③数据的开放程度和融合程度不够，导致信息孤岛现象、大数据环境下数据匮乏的窘境。

交通出行方式越来越多样，交通环境也越来越复杂，必须利用新的技术手段助力管理部门精准治理，提供及时有效的惠民服务，提高市民的"获得感"。

2 智慧交通体系架构

根据智慧交通目前存在的突出问题，结合新型智慧城市评价体系要求，分别从路况信息采集、交通秩序整治与维护、智能泊位和充电桩引导、智能公交、信息发布与交通诱导等五个方面入手，构建"五模块、两中心、一平台"的城市智慧交通体系架构（图1）。

图1 智慧交通体系架构图

2.1 五个模块
2.1.1 路况信息采集

交通系统是复杂的非线性变化系统，需要通过多种方式进行路况信息的全面采集，为大数据分析提供素材和数据支持。这里采用了三种方式相结合来实现采集，即智能视频、地磁感应采集、高空瞭望监控。

（1）智能视频。通过 L 型杆件，在车道上方安装视频车辆检测设备，一般支持 3～4 车道，可以对车流量、车道平均速度等信息进行统计和分析（表1），是一种兼顾视频监控与交通参数的采集方式。设备要求采用具备强光抑制功能的低照度摄像机，满足夜晚亮度较低时视频画面质量。

表1 路况信息采集参数

参数	描述
车流量	某段时间内通过的车辆总数
车道平均速度	通行车辆的平均速度
车道时间、空间占有率	车道的繁忙程度
车头间距	同一车道前后两辆车之间的距离
路面拥堵状况	支持对车道状态的判断：畅通、缓行、拥堵
车辆类型	判断车辆特征信息
其他参数	根据业务需求增加

（2）地磁感应采集。这是一种低成本、易部署的方式，特别适合城市支路和基础设施年限较久的老城区。地磁感应基于电磁场理论，车辆经过埋设在路面的地磁传感器时，传感器会产生信号的变化，经处理分析就能得到过车信息。地磁传感器一般采用符合 IEEE 802.15.4 规范的无线传输协议，满足低功耗、低成本、长寿命的要求。

（3）高空瞭望监控。高空瞭望用于对城区道路做大范围的路况采集，可获取 5 km 范围的画面（白天），高空瞭望设备要求高清、带云台、带智能雨刷，具备夜市、透雾功能，采用高倍率大光学变焦镜头，防尘防水级别应达到 IP66。

2.1.2 交通秩序整治与维护

交通秩序对交通出行影响巨大，一辆车的违停、加塞就会影响后续所有车辆的通行，一旦引发事故，还会造成长时间拥堵，类似违法行为查处难度大，给交通的精准治理带来了挑战。

我们采用移动执法与固定抓拍相结合的方式，尽可能做到更全的覆盖，提高交通治理的精细化水平（图 2）。

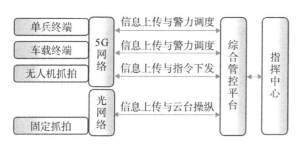

图 2 交通秩序整治与维护流程图

（1）违法车辆自动跟踪识别。在智能视频的画面中划定行驶范围和禁停范围，并设定规则，系统对该区域车辆通过情况进行扫描、分析，当判断有车辆违反规则时，开始识别和抓拍，抓拍到的违法图像和车牌号可以在道路前方设置的信息屏中播放。

（2）对于固定抓拍设施无法覆盖的路段，可根据需要以无人机进行执法覆盖，通过配备双向通话功能，无人机还可以替代民警进行事故处理。事故发生时，无人机快速到达现场，完成现场勘查并安排车辆快速撤离，有效降低事故对通行的影响。目前安徽合肥已开始使用无人机进行执法，取证后可以通知下一个路口执勤交警进行拦截[6]。

（3）单兵及车载警力定位及调度。通过 GPS 或北斗地图，可以对前端单兵和车载设备等警力分布情况进行查看，并根据需要进行实时调度，以"随叫随到"的移动执法力度，震慑违法行为。

2.1.3 智能泊位和充电桩引导

本模块通过实时采集和更新泊位、充电桩信息，在统一的平台上发布，引导驾驶人选择合理的出行路径、快速抵达泊位，减少非必要的交通流量（图 3）。

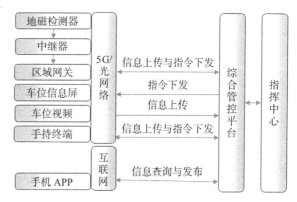

图 3 智能泊位和充电桩引导流程图

信息采集有两种方式：①地磁感应。由地磁传感器、无线中继器、无线通信网关、视频记录仪等设备组成。地磁传感器自动将检测的泊位和充电桩占用信息发送给无线中继器和网关，并通过 5G 或有线光纤传输网络与后台互通，视频记录仪用于记录车辆进出各个泊位的信息。②视频检测。由立柱式视频检测设备组成，当车辆驶入泊位后，视频检测设备开始识别车牌、计时，并将信息上传到平台，视频检测方式投资较高、维护量较大、占用路面空间，但是可以做到无人值守，并可以实现双向通话功能。

驾驶人可通过手机 APP 在地图上定位并精准导航到某个泊位或充电桩，停车完毕或充电完毕后可以通过 APP 缴费，或者通过扫码地面固定二维码进行缴费。

2.1.4 智能公交

智能公交是通过电子站牌、手机 APP、WEB 网站等多种媒介，发布公交位置实时信息，为出行者合理规划路径和出门时间，避免不必要的等待，提高出行效率。同时，公交调度人员可通过路面状况合理调度车辆,提高管理效率和交通资源利用率(图4)。

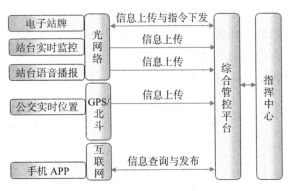

图4 智能公交流程图

智能公交可以实现:①公交车辆的动态监控。通过GPS或北斗获取公交车实时位置信息,并在平台地图上、公交站的电子站牌上实时显示,平台地图可通过互联网、手机APP等媒介向公众开放。②向公众提供出行线路规划。③统计分析。可按公交线路、单个车辆、时间段等查询车辆目前位置、车辆运行时间,分析易拥堵站点和时间段,公交公司可据此合理调度车辆发车间隔。④乘客数统计。可统计每辆车、每个站点上下车乘客数量。

2.1.5 信息发布与交通诱导

信息发布与交通诱导系统对交通相关的信息进行处理编排,以图示或文字方式,通过多种媒介发布并动态更新,包括行进方向拥堵情况、道路施工信息、道路开闭信息、限速信息、交通安全宣传等。

信息发布媒介包括广播电台、手机APP、诱导屏等,诱导屏一般采用全彩色LED点阵式显示屏,可参照《高速公路LED可变限速标志》GB 23826—2009进行参数选择。诱导屏按路段不同设置一级、二级、三级三种类型:一级诱导屏安装在城市交通主干道上,显示当前主干道及临近关联道路的信息;二级诱导屏安装在次干线道路上,显示当前次干道及临近关联道路信息;三级诱导屏安装在支路上。

2.2 两个中心

两个中心即云计算中心、指挥调度中心。云计算中心是智慧交通系统软硬件以及各类数据的存放地。指挥调度中心是各类交通数据经挖掘提炼分析之后输出和展示的地方,也是交通决策指令发出的地方。

2.2.1 云计算中心

云计算中心包括微模块数据机房和云计算资源两部分。

(1)微模块数据机房按照自身的定位确定规模,参照国家数据中心设计规范标准建设,宜采用封闭冷通道结构的微模块化设计,独立运行互不干扰,且有效降低能耗。

(2)云计算资源由软硬件资源及服务组成,常包括四个功能层次,依次是:①物理资源层,由各类服务器和存储组成;②虚拟化资源池层,通过虚拟化技术对物理资源层进行抽象和逻辑划分;③云服务层,以WebService、API、SDK等方式对各类用户或第三方平台提供服务;④云安全防护与管理层,按照自身的定位,参照国家安全等级保护的要求建设。

2.2.2 指挥调度中心

指挥调度中心是智慧交通数据信息的提取展示区,也是对交通事件的决策地,应能够将路面视频、交通数据、警力分布地图等信息,通过虚拟实景、增强现实等技术进行结构化描述,对画面中的对象和地图中的对象进行定义、赋予属性,并与交通数据分析结果进行叠加,构建一个4K高清分辨率的交通调度指挥实景式、立体化、动态呈现和交互的平台。

指挥调度中心一般可以划分成指挥大厅、会商室两个功能区,并配备相应设备(表2)。

2.3 一个平台

一个平台即智慧交通综合管控平台,是整个智慧交通架构的核心,它汇集了五个模块以及其他交通系统输入的采集数据,对数据进行分析、处理、输出,有如下基本功能要求:

表2 指挥调度中心功能区划分及常规设施配备表

设施配备	指挥大厅	会商室
大屏幕显示系统（投影或拼接）	√	√
扩声系统（有线/无线）	√	
数字会议系统		√
远程视频会议系统		√
无线信号覆盖系统	√	√
虚拟现实交互平台	√	

①集交通设备管理、交通事件检测、交通数据分析、交通行为分析、交通信号指挥调度联动、交通诱导等功能于一体；②对采集的数据进行清洗、转换、提炼、综合分析，例如路况信息实时显示、车流量查询、路口查询、车道查询、违法查询、车辆轨迹查询，交通流量分析、拥堵指数分析、事故多发路段分析、交通流量预测、移动警务资源调度等，分析结果可按不同用户和角色定制输出；③具备开放的接口，满足联动与数据融合的需求，能与市政、运政、电子政务、城市大脑、智慧城市等平台对接；④具备较强的可移植性，采用具有松耦合特征的开发架构，选择不依赖特定硬件、操作系统的开发语言和环境；⑤具备完善的数据可用性、完整性、保密性设计，提供统一身份管理、认证、访问审计。

3 结语

智慧交通是智慧城市的重要组成部分，日常生活的衣、食、住、行中，出行是市民每天都在经历的，是体现市民"获得感"的重要一环。本文探讨的智慧交通架构以交通管理者和交通参与者的常见问题为出发点，分析未必全面，期待智慧交通领域有更多的创新理论与应用，期待智慧交通建设在新型智慧城市的建设中更进一步，发挥引领作用。

参考文献

[1] 陈俣含. 从传统智慧城市到新型智慧城市：建设现状及未来发展路径探讨[J]. 未来与发展，2020(1)：2.

[2] 贾世凤，张广余. 5G如何赋能新型智慧城市构建[J]. 中国外资，2021(3)：74.

[3] 张永民. 从智慧城市到新型智慧城市[J]. 中国建设信息化，2017(3)：70.

[4] 王笑京. 中国智能交通发展回眸（二）：对中国智能交通起步有重要影响的几次国际交流[J]. 中国交通信息化，2019(5)：20.

[5] 韩直，关雨嫣. 智慧交通构建研究[J]. 公路交通技术，2018，34(6)：110.

[6] 政治部. 合肥无人机"上岗"抓拍交通违法[EB/OL]. http://gaj.hefei.gov.cn/jwdt/40238085.html，2020.07.27.

轨道交通全封闭声屏障异形部位做法

韦 勇[*]

(北京天庆同创环保科技有限公司，北京 102611)

摘 要：轨道交通的基础形式有 U 型槽、路基和高架桥梁等主要形式，列车线路形式有单线、双线、四线等主要形式。轨道交通的列车噪声治理主要从传播途径上降低声音对两侧居民的影响，而声屏障是最常见的形式之一。对于多层及以下的建筑，可以采用直立式声屏障降低噪声；对于多层以上的建筑，可以采用全封闭声屏障降低噪声。因基础形式、线路形式、桥梁断开等因素影响，存在 U 型槽、伸缩缝、路桥连接、跨度突变、车站连接、合建段、接触网等多种异形部位。全封闭声屏障在经过这些异形部位要采取不同的做法才能满足设计、加工与安装要求。本文根据全封闭声屏障的大量工程实践经验，归纳总结出针对上述异形部位的全封闭声屏障做法，为同类轨道交通全封闭声屏障的实施提供了有益参考和借鉴。

关键词：轨道交通；全封闭声屏障；异形部位

1 引言

城市轨道交通系统是指在城市中使用车辆在固定导轨上运行并主要用于城市客运的交通系统。在国家标准《城市公共交通常用名词术语》中，将城市轨道交通定义为"通常以电能为动力，采取轮轨运输方式的快速大运量公共交通的总称"。

轨道交通的基础形式有 U 型槽、路基和高架桥梁等主要形式，U 型槽基础主要是列车从地下到路面的过渡段；路基基础为地面部分；高架桥梁为有一定离地高度段。列车线路形式有单线、双线、四线等主要形式。

轨道交通的列车噪声治理主要从传播途径上降低声音对两侧居民的影响，声屏障是最常见的形式之一。对于多层及以下的建筑，可以采用直立式声屏障降低噪声；对于多层以上的建筑，可以采用全封闭声屏障降低噪声。因基础形式、线路形式、桥梁断开等因素影响，存在 U 型槽、伸缩缝、路桥连接、跨度突变、车站连接、合建段、接触网等多种异形部位。全封闭声屏障在经过这些异形部位要采取不同的做法才能满足设计、加工与安装要求。本文根据全封闭声屏障的大量工程实践经验，归纳总结出针对上述异形部位的全封闭声屏障做法，为同类轨道交通全封闭声屏障的实施提供了有益参考和借鉴。

2 轨道交通主要基础形式

2.1 U 型槽基础

U 型槽主要位于轨道交通地下段出地面与路基之间的连接过渡段，U 型槽基础多采用挡墙的形式，此处的轨道线路有较大的坡度（图1）。

2.2 路基基础

路基位于 U 型槽与高架桥之间，基础通常采用桩基础+通长地梁的方式，路基基础与

---

[*] 韦勇（1980—），男，学士学位，高级工程师，北京天庆同创环保科技有限公司。主要从事环保降噪产品的设计、研发与实施。
E-mail: weiyong@tianqingtongchuang.com.cn

桥梁基础会存在较大的跨度变化(图2)。

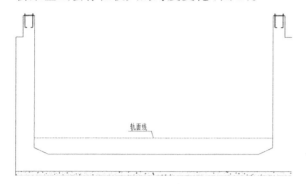

图 1　U 型槽基础典型横断面示意图

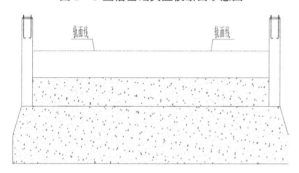

图 2　路基基础典型横断面示意图

2.3　高架桥基础

高架桥位于地面以上,通过落地段与路基进行过渡,高架桥基础通常采用预制或现浇方式制作护栏基础,声屏障基础可以在纵向通长等宽护栏设置,也可以不等宽单做声屏障基础(护栏宽度与声屏障基础宽度不一致)(图3)。

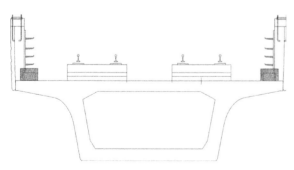

图 3　高架桥基础典型横断面示意图

3　轨道交通异形部位特点

3.1　U 型槽

U 型槽基础为挡墙式,轨道线路坡度大,为了保证屋脊顶部等高,声屏障高度方向需要渐变过渡;U 型槽处声屏障离地高度大,对安装工装要求高,施工难度大。

3.2　路桥连接

路桥连接主要位于路基的末端和桥梁的起点端,路基基础与桥梁基础不在同一纵向水平线上,而且路基基础与桥梁基础的做法不一致。基础与刚架规格不同存在刚架与屏体匹配性问题(图4)。

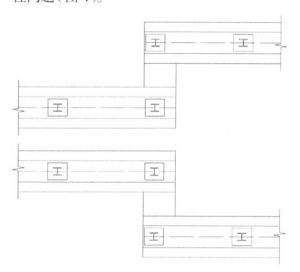

图 4　路桥连接处基础平面布置示意图

3.3　合建段

在某些部位会存在轨道交通与公路合建的情况,通常上部是公路,下部是轨道交通,共用一个梁基础(图5)。

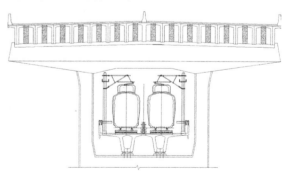

图 5　合建段典型横断面示意图

3.4　车站连接

车站连接处主要位于站台与线路的起点位置。声屏障基础呈喇叭口放射状布置,此处基础角度偏差大，屏体处理困难（图6）。

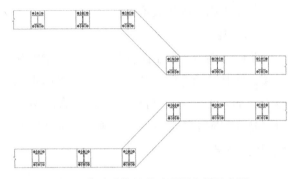

图6　车站连接处基础平面布置示意图

3.5　伸缩缝

每孔桥梁常见的长度有24m、30m、32m等规格，每孔梁有伸缩缝，用于避免桥梁的温度效应导致的热胀冷缩现象，路基基础也会存在类似的伸缩缝。伸缩缝要考虑伸缩缝宽度和伸缩量对声屏障刚架及屏体的影响（图7）。

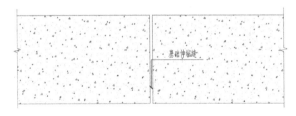

图7　伸缩缝基础立面示意图

3.6　接触网

接触网位于声屏障基础与车辆、设备限界之间，沿铁路线上空架设的向电力机车供电的特殊形式的输电线路。接触网可单独设置钢柱，也可以与声屏障刚架共构。单独设置钢柱的接触网有接触网基础与拉线基础，会与声屏障刚架发生干涉；共架接触网需要预打孔，此处的钢结构需要补强（图8、图9）。

3.7　跨度突变

由于四线变双线、双线变单线、路基变桥梁、车站连接等原因，导致跨度存在渐变或突变现象（图10）。

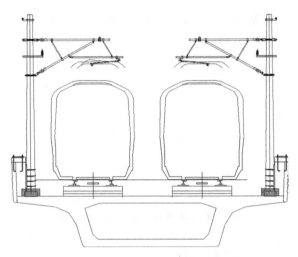

图8　独立钢柱接触网典型横断面示意图

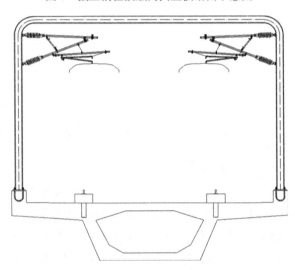

图9　共架钢柱接触网典型横断面示意图

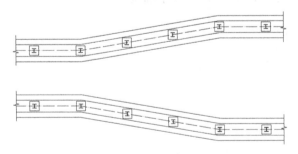

图10　跨度突变平面布置示意图

4　轨道交通全封闭声屏障异形部位做法

4.1　U型槽部位做法

U型槽部位的全封闭声屏障因为要保证顶点标高一致，所以此处的声屏障刚架与屏体要有一个坡度进行过渡，刚架是逐步升高，屏体是逐渐加高。屏体可以采用梯形状形式加工与安装，也可以采取平行四边形方式加工与安装。

4.2 路桥连接部位做法

路桥连接部位的全封闭声屏障山墙位置内刚架与外刚架固定在一起，屏体采用铝合金板或者镀锌钢板进行密封，内衬方管或者檩条龙骨固定。

4.3 合建段部位做法

合建段部位的全封闭声屏障在高架桥之间采用全封闭式做法，在桥墩处采用直立式声屏障的做法。

4.4 车站连接部位做法

车站连接部位的全封闭声屏障，靠近车站的大跨度位置采用直立式声屏障做法，小跨度位置采用全封闭声屏障。

4.5 伸缩缝部位做法

伸缩缝部位的全封闭声屏障采用伸缩缝两侧的钢柱加宽纵向支撑一侧是圆孔一侧是腰型孔的方式。

4.6 接触网部位做法

接触网部位的全封闭声屏障，对于独立钢柱的接触网，采用立面屏体做薄的方式；对于共架钢柱的接触网，采用共架的接触网钢柱为箱形梁的做法。

4.7 跨度突变部位做法

跨度突变部位的全封闭声屏障，采用刚架跨度渐变的原则，在保证钢柱高度、小弧段钢梁半径及角度、刚架总高度不变的原则下，通过调整大弧段钢梁半径和弧长，以满足刚架跨度的变化。

基于人工智能技术的轨道交通智慧安检系统研究

陈士维[1]　张瑞[2]

（1. 合肥赛为智能有限公司，合肥 230000；
2. 深圳市赛为智能股份有限公司，深圳 518000）

摘　要：智慧安检系统可以实现所有安检点联网并能自动收集汇聚、分析管理、上传对接 X 光机安检异常图片、违禁品等安检信息数据等功能，实现车站本地信息数据实时上传。监视信息包括不限于：地铁客流量实时统计信息，车站二维、三维地图信息，地铁实时轨迹信息，关键岗位从业人员信息管理等。

关键词：智慧安检系统；轨道交通；人工智能

1　引言

智慧安检系统应实现虚拟化平台部署功能，每套平台软件应布设在两台服务器（设置为应用服务器＋数据库服务器模式）上，所需服务器硬件由智慧安检系统提供资源配置环境，应满足既有设备统一管理要求。

智慧安检系统应包含系统管理、视频监控、安检设备管理、图上安检、快速追溯、报警管理、远程巡检、数据统计、远程升级、电子地图、客流分析、列车 AI 虚拟预演等功能，设置与其他信息化平台系统的接口，并完成互联互通功能。可接入设备至少包括通道式安检机、安检门、智能判图分析仪设备、太赫兹设备、便携式液体检测仪、便携式爆炸物探测器、毒气探测设备、放射性物质探测设备、视频监控等设备，可接入设备种类更多更全面为更优。可实时获取安防、安检设备数据，中心统一管理显示信息，建立地铁安检电子地图，实现丰富的智能应用。平台具有良好的兼容性和扩展性，可对市场上主流安检安防产品及应用系统资源进行整合和集中管理，实现统一部署、统一配置、统一管理和统一调度。

2　业务需求内容

2.1　系统管理需求

信息系统的系统安全管理是整个安检信息化平台的基础，在设计的时候就要考虑到这些问题，通常利用模块化的平台组件，以及成熟的安全管理方案，都能够满足本系统的安全管理要求。但是特别需要注意的是权限管理和审计记录功能需要保证，因为这对于安检工作来说特别重要。

2.2　视频监控需求

视频监控管理要求对系统集中监控的各点位的视频监控设备进行实时监控监测，并获取相应的监控数据，实现当出现危险事件、危险品报警时，能同时关联到视频设备的当前图像，获取相应的监控数据。系统需要实现与不同监控设备的对接，适配不同的协议和标准，从而实现能通过系统对监控设备的远程管理和数据调用展示。

2.3　安检设备管理需求

安检设备管理要求对系统集中监控的各类安检设备等进行实时监控监测，并获取相应的监控数据，从而实现对设备运行状态的实时信息，并在信息系统中设计相应的展示、管理、控制功能，并根据设备运行状态的数据，得出一定的分析结论和统计分析数据，这需要采集相关设备的核心运行数据，通过调用设备提供的接口程序实现。

系统要开发大量的接口监听程序，与不同的设备做好调试和通信，适配不同的协议和标准，集成到安检平台中统一展示，保存和记录各类设备运行的状态数据，为统计分析提供数据依据。

2.4 图上安检需求

图形化方式展示各资源点（包括设备、监控点、图片场景）的位置情况，并可通过点击资源点查看资源点的详细信息和进行图片检索、实时预览、录像回放等操作；支持 GIS 地图和静态地图两种类型地图。

图上安检要求获取到图像数据之后，利用强大的后台系统完成比对和分析，对于各类异常的行为和动作，根据提前设置的处置机制进行处理，并通过系统通知发送到相应的岗位和责任人，需要依靠事件驱动、信息驱使来实现。

2.5 快速追溯需求

系统接收禁限带品报警时，一条报警信息应该包含但不仅限于物品信息、携带人员、当前安检员、检测视频和图片，以及处置结果。针对多次携带危险品人员应该录入黑名单，一旦出现在场景内，自动人脸识别预警并检索出关联的包裹，重点排查。

2.6 报警管理需求

轨道交通安检的报警事件从提示、触发、关联、上报必须有一套完整的流程和体系，信息系统要全程记录和保存相关的数据和状态，后台功能设置报警参数和阈值时，需要与设备的关联度密切相连，报警的条件和流程要符合国家相关的法律要求。

2.7 远程巡检需求

用户可自定义禁限带品数据类型、巡检范围、任务时长、提醒方式、任务发起时间等参数，确认参数后点击发起巡检即可开启巡检任务。系统会远程模拟在原通道式安检仪显示扫描图像插入禁限带品图片，将模拟数据与真实包裹进行叠加合成，完成巡检任务的执行。远程巡检还可以通过调用点位的监控设备来监测现场工作人员和环境的状态，用于绩效考核数据的参考。

2.8 数据统计需求

采集各类终端设备的原始数据、运行数据、状态数据、报警数据、异常数据等，均进行记录和保存，并提供相应的查询和统计分析功能，作为系统事后统计分析的来源，物理上要保存好这些过程的数据，便于分析和定位。

2.9 远程升级需求

系统对接安检设备类型多、数量多，每次固件升级都需要去现场，耗费人力，对设备的版本也缺少管理控制，通过系统实时管理安检设备，获取各个设备的固件版本，同时对接设备云端，将发布的设备最新版本和现有版本进行比对，完成远程定向升级和批量升级，可以减少人力的输出和提升系统自动化运维的管理水平。

2.10 电子地图需求

电子地图需要使用地理信息系统（GIS）来实现，通过成熟的 GIS 引擎支撑平台提供底层服务，在地图的图层上开展业务，将各类数据和设备通过标注的方式在图层上记录坐标位置信息，以辅助显示设备的位置和状态。

通过位置标注，结合设备的运行数据，就可以在空间形态上做综合展现，将会得到不同于二维结构化表格的数据形态，从而可以直观地进行数据的可视化展示，同时可以使用空间方式进行处置和操作。

2.11 客流分析需求

一日内全日客流分布特征，由于人们的工作与休息是以周为循环周期进行的，这种活动规律性必然要反映到一周内全日客流的变化上来。与工作日的早、晚高峰出现时间比较，双休日的早高峰小时出现时间往往推迟，而晚高峰出现时间又往往提前。另外，星期一与节假日后的早高峰小时客流和星期五与节假日前的晚高峰小时客流，都会比其他工作日的早、晚高峰小时客流要大。根据全日客流在一周内分布的不均衡和有规律的变化，轨道交通常在一周内实行不同的全日行车计划和列车运行图，以适应不同的客运需求和提高运营经济性。

2.12 列车 AI 虚拟需求

系统平台通过接入列车运行时刻表，接入的字段包括车次号、列车所在位置、列车到站时间、列车出发时间、列车行驶速度等，并进行虚拟化行驶演示。系统需要能预计列车到各个站点的时间、各列车之间的行驶距离、列车的发车频率。

2.13 联动控制需求

联动控制实际上是要能够通过系统实现信息和数据的上传和下达，及时接收联动指令，并通过异常情况设置，自动或者人工上报警情信息，通过统一的指挥调度来实现异常情况的处置，系统要发挥传递指令的作用。

3 智慧安检系统架构设计（图 1）

基础设施层：由云计算资源厂商提供解决。

数据资源层：主要以终端智能设备、各种探测设备、X 光机、金属探测设备等获取的以实时和非实时数据为主，系统通过标准接口规范，读取到这些设备感知的信息，将数据进行汇聚和交换，为业务层面的判图分析提供支撑。

数据汇聚层与交换层：主要实现设备数据的采集汇聚和存储管理，通过数据资源层获取设备运行数据，进行相关的业务抽取、转换、清洗、装载，发送到平台应用层进行处理。

平台应用层：主要实现数据层与业务层的承上启下作用，采用行业通用组件和技术、数据服务和目录接口，实现数据信息标准化处理。

应用层：核心业务相关的部分，包括设备状态管理、事件报警处理、判图分析、设备维修、系统运行模式、GIS 引擎、安检人员管理等核心业务功能。

用户层：指平台系统的使用操作对象，包括安检人员、设备维修管理人员、终端操作人员、系统管理员、移动端便携操作对象等。

图 1 智慧安检平台整体架构图

4 智慧安检系统网络架构设计

根据轨道交通运营管理需求，安检系统按控制中心与车站两级管理，控制中心、车站和现场三级控制的架构进行设计。安检系统结构分为三层：线网层、车站层、现场层。线网层实现对线网所有安检设备的监控和数据采集，统计分析系统数据，自动生成各种报表。车站层实现对本车站安检设备的监控，采集相应的系统事件数据，并进行统计分析，自动生成各种报表。现场层实现对指定区域或出入口的安检出入控制（图2）。

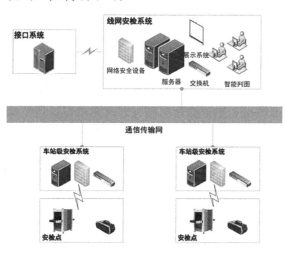

图2 智慧安检系统网络架构图

一套多线路、多种安检设备综合管理系统，通过车站、线路中心网络架构对各个安检点的X光机、安检门、安检监控、安检信息化等设备联网，实现所有安检设备在一个系统的统一管理。由安检信息化系统设置一个开放的安检系统，实现工程范围内各线路、各安检点的设备及系统间的联动命令和控制信息的统一发布和管理，安检系统可以联动多个系统及专业，同时具备其他线路智慧安检系统接入的功能。

5 智慧安检系统业务流程设计

智慧安检平台业务流程自下而上分为四层：感知设备、IT设备、基础服务、核心业务（图3）。

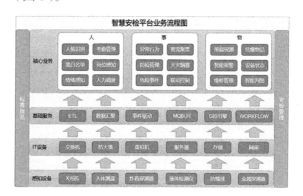

图3 智慧安检平台业务流程图

感知设备：主要包括平台关联的各类安检业务前端终端设备，如X光机、人体测温设备、炸药探测器、液体检测仪、防爆球、金属探测器等。接入到系统后，根据相关厂商的标准接口获取其感知数据。

IT设备：指与计算机和网络相关的硬件设备，如交换机、防火墙、网闸、服务器、数据存储设备等。这些设备一方面用于连接前端终端设备获取感知数据，另一方面用于为业务系统提供计算资源支撑。

基础服务：指用于联连硬件资源和应用系统功能的公共基础组件服务，包括数据抽取转换、清洗加工、消息组件、媒体网关、推送机制服务、工作流引擎、GIS地理信息引擎等，具有一定的公共通用性质。

核心业务：指本项目的核心功能业务部分，从纬度上分为人、事、物三个类型，分别将需求中对应的安检相关的业务、工作、要求、相对应的事件、处置流程、对象、联动机制、报警处理，以及事前的参数阈值设置、事后的分析统计、报告总结等功能。

6 智慧安检系统功能设计（图4）

6.1 系统管理功能

所有安检系统的用户均集中控制管理，包括用户身份辨别和认证，登录账号和加密口令

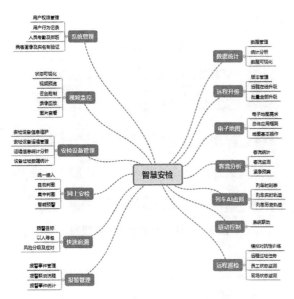

图 4 智慧安检系统功能设计图

管理(重置、过期、新增),集中激活或禁用,以及访问权限管理等。不同用户可实现不同级别的操作权限。实现所有操作的登录,以备检查,防止未经审查或其他人员使用,影响系统的功能,并可以对全线车站操作员和维修人员的密码进行管理,在紧急情况下,具有解除车站密码的功能。在安全认证平台的控制下,所有对资源的访问都应有审计和记录。

(1)用户管理

系统管理员通过机构与账号管理,在系统中管理不同的机构以及机构下的用户,查询用户信息。

系统管理员在系统中可以新增机构,修改机构基本信息,删除错误或无用的机构。在机构中添加用户,修改用户信息,登录系统账号密码,删除用户。对于大量的机构用户信息可以采用导入文件的形式初始化系统中机构与用户信息。对于系统中已有的机构与用户可以导出列表。

(2)账号角色分类

系统加强登录次数限制、同一登录用户多客户端登录限制等。同时系统可以预设三类角色 SYSSSA、SYSSSO、SYSAUDITOR,可选择是否禁用超级管理员账号。SYSSSA 是应用系统管理员,负责系统维护与管理方面的工作;SYSSSO 是安全保密管理员,负责访问控制和权限分配,日常的审计工作由安全保密管理员负责;SYSAUDITOR 是安全审计员,负责系统管理员和安全保密管理员相关行为的审计。这种管理体制真正做到三权分立,各行其责,相互制约,可靠地保证了应用系统的安全性。

平台对所有的用户都可以做到登录以后每一个按钮、每一个操作都记录在案,对用户点击频率高的,停留时间最长的,最容易出错的,都可以在后台进行监控和统计分析,以便有针对性地做出响应处理。

系统监控是对整个管理信息系统的用户登录信息、用户操作信息、数据库运行状态、系统运行状态等基础信息进行监控。包括:审计日志、用户监控、系统基本信息、内存磁盘监控等。

6.2 视频监控功能

智慧安检系统集中监控、管理地铁车站安检点内的视频监控设备的运行状态和网络状态。针对上报的危险事件、危险品报警,系统需关联展示相关的实时视频,通过云台控制方便掌握现场处置情况。实时视频点位包括但不限于下述场景:安检机放包处、安检机取包处、开包复检台、安检门过检口及其他须监视点位等。针对上报的危险事件、危险品报警,应关联展示相关的视频录像,方便对报警前后过程进行回溯确认。视频录像点位包括但不限于下述内容:安检机放包处、安检机取包处、危险物品 X 光图像、开包复检台、安检门过检口及其他须监视点位等。同时视频图片作为事件处理的依据,进行事件的闭环处理。

(1)状态可视化

通过接口程序和第三方接口提取的信息,信息汇取,通过不同类型设备自身的运行状态接口标准和规则，根据设备厂商提供的接口标准，调用其接口程序从而获得该设备的运行状态，并将信息汇聚到系统中集中进行展示。

实现视频监控设备的全面管理、监控、状态管控。获取设备的点位信息、运行状态，将各设备状态信息集中到安检系统中进行展示，通过仪表盘界面等可视化方式，在前台集中展现，以方便对设备实现巡检、监控等任务。

（2）视频预览

针对上报的危险事件、危险品报警，用户可以快速点击告警信息，关联到对应的摄像头，打开实时视频图像进行现场查看，快速定位和解决问题。

（3）云台控制

针对出现报警事件时，可以远程控制监控设备，实时获取现场视频，同时针对远程巡检的任务，也可以借助云台控制监控设备，获取目标场地的状况。

（4）录像回放

针对上报的危险事件、危险品报警，应关联展示相关的视频录像，方便对报警前后过程进行回溯确认。

（5）图片查看

实现对视频画面的自动侦测、自动提取，按照要求进行保存，作为报警事件处理的依据。

6.3 安检设备管理功能

对全线各安检点安检设备数据进行大数据可视化展示，辅助数据分析决策，实时展示所有地铁站安检设备的运行状态、行李过检状态及相关统计数据。

根据相应地铁线路、站点和安检点进行划分，安检设备（安检机、安检门等）生成的所有物检、人检数据均可进行历史查询。

图形化界面集中监控安检设备的通信状态、运行状态及故障情况，对安检设备进行全生命周期的管理。

（1）安检设备信息维护

系统可对联网管理的安检设备信息进行添加、修改、查询等信息维护，内容包括但不限于：设备名称、规格型号、设备编码、设备类型、设备标识、功率、生产厂商、供应商、设备所属区域、设备所属站、设备关联监控设备等信息。每个设备的基本信息由多个部分组成，根据用户具有的权限，可以对不同的信息模块具有查看或修改权限。并且在系统中，模块之间采用功能独立、信息共享的方式。

（2）安检设备运维管理

① 维修保养计划

用户可以提前指定设备的维修保养计划，系统根据计划自动提醒相关工作人员完成相关工作，计划分为固定日期循环计划、按工作时间循环计划、单次计划三种。

② 维修保养记录

维修记录既可以根据设备维修保养计划执行，也可以根据设备实际发生的故障派工，维修类型通常可以分为大修、中修、部件维修、计划检修、保养等类型。

维修处理流程根据设备维修等级的不同，需要进行审批的过程和审批人员应根据管理员设置：

维修记录的信息包括：维修设备对象、所在部分、维修申请人、申请时间、故障描述、维修处理人员、维修用时、维修费用、故障原因、处理方法、更换配件、维修反馈等信息。

③ 维修经验库

维修经验库是系统对进入系统的维修记录进行分类整理后，为设备管理人员提供的一个经验学习的平台，通过维修经验库，每个设备管理员可以基于经验库学习到一类设备经常会出现的故障现象和常见处理方法，帮助设备管理员成长，使设备故障得到更快更有效的处理，提高工作效率。

（3）运维信息统计分析

每日统计设备的使用情况，包括运转时间、停机时间（及停机原因）等信息，系统自动完成对信息的分类、排序、汇总。事业部设备管理员及各安检点可通过系统一目了然地看出今日有哪些设备处于非正常运转状态，以及原因是什么。

从操作快捷的角度考虑，正常运转的设备可以统一设置运转时间。

同时，设备日报表的信息系统自动汇总后，可以生产月、季、年的设备运转报表，并可以得出本次持续运转的时长，以分析预计下次需要维修保养的大概日期。

（4）设备过检数据统计

按照地铁线路、站点和安检点进行划分，对安检设备（安检机、安检门等）生成的所有物检、人检数据、告警数据、监控数据均可进行历史查询。

6.4 网上安检功能

系统通过图形化方式展示各资源点（包括设备、监控点、图片场景）的位置情况，能够实时接收各线路综合安防视频图像、车站现场X光机图像原图、X光机智能识图结果、现场视频数据，并实时向现场反馈判图结果，从而实现按线网、线路或区域安检工作智能判图。

应具备智能图像识别及预警识别功能，具体包括：

应具有炸药物智能监测预警，可识别商用和军用炸药。

应具有液体探测智能预警，能够探测液体爆炸物和易燃、易腐蚀性、酸碱性液态危险物品。

应具有危险物体密度智能预警和危险物品有机物智能预警。

能够将危险物品密度预警模式、有机物预警模式和X光机成像智能分析相结合，对物品进行综合智能判别，能够对符合危险品特征的X光机图像进行预警。

应具有乘客聚集预警功能，对站厅、通道、出入口的人员密度进行数据采集，出现多人聚集的情况，立即预警，同时上传现场图片，通知就近管理人员前往处置。

应具有吸烟预警功能，如果检测到安检工作范围内有吸烟行为，立即预警，同时上传现场图片，通知就近管理人员前往处置。

应具有肢体冲突检测功能，若监控区域发生人员肢体冲突，立即通过预警，同时上传现场图片，通知就近管理人员前往处置。

（1）统一接入

将安检设备、监控点以及场景进行绑定接入，通过系统电子地图获取各资源点的实时数据，并可通过点击资源点查看资源点的详细信息和进行图片检索、实时预览、录像回放等操作。

（2）自动判图

安检平台对接终端设备，由第三方厂商开发的相关软件，能够通过设备回传的图像信息，由软件主机系统自动分析判断物品的形态，安检机判图程序内嵌多种智能识别技术，会自动升级后台危险品库，保证能自动识别对地铁安检有重要影响的危险品，根据危险品类型分类自分级报警（图5）。

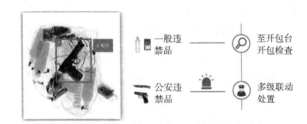

图5 根据危险品类型分级报警

终端设备厂商根据过往经验，会生成违禁物品形态影像资料数据库，系统自动升级资料库以后，会根据所获取图像的数据，在后台进行自动匹配，以最大限度地分析和得出结论，仍然无法确定的，再由人工核定（图6）。

图6 违禁物品形态

图8 违禁物品种类

(3) 集中判图

根据终端设备采集的信息,触发自动预警信号之后,将图像回传至集中安检中心,由后台的安检专家进行集体判断分析,得出结论后,再通过语音或者视频方式指导现场安检员,要求乘客打开箱包配合检查,以确认物品属性(图7)。

图7 集中判图流程图

(4) 智能预警

①违禁物品识别

根据需求描述,终端感知设备要求具有探测违禁物品并自动识别预警的功能,按国家相关法律法规要求,识别的违禁物品应该包括的类型如图8所示。

②人员密度识别预警

系统要对监控范围内的站厅、通道、出入口的人员密度进行数据采集,出现多人聚集的情况,立即通过APP预警,同时上传现场图片,通知就近管理人员前往处置。

③烟雾识别预警

系统通过检测烟雾传感器的数据,根据触发的信息,加上监控判断,确认安检工作范围内有吸烟行为,或不明烟雾产生的,立即预警,同时上传现场图片,通知就近管理人员前往处置。

④疫情防控识别预警

系统通过监控的面部识别,发现疫情期间有未佩戴口罩的人员,应立即预警,同时上传现场图片,通知就近管理人员前往处置。同时通过红外或其他测温设备发现有体温异常的,也应该触发疫情防控识别预警。

⑤情绪动作识别预警

系统通过监控设备感知,判断是否有人员肢体冲突的情况,经过视频判断检测分析,若监控区域发生人员肢体冲突,立即预警,同时上传现场图片,通知就近管理人员前往。

6.5 快速追溯功能

针对上报的危险品报警,在录入禁限带品信息时,应关联相应的放包人员人像信息,将危险物品与其携带人员进行绑定,同时关联当前安检员、检测视频和图片、处置结果作为报警事件处理的过程依据。

危险物品携带人员会根据物品的危险等级进入黑名单,人脸信息进行存储,后续一旦出现该人员人脸信息,会自动预警,并检索出关联的包裹,为后续提取多次携带危险品人员提供数据依据（图9）。

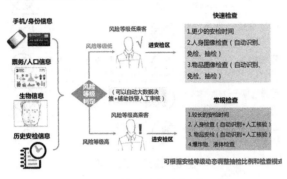

图9 快速追溯流程图

根据对乘客画像的基础数据，在不同的安检条件下，可以有针对性地对乘客开展不同风险等级的安检应对方案。

（1）通过系统中采集的历史安检信息，生成乘客画像数据后，基于人脸识别算法软件，采用LBP、PCA、LDA，联合贝叶斯、度量学习、迁移学习、深度神经网络等全面的算法，并根据每种场景，训练优化模型，达到高性能低时延。可以实现在不同光照条件、跨年龄段、是否化妆、有无佩戴眼镜的复杂条件下精准识别乘客信息。

（2）根据乘客风险级别，定义高、中、低三个等级，应采取不同的安检应对方案。如低风险级别的乘客，可以用更少的排队时间、更少的安检时间，或者免检等手段方式通过；而高风险的乘客，则需要采用更加严格的安检手段，如人身检查、箱包抽查、手动金属探测、证件查看等方式；中风险或普通乘客，则可以采用普通通道进行安检手续和流程。

6.6 报警管理功能

可实现报警集中显示、定位和统一处理；可灵活定义报警事件级别、报警联动流程、报警事件处理流程、报警显示与提示信息等，报警发生时根据相应预案设置及提示，引导操作人员的决定，并记录所有操作过程。系统应可根据报警级别、工作模式状态（白天、夜间等），以及地铁线路运营管理模式灵活定义报警车站级处理和中央集中处理。

报警管理可基于GIS的电子地图客户端界面实现，融合报警信息、事件汇总、视频图像、设备状态、位置分布等信息于一体，直观显示多种信息综合及汇总。系统采用图形化人机界面，具有分级、分层地图显示功能，显示选定车站的现场级设备布置情况，方便用户操作。

通过电子地图可显示各类终端设备的运行状态、报警和故障情况，自动记录各类事件，可在电子地图上直接处理发生的各类事件。其主要功能包括：

（1）报警事件的标注/展示/闪烁/弹窗；
（2）交互式快捷操作响应；
（3）可视化展示轮播；
（4）即时调看现场实时视频，或者查看历史视频。

6.7 远程巡检功能

支持通过网络一键远程下发巡检数据、文字或语音提醒消息。对接公安系统，汇总违禁品扫描图片，通过设置远程巡检任务，将图片以任务的形式下发至安检现场，以贴图的形式与真实包裹扫描图像叠加，值机员通过鼠标反馈当前X光安检扫描图片有无禁限品。

可远程查看安检机实时画面、安检点位环境画面，用于检测安检员工作状态，安检点环境状态。

（1）模拟对抗性训练

模拟禁限带品种类应支持多个类别，至少应包括子弹、灭火器、工具、指甲油、烟花爆竹、甩棍、打火机油、弹弓、剪刀、刀具、电击器、手铐、指扣、枪支等，每个类别至少包含5张源图，同时支持可自定义新增巡检源图及巡检源图类别。

具备远程模拟在原通道式安检仪显示扫描图像插入禁限带品图片，现场模拟对抗性训练。

支持对自由选定置安检点位、模拟对抗时段、插入模拟物品类别、模拟频率等参数，配置禁限带品模拟对抗任务，并可相关任务一键下发。

远程巡检系统应支持实时查看模拟对抗结果，对未匹配到合适包裹、已下发未反馈、已下发已反馈等状态进行统计展示。

（2）远程巡检任务

对接公安系统，实时获取禁限带品图片，用户可自定义禁限带品数据类型、巡检范围、任务时长、提醒方式、任务发起时间等参数，确认参数后点击发起巡检即可开启巡检任务。系统会自动匹配安检现场的行包图像，将模拟数据与真实包裹进行叠加合成，完成巡检任务的下发。支持通过网络一键远程下发巡检数据、文字或语音提醒消息。

用户可查看历史巡检记录，并可查看历史巡检的具体巡检完成情况，包括成功下发数量、已反馈数量、未反馈数量、下发失败数量等数据。对于巡检结果系统支持数据导出，并用于后续对安检员的绩效考核等场景。

（3）员工状态监测

通过在X光机判图工作台上设置摄像机监测监控判图员工作状态，进行工作状态提醒并远程监控判图员实时工作状态。

应具有口罩未佩戴预警功能，如果检测到安检工作范围内有人员未佩戴口罩的，立即通过APP预警，同时上传现场图片，通知就近管理人员前往处置。

对安检员工作状态进行视频信息分析，重点对安检员的离岗、低头、打哈欠、偏头聊天、闭眼和玩手机等注意力异常行为进行自动检测，可及时发现规定岗位员工的离岗或疲劳现象。

（4）现场状态监测

通过安检现场的视频监测和红外温度检测设备，重点对有打闹、肢体接触、体温异常等进行自动检测，立即通过APP预警，同时上传现场图片和人脸识别，通知就近管理人员前往处置。

6.8 数据统计功能

对车站安检设备上传的数据进行集中存储、管理、检索、查询、统计和分析等。系统应能够按时间、人员、设备类型、事件类型、区域、系统来查询数据资料或录像资料。具备分类信息检索功能，并提供自定义的按时间分类或时间分类等不同分类方式的报表。

（1）数据管理

安检前端设备采集的数据种类繁多，数据量大，并且增量数据会随着时间的推移呈上升趋势，这些设备采集的流水记录数据，都是与安检核心业务密切相关的数据，对于整个系统的分析研判、汇总统计、大数据分析、辅助决策都有非常积极的作用。

系统需要与各类前端设备系统对接，将相应的数据采集、加工、清洗、转换、存储、汇聚、应用，用于实现对这些数据的管理。

（2）统计分析

可汇总指定时间段内的数据，支持表格、柱状图、折线图方式进行汇总，并可以通过表格或者统计图片两种方式进行导出。根据不同的场景和用户需求，可以实现定期汇总数据形成报表，支持按区域、安检站点等维度进行过检包裹及各类违禁品数目、过检客流人数及违禁品告警、温度异常告警等信息的统计。

①报警数据统计：根据报警危险等级及危险包裹占比，反映各车站点的安全状况。危险品报警信息查询，可支持通过报警事件、报警地点、危险等级、危险物品类型等条件筛选，可查看报警图片、报警事件、报警点位、关联的视频录像以及人脸信息等。

②过包量统计：根据过包数量，反映站点的客流量情况。

③危险物品统计：根据各类危险物品数

量,反映需要重点打击关注的危险物情况。

④客流统计：应提供对线路、车站、安检点一定时段内客流的实时监控与安检动态分析展示能力，以便及时了解安检客流压力。

⑤根据相应地铁线路、站点和安检点进行划分，安检设备（安检机、安检门等）生成的所有物检、人检数据均可进行历史查询。支持以时间、所属位置、查询类别查找过检包裹历史事件记录与图像信息，并统计出包总数、违禁包裹总数、正常包裹总数、过检客流、人体金属异常等数据。历史图像可下载至本地。历史异常事件查询，系统应支持在安检通道和安检站点菜单栏查询历史异常事件，查询条件包括按时间、位置、事件类型、是否需要处置、处置结果、告警等级等条件对所有告警事件进行查询。视频图像类数据存储时间不少于90天，数据库数据存储时间不少于5年，并可通过扩容存储空间延长存储时间。

（3）数据可视化

对全线各安检点安检设备数据进行大数据可视化展示，辅助数据分析决策，实时展示所有地铁站安检设备的运行状态、行李过检状态及相关统计数据。各个数据可以点击查看详细的情况。

①设备总数、在线、离线、故障数的统计展示。

②过检客流量、携带违禁品的统计。对违禁品、过检数量按安检点位进行排行展示。

③过检包裹总数、违禁品包裹数、各类违禁品数量的展示。

④支持客流态势分析。

⑤上述统计应根据需要按线路、站点、安检点、时间等进行筛选统计，时间应至少包括年、月、日、小时。

6.9 远程升级功能

系统完成安检设备的 ID、硬件版本、固件版本、厂商和设备云端的绑定，设置云端版本定向推送。一旦版本有更新，会直接推动至系统，系统后台比对最新版本和当前版本，一键完成自动升级。

支持手动升级和批量升级。

6.10 电子地图功能

采用矢量电子地图（GIS）和立体地图的方式实现系统的综合呈现管理功能，电子地图应支持平面地图、立体呈现和安防一体化全景视频方式实现监控点定位。应可以精确定位事故现场，提供地理位置信息，便于对应急事件的响应。系统应同时支持多种地图方式实现监控点定位，实现电子地图方式的多级链接管理方式。

电子地图客户端界面应该融合报警信息、事件汇总、视频图像、设备状态、位置分布等信息于一体，直观显示多种信息综合及汇总。系统应采用图形化人机界面，具有分级、分层地图显示功能，显示选定车站的现场级设备布置情况，方便用户操作。

通过电子地图可显示各类终端设备的运行状态、报警和故障情况，自动记录各类事件，可在电子地图上直接处理发生的各类事件，如消除报警等。

系统应包括但不限于以下主要功能：

（1）矢量电子地图缩放/平移/定位/查找/编辑等。

（2）报警或事件发生时实时图像弹出。

（3）区域地图与总平面图定位显示。

（4）报警/事件信息实时显示、历史查询、处警信息。

（5）针对不同类型报警响应不同级别处警策略和信息。

6.11 客流分析功能

通过多维采集、智能整合，实现客流指标的多维分析，可实现客流监测、预警和统计分析。由于安检流程受到不同站点的人流和现场情况限制，不可一概而论，需要当场随时作出调整和应对方案，当客流量较大的时候，既要保证安全检查必要流程手续，又要确保高效通过避免堵塞拥挤；客流量小的时候，可以尝试分级安检不影响通行效率，而对于极端事件也要提前预防，比如不排除风险评级低的乘客具有高风险行为，具体表现为携带违禁品等。

（1）客流统计

应提供对线路、车站、安检点一定时段内客流的实时监控与安检动态分析展示能力，以便及时了解安检客流压力。

（2）客流监测

车站时段内的客流强度：监测各个车站一日内每个时段的总发客流强度，获取各个车站的早晚高峰期。

站内客流强度：监测同一站点不同出入口的客流强度。将各出入口的日总发客流强度和同一站点的日总发客流强度进行比较，获取各个出入口的客流分布。

站间客流强度：一般大客流区段通常位于市区段、小客流区段位于郊区段。将各个站点的日总发客流强度与总线的日总发客流强度进行比较，获取大客流区和小客流区。

（3）紧急预案

根据需求，系统根据各个站点的客流情况，显示负载数据，并给出量化的预警提示，达到红线饱和状态的情况下，由具有一定权限的人员进行人力资源调度处理，通过临时加派人手、增加设备容量或能力、提高地铁的运载频率等，解决节假日、高峰期、大型活动等人流聚集的问题。

6.12 列车 AI 虚拟功能

借用 AI 技术模拟列车行驶轨道，通过接入本地列车运行时刻表，获取各列车的虚拟、实时运行轨迹信息，并且通过计算获取列车的行驶速度和在各站点停驶的时间，来预计到剩余站点的时间，虚拟化演示整个行驶过程，并同时判断各车次之间的合适距离。

（1）列车时刻表

列车时刻表，接入字段包括车次号、列车起始结束站点、列车出发时间、每个站点的预计到站、出发时刻等形成虚拟行驶路线。

（2）列车实时轨迹

对照列车接入字段，按照实际行驶情况形成列车实时轨迹，与虚拟行驶的路线进行偏差分析，优化列车时刻表。

通过历史轨迹估算列车后面站点的到站时间和发车频率。

（3）列车历史轨迹

根据列车行驶时段查询，虚拟演示历史行驶的轨迹。

6.13 联动控制功能

系统应能够人工选择联动 CCTV 系统摄像机图像或报警联动显示相应区域摄像机图像，可通过键盘对录像进行管理，如通过时间、事件等信息进行录像检索和回放控制。

系统应能够上传报警信息，并接收其联动指令。紧急情况下可通过统一指挥系统等相关系统启动车站的灾害疏散（图10）。

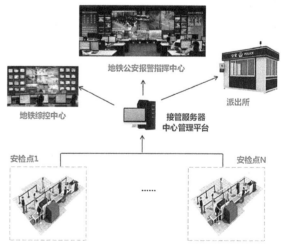

图 10 联动控制图

（1）与指挥中心的联动

系统通过与指挥中心的联网，实现信息流、视频流、音频流的实时互动，通信无死角连接，以实现地铁安检的立体监控和统一化管理。

通过指挥中心可以实时调阅到任一安检点的监控画面,并投射到指挥中心的大屏幕上显示,通过语音交互实现远程指挥调动。

(2)与安防平台的联动

通过系统设置,可以将异常信息和情况实时传递到安防平台,通过人工或者自动方式发送消息,实现与安防平台的联动处理,接收安防平台的信息,配合安防平台的工作要求。

(3)与公安系统的联动

通过信息流或视频图像,与公安110报警平台、警务处理平台联动,实现人工或自动地将警情数据发送到公安系统,实现警情级别自动判定、跨级、跨区自动上报,与辖区派出所联动,实现快速出警。

7 结语

地铁建设项目投入规模巨大,同步增加安防投入有迫切的必要性与现实意义。实践证明,在安检领域没有一种技术方法是万能的,针对不同的检查目的和应用场合应该选用不同的方法,或者联合使用几种方法。本文建设的地铁安检方案是一种有益的尝试,需要在地铁建设和使用中不断进行完善和创新,知道相关标准、安置安检设备、设置安检队伍、引入诸如毫米波等最新的技术。

参考文献

[1] 刘海云,赵超. 南京地铁大客流快速安检系统构建研究[J]. 中外企业家,2019(32):223-224.

[2] 姜秋耘. 基于人工智能系统的地铁安检模式研究[J]. 科技和产业,2019,19(4):117-120.

[3] 达选晨. 浅谈地铁智慧安检集成管理系统方案[J]. 信息系统工程,2018(11):59.

[4] 罗慧,赵文龙. 安检系统在城市轨道交通中的应用[J]. 中华建设,2012(7):174-175.